Die Zulässigkeit überörtlicher kommunaler Wirtschaftstätigkeit im Bereich der Wasserversorgung

Europäische Hochschulschriften

Publications Universitaires Européennes
European University Studies

Reihe II
Rechtswissenschaft

Série II Series II
Droit
Law

Bd./Vol. 4616

PETER LANG
Frankfurt am Main · Berlin · Bern · Bruxelles · New York · Oxford · Wien

Daniel Michel

Die Zulässigkeit überörtlicher kommunaler Wirtschaftstätigkeit im Bereich der Wasserversorgung

PETER LANG
Internationaler Verlag der Wissenschaften

Bibliografische Information der Deutschen Nationalbibliothek
Die Deutsche Nationalbibliothek verzeichnet diese Publikation in der Deutschen Nationalbibliografie; detaillierte bibliografische Daten sind im Internet über <http://www.d-nb.de> abrufbar.

Zugl.: Mainz, Univ., Diss., 2006

D 77
ISSN 0531-7312
ISBN 978-3-631-56558-2

www.peterlang.de

Vorwort

Diese Arbeit wurde im Sommersemester 2006 vom Fachbereich Rechts- und Wirtschaftswissenschaften der Johannes Gutenberg-Universität Mainz als Dissertation angenommen.

Zu besonderem Dank verpflichtet bin ich meinem Doktorvater Herrn Prof. Dr. Josef Ruthig, der mich von der Themensuche bis zur Publikation dieser Arbeit uneingeschränkt unterstützt hat. Seine wertvollen Hinweise haben mich stets weitergebracht und viel zum Gelingen dieser Arbeit beigetragen.

Zu Dank verpflichtet bin ich auch Herrn Prof. Dr. Uwe Volkmann für die zügige Erstellung des Zweitgutachtens. Ich möchte mich ebenfalls bei Herrn Prof. Dr. Matthias Ruffert bedanken, der mich im Anfangsstadium der Bearbeitung durch wichtige Hinweise und regen Zuspruch unterstützt hat.

Ich möchte mich außerdem bei Frau Petra Kirchmayer, Frau Katja Lehr und Herrn Alexander Wirth für die gute Zusammenarbeit am Lehrstuhl für Öffentliches Recht, Europarecht, Rechtsvergleichung von Herrn Prof. Dr. Josef Ruthig bedanken. Herrn Dr. Christian Bickenbach danke ich für einige wertvolle praktische Hinweise bei der Erstellung dieser Arbeit.

Gewidmet ist die Arbeit meinen Eltern, deren Unterstützung ich an dieser Stelle nicht hinreichend würdigen kann und die diese Arbeit überhaupt erst ermöglicht hat.

Berlin, Juni 2007 Daniel Michel

Inhaltsverzeichnis

Literaturverzeichnis

Achterberg, Norbert / Püttner, Günter / Würtenberger, Thomas (Hrsg.): Besonderes Verwaltungsrecht, Band II, 2. Auflage, Heidelberg 2000

Antweiler, Clemens: Öffentlich-rechtliche Unterlassungsansprüche gegen kommunale Wirtschaftstätigkeit, NVwZ 2003, S. 1466.

Arnim, Hans Herbert von: Gemeindliche Selbstverwaltung und Demokratie, AöR 113 (1988), S. 1.

Badura, Peter: Wirtschaftliche Betätigung der Gemeinde zur Erledigung von Angelegenheiten der örtlichen Gemeinschaft im Rahmen der Gesetze, DÖV 1998, S. 818.

Badura, Peter: Das öffentliche Unternehmen im europäischen Binnenmarkt, ZGR 1997, S. 291.

Badura, Peter: Die Daseinsvorsorge als Verwaltungszweck der Leistungsverwaltung und der soziale Rechtstaat, DÖV 1966, S. 624.

Battis, Ulrich / Krautzberger, Michael / Löhr, Rolf-Peter (Hrsg.): Baugesetzbuch, 8. Auflage, München 2002.

Bauer, Hartmut: Verwaltungsrechtliche und verwaltungswissenschaftliche Aspekte der Gestaltung von Kooperationsverträgen bei Public Private Partnership, DÖV 1998, S. 89.

Bechtold, Rainer: GWB Kartellgesetz Gesetz gegen Wettbewerbsbeschränkungen, Kommentar, 3. Auflage, München 2002.

Becker, Florian: Grenzenlose Kommunalwirtschaft, DÖV 2000, S. 1032.

Berendes, Konrad: Die neue Wasserrechtsordnung, ZfW 2002, S. 197.

Berg, Wilfried: Die wirtschaftliche Betätigung des Staates als Verfassungsproblem, GewA 1990, S. 225.

Berg, Wilfried: Die wirtschaftliche Betätigung von Kommunen – kommunale Selbstverwaltung und Wettbewerb, WiVerw 2000, S. 141.

Bettermann, Karl August: Gewerbefreiheit der öffentlichen Hand, in: Hirsch, Karl August (Hrsg.): Berliner Festschrift für Ernst E. Hirsch, Berlin 1968, S. 1.

Blümel, Willi: Wesensgehalt und Schranken des kommunalen Selbstverwaltungsrechts, in: Mutius, Albert von (Hrsg.): Selbstverwaltung im Staat der Industriegesellschaft, Festgabe zum 70. Geburtstag von Georg Christoph von Unruh, Heidelberg, 1983, S. 265.

Borchardt, Klaus-Dieter: Referat O zum 64. Deutschen Juristentag mit dem Thema: Empfiehlt es sich, das Recht der öffentlichen Unternehmen im Spannungsfeld von öffentlichem Auftrag und Wettbewerb national und gemeinschaftsrechtlich neu zu regeln?, in: Ständige Deptutation des Deutschen Juristentages (Hrsg.): Verhandlungen des 64. Deutschen Juristentages, Band II/1: Sitzungsberichte (Referate und Beschlüsse), München 2002; S. O 9.

Braun, Christian: Tätigwerden von Stadtwerken außerhalb ihrer Gemeindegrenzen, SächsVBl 1999, S. 25.

Breuer, Rüdiger: Öffentliches und privates Wasserrecht, 3. Auflage, München 2004.

Britz, Gabriele: Funktion und Funktionsweise öffentlicher Unternehmen im Wandel: Zu den jüngsten Entwicklungen im Recht der kommunalen Wirtschaftsunternehmen, NVwZ 2001, S. 380.

Brohm, Winfried: Öffentliches Baurecht, München 1997.

Brüning, Christoph: Der Private bei der Erledigung kommunaler Aufgaben – insbesondere der Abwasserbeseitigung und der Wasserversorgung, Berlin 1996.

Brüning, Christoph: Mittelbare Beteiligungen der Kommunen im grenzüberschreitenden Wettbewerb, DVBl 2004, S. 1451.

Bulling, Manfred / Finkenheimer, Otto / Eckardt, Wolf-Dieter / Kibele, Karlheinz: Wassergesetz für Baden-Württemberg, Kommentar Band 1, Loseblattsammlung, Stand: August 2002, Stuttgart Berlin Köln.

Bundesministerium für Wirtschaft (Hrsg.): Optionen, Chancen und Rahmenbedingungen einer Marktöffnung für eine nachhaltige Wasserversorgung (BMWi-Forschungsvorhaben 11/00), vorläufiges Thesenpapier vom 21.2.2000, Berlin 2000.

Burgi, Martin: Die Ausschreibungsverwaltung, DVBl 2003, S. 949.

Burgi, Martin: Perspektiven kommunaler Wirtschaftstätigkeit im europäischen Rechtsrahmen, Der Landkreis 2003, S. 26.

Burgi, Martin: Neue Organisations- und Kooperationsformen im europäischen kommunalen Wirtschaftsrecht – ein Plädoyer für die kommunale Organisationshoheit, in: Matthias Ruffert (Hrsg.): Recht und Organisation, Berlin 2003, S. 55.

Burgi, Martin: Verwalten durch öffentliche Unternehmen im europäischen Institutionenwettbewerb, VerwA 93 (2002), S. 255.

Burgi, Martin: Kommunales Privatisierungsfolgenrecht: Vergabe, Regulierung und Finanzierung, NVwZ 2001, S. 601.

Burgi, Martin: Die öffentlichen Unternehmen im Gefüge des primären Gemeinschaftsrechts, EuR 1997, S. 261.

Burmeister, Frank / Staebe, Erik: Räumliche Beschränkungen für kommunale Wirtschaftsunternehmen – ein Verstoß gegen Europäisches Recht, EuR 2004, S. 810.

Burmeister, Joachim: Verfassungsrechtliche Grundfragen der kommunalen Wirtschaftsbetätigung, in: Mutius, Albert von (Hrsg.): Selbstverwaltung im Staat der Industriegesellschaft, Festgabe zum 70. Geburtstag von Georg Christoph von Unruh, Heidelberg, 1983, S. 623.

Calliess, Christian / Ruffert, Matthias (Hrsg.): EUV-/EGV Kommentar, 2. Auflage, Neuwied 2002.

Cosson, Rainer: Begrenzungen kommunaler wirtschaftlicher Betätigung im Bereich der Abfallwirtschaft, DVBl 1999, S. 891.

Cronauge, Ulrich / Westermann, Georg: Kommunale Unternehmen, 4. Auflage, Berlin 2003.

Cronauge, Ulrich: Kommunale Wirtschaft zwischen Recht und Realität, AfK 1999, S. 24.

Cronauge, Ulrich: Welchen rechtlichen Rahmen braucht die kommunale Wirtschaft von morgen?, Der Gemeindehaushalt 1998, S. 131.

Cronauge, Ulrich: Benötigen die Kommunen ein neues Gemeindewirtschaftsrecht?, Der Gemeindehaushalt 1997, S. 265.

Czychowski, Manfred / Reinhardt, Michael: Wasserhaushaltsgesetz Kommentar, 8. Auflage, München 2004.

Daiber, Hermann: Wasserversorgung – Branche im Wettbewerb? – ein Überblick, GewA 2004, S. 107.

Dauses, Manfred A. (Hrsg.): Handbuch des EU- Wirtschaftsrechts, Bd. 2, Loseblattsammlung, Stand: Dezember 2004, München.

David, Hans-Joachim: Wettbewerbsrechtliche Ansprüche gegen Betätigung von Kommunen und deren Gesellschaften, NVwZ 2000, S. 738.

Decker, Eric: Preismissbrauchskontrolle über Wasserversorgungsunternehmen, WuW 1999, S. 367.

Dickersbach, Alfred: Die wirtschaftliche Betätigung der öffentlichen Hand im Verhältnis zur Privatwirtschaft aus öffentlichrechtlicher Sicht, WiVerw 1983, 187.

Diefenbach, Wilhelm: Zur Konkurrentenklage gegen unzulässige kommunale Wirtschaftstätigkeit, WiVerw 2003, S. 115.

Diefenbach, Wilhelm: § 1 UWG als Schranke wirtschaftlicher Betätigung der Kommunen, WiVerw 2003, S. 99.

Dietlein, Johannes: Gebietsübergreifende kommunale Abfallentsorgung und Vergaberecht, NZBau 2003, S. 141.

Dolde, Klaus-Peter: Mehr Wettbewerb durch kommunale Unternehmen?, ZHR 166 (2002), S. 515.

Dreier, Horst (Hrsg.): Grundgesetz Kommentar, Band II: Art. 28 – 82, Tübingen 1998.

Ehlermann, Claus-Dieter: Die vorgesehene Regelung zur Strom- und Gasdurchleitung (TPA) als Verwirklichung der Wettbewerbsvorschriften des EWG-Vertrages, RdE 1993, S. 41.

Ehlers, Dirk: Empfiehlt es sich, das Recht der öffentlichen Unternehmen im Spannungsfeld von öffentlichem Auftrag und Wettbewerb national und gemeinschaftsrechtlich neu zu regeln?, Gutachten E für den 64. Deutschen Juristentag Berlin 2002, in: Ständige Deputation des Deutschen Juristentages (Hrsg.): Verhandlungen des 64. Deutschen Juristentages, Band I: Gutachten, München 2002.

Ehlers, Dirk: Möglichkeiten und Grenzen kommunaler Wirtschaftsbetätigung, in: Ipsen, Jörn (Hrsg.), Kommunalwirtschaft im Umbruch, 11. Bad Iburger Gespräche, Osnabrück 2001, S. 10.

Ehlers, Dirk: Das neue Kommunalwirtschaftsrecht in Nordrhein-Westfalen, NWVBl 2000, S. 1.

Ehlers, Dirk: Rechtsprobleme der Kommunalwirtschaft, DVBl 1998, S. 497.

Ehlers, Dirk: Interkommunale Zusammenarbeit in Gesellschaftsform, DVBl 1997, S. 137.

Ehricke, Ulrich: Zur Konzeption von Art. 37 I und Art. 90 II EGV, EuZW 1998, S. 741.

Ehricke, Ulrich: Der Art. 90 EWGV – eine Neubetrachtung, EuZW 1993, S. 211.

Enkler, Claus: Wirtschaftliche Betätigung der Kommunen in neuen Geschäftsfeldern, ZG 1998, S. 328.

Ennuschat, Jörg: Anmerkung zu OLG Hamm, „Gelsengrün", Urteil vom 23.9.1997, BB 1999, S. 494.

Erichsen, Hans-Uwe: Gemeinde und Private im wirtschaftlichen Wettbewerb, Vortrag vom 19.1.1987, Heft 176 der Juristischen Studiengesellschaft, Karlsruhe 1987.

Ernst, Werner /Zinkahn, Willy / Bielenberg, Walter / Krautzberger, Michael (Hrsg.): Baugesetzbuch Kommentar, Loseblattsammlung, Stand: September 2004, München.

Ewer, Wolfgang: Privatisierung und Public-Private-Partnership als Arbeitsfeld anwaltlicher Tätigkeit, Anwaltsblatt 2001, S. 471.

Faber, Angela: Aktuelle Entwicklungen des Drittschutzes gegen die kommunale wirtschaftliche Betätigung, DVBl 2003, S. 761.

Faber, Angela: Öffentliche Aufträge an kommunalbeherrschte Unternehmen – in-house—Geschäfte oder Vergabe im Wettbewerb?, DVBl 2001, S. 248.

Faber, Markus: Die Vereinbarkeit des Stromeinspeisungsgesetzes und des Erneuerbare-Energien-Gesetzes mit dem primären Europarecht, NuR 2002, S. 140.

Faßbender, Karl-Josef: Rechtsschutz privater Konkurrenten gegen kommunale Wirtschaftsbetätigung, DÖV 2005, S. 89.

Fischer, Martin / Zwetkow, Katrin: Privatisierungsoptionen für den deutschen Wasserversorgungsmarkt im internationalen Vergleich, ZfW 2003, S. 129.

Fischer, Martin / Zwetkow, Katrin: Systematisierung der derzeitigen Privatisierungsmöglichkeiten auf dem deutschen Wassermarkt – Trennung von Netz und Betrieb als zusätzliche Option?, NVwZ 2003, S. 281.

Fischer-Zernin, Cornelius / Ende, Lothar: Praktische Rechtsprobleme der Stromdurchleitung, ZUR 1999, S. 205.

Forsthoff, Ernst: Die Verwaltung als Leistungsträger, Stuttgart Berlin 1938.

Frank, Torsten / Ziller, Gereon: Zur Rechtsnatur des energierechtlichen Anspruchs auf Zugang zu Gasversorgungsnetzen und des Gasdurchleitungsvertrag, RdE 2002, S. 91.

Frenz, Walter: Handbuch Europarecht, Band 1: Europäische Grundfreiheiten, Berlin Heidelberg New York 2004.

Frenz, Walter: Kommunale wirtschaftliche Betätigung zwischen GO, GG und EG, GewA 2006, S. 100.

Frenz, Walter: Liberalisierung und Privatisierung der Wasserwirtschaft, ZHR 166 (2002), S. 307.

Frenz, Walter: Dienste von allgemeinem wirtschaftlichem Interesse – Neuerungen durch Art. 16 EGV, EuR 2000, S. 901.

Fries, Susanne: Optionen für den deutschen Wassermarkt – überholt die europäische Entwicklung die deutsche Modernisierungsstrategie?, NWVBl 2004, S. 341.

Frotscher, Werner: Selbstverwaltung und Demokratie, in: Mutius, Albert von (Hrsg.): Selbstverwaltung im Staat der Industriegesellschaft, Festgabe zum 70. Geburtstag von Georg Christoph von Unruh, Heidelberg 1983, S.217.

Gabler, Manfred / Höhlein, Burkhard (Hrsg.): Kommunalverfassungsrecht Rheinland-Pfalz, Band I, Loseblattsammlung, Stand: Juni 2005, Wiesbaden.

Geiger, Andreas / Freund, Andreas: Europäische Liberalisierung des Wassermarktes, EuZW 2003, S. 490.

Geiger, Rudolf: EUV/EGV, Vertrag über die Europäische Union und Vertrag zur Gründung der Europäischen Gemeinschaft, 4. Auflage, Köln 2004.

Gerke, Jürgen: Die wirtschaftliche Betätigung der Gemeinden, Jura 1985, S. 349.

Gern, Alfons: Deutsches Kommunalrecht, 3. Auflage, Baden-Baden 2003.*Gern, Alfons*: Wirtschaftliche Betätigung der Gemeinden außerhalb des Gemeindegebiets, NJW 2002, S. 2593.

Gottschalk, Martin: Die Reichweite des Dienstleistungsexports gemeindlicher Unternehmen nach der Novellierung der ThürKO, ThürVBl 2003, S. 25.

Grabitz, Eberhard / Hilf, Meinhard (Hrsg.): Das Recht der Europäischen Union, Band I, Loseblattsammlung, Stand: März 2005, München.

Grabitz, Eberhard / Hilf, Meinhard (Hrsg.): Das Recht der Europäischen Union, Band II, Loseblattsammlung, Stand: März 2005, München.

Grave, Carsten: Zusammenschlusskontrolle in der Wasserversorgung, RdE 2004, S. 92.

Grawert, Rolf: Kommunale Wirtschaftsbetätigung im System unverfälschten Wettbewerbs, in: Reichard, Christoph (Hrsg.): Kommunen am Markt; aktuelle Fragen der wirtschaftlichen Betätigung von Kommunen, Schriftenreihe des Kommunalwissenschaftlichen Instituts der Universität Potsdam, Band 8, Berlin 2001, S. 9.

Grawert, Rolf: Zuständigkeitsgrenzen der Kommunalwirtschaft, in: Grupp, Klaus (Hrsg.): Planung - Recht – Rechtsschutz, Festschrift für Willi Blümel zum 70. Geburtstag, Berlin 1999, S. 119.

Groeben, Hans von der / Schwarze, Jürgen (Hrsg.): Kommentar zum Vertrag über die Europäische Union und zur Gründung der Europäischen Gemeinschaft, Band 1: Art. 1 – 53 EUV, Art. 1 – 80 EGV, 6. Auflage, Baden-Baden 2003.

Groeben, Hans von der / Schwarze, Jürgen (Hrsg.): Kommentar zum Vertrag über die Europäische Union und zur Gründung der Europäischen Gemeinschaft, Band 2: Art. 81 – 97 EGV, 6. Auflage, Baden-Baden 2003.

Grooterhorst, Johannes / Törnig, Tobias: Wo liegt die Grenze der Zulässigkeit der wirtschaftlichen Betätigung von Kommunen?, DÖV 2004, S. 685.

Groß, Thomas: Selbstverwaltung angesichts von Europäisierung und Ökonomisierung, DVBl 2002, S. 1182.

Grupp, Klaus: Wirtschaftliche Betätigung der öffentlichen Hand unter dem Grundgesetz, ZHR 140 (1976), S. 367.

Gundlach, Ulf: Die Erweiterung des kommunalen Wirtschaftsrechts in Sachsen-Anhalt, LKV 2002, S. 264.

Heberlein, Horst: Grenznachbarschaftliche Zusammenarbeit auf kommunaler Basis, DÖV 1996, S. 100.

Heberlein, Horst: Rechtsprobleme kommunaler Entwicklungshilfe, DÖV 1990, S. 374.

Heilshorn, Thorsten: Gebietsbezug der Kommunalwirtschaft, Schriften zum deutschen und europäischen Kommunalrecht Bd. 16, Stuttgart München Hannover Berlin Weimar Dresden 2003.

Heilshorn, Torsten: Sollte die überörtliche kommunale Wirtschaftstätigkeit durch die Gemeindeordnungen zugelassen werden?, VerwA 96 (2005), S. 88.

Heimlich, Jörn: Zur Zulässigkeit von Werbung an Hoheitsträgern am Beispiel der öffentlichen Feuerwehr, NVwZ 2000, S. 747.

Heintzen, Markus: Zur Tätigkeit kommunaler (Energieversorgungs-) Unternehmen außerhalb der kommunalen Gebietsgrenzen, NVwZ 2000, S. 743.

Held, Friedrich Wilhelm: Die Zukunft der Kommunalwirtschaft im Wettbewerb mit der Privatwirtschaft – Änderungen des Gemeindewirtschaftsrechts in Nordrhein-Westfalen, NWVBl 2000, S. 201.

Held, Friedrich Wilhelm: Kommunalwirtschaftliche Betätigung – begrenzt auf das Örtlichkeitsprinzip?, in: Henneke, Hans-Günter (Hrsg.): Optimale Aufgabenerfüllung im Kreisgebiet, Stuttgart München Hannover Berlin Weimar Dresen 1999, S. 181.

Held, Friedrich Wilhelm: Ist das kommunale Wirtschaftsrecht noch zeitgemäß?, WiVerw 1998, S. 264.

Held, Friedrich Wilhelm: Änderungsnotwendigkeiten und Änderungsmöglichkeiten des Gemeindewirtschaftsrechts, in: Henneke, Hans-Günter (Hrsg.): Organisation kommunaler Aufgabenerfüllung, Schriften zum deutschen und europäischen Kommunalrecht, Band 6, Stuttgart München Hannover Berlin Weimar Dresden 1998, S. 118.

Held, Friedrich Wilhelm: Die Neufassung des NRW Gemeindewirtschaftsrechts, Ziele und Wege, NWVBl 1995, S. 325.

Hellermann, Johannes: Örtliche Daseinsvorsorge und gemeindliche Selbstverwaltung; Zum kommunalen Betätigungs- und Gestaltungsspielraum unter den Bedingungen europäischer und staatlicher Privatisierungs- und Deregulierungspolitik, Tübingen 2000.

Hendler, Reinhard / Grewing, Cornelia: Der Grundsatz der ortsnahen Versorgung im Wasserrecht, ZUR Sonderheft 2001,S. 146.

Henneke, Hans-Günter: Neuregelung des Rechts der öffentlichen Unternehmen im Spannungsfeld von öffentlichem Auftrag und Wettbewerb, Der Landkreis 2002, S. 644.

Henneke, Hans-Günter: Kommunale Aufgabenerfüllung in Anstaltsform, VBlBW 2000, S. 337.

Henneke, Hans-Günter: Das Recht der Kommunalwirtschaft in Gegenwart und Zukunft, NdsVBl 1999, S. 1.

Henneke, Hans-Günter: Gewinnerzielung und Arbeitsplatzsicherung als Legitimation kommunalwirtschaftlicher Betätigung? – Verfassungsrechtliche Aspekte, NdsVBl 1998, S. 273.

Herdegen, Matthias: Europarecht, 6. Auflage, München 2004.

Heßhaus, Matthias: Kommunale Wirtschaftsbetätigung und Lauterkeit des Wettbewerbs, NWVBl 2003, S. 173.

Hidien, Jürgen: Die positive Konkretisierung der öffentlichen Zweckbindung kommunaler Wirtschaftsunternehmen, Frankfurt am Main Bern New York Nancy 1984.

Hidien, Jürgen: Gemeindliche Betätigung rein erwerbswirtschaftlicher Art und „öffentlicher" Zweck kommunaler wirtschaftlicher Unternehmen, Berlin 1981.

Hill, Hermann: In welchen Grenzen ist kommunalwirtschaftliche Betätigung Daseinsvorsorge?, BB 1997, S. 425.

Hösch, Ulrich: Daseinsvorsorge und Territorialitätsprinzip im öffentlichen Personennahverkehr, GewA 2001, S. 223.

Hösch, Ulrich: Wirtschaftliche Betätigung von gemeindlichen Unternehmen und von Privaten- ein Vergleich, WiVerw 2000, S. 159.

Hösch, Ulrich: Der öffentliche Zweck als Voraussetzung kommunaler Wirtschaftstätigkeit, GewA 2000, S. 1.

Hösch, Ulrich: Öffentlicher Zweck und wirtschaftliche Betätigung der Kommunen, DÖV 2000, S. 393.

Holtorf, Marc L. / Horstmann, Karl-Peter: Aktuelle Entscheidungspraxis über prozessuale und materiell-rechtliche Aspekte des Netzzugangs in der Energiewirtschaft, RdE 2002, S. 264.

Hoppe, Werner / Beckmann, Martin / Kauch, Petra: Umweltrecht,2. Auflage, München 2000.

Hoppe, Werner: Die Bedeutung von Optimierungsgeboten im Planungsrecht, DVBl 1992, S. 853.

Horn, Lutz: Neuere Tendenzen im Vergaberecht – Die Kommune als Auftragnehmerin, NVwZ 2001, S. 647.

Huber, Peter M.: Klarere Verantwortungsteilung von Bund, Ländern und Kommunen?, Gutachten D zum 65. Deutschen Juristentag Bonn 2004, in: Ständige Deputation des Deutschen Juristentages (Hrsg.): Verhandlungen des 64. Deutschen Juristentages, Band I: Gutachten, München 2004.

Immenga, Ulrich / Mestmäcker, Ernst-Joachim (Hrsg.): GWB Gesetz gegen Wettbewerbsbeschränkungen Kommentar, 3. Auflage, München 2001.

Ipsen, Jörn: Wirtschaftliche Betätigung der Gemeinden als kommunalrechtliche und verfassungsrechtliche Fragestellung; in: Ipsen, Jörn (Hrsg.): Recht – Staat – Gemeinwohl, Festschrift für Dietrich Rauschning, Köln 2001, S. 645.

Isensee, Josef/Kirchhof, Paul (Hrsg.): Handbuch des Staatsrechts der Bundesrepublik Deutschland, Bd. III: Das Handeln des Staates, Heidelberg 1988.

Isensee, Josef/Kirchhof, Paul (Hrsg.): Handbuch des Staatsrechts der Bundesrepublik Deutschland, Bd. IV: Finanzverfassung – Bundesstaatliche Ordnung, 2. Auflage, Heidelberg 1989.

Jarass, Hans D.: Aktivitäten kommunaler Unternehmen außerhalb des Gemeindegebiets, insbesondere im öffentlichen Personennahverkehr, DVBl 2006, S. 1.

Jarass, Hans D.: Die Vorgaben des Gemeinderechts für rechtlich selbständige Unternehmen der Kommunen, NWVBl 2002, S. 335.

Jarass, Hans D.: Kommunale Wirtschaftsunternehmen und Verfassungsrecht, DÖV 2002, S. 489.

Jarass, Hans D.: Allgemeine Probleme der Gesetzgebungskompetenz des Bundes, NVwZ 2000, S. 1089.

Jennert, Carsten: Kommunale GmbH statt Privatisierung?, VR 2005, S. 257.

Jennert, Carsten: Sind Konzessionsverträge in der Wasserversorgung auch Dienstleistungskonzessionen im Sinne des europäischen Vergaberechts?, N&R 2004, S. 108.

Jestaedt, Matthias: Selbstverwaltung als „Verbundbegriff" – Vom Wesen und Wert eines allgemeinen Selbstverwaltungsbegriffes, Die Verwaltung 2002, S. 293.

Kämmerer, Jörn Axel: Strategien zur Daseinsvorsorge – Dienste im allgemeinen Interesse nach der „Altmark"-Entscheidung des EuGH, NVwZ 2004, S. 28.

Kämmerer, Jörn Axel: Daseinsvorsorge als Gemeinschaftsziel oder: Europas „soziales Gewissen", NVwZ 2002, S. 1041.

Kämper, Norbert / Heßhaus, Matthias: Beteiligung öffentlicher Unternehmen an Ausschreibungen, NWVBl 2001, S. 377.

Karst, Thomas: Die Garantie kommunaler Selbstverwaltung im Spannungsfeld zwischen konservativer Verfassungslehre und faktischen Marktzwängen – dargestellt am Beispiel der kommunalen Energiewirtschaft, DÖV 2002, S. 809.

Kasper, Andreas: Vergaberecht im Bereich interkommunaler Zusammenarbeit, VR 2006, S. 9.

Katz, Alfred: Kommunalwirtschaft im Umbruch – Beschlüsse des 64. DJT in Berlin zum Recht der öffentlichen Unternehmen, LKV 2003, S. 1.

Kibele, Karl-Heinz: Paradigmenwechsel in der Wasserwirtschaft: Das Recht der Wasserversorgung nach der Wassergesetz-Novelle 1995, VBlBW 1997, S. 121.

Kirchhof, Paul: Hoheitsgebiet und Sparkassengebiet – Funktion und begriffliche Voraussetzungen der Sparkassenneuordnung bei Gebietsänderungen der Gewährsträger, DVBl 1983, S. 921.

Klein, Hans: Die Teilnahme des Staates am wirtschaftlichen Wettbewerb, Beiträge zum öffentlichen Recht Band 18, Stuttgart Berlin Köln Mainz 1968.

Kloepfer, Michael: Umweltrecht, 3. Auflage ,München 2004.

Klüber, Hans: Das Gemeinderecht in den Ländern der Bundesrepublik Deutschland, Berlin Heidelberg New York 1972.

Kluth, Winfried: Grenzen kommunaler Wettbewerbsteilnahme, Studien zum öffentlichen Wirtschaftsrecht Band 5, Köln Berlin Bonn München 1988.

Kluth, Winfried: Eingriff durch Konkurrenz – Zur grundrechtsdogmatischen Verortung kommunaler Teilnahme am wirtschaftlichen Wettbewerb, WiVerw 2000, S. 184.

Knauff, Matthias: Globale Kommunalwirtschaft?, VR 2005, S. 145.

Knemeyer, Franz-Ludwig: Die verfassungsrechtliche Gewährleistung des Selbstverwaltungsrechts der Gemeinden und Landkreise, in: Mutius, Albert von (Hrsg.): Selbstverwaltung im Staat der Industriegesellschaft, Festgabe zum 70. Geburtstag von Georg Christoph von Unruh, Heidelberg 1983, S. 209.

Koch, Thorsten: Vorgaben des europäischen und bundesdeutschen Rechts für eine Neuorganisation der kommunalen Wasserversorgung, ZögU 26 (2003), S.241.

Koenig, Christian / Haratsch, Andreas: Die Ausschreibung von Versorgungsgebieten in der Wasserwirtschaft, DVBl 2004, S. 1387.

Köhler, Helmut: Das neue kommunale Unternehmensrecht in Bayern, BayVBl 2000, S. 1.

Köhler, Helmut: Wettbewerbsrechtliche Grenzen der Betätigung kommunaler Unternehmen, WRP 1999, S. 1205.

Koehler, Matthias: Die Reform des Gemeindewirtschaftsrechts in Nordrhein-Westfalen – zu Inhalt und Verfassungsmäßigkeit des § 107 GO NW n.F., VR 2000, S. 44.

Koenig, Christian / Kühling, Jürgen: „Totgesagte Vorschriften leben länger“: Bedeutung und Auslegung der Ausnahmeklausel des Art. 86 Abs. 2 EG, ZHR 166 (2002), S. 657.

Kopp, Ferdinand O. / Schenke, Wolf-Rüdiger: Verwaltungsgerichtsordnung, 13. Auflage, München 2003.

Kotulla, Michael: Wasserhaushaltsgesetz Kommentar, Stuttgart 2003.

Kotulla, Michael: Das Wasserhaushaltsgesetz und dessen 7. Änderungsgesetz, NVwZ 2002, S. 1409.

Krölls, Albert: Grundrechtliche Schranken der wirtschaftlichen Betätigung der öffentlichen Hand, GewA 1992, S. 281.

Krüger, Herbert: Staatsverfassung und Wirtschaftsverfassung, DVBl 1951, S. 361.

Kühling, Jürgen: Verfassungs- und kommunalrechtliche Probleme grenzüberschreitender Wirtschaftsbetätigung der Gemeinden, NJW 2001, S. 177.

Kühne, Gunther: Rechtsfragen der Kooperation in der Energiewirtschaft, RdE 1998, S. 41.

Langen, Eugen / Bunte, Hermann-Josef (Hrsg.): Kommentar zum deutschen und europäischen Kartellrecht, Band 1, 9. Auflage, Neuwied Kriftel Berlin 2001.

Laskowski, Silke: Die deutsche Wasserwirtschaft im Kontext von Privatisierung und Liberalisierung, ZUR 2003, S. 1.

Lecheler, Helmut / Gundel, Jörg: Die Rolle von Art. 90 Abs. 2 und 3 EGV in einem liberalisierten Energiemarkt – Zur Bedeutung der EuGH-Entscheidungen vom 23.10.1997 für die Zukunft, RdE 1998, S. 92.

Leimkühler, Ralf: Die überörtliche Betätigung von kommunalen Unternehmen – ein Ausschlussgrund im Vergabeverfahren?, VergabeR 2001, S. 353.

Lenz, Carl Otto / Borchardt, Hans-Dieter (Hrsg.): EU- und EG-Vertrag, 3. Auflage, Köln 2003.

Löwer, Wolfgang: Der Staat als Wirtschaftssubjekt und Auftraggeber, VVDStrL (60) 2001, S. 416.

Löwer, Wolfgang: Die Stellung der Kommunen im liberalisierten Strommarkt, NWVBl 2000, S. 241.

Lux, Christina: Das neue kommunale Wirtschaftsrecht in Nordrhein-Westfalen, NWVBl 2000, S. 7.

Mangoldt, Hermann von / Klein, Friedrich / Starck, Christian (Hrsg.): Das Bonner Grundgesetz, Kommentar, Band 1, Art. 1 – 19, 5. Auflage, München 2005.

Mangoldt, Hermann von / Klein, Friedrich / Starck, Christian (Hrsg.): Das Bonner Grundgesetz, Kommentar, Band 2: Art. 20 – 78, 5. Auflage, München 2005.

Mankel, Bettina / Schwarze Reimund: Wettbewerb in der Wasserversorgung – Konzepte, Modelle, Effekte, ZögU 23 (2000), S. 418.

Mann, Thomas: Das Recht auf Zugang zu Dienstleistungen von allgemeinem wirtschaftlichem Interesse, ZögU 28 (2005), S. 174.

Mann, Thomas: Öffentliche Unternehmen im Spannungsfeld von öffentlichem Auftrag und Wettbewerb, JZ 2002, S. 819.

Mann, Thomas: Die „Kommunalunternehmen" – Rechtsformalternative im kommunalen Wirtschaftsrecht, NVwZ 1996, S. 557.

Markert, Kurt: Aktuelle Fragen des Energiekartellrechts im Jahre 1993 aus der Sicht des Bundeskartellamtes, RdE 1993, S. 134.

Masing, Johannes: Regulierungsverantwortung und Erfüllungsverantwortung – Alternativen der Verwaltungsverantwortung am Beispiel der Privatisierungsdiskussion zur Wasserversorgung, VerwA 95 (2004), S. 151.

Maunz, Theodor/ Dürig, Günter (Hrsg.): Grundgesetz, Kommentar, Band 2: Art. 12 – 20, Loseblattsammlung, Stand: Februar 2005, München.

Maunz, Theodor/ Dürig, Günter (Hrsg.): Grundgesetz, Kommentar, Band 4: Art. 28 – 69, Loseblattsammlung, Stand: Februar 2005, München.

Maurer, Hartmut: Verfassungsrechtliche Grundlagen der kommunalen Selbstverwaltung, DVBl 1995, S. 1037.

Mayen, Thomas: Privatisierung öffentlicher Aufgaben: Rechtliche Grenzen und rechtliche Möglichkeiten, DÖV 2001, S. 110.

Merten, Detlef: Sparkassenrechtliches Regionalprinzip und kommunale Neugliederung, DVBl 1983, S. 1140.

Meyer, Dirk: Dienste von allgemeinem wirtschaftlichem Interesse im Spannungsfeld zwischen Selbstbestimmungsrecht der Mitgliedstaaten und EU-Beihilfenkontrolle, EWS 2005, S. 193.

Meyer, Hubert: Wettbewerbsrecht und wirtschaftliche Betätigung der Kommunen, NVwZ 2002, S. 1075.

Meyer, Hubert: Das kommunale Wirtschaftsrecht im Zerrspiegel der Beschlüsse des 64. DJT, NVwZ 2002, S. 1479.

Meyer, Hubert: Nichtwirtschaftliche Betätigung der Kommunen: Spiel ohne Grenzen?, LKV 2000, S. 321.

Michaelis, Peter: Wasserwirtschaft zwischen Markt und Staat, ZögU 24 (2001), S. 432.

Micker, Lars: Die Konkurrenz zwischen privaten und kommunalen Wirtschaftsunternehmen, NWVBl 2004, S. 181.

Möstl, Markus: Zur Zulässigkeit kommunaler Telekommunikationsdienstleistungen, BayVBl 1999, S. 547.

Moraing, Markus: Kommunales Wirtschaftsrecht vor dem Hintergrund der Liberalisierung der Märkte, WiVerw 1998, S. 233.

Moraing, Markus: Anmerkung zum Urteil des OLG Düsseldorf, NWVBl 1997, S. 355.

Moraing, Markus: Möglichkeiten und Grenzen des kommunalen Wirtschaftsrechts, in: Anlage zum VKU-Nachrichtendienst, Folge 589, Januar 1998, S. 8.

Müller, Martin: Erwerbswirtschaftliche Betätigung der Kommunen zwischen Grundgesetz und Kommunalverfassungsrecht, NVwZ 2000, S. 769.

Münch, Ingo von / Kunig, Philip (Hrsg.): Grundgesetz-Kommentar, Band 2: Art. 20 – 69, 5. Auflage, München 2001.

Münch, Ingo von / Kunig, Philip (Hrsg.): Grundgesetz-Kommentar, Band 3: Art. 70 – 146, 5. Auflage, München 2003.

Mutius, Albert von: Örtliche Aufgabenerfüllung – Traditionelles, funktionales oder neues Selbstverwaltungsverständnis?, in: Mutius, Albert von (Hrsg.): Selbstverwaltung im Staat der Industriegesellschaft, Festgabe zum 70. Geburtstag von Georg Christoph von Unruh, Heidelberg 1983, S. 227.

Nagel, Bernhard: Gemeindeordnung als Hürde?, Baden-Baden 1999.

Nagel, Bernhard: Norm und Markt bei den kommunalen Stromversorgern, NVwZ 2000, S. 758.

Nagel, Bernhard: Die öffentlichen Unternehmen im Wettbewerb – Kommunalrecht und europäisches Gemeinschaftsrecht, ZögU 23 (2000), S. 428.

Nettesheim, Martin: Europäische Beihilfenaufsicht und mitgliedstaatliche Daseinsvorsorge, EWS 2002, S. 253.

Oebbecke, Janbernd: Die örtliche Begrenzung kommunaler Wirtschaftstätigkeit, ZHR 164 (2000), S. 375.

Ossenbühl, Fritz: Daseinsvorsorge und Verwaltungsprivatrecht, DÖV 1971, S. 513.

Otting, Olaf: Neues Steuerungsmodell und rechtliche Betätigungsspielräume der Kommunen, Köln 1997.

Otting, Olaf: Wirtschaftliche Betätigung im Gewande nichtwirtschaftlicher Einrichtungen – Zum Urteil des OLG Düsseldorf vom 28.10.1999, NWVBl 2000, S. 206.

Otting, Olaf: Die Aktualisierung öffentlich-rechtlicher Schranken kommunalwirtschaftlicher Betätigung durch das Wettbewerbsrecht, DÖV 1999, S. 549.

Otting, Olaf: Öffentlicher Zweck, Finanzhoheit und fairer Wettbewerb – Spielräume kommunaler Erwerbswirtschaft, DVBl 1997, S. 1258.

Pagenkopf, Martin: Einige Betrachtungen zu den Grenzen für privatwirtschaftliche Betätigung der Gemeinden, GewA 2000, S. 177.

Papier, Hans-Jürgen: Kommunale Daseinsvorsorge im Spannungsfeld zwischen nationalem Recht und Gemeinschaftsrecht, DVBl 2003, S. 686.

Pappermann, Ernst: Das zwischengemeindliche Nachbarrecht – BVerwGE 40, 323, JuS 1973, S. 689.

Penski, Ulrich: Staatlichkeit öffentlicher Verwaltung und ihre marktmäßige Modernisierung – Vereinbarkeit oder Widerspruch?, DÖV 1999, S. 85.

Pielow, Johann-Christian: Gemeindewirtschaft im Gegenwind? – Zu den rechtlichen Grenzen kommunaler Wettbewerbsteilnahme am Beispiel der Telekommunikation, NWVBl 1999, S. 369.

Pieroth, Bodo / Schlink, Bernhard: Grundrechte, 19. Auflage, Heidelberg 2003.

Pieroth, Bodo / Hartmann, Bernd J.: Grundrechtsschutz gegen wirtschaftliche Betätigung der öffentlichen Hand, DVBl 2002, S. 421.

Pöcherstorfer, Winfried: Daseinsvorsorge und Marktöffnung durch Gemeinschaftsrecht – auch in der Wasserwirtschaft?, ZUR Sonderheft 2003, S. 184.

Püttner, Günter: Öffentliche Unternehmen, 2. Auflage, Stuttgart München Hannover 1985.

Püttner, Günter (Hrsg.): Handbuch der kommunalen Wissenschaft und Praxis, Band 5: Kommunale Wirtschaft, 2. Auflage, Berlin Heidelberg New York Tokyo 1984.

Püttner, Günter: Das grundlegende Konzept der Daseinsvorsorge. Kommunale Daseinsvorsorge – Begriff, Geschichte, Inhalte, in: Hrbek, Rudolf / Nettesheim, Martin (Hrsg.): Europäische Union und mitgliedstaatliche Daseinsvorsorge, Schriftenreihe des Europäischen Zentrums für Föderalismus-Forschung Band 25, Baden-Baden 2002, S. 32.

Püttner, Günter: Neue Regelungen für öffentliche Unternehmen?, DÖV 2002, S. 731.

Rapp-Jung, Barbara: Der Energiesektor zwischen Marktwirtschaft und öffentlicher Aufgabe, EuZW 1994, S. 464.

Rapp-Jung, Barbara: Zur Tragweite von Art. 90 Abs. 2 EGV für die Energiewirtschaft, RdE 1994, S. 165.

Reinhardt, Michael: Neuere Entwicklungen im wasserhaushaltsgesetzlichen Bewirtschaftungssystem unter besonderer Berücksichtigung des Bergbaus, NuR 2004, S. 82.

Rengeling, Hans-Werner: Die Bundeskompetenzen für ein Umweltgesetzbuch I, DVBl 1998, S. 997.

Rennert, Klaus: Der Selbstverwaltungsgedanke im kommunalen Wirtschaftsrecht, JZ 2003, S. 385.

Rennert, Klaus: Kommunalwirtschaft und Selbstverwaltungsgarantie, DV 2002, S. 319.

Riese, Christoph / Suermann, Ansgar: Kommunale Unternehmen und öffentliche Aufträge, LKV 2005, S. 289.

Ronellenfitsch, Michael: Staat und Markt: Rechtliche Grenzen einer Privatisierung kommunaler Aufgaben, DÖV 1999, S. 705.

Ruffert, Matthias: Grundlagen und Maßstäbe einer wirkungsvollen Aufsicht über die kommunale wirtschaftliche Tätigkeit, VerwA 92 (2001), S. 27.

Ruffert, Matthias: Kommunalwirtschaft und Landes-Wirtschaftsverfassung, NVwZ 2000, S. 763.

Sachs, Michael J. (Hrsg.): Grundgesetz Kommentar, 3. Auflage, München 2003.

Salzwedel, Jürgen: Netzwirtschaft und Regulierung in der Wasserversorgung und Abwasserwirtschaft, N&R 2004, S. 36.

Salzwedel, Jürgen: Optionen, Chancen und Rahmenbedingungen einer Marktöffnung für eine nachhaltige Wasserversorgung – Rechtsfragen, NordÖR 2001, S. 185.

Salzwedel, Jürgen: Die Wasserwirtschaft im Spannungsfeld zwischen water industry und Daseinsvorsorge, in: Gesellschaft für Umweltrecht (Hrsg.): Umweltrecht im Wandel – Bilanzen und Perspektiven aus Anlass des 25jährigen Bestehens der Gesellschaft für Umweltrecht GfU, Berlin 2001, S. 615ff.

Salzwedel, Jürgen: Gesetzliche Inpflichtnahme von Unternehmen der öffentlichen Wasserversorgung zur Gewässerüberwachung, in: Veröffentlichungen des Instituts für das Recht der Wasser- und Entsorgungswirtschaft an der Universität Bonn (Hrsg.): Heft 24, Staat Selbstverwaltung und Private in der Wasser- und Entsorgungswirtschaft, Köln Berlin Bonn München 1997, S. 57 ff.

Sauer, Johannes / Strecker, Daniel: Steigerung der Versorgungseffizienz auf Unternehmens- und Sektorenebene – Unternehmensstrategien im Wassermarkt, ZögU 26 (2003), S. 259.

Scharpf, Christian: Von „Ressourcennutzungen“ und „Annextätigkeiten“, DÖV 2006, S. 23.

Scharpf, Christian: Der Einfluss des Europarechts auf die Daseinsvorsorge, EuZW 2005, S. 295.

Scharpf, Christian: Rechtsprobleme der Gebietsüberschreitung – Kommunale Unternehmen extra muros?, NVwZ 2005, S. 148.

Scharpf, Christian: Die wirtschaftliche Betätigung von Gemeinden zwischen Grundrechtsrelevanz und kommunalem Selbstverwaltungsrecht, GewA 2005, S. 1.

Scharpf, Christian: Drittschutz der Privatwirtschaft? – Die Folgen der „Elektroarbeiten“-Entscheidung des BGH und der UWG-Novelle 2004, GewA 2004, S. 317.

Scheele, Ulrich: Aktuelle Entwicklungen in der englischen Wasserwirtschaft, ZögU 20 (1997), S. 35.

Scheidemann, Dieter: Der Begriff Daseinsvorsorge, Göttinger Politikwissenschaftliche Forschungen Band 5, Göttingen 1991.

Scheunig, Dieter H.: Europäisierung des Verwaltungsrechts, Die Verwaltung 2001, S. 107.

Schink, Alexander: Kommunale Daseinsvorsorge in Europa, DVBl 2005, S. 861.

Schink, Alexander: Wirtschaftliche Betätigung kommunaler Unternehmen, NVwZ 2002, S. 129.

Schliesky, Utz: Vom kommunalen Wirtschaftsrecht zum Öffentlichen Wettbewerbsrecht, NdsVBl 2005, S. 113.

Schmahl, Stefanie: Umfang und grenzen wirtschaftlicher Betätigung von Gemeinden in Brandenburg, LKV 2000, S. 47.

Schmahl, Stefanie: Europäisierung der kommunalen Selbstverwaltung, DÖV 1999, S. 852.

Schmalz, Reinhard: Ressourcenschonung im liberalisierten Wassermarkt, ZUR Sonderheft 2001, S. 152.

Schmidt, Reiner: Die Liberalisierung der Daseinsvorsorge, Der Staat 2003, S. 225.

Schmidt-Aßmann, Eberhard (Hrsg.): Besonderes Verwaltungsrecht, 12. Auflage, Berlin New York 2003.

Schmidt-Aßmann, Eberhard: Verfassungsschranken der Kommunalwirtschaft, in: Habersack, Mathias / Hommelhoff, Peter / Hüffer, Uwe / Schmidt, Karsten (Hrsg.): Festschrift für Peter Ulmer zum 70. Geburtstag am 2. Januar 2003, Berlin 2003, S. 1015.

Schmidt-Aßmann, Eberhard: Kommunale Selbstverwaltung nach „Rastede" – Funktion und Dogmatik des Art. 28 Abs. 2 GG in der neueren Rechtsprechung, in: Franßen, Everhardt / Redeker, Konrad / Schlichter, Otto / Wilke, Dieter (Hrsg.): Festschrift für Horst Sendler, München 1991, S. 121.

Schmidt-Aßmann, Eberhard: Verwaltungslegitimation als Rechtsbegriff, AöR 116 (1991), S. 329.

Schmidt-Jortzig, Edzard: Kommunalrecht, Stuttgart Berlin Köln Mainz 1982.

Schmidt-Jortzig, Edzard: Gemeinde- und Kreisaufgaben – Funktionsordnung des Kommunalbereiches nach „Rastede", DÖV 1993, S. 973.

Schmidt-Jortzig, Edzard: Gemeindliche Selbstverwaltung und Entwicklungszusammenarbeit, DÖV 1989, S. 142.

Schneider, Jens-Peter: Der Staat als Wirtschaftssubjekt und Steuerungsakteur, DVBl 2000, S. 1250.

Schneider, Matthias / Häfner, Sascha: Konkurrenz durch die öffentliche Hand?, AbfallR 2005, S. 31.

Schoch, Friedrich: Europäisierung des allgemeinen Verwaltungsrechts, JZ 1995, S. 109.

Schoch, Friedrich: Die Privatisierung von Verwaltungsaufgaben, DVBl 1994, S. 962.

Schröder, Holger: Vergaberechtliche Probleme bei der Public-Private-Partnership in Form der gemischtwirtschaftlichen Unternehmung, NJW 2002, S. 1831.

Scholz, Rupert: Neue Entwicklungen im Gemeindewirtschaftsrecht – Strukturfragen und Verfassungskritik, DÖV 1976, S. 441.

Schulz, Norbert: Anmerkungen zur Tätigkeit gemeindlicher Unternehmen außerhalb des Gemeindegebiets, BayVBl 1998, S. 449.

Schulz, Paul-Martin: Das Siebte Gesetz zur Änderung des Wasserhaushaltsgesetzes, KA Wasserwirtschaft, Abwasser, Abfall 2002, S. 1258.

Schulze-Fielitz, Helmuth: Die kommunale Selbstverwaltung zwischen Diversifizierung und Einheit der Verwaltung, in: Henneke, Hans-Günter (Hrsg.): Organisation kommunaler Aufgabenerfüllung, Schriften zum deutschen und europäischen Kommunalrecht, Band 6, Stuttgart München Hannover Berlin Weimar Dresden 1998, S. 223.

Schwarze, Jürgen: Daseinsvorsorge im Lichte des Wettbewerbsrechts, Schriftenreihe Europäisches Recht, Politik und Wirtschaft Band 258, Baden-Baden 2001.

Schwarze, Jürgen (Hrsg.): EU-Kommentar, Baden-Baden 2000.

Schwarze, Jürgen: Daseinsvorsorge im Lichte des europäischen Wettbewerbsrechts, EuZW 2001, S. 334.

Schwarze, Jürgen: Der Staat als Adressat des europäischen Wettbewerbsrechts, EuZW 2000, S. 613.

Schwintowski, Hans-Peter: Überwindung des Örtlichkeitsprinzips auf Energiemärkten, in: Büdenbender, Ulrich / Kühne, Günther (Hrsg.): Das neue Energierecht in der Bewährung, Festschrift zum 65. Geburtstag von Fritz Baur, Baden-Baden 2002, S. 339.

Schwintowski, Hans-Peter: Corporate Governance im öffentlichen Unternehmen, NVwZ 2001, S. 607.

Seewald, Otfried: Gemeinden und „atomwaffenfreie Zone". Ein Beitrag zur gemeindlichen Meinungsfreiheit und zum Kernbereich der kommunalen Selbstverwaltung, DV 1992, S. 175.

Sieder, Frank / Zeitler, Herbert / Dahme, Heinz (Hrsg.): Bayerisches Wassergesetz, Loseblattsammlung, Stand: Juni 2004, München.

Sieder, Frank / Zeitler, Herbert / Dahme, Heinz (Hrsg.): Wasserhaushaltsgesetz und Abwasserabgabengesetz Kommentar, Band 1, Loseblattsammlung, Stand: September 2002, München.

Sodan, Helge: Vorrang der Privatheit als Prinzip der Wirtschaftsverfassung, DÖV 2000, S. 361.

Sollondz, Frank: Neues kommunales Unternehmensrecht im Freistaat Sachsen, SächsVBl 2003, S. 297.

Sparwasser, Reinhard / Engel, Rüdiger / Voßkuhle, Andreas (Hrsg.): Umweltrecht, 5. Auflage, Heidelberg 2001.

Steiner, Udo (Hrsg.): Besonderes Verwaltungsrecht, 7. Auflage, Heidelberg 2003.

Stellungnahme des Wissenschaftlichen Beirats der Gesellschaft für öffentliche Wirtschaft: Zur Beibehaltung kommunaler Dienstleistungen in der Europäischen Union, ZögU 27 (2004), 187.

Stern, Klaus: Das Staatsrecht der Bundesrepublik Deutschland, Band I: Grundbegriffe und Grundlagen des Staatsrechts, Strukturprinzipien der Verfassung, 2. Auflage, München 1984.

Stern, Klaus: Das Staatsrecht der Bundesrepublik Deutschland, Band III, 1. Halbband: Allgemeine Lehren der Grundrechte, München 1988.

Stern, Klaus / Püttner, Günter: Die Gemeindewirtschaft – Recht und Realität, Schriftenreihe des Vereins für Kommunalwissenschaften e.V. Berlin Band 8, Stuttgart Berlin Köln Mainz 1965.

Stern, Klaus: Der rechtliche Standort der Gemeindewirtschaft, AfK 1964, S. 81.

Stober, Rolf: Kommunalrecht in der Bundesrepublik Deutschland, 3. Auflage, Stuttgart Berlin Köln 1996.

Stober, Rolf: Neuregelung des Rechts der öffentlichen Unternehmen, NJW 2002, S. 2357.

Stober, Rolf: Zur verfassungsrechtlichen Lage der kommunalen Wirtschaftsverwaltung (Wirtschaftsüberwachung, -förderung und -planung), JZ 1984, S. 105.

Stober, Rolf: Rein gewerbliche Betätigung der öffentlichen Hand und Verfassung, ZHR 145 (1981), S. 565.

Storr, Stefan: Der Staat als Unternehmer, Tübingen 2001.

Storr, Stefan: Zwischen überkommener Daseinsvorsorge und Diensten von allgemeinem wirtschaftlichem Interesse – Mitgliedstaatliche und europäische Kompetenzen im Recht der öffentlichen Dienste, DÖV 2002, S. 357.

Streinz, Rudolf (Hrsg.): Vertrag über die Europäische Union und Vertrag zur Gründung der Europäischen Gemeinschaft , München 2003.

Streinz, Rudolf: Europarecht, 6. Auflage, Heidelberg 2003.

Surèn, Friedrich-Karl / Loschelder, Wilhelm: Die Deutsche Gemeindeordnung vom 30. Januar 1935, Band II: Die §§ 60-123 der Deutschen Gemeindeordnung, Berlin 1940.

Tettinger, Peter J.: Besonderes Verwaltungsrecht, 6. Auflage, Heidelberg 2001.

Tettinger, Peter J. : Verfassungsrecht und Wirtschaftsordnung – Gedanken zur Freiheitsentfaltung am Wirtschaftsstandort Deutschland, DVBl 1999, S. 679.

Tettinger, Peter J.: Die rechtliche Ausgestaltung von Public Private Partnership, DÖV 1996, S. 764.

Teufel, Günther / Kempkes, Jan Hendryk: Die Kommune als Wettbewerber im Entsorgungsmarkt, AbfallR 2005, S. 57.

Theobald, Christian: Aktuelle Entwicklungen des Infrastrukturrechts, NJW 2003, S. 324.

Thiessen, Jan: Art. 90 Abs. 2 Satz 1 EGV – eine Privilegierung für deutsche Energieversorger?, EWS 1998, S. 10.

Tintelnot, Albrecht / Pommer, Sophia: Das neue Gemeindewirtschaftsrecht der Sächsischen Gemeindeordnung vom 18. März 2003, SächsVBl 2003, S. 205.

Tödtmann, Ulrich: Kommunale Energieversorgungsunternehmen zwischen Gemeinderecht und Wettbewerb, RdE 2002, 6.

Tomerius, Stephan: Überörtliche Gemeindewirtschaft und das Gebot interkommunaler Abstimmung, Der Gemeindehaushalt 2004, S. 241.

Tomerius, Stephan: Kommunale Abfallwirtschaft und Vergaberecht, NVwZ 2000, S. 727.

Tomerius, Stephan: Wirtschaftliche Betätigung der Kommunen zwischen Gemeindewirtschafts- und Wettbewerbsrecht, LKV 2000, S. 41.

Tomerius, Stephan / Breitkreuz, Tilman: Selbstverwaltungsrecht und „Selbstverwaltungspflicht“, DVBl 2003, S. 426.

Uechtritz, Michael: Die Gemeinde als Nachbar – Abwehransprüche und Rechtsschutz von Nachbargemeinden gegen Einkaufszentren, Factory-Outlets und Großkinos, BauR 1999, S. 572.

Uhlenhut, Bernd: Wirtschaftliche Betätigung der Gemeinden außerhalb ihres Gebietes, Bochumer Beiträge zum Berg- und Energierecht, Stuttgart München Hannover Berlin Weimar Dresden 2004.

Umweltbundesamt (Hrsg.): Nachhaltige Wasserversorgung in Deutschland, Berlin 2001.

Umweltbundesamt (Hrsg.): Liberalisierung der deutschen Wasserversorgung – Auswirkungen auf den Gesundheits- und Umweltschutz, Skizzierung eines Ordnungsrahmens für eine wettbewerbliche Wasserwirtschaft, Berlin 2000.

Volkmann, Uwe: Der Anspruch der Kommunen auf finanzielle Mindestausstattung, DÖV 2001, S. 497.

Waechter, Kay: Kommunalrecht, 3. Auflage, Köln Berlin Bonn München 1997.

Wanka, Wolfgang: Privatisierung öffentlich-rechtlicher Unternehmen in der Wasserver- und –entsorgung nach der Novelle des WHG, Gwf Wasser Abwasser 1999, S. 121.

Weiß, Wolfgang: Kommunale Energieversorger und EG-Recht: Fordert das EG-Recht die Beseitigung der Beschränkungen für die kommunale Wirtschaft?, DVBl 2003, S. 564.

Wessel, Horst: Die Versorgung von Kommunen mit Wasser, Gas und elektrischer Energie von etwa 1850 bis 1914, in: Wysocki, Georg (Hrsg.): Kommunalisierung im Spannungsfeld von Regulierung und Deregulierung im 19. und 20. Jahrhundert, Berlin 1995, S. 49.

Wieland, Joachim: Konkurrentenschutz gegen kommunale Wirtschaftsbetätigung – eine Rechtssprechungsanalyse, DV 2003, S. 225.

Wieland, Joachim: Die Stellung der nordrhein-westfälischen Kommunen im liberalisierten Strommarkt, NWVBl 2000, S. 246.

Wieland, Joachim: Wirtschaftliche Betätigung der Kommunen, in: SPD-Landtagsfraktion (Hrsg.) Berlin 1997, S. 8.

Wieland, Joachim / Hellermann, Johannes: Der Schutz des Selbstverwaltungsrechts der Kommunen gegenüber Einschränkungen ihrer wirtschaftlichen Betätigung im nationalen und europäischen Recht, VKU, Beiträge zur kommunalen Versorgungswirtschaft, Heft 85, 1995.

Wieland, Joachim / Hellermann, Johannes: Das Verbot ausschließlicher Konzessionsverträge und die kommunale Selbstverwaltung, DVBl 1996, S. 401.

Wolfers, Benedikt / Kaufmann, Marcel: Private als Anstaltsträger, DVBl 2002, S. 507.

Wolfers, Benedikt: Privatisierung unter Wahrung der öffentlich-rechtlichen Rechtsform: Der Modellfall Berliner Wasserbetriebe, NVwZ 2000, S. 765.

Wolff, Hans J. / Bachof, Otto / Stober, Rolf: Verwaltungsrecht, Band 3, 5. Auflage, München 2004.

Zacharias, Diana: Wirtschaftliche Betätigung der Kommunen, VR 2000, S. 271.

Abkürzungsverzeichnis

a.A.	Anderer Ansicht
AbfallR	Abfallrecht
ABl.	Amtsblatt
Abs.	Absatz
AfK	Archiv für Kommunalwissenschaften
AöR	Archiv des öffentlichen Rechts
Art.	Artikel
BauR	Baurecht
BayGO	Bayerische Gemeindeordnung
BayVBl	Bayerische Verwaltungsblätter
BayVerf	Bayerische Verfassung
BayWG	Bayerisches Wassergesetz
BB	Betriebs-Berater
BbgVerf	Brandenburgische Verfassung
Bd.	Band
BerlWG	Berliner Wassergesetz
BGH	Bundesgerichtshof
BMWi	Bundesministerium für Wirtschaft und Technologie
BremVerf	Verfassung des Landes Bremen
BT-Drucks.	Bundestags-Drucksache
BVerfG	Bundesverfassungsgericht
BVerfGE	Entscheidungen des Bundesverfassungsgerichts
BVerwG	Bundesverwaltungsgericht
BVerwGE	Entscheidungen des Bundesverwaltungsgerichts
BWVerf	Baden-Württembergische Verfassung
DGO	Deutsche Gemeindeordnung
d.h.	Das heißt
DJT	Deutscher Juristentag
DÖV	Die öffentliche Verwaltung
DV	Die Verwaltung
DVBl	Deutsches Verwaltungsblatt
EGV	Vertrag zur Gründung der Europäischen Gemeinschaft
EuGH	Europäischer Gerichtshof
EuR	Europarecht
EUV	Vertrag über die Europäische Union
EuZW	Europäische Zeitschrift für Wirtschaftsrecht
EWS	Europäisches Wirtschafts- und Steuerrecht
f.	Folgende
ff.	Fortfolgende
FS	Festschrift
GewA	Gewerbearchiv
GfU	Gesellschaft für Umweltrecht
GO Bbg	Gemeindeordnung Brandenburg
GO BW	Baden-Württembergische Gemeindeordnung
GO LSA	Gemeindeordnung des Landes Sachsen-Anhalt
GO NRW	Nordrhein-Westfälische Gemeindeordnung
GO RP	Rheinland-Pfälzische Gemeindeordnung
GO S-H	Gemeindeordnung Schleswig-Holstein
GG	Grundgesetz

GVBl.	Gesetz- und Verwaltungsblatt
GWB	Gesetz gegen Wettbewerbsbeschränkungen
HessGO	Hessische Gemeindeordnung
HessVerf	Hessische Verfassung
HessWG	Hessisches Wassergesetz
h.M.	Herrschende Meinung
HRG	Hochschulrahmengesetz
Hrsg.	Herausgeber
IBR	Immobilien- & Baurecht
JuS	Juristische Schulung
JZ	Juristenzeitung
KV M-V	Kommunalverfassung Mecklenburg-Vorpommern
LKV	Landes- und Kommunalverwaltung
LT-Drucks.	Landtags-Drucksache
NdsGO	Niedersächsische Gemeindeordnung
NdsVBl	Niedersächsische Verwaltungsblätter
NdsVerf	Niedersächsische Verfassung
NJW	Neue Juristische Wochenschrift
NJW-RR	Neue Juristische Wochenschrift Rechtsprechungs Report
NordÖR	Zeitschrift für öffentliches Recht in Norddeutschland
Nr.	Nummer
NuR	Natur und Recht
N&R	Netzwirtschaften und Recht
NVwZ	Neue Zeitschrift für Verwaltungsrecht
NWVBl	Nordrhein-Westfälische Verwaltungsblätter
NWVerf	Nordrhein-Westfälische Verfassung
NZBau	Neue Zeitschrift für Baurecht und Vergaberecht
OLG	Oberlandesgericht
OVG	Oberverwaltungsgericht
PrOVGE	Entscheidungen des Königlich-Preußischen Oberverwaltungsgerichts
RdE	Recht der Energiewirtschaft
Rdnr.	Randnummer
RL	Richtlinie
Rs.	Rechtssache
S.	Seite
SaarlKSVG	Saarländisches Kommunalselbstverwaltungsrecht
SaarlVerf	Saarländische Verfassung
SaarlWG	Saarländisches Wassergesetz
SächsGO	Sächsische Gemeindeordnung
SächsVBl	Sächsische Verwaltungsblätter
SächsVerf	Sächsische Verfassung
SächsWG	Sächsisches Wassergesetz
ThürKo	Thüringische Kommunalordnung
ThürVBl	Thüringische Verwaltungsblätter
ThürWG	Thüringisches Wassergesetz
UBA	Umweltbundesamt
UWG	Gesetz gegen den unlauteren Wettbewerb
VBlBW	Verwaltungsblätter Baden-Württemberg
Verf LSA	Verfassung des Landes Sachsen-Anhalt
Verf M-V	Verfassung des Landes Mecklenburg-Vorpommern

Verf RP	Rheinland-Pfälzische Verfassung
Verf S-H	Verfassung des Landes Schleswig-Holstein
VerfGH	Verfassungsgerichtshof
VerfThür	Thüringische Verfassung
VergabeR	Vergaberecht
VerwA	Verwaltungsarchiv
VG	Verwaltungsgericht
VGH	Verwaltungsgerichtshof
Vgl.	Vergleiche
VKU	Verband kommunaler Unternehmen
VR	Verwaltungsrundschau
VVDStrL	Veröffentlichungen der Vereinigung deutscher Staatsrechtslehrer
WG Bbg	Wassergesetz Brandenburg
WG BW	Wassergesetz Baden-Württemberg
WG LSA	Wassergesetz des Landes Sachsen-Anhalt
WG M-V	Wassergesetz Mecklenburg-Vorpommern
WG RP	Rheinland-Pfälzisches Wassergesetz
WG S-H	Wassergesetz Schleswig-Holstein
WHG	Wasserhaushaltsgesetz
WiVerw	Wirtschaft und Verwaltung
WRP	Wettbewerb in Recht und Praxis
WuW	Wirtschaft und Wettbewerb
z.B.	Zum Beispiel
ZfW	Zeitschrift für Wasserrecht
ZG	Zeitschrift für Gesetzgebung
ZGR	Zeitschrift für Unternehmens- und Gesellschaftsrecht
ZHR	Zeitschrift für das gesamte Handels- und Wirtschaftsrecht
ZögU	Zeitschrift für öffentliche und gemeinwirtschaftliche Unternehmen
ZUR	Zeitschrift für Umweltrecht

§ 1 Einleitung

A. Kommunale Wirtschaftstätigkeit außerhalb des Gemeindegebiets

Die Gemeinden übertreten im Rahmen ihrer Wirtschaftstätigkeit in den letzten Jahren verstärkt die Grenzen ihres Gemeindegebiets. So nehmen etwa Abfallentsorgungsunternehmen einer Gemeinde an den Ausschreibungswettbewerben von Entsorgungsleistungen anderer Gemeinden teil[1]. Die AWISTA GmbH, ein Tochterunternehmen zweier von der Stadt Düsseldorf beherrschten Gesellschaften, hat den Zuschlag für Entsorgungsleistungen in der Stadt Wülfrath bekommen[2]. Die ART GmbH, eine hundertprozentige Tochter des Zweckverbands Abfallwirtschaft im Raum Trier (ART) bekam bei einer neuen Sortier-Ausschreibung des Dualen Systems in Bonn den Zuschlag[3]. Beispiele finden sich auch in anderen Gebieten[4]. So versorgt die Stadt Hannover nicht nur ihr eigenes Gebiet mit Strom, Gas und Wasser[5]. Die Mannheimer Versorgungs- und Verkehrsgesellschaft mbH bietet europaweit Consulting im Energiebereich an[6]. Die verstärkte Aktivität ist eine Folge der finanziellen Probleme vieler Städte und Gemeinden. Durch die gemeinschaftsrechtlich angestoßene Liberalisierung der Energieversorgung haben die Gemeinden eine wesentliche Einnahmequelle verloren[7]. Die Öffnung bisher monopolistisch von den kommunalen Unternehmen wahrgenommener Tätigkeitsbereich für den Wettbewerb führt zu Einnahmeverlusten, die die Kommunen durch die Erschließung neuer Märkte ausgleichen müssen. Dazu gehört zum einen die sachliche Ausweitung der kommunalen Wirtschaftstätigkeit, d.h. die die Übernahme neuer Tätigkeiten innerhalb des eigenen Gemeindegebiets[8]. Mit der Zulässigkeit solcher zusätzlicher Leistungsangebote hat sich die Rechtsprechung schon öfters beschäftigen müssen[9]. Meh-

---

[1] Vgl. OLG Düsseldorf NVwZ 2000, 714; OLG Düsseldorf NWVBl 2003, 192; OVG Münster GewA 2005, 75; aus dem neuesten Schrifttum dazu *Schneider/Häfner*, AbfallR 2005, 31; *Teufel/Kempkes*, AbfallR 2005, 57.

[2] Vgl. die Schilderung des Sachverhalts bei *Leimkühler*, VergabeR 2001, 353, 357.

[3] Vgl. den Bericht in Trierischer Volksfreund vom 24.9.2004, S. 8.

[4] Vgl. beispielsweise die Nachweise bei *Held* in Henneke (Hrsg.), Optimale Aufgabenerfüllung im Kreisgebiet, S. 181 f.; *Oebbecke*, ZHR 164 (2000), 375, 378 ff.; *Ehlers*, DVBl 1998, 497, 504 f.

[5] Vgl. *Heilshorn*, Gebietsbezug der Kommunalwirtschaft, S. 23.

[6] Vgl. *Uhlenhut*, Wirtschaftliche Betätigung der Gemeinden außerhalb ihres Gebietes, S. 13.

[7] *Weiß*, DVBl 2004, 564.

[8] Dazu aus dem Schrifttum stellvertretend *Faßbender*, DÖV 2005, 89; *Scharpf*, GewA 2005, 1; *Schliesky*, DÖV 2005, 113; *Grooterhorst*, DÖV 2004, 685; *Diefenbach*, WiVerw 2003, 115; *Schink*, NVwZ 2002, 129; *Stober*, NJW 2002, 2357; *Britz*, NVwZ 2001, 380; *Hösch*, DÖV 2000, 393; *Ennuschat*, BB 1999, 494; *Ehlers*, DVBl 1998, 497; *Henneke*, NdsVBl 1998, 273; *Badura*, DÖV 1998, 818; *Hill*, BB 1997, 425.

[9] OLG Hamm, NVwZ 1998, 3504 (Gelsengrün); VGH Mannheim, NVwZ 1999, 1243 (Überlassung von Müll); OLG Düsseldorf, NVwZ 2000, 111 (Alt-Kfz-Verwertung); OLG Düsseldorf NWVBl 2001, 192 (Gebäudemanagement); BGH, NJW 2002, 2645 (Elektroarbeiten);

rere Landesgesetzgeber haben auf die Veränderung der Wettbewerbssituation der Kommunalwirtschaft reagiert und haben in ihre Gemeindeordnungen sogenannte Expansionsklauseln aufgenommen, die den kommunalen Unternehmen unter bestimmten Voraussetzungen die Aufnahme einer wirtschaftlichen Betätigung außerhalb des Gemeindegebiets erlauben[10]. Mit der Möglichkeit einer überörtlichen kommunalen Wasserversorgung beschäftigt sich ausdrücklich nur § 116 GO LSA[11]. Daneben sind teilweise sogar Regelungen zur Aufnahme einer wirtschaftlichen Betätigung im Ausland in die Gemeindeordnungen aufgenommen worden[12]. Die Fragen der Zulässigkeit der kommunalen Wirtschaftstätigkeit außerhalb des Gemeindegebiets und der Verfassungsmäßigkeit dieser Expansionsklauseln haben auch das Schrifttum beschäftigt[13]. Die überörtliche kommunale Wirtschaftstätigkeit wurde im Gutachten von *Ehlers* für den 64. Deutschen Juristentag 2002[14] ausführlich erörtert und war Gegenstand zweier Dissertationen, die im Zeitraum der Erstellung dieser Arbeit erschienen[15]. Die Zulässigkeit wird dabei vor allem von der Antwort auf die Frage bestimmt, ob eine Betätigung außerhalb des Gemeindegebiets noch eine Angelegenheit der örtlichen Gemeinschaft im Sinne von Art. 28 Abs. 2 Satz 1 GG ist bzw. ob sie einen öffentlichen Zweck im Sinne der Vorschriften der Gemeindeordnungen zur kommunalen Wirtschaftstätigkeit erfüllt. Dabei geht die herrschende Meinung von einem in Art. 28 Abs. 2 Satz 1 GG enthaltenen Territorialitäts- oder Örtlichkeitsprinzip aus, das die Gemeinden bei der wirtschaftlichen Betätigung weitgehend an das Gemeindegebiet bindet[16].

OVG Münster, NVwZ 2003, 1520 (Vermietung von Räumen an ein Fitness-Studio); OVG Münster, NWVBl 2005, 68 (Vermietung von Räumen an einen Kfz-Schilderprägungsbetrieb im Gebäude der Kfz-Zulassungsstelle); OVG Münster, GewA 2006, 122 (Absenkung der Kosten der Abfallentsorgung durch einen kommunalen Entsorger).

[10] Art. 87 Abs. 2 BayGO; § 121 Abs. 5 HessGO; § 107 Abs. 3 GO NRW; § 108 Abs. 4 SaarlKSVG; § 116 Abs. 3 GO LSA; § 101 Abs. 2 GO S-H, § 71 Abs. 4 ThürKO.

[11] Vgl. dazu § 3 C II.

[12] § 107 Abs. 4 GO NRW; § 116 Abs. 4 GO LSA; § 101 Abs. 3 GO S-H.

[13] *Scharpf*, DÖV 2006, 23; *Jarass*, DVBl 2006, 1; *Knauff*, VR 2005, 145; *Scharpf*, NVwZ 2005, 148; *Heilshorn*, VerwA 2005, 88; *Brüning*, DVBl 2004, 1451; *Gottschalk*, ThürVBl 2003, 25; *Gern*, NJW 2002, 2593; *Gottschalk*, ThürVBl 2003, 25; *Karst*, DÖV 2002, 809; *Heintzen*, NVwZ 2000, 743; *Hösch*, GewA 2001, 223; *Leimkühler*, VergabeR 2001, 353; *Oebbecke*, ZHR 164 (2000), 375; *Becker*, DÖV 2000, 1032; *Braun*, SächsVBl 1999, 25; *Cronauge*, Der Gemeindehaushalt 1997, 265; *Schulz*, BayVBl 1998, 449. Vgl. auch den Bericht bei *Daiber*, GewA 2004, 107, 111 über die derzeitige Sicht des Bundes zur „Auflockerung des Örtlichkeitsprinzips".

[14] *Ehlers*, Gutachten E für den 64. Deutschen Juristentag, insbesondere S. 94 ff.

[15] *Heilshorn*, Gebietsbezug der Kommunalwirtschaft, 2003; *Uhlenhut*, Wirtschaftliche Betätigung der Gemeinden außerhalb ihres Gemeindegebiets, 2004.

[16] *Scharpf*, NVwZ 2005, 148, 149; *Grawert* in FS-Blümel, S. 119, 129; *Held*, NWVBl 1995, 325, 328; *Klüber*, Das Gemeinderecht, S. 23; *Schröder* in Achterberg/Püttner/Würtenberger (Hrsg.), Besonderes Verwaltungsrecht Bd. II, § 16 Rdnr. 15; *Dreier* in Dreier, GG Bd. 2, Art. 28 Rdnr. 126; *Held*, NWVBl 1995, 325, 328; *Meyer*, LKV 2000, 321, 323; *Löwer* in von Münch/Kunig (Hrsg.), GG Bd. 2, Art. 28 Rdnr. 37a; *Henneke*, NdsVBl 1998, 273, 278; *Weiß*,

Auf dem 64. Deutschen Juristentag wurde auch das fortdauernde große Interesse der Kommunalwirtschaft an einer Lockerung der rechtlichen Vorgaben für die Gemeindewirtschaft demonstriert. Schon der Titel des Gutachtens der öffentlich-rechtlichen Abteilung fragte, ob es sich eine Neuregelung des Rechts der öffentlichen Unternehmen im Spannungsfeld von öffentlichem Auftrag und Wettbewerb empfehle[17]. Nachdem sich schon in der Diskussion die Vertreter großer Stadtwerke für eine Abschaffung der gemeindewirtschaftlichen Schranken ausgesprochen hatten, wurden in der Abstimmung auch entsprechende Beschlüsse gefasst. Laut Beobachtern wurden diese Ergebnisse, die von dem Gutachten und den Referaten nicht getragen wurden, durch das ausschließlich am wirtschaftlichen Interesse orientierte Abstimmungsverhalten der Teilnehmer der kommunalen Spitzenverbände und der kommunalen Unternehmen erreicht[18]. Die überörtliche wirtschaftliche Betätigung scheint also auf den ersten Blick ein probates Mittel zur Sicherung der bestehenden Versorgungsstrukturen und noch dazu ein Mittel, das gegebenenfalls einen Gewinn für die leeren Haushaltskassen der Kommunen erwirtschaften kann.

In dieser Arbeit soll der Frage nach der Zulässigkeit überörtlicher kommunaler Wirtschaftstätigkeit für den Bereich der Wasserversorgung nachgegangen werden. Dabei wird die Betätigung im Ausland aufgrund ihrer gesonderten Regelung im Gemeindewirtschaftsrecht neben den Expansionsklauseln und wegen der besonderen Rechtsfragen, die sich bei der Ermächtigung zur Grenzüberschreitung ergeben, aus der Untersuchung ausgeklammert[19]. Eine überörtliche Betätigung könnte etwa darin bestehen, dass ein kommunales Versorgungsunternehmen neben den eigenen Einwohnern auch die Versorgungsleistungen für die Einwohner einer anderen Gemeinde erbringt, oder darin, dass ein kommunales Versorgungsunternehmen die bereits bestehende Wasserversorgung einer anderen Gemeinde nach einem Ausschreibungswettbewerb übernimmt[20]. Dabei sind die Grenzen einer überörtlichen kommunalen Wirtschaftstätigkeit nach den Expansionsklauseln anhand der Vorgaben des Verfassungsrechts und des allgemeinen Gemeindewirtschaftsrechts festzulegen. Diese Grenzen wiederum wären auf ihre Zulässigkeit an den einschlägigen Vorschriften des Gemeinschaftsrechts zu kontrollieren. Außerdem wäre zunächst einmal zu prüfen, welche Versorgungsleistungen außerhalb des eigenen Gemeindegebiets überhaupt die Kriterien der Überörtlichkeit erfüllen, die die neuen Expansionsklauseln aufstellen.

DVBl 2003, 564, 571; *Ehlers*, DVBl 1998, 497, 504; *Schmahl*, LKV 2000, 47, 49; *Mann*, JZ 2002, 819, 825; *Stober* in Wolff/Bachof/Stober (Hrsg.), Verwaltungsrecht Bd. 3, § 91 Rdnr. 126; *ders.*, NJW 2002, 2357, 2365; *Gern*, Dt. Kommunalrecht, Rdnr. 731; *Knemeyer* in FS-von Unruh, S. 209, 222.

[17] *Ehlers*, Gutachten E für den 64. Deutschen Juristentag.

[18] Vgl. *Henneke*, Der Landkreis 2002, 644; *Meyer*, NVwZ 2002, 1479; *Katz*, LKV 2003, 1; *Burgi*, Der Landkreis 2003, 26..

[19] Zu Gebietsüberschreitungen außerhalb des Anwendungsbereichs der Expansionsklauseln vgl. § 5 C.

[20] Im Einzelnen zu den Möglichkeiten überörtlicher Wasserversorgung vgl. § 6 C.

Auch weist die Wasserversorgung einige rechtliche Besonderheiten auf, denen im Rahmen einer allgemeinen Betrachtung der Zulässigkeit von wirtschaftlichen Aktivitäten außerhalb des Gemeindegebiets bisher nicht nachgegangen wurde. Zum besseren Verständnis dieser rechtlichen Besonderheiten aus dem Bereich des Wettbewerbsrechts und des Wasserhaushaltsrechts und ihrer Verflechtung mit den allgemeinen Zulässigkeitsfragen des Verfassungs-, Europa- und Gemeindewirtschaftsrechts sollen diese Besonderheiten mit einem Überblick über den deutschen Wassermarkt und den in diesem Bereich bestehenden Entwicklungstendenzen verbunden werden.

B. Der deutsche Wassermarkt

Der deutsche Wassermarkt sich als historisch gewachsene, zersplitterte Struktur voneinander abgegrenzter Versorgungsgebiete dar[21]. Diese Zersplitterung entsteht aus dem Verständnis der Wasserversorgung als Teil des traditionellen Wirkungsbereichs der Gemeinden. Das BVerfG hat ausdrücklich bestätigt, dass „die Durchführung der Wasserversorgung (...) zu den typischen, die Daseinsvorsorge betreffenden Aufgaben der kommunalen Gebietskörperschaften" gehört[22]. Die Verortung der Wasserversorgung auf kommunaler Ebene führte zu einer dezentralen Struktur des deutschen Wassermarkts, auf dem mehrere tausend Unternehmen tätig sind[23]. Diese Unternehmen werden zu einem weit überwiegenden Teil in öffentlich-rechtlichen Rechtsformen betrieben oder sind jedenfalls Unternehmen in Privatrechtsform, die vollständig oder überwiegend im Eigentum der öffentlichen Hand stehen. Ein Gutachten des Bundeswirtschaftsministeriums beziffert den Anteil der Unternehmen in öffentlich-rechtlicher Rechtsform mit 85% aller Wasserversorgungsunternehmen[24]. Bei den Wasserversorgungsunternehmen, die im Bund der deutschen Gas- und Wasserwirtschaft (BGW) organisiert sind, beträgt der Anteil öffentlich-rechtlicher Unternehmen oder privatrechtlicher Unternehmen in öffentlicher Hand 98, 3 %[25]. Die im BGW zusammengeschlossenen etwa 1.600 Unternehmen repräsentieren etwa 23 % aller Wasserversorgungsunternehmen und fördern etwa 83 % des jährlich verbrauchten Trinkwassers[26]. Etwa 4.000 Wasserversorgungsunternehmen sind kleine und kleinste kommunale Unternehmen mit einer Wasserabgabe von weniger als 200.000 m³/Jahr. Dies entspricht etwa dem Trinkwasserbedarf einer Gemeinde

---

[21] *Koenig/Haratsch*„ DVBl 2004, 1387.

[22] BVerfG, NJW 1990, 1783; auch BGH NJW 1996, 3409, 3411.

[23] *Laskowski*, ZUR 2003, 1, 2 (6.709 Unternehmen); *Fischer/Zwetkow*, ZfW 2003, 129, 130; *Schmalz*, ZUR Sonderheft 2001, 152, 153; *Fries*, NWVBl 2004, 341 (rund 7.000); *Salzwedel* in GfU (Hrsg.), Umweltrecht im Wandel, S. 613, 638 (nahezu 7.000).

[24] BMWi (Hrsg.), Optionen, Chancen und Rahmenbedingungen einer Marktöffnung für eine nachhaltige Wasserversorgung, 2001 (BMWi-Foschungsvorhaben 11/00), S. 11.

[25] Umweltgutachten 2002 des Rates von Sachverständigen für Umweltfragen, BT-Drucks. 14/8792, S. 295.

[26] *Gassert/Michel/Wöbbeking*, Wasser und Abfall 5/2000, 8.

mit 4.000 Einwohnern[27]. Diese Vielzahl kleiner und kleinster Versorgungsunternehmen wird als ökonomischer Nachteil empfunden. Sie hätte die mangelnde Effizienz der Versorgungsunternehmen zur Folge. Größenvorteile könnten nicht genutzt werden[28]. Die Folge seien die höchsten Wasserpreise in Europa[29]. Auch führe die Zersplitterung dazu, dass man nicht am Weltmarkt für Wasser partizipieren könne. Der internationale Investitionsbedarf würde bis 2010 auf 600 Mrd. US $ geschätzt[30]. Deutsche Wasserversorgungsunternehmen kämen für eine Beteiligung an Großprojekten aber mangels internationaler Finanzkraft nicht in Betracht[31]. Könnte ein großes Stadtwerk künftig die Versorgung einer Vielzahl von Gebieten übernehmen, so besteht die Chance eines Konzentrationsprozesses unterhalb der Ebene der Liberalisierung[32]. Die landesgesetzlichen Ermächtigungen zur überörtlichen Betätigung wären deshalb für die Kommunen eine Chance sich auf dem Wassermarkt für die Zukunft zu positionieren. Jedoch treffen die Expansionsklauseln in der Wasserversorgung auf einen Bereich, in dem die kommunalen Unternehmen gerade nicht im Wettbewerb stehen.

Die Wasserversorgung in Deutschland ist nämlich einer der letzten bedeutenden Infrastruktursektoren, der noch einen wettbewerbspolitischen Ausnahmebereich darstellt[33]. § 131 Abs. 8 GWB ordnet die Fortgeltung der §§ 103, 103a und 105 GWB für den Bereich Wasserversorgung an. Diese Ausnahmebestimmungen erlauben die Begründung geschlossener kommunaler Versorgungsgebiete, in denen die Versorgungsunternehmen der Gemeinden nicht dem Wettbewerb durch andere Anbieter ausgesetzt sind. Für die Landesgesetzgeber war der Grund für die Einführung der Expansionsklauseln aber gerade die Aufhebung der Sonderbestimmungen der §§ 103, 103a und 105 GWB für den Bereich der

---

[27] *Gassert/Michel/Wöbbeking*, Wasser und Abfall 5/2000, 8. *Koenig/Haratsch*, DVBl 2004, 1387 zitieren eine Studie des Bundeswirtschaftsministeriums von 2001, derzufolge circa 4.500 Wasserversorgungsunternehmen zwischen 50 und 3.000 Einwohner versorgen.

[28] BMWi (Hrsg.), Optionen, Chancen und Rahmenbedingungen einer Marktöffnung für eine nachhaltige Wasserversorgung, 2001 (BMWi-Foschungsvorhaben 11/00), S. 23.

[29] Vgl. Umweltgutachten 2002 des Rates von Sachverständigen für Umweltfragen, BT-Drucks. 14/8792, S. 297. Dort werden aber auch die Vorbehalte gegen einen Vergleich der Wasserpreise angeführt. Dieser Vergleich findet losgelöst vom Kontext statt, d.h. ohne Berücksichtigung von Subventionen, Infrastrukturinvestitionen und vor allem den jeweiligen nationalen Anforderungen an die Wasserqualität und Versorgungsleistungen. Vgl. auch *Laskowski*, ZUR 2003, 1, 5; *Michaelis*, ZögU 24 (2001), 432, 436; *Schmalz*, ZUR Sonderheft 2001, 152, 153.

[30] Deutsche Bank Research, Aktuelle Themen Nr. 176, 25.8.2000, Wasserwirtschaft im Zeichen von Liberalisierung und Privatisierung, S. 8.

[31] *Michaelis*, ZögU 24 (2001), 432, 438.

[32] In den Niederlanden hat ohne Liberalisierung ein staatlich angestoßener Konzentrationsprozess stattgefunden, der von ursprünglich 100 Wasserversorgungsunternehmen zu mittlerweile noch 20 Unternehmen auf dem niederländischen Wassermarkt führte. Umweltgutachten 2002 des Rates von Sachverständigen für Umweltfragen, BT-Drucks. 14/8792, S. 303.

[33] Umweltgutachten 2002 des Rates von Sachverständigen für Umweltfragen, BT-Drucks. 14/8792, S. 295.

Energieversorgung im Zuge der Liberalisierung. Sie sollten den Gemeinden erlauben, sich angesichts der neuen Wettbewerbssituation für die Zukunft zu positionieren[34]. Der Gesetzgeber hat die Fortgeltung der §§ 103, 103a und 105 GWB für die Wasserversorgung jedoch als Übergangsregelung bezeichnet[35]. Diese Vorschriften würden nur solange benötigt bis die Fachgesetze, deren Regelungen von den traditionell geschlossenen Wasserversorgungsgebieten geprägt sind, geändert oder ergänzt seien, damit sie auch bei Aufhebung der Sonderbestimmungen eine qualitativ hochwertige und hygienisch einwandfreie Trinkwasserversorgung gewährleisten[36]. Die Frage nach der Funktion der Expansionsklauseln für die Zulässigkeit einer überörtlichen kommunalen Wasserversorgung muss also die aktuellen Entwicklungen auf dem deutschen Wassermarkt berücksichtigen.

In diese „über lange Zeit hinweg vergleichsweise stabile Veranstaltung"[37] ist zunehmend Bewegung geraten. In den nächsten 10 bis 20 Jahren steht den Versorgungsunternehmen ein enormer Investitionsbedarf in ihre Rohrinfrastruktur bevor. Die Bundesregierung schätzt das erforderliche Finanzvolumen auf 150 bis 250 Mrd. Euro[38]. Wenn man bedenkt, dass im Zeitraum von 1990 bis 2001 von rund 31 Mrd. Euro Gesamtinvestitionen im Bereich Wasserversorgung 64 % auf den Rohrnetzbereich entfielen[39], kann man sich vorstellen, welche Reaktionen ein Investitionsbedarf dieser Größenordnung in Zeiten der schon sprichwörtlich gewordenen leeren Kassen auslöst. Angesichts dieser Situation verwundert es kaum, dass sich die Gedanken auf eine Liberalisierung und Privatisierung der Wasserversorgung gerichtet haben[40]. Was die vom Gemeinschaftsrecht ausgehende Liberalisierung der Telekommunikation, von Strom, Gas und Schiene vorgemacht hat, soll nun von der Wasserversorgung wiederholt werden[41]. Das Besondere an dieser Situation ist, dass die Liberalisierungsforderungen diesmal nicht von der Europäischen Gemeinschaft ausgingen[42]. Die Kom-

---

[34] Vgl. LT-Drucks. Bayern 13/10828, S. 17; LT-Drucks. Sachsen-Anhalt 3/3022, S. 22 f.; LT-Drucks. Thüringen 3/333, S. 1; LT-Drucks. Hessen 16/2463, S. 60; LT-Drucks. Saarland 12/918, S. 18.

[35] BT-Drucks. 13/9720, S.70.

[36] BT-Drucks. 13/9720, S. 70.

[37] *Schmalz*, ZUR Sonderheft 2001, 152.

[38] Deutsche Bank Research, Aktuelle Themen Nr. 176, 25.8.2000, Wasserwirtschaft im Zeichen von Liberalisierung und Privatisierung, S. 12. *Salzwedel* nennt eine Zahl von 300 Mrd. DM; *Salzwedel* in GfU (Hrsg.), Umweltrecht im Wandel, S. 613, 615.

[39] Zahlen nach *Laskowski*, ZUR 2003, 1, 5.

[40] Vgl. dazu nur *Frenz*, ZHR 166 (2002), 307; *Koenig/Haratsch*, DVBl 2004, 1387; *Salzwedel* in GfU (Hrsg.), Umweltrecht im Wandel, S. 615; *Laskowski*, ZUR 2003, 1; *Michaelis*, ZögU 24 (2001), 432; *Geiger/Freund*, EuZW 2003, 490; *Fries*, NWVBl 2004, 341; *Fischer/Zwetkow*, ZfW 2003, 129.

[41] Vgl. zum Einfluss des Gemeinschaftsrechts auf die Daseinsvorsorge aus dem neuesten Schrifttum nur *Lehr*, DÖV 2005, 542; *Scharpf*, GewA 2005, 295; *Schink*, DVBl 2005, 861.

[42] So der übereinstimmende Befund der Literatur. Vgl. nur *Pöchterstorfer*, ZUR Sonderheft 2003, 184, 189; *Laskowski*, ZUR 2003, 1; *Fries*, NWVBl 2004, 341, 342. Zum internationa-

mission nimmt die Wasserversorgung erst seit ihrer Mitteilung zur Daseinsvorsorge aus dem Jahr 2000 nicht mehr ausdrücklich von den Sektoren aus, auf denen die Liberalisierung vorangetrieben werden soll[43]. Solche Maßnahmen werden aber vom Europäischen Parlament abgelehnt[44]. Die von der Kommission angekündigte Bewertung der Herstellung eines Binnenmarktes im Wassersektor bis Dezember 2004 ist nicht durchgeführt worden[45]. Stattdessen sollten mit der Dienstleistungsrichtlinie und Art. III-119 Satz 2 der Europäischen Verfassung allgemeine Rechtsgrundlagen für eine Liberalisierung der Daseinsvorsorge geschaffen werden. Nachdem diese beiden Projekte vorläufig als gescheitert anzusehen sind[46], ist eine gemeinschaftsrechtliche Liberalisierung der Wasserversorgung derzeit nicht zu erwarten[47].

Die Diskussion in Deutschland wurde bisher vor allem durch mehrere deutsche Gutachten bestimmt. Dabei befürwortet das Gutachten des Bundeswirtschaftsministeriums[48] aus dem Jahr 2001 eine Liberalisierung, zwei Gutachten des Umweltbundesamtes aus den Jahren 2000[49] und 2001[50] sowie das Umweltgut-

---

len Kontext der Wasserversorgung vgl. Bericht bei *Daiber*, GewA 2004, 107. Auch wurde auf dem G8-Weltwirtschaftsgipfel 2003, der angemessenerweise in Evian stattfand, ein „Aktionsplan Wasser“ zur Stärkung des Wettbewerbs im Bereich der Wasserversorgung beschlossen, vgl. *Koenig/Haratsch*, DVBl 2004, 1387.

[43] Mitteilung der Kommission zu Leistungen der Daseinsvorsorge in Europa vom 20.9.2000, KOM (2000) 580endg. Zu den Entwicklungen von EU-Projekten im Wassersektor als Teil der Daseinsvorsorge vgl. den Bericht bei *Daiber*, GewA 2004, 107 ff.

[44] Vgl. Nr. 47 der Entschließung des Europäischen Parlaments zum Grünbuch zu Dienstleistungen von allgemeinem Interesse vom 14.1.2004 und die Nr. 10 der Entschließung des Europäischen Parlaments zur Binnenmarktstrategie 2003 – 2006 vom 10.3.2004.

[45] *Geiger/Freund*, EuZW 2003, 490, 493; *Fries*, NWVBl 2004, 341, 343; *Daiber*, GewA 2004, 107, 108. In Bezug auf den Wassersektor heißt es in der Binnenmarktstrategie 2003 – 2006: „Während die europäische Politik bezüglich der Frage (…) der Wasserversorgung bei ihrer neutralen Haltung bleibt, werden die Dienststellen der Kommission die rechtliche und administrative Situation im Wasser- und Abwassersektor prüfen (…). Es werden alle Möglichkeiten geprüft, auch gesetzgeberische Maßnahmen.“

[46] In Frankreich und den Niederlanden ist die Ratifizierung des Vertrags über eine Verfassung für Europa, ABl. EG 2004, Nr. C 310, S. 1 gescheitert. Um in Kraft zu treten, bedarf es aber einer Ratifizierung durch alle Mitgliedstaaten der Gemeinschaft. Die Umsetzung der Dienstleistungsrichtlinie wurde auf der Konferenz der Staats- und Regierungschef vom 21. und 22.3.2005 gestoppt und deren Überarbeitung beschlossen, vgl. den Bericht in EuZW 2005, 258.

[47] Vgl. die Berichte zum Stand der europäischen Überlegungen über eine Liberalisierung des Wassermarktes bei *Daiber*, Gewa 2004, 107, 108 („Die Kommission hat bereits mit Ermittlungen begonnen.“); *Geiger/Freund*, EuZW 2003, 490493 („Politik der kleinen Schritte“).; *Pöchterstörfer*, ZUR Sonderheft 2003, 184, 190 („nicht zu erwarten“).

[48] BMWi (Hrsg.), Optionen, Chancen und Rahmenbedingungen einer Marktöffnung für eine nachhaltige Wasserversorgung, 2001 (BMWi-Forschungsvorhaben 11/00).

[49] UBA (Hrsg.), Liberalisierung der deutschen Wasserversorgung, Texte 2/2000.

[50] UBA (Hrsg.), Nachhaltige Wasserversorgung in Deutschland, 2001.

achten 2002 des Rates von Sachverständigen für Umweltfragen[51] nehmen eine skeptische Haltung ein. Die bisherige Diskussion hat aber vor allem die Probleme einer Liberalisierung und Privatisierung der Wasserversorgung zu Tage treten lassen. Selbst Befürworter einer Öffnung des Wassersektors für den Wettbewerb gehen nur von geringen Effizienzgewinnen von etwa 10 bis 15 % aus[52]. Das liegt an dem relativ hohen Fixkostenanteil von 80 %, der die Folge der Anlagenintensität dieses Infrastrukturbereichs ist[53]. Für private Wettbewerber stellen diese Fixkosten irreversible Kosten (*sunk costs*) dar[54]. Dennoch soll der deutsche Wassermarkt für ausländische Investoren interessant sein[55].

Dazu kommt, dass im Bereich Wasserversorgung ein Ausgleich zwischen den ökonomischen Erfordernissen einer funktionsfähigen Kommunalwirtschaft und den ökologischen Anforderungen der Allgemeinheit an die Ressource Wasser zu suchen ist. Die zentrale Bedeutung des Wassers für das menschliche Leben muss nicht betont werden. Neben der Luft ist es die einzige Ressource, auf die der Mensch zum Überleben angewiesen ist und die er nicht ersetzen kann[56]. Während aber die Luft jederzeit verfügbar ist und Regelungen zur Luftreinhaltung deshalb nur Regulierung darstellen, ist Wasser auch ein Wirtschaftsgut und muss mit nicht unerheblichem Aufwand gewonnen, transportiert und an den Verbraucher verteilt werden. Die bisher vorgestellten Wettbewerbsmodelle bringen aber nicht nur ökonomische, sondern auch ökologische Probleme mit sich. Soll ein Wettbewerb im Markt stattfinden, sich also mehrere Anbieter in einem Gebiet betätigen dürfen, so setzt dies ein Recht auf Durchleitung im bereits bestehenden Leitungsnetz voraus. Der Bau paralleler Leitungsnetze scheidet als unwirtschaftlich aus[57]. Eine solches Durchleitungsmodell („*common carriage*") könnte zur Vermischung von Wässern verschiedener Qualität führen. Zum einen können dadurch die notwendigen Standards der Gesundheitsvorsorge gefährdet werden, zum anderen wird im Falle teurer Aufbereitungsmaßnahmen die Wirtschaftlichkeit dieser Lösung nicht mehr gegeben sein[58]. Außerdem fehlt es, anders als im Strom- und Telekommunikationsmarkt, an einem großflächi-

---

[51] Umweltgutachten 2002 des Rates von Sachverständigen für Umweltfragen, BT-Drucks. 14/8792, S. 295ff.
[52] Deutsche Bank Research, Aktuelle Themen Nr. 176, 25.8.2000, Wasserwirtschaft im Zeichen von Liberalisierung und Privatisierung, S. 1.
[53] UBA (Hrsg.), Liberalisierung der deutschen Wasserversorgung, Texte 2/2000, S. 5.
[54] *Theobald*, NJW 2003, 324, 325.
[55] *Hendler/Grewing*, ZUR Sonderheft 2001, 146; *Schmalz*, ZUR Sonderheft 2001, 152, 154.
[56] Umweltgutachten 2002 des Rates von Sachverständigen für Umweltfragen, BT-Drucks. 14/8792, S. 295.
[57] Bericht der Bundesregierung über die Ausnahmebereiche des Gesetzes gegen Wettbewerbsbeschränkungen (GWB), BT-Drucks. 7/3206, S. 39; *Salzwedel*, NordÖR 2001, 185; *Grave*, RdE 2004, 92, 95; *Sauer/Strecker*, ZögU 26 (2003),259, 265; *Koenig/Haratsch*, DVBl 2004, 1387; *Masing*, VerwA 95 (2004), 151, 156.
[58] *Pöchterstorfer*, ZUR Sonderheft 2003, 184, 188; *Fischer/Zwetkow*, NVwZ 2003, 281, 286; *Mankel/Schwarze*, ZögU 23 (2000), 418, 420f.

gen Verbundnetz. Eine angemessene Wettbewerbsintensität wäre dann aber nur in dicht besiedelten Gebieten zu erwarten[59]. Soll ein Wettbewerb um den Markt stattfinden, setzt dies einen Ausschreibungswettbewerb der geschlossenen Versorgungsgebiete nach den Prinzipien des Vergaberechts voraus[60]. Neben den hohen Erhaltungskosten muss im Falle einer kurzfristigen Laufzeit der Konzessionsverträge befürchtet werden, dass die privaten Wasserversorgungsunternehmen kein Interesse an Investitionen haben, die dem Rohrleitungsnetz langfristig zugute kommen und die Infrastruktur auf lange Sicht gesehen qualitativ leidet[61]. Werden die Versorgungsrechte hingegen langfristig ausgeschrieben, wie dies im Vorbild Frankreich geschieht, wäre eine Wettbewerbssituation praktisch kaum noch gegeben[62].

Neben den ökologischen Schwierigkeiten der Wettbewerbsmodelle besteht aber auch eine gesetzliche Regelung, die den wirtschaftlichen Interessen der kommunalen Versorgungsunternehmen an der Ausweitung ihres Tätigkeitsfeldes entgegensteht. Das ist schon bei der kartellrechtlichen Ausnahmebestimmung des § 131 Abs. 8 GWB der Fall. Der Gesetzgeber hatte sich im Jahr 1998 zur Begründung für seine Beibehaltung darauf berufen, dass die Fachgesetze von geschlossenen Versorgungsgebieten in der Wasserversorgung ausgingen[63]. Sie könne erst entfallen, wenn auch bei Entfallen der Demarkationsabsprachen und der ausschließlichen Wegerechte eine qualitativ hochwertige und hygienisch einwandfreie Trinkwasserversorgung weiterhin gewährleistet bleibt[64]. Im Jahr 2002 hat der Bundesgesetzgeber in § 1a Abs. 3 WHG das Ortsnäheprinzip eingeführt[65]. Diese Vorschrift dient einem vorsorgenden und nachhaltigen Grundwasserschutz[66]. Sie erteilt den Landesgesetzgebern den Auftrag, in ihren Landeswassergesetzen einen Vorrang der Deckung des Bedarfs für die Wasserversorgung aus ortsnahen Wasservorkommen festzuschreiben und eine Fernwasserversorgung für den Regelfall auszuschließen. Die meisten Landesgesetze sind diesem

---

59 *Michaelis*, ZögU 24 (2001), 432, 440.

60 Zum Ausschreibungswettbewerb unter der derzeit bestehenden Rechtslage vgl. *Koenig/Haratsch*, DVBl 2004, 1387.

61 UBA (Hrsg.), Liberalisierung der deutschen Wasserversorgung, Texte 2/2000, S. 57; Umweltgutachten 2002 des Rates von Sachverständigen für Umweltfragen, BT-Drucks. 14/8792, S. 302. Ebenso *Michaelis*, ZögU 24 (2001), 432, 442.

62 Vgl. für die Situation in Frankreich, *Mankel/Schwarze*, ZögU 23 (2000), 418, 423: in Frankreich wurde noch nie ein Konzessionsgebiet an einen anderen Anbieter als den bisherigen Konzessionsinhaber vergeben.

63 BT-Drucks. 13/9720, S. 70.

64 BT-Drucks. 13/9720, S. 70.

65 Siebtes Gesetz zur Änderung des Wasserhaushaltsgesetzes vom 18.6.2002, BGBl I 2002, Nr. 37, S. 1914, ber. 2711.

66 Begründung zum Änderungsantrag der Fraktionen SPD und BÜNDNIS 90/DIE GRÜNEN zum 7. WHG-Änderungsgesetz, BT-Drucks. 14/8668, S. 7.

Regelungsauftrag mittlerweile nachgekommen[67]. Wenn Wasser aber nur ortsnah verwandt werden soll, kommt eine räumliche Ausweitung der Wasserversorgung nicht in Betracht[68]. Diese Regelung scheint auf den ersten Blick einen Ersatz für die geschlossenen Versorgungsgebiete nach § 131 Abs. 8 GWB zu bieten. Es ist aber bisher nicht zu dessen Aufhebung gekommen. Damit werden einer überörtlichen kommunalen Wirtschaftstätigkeit im Bereich Wasserversorgung neben der ihr selbst immanenten Schranken außerdem durch die Vorschriften zweier weiterer Rechtsgebiete Grenzen gesetzt.

C. Gang der Untersuchung

Die Arbeit muss zum einen allgemein die Zulässigkeit der überörtlichen kommunalen Wirtschaftstätigkeit untersuchen. Im Rahmen der Feststellung der Zulässigkeitsvoraussetzungen und der Grenzen der Betätigung kann den Besonderheiten der Wasserversorgung Rechnung getragen werden. Es ist also zunächst jeweils das für die Kommunalwirtschaft einschlägige Verfassungsrecht und das Kommunalwirtschaftsrecht der Länder zu betrachten. Die kartell- und wasserhaushaltsrechtlichen Besonderheiten sind an den entsprechenden Stellen in einem zweiten Schritt nachzutragen und in ihrer Bedeutung für die Überörtlichkeit zu bewerten. In einem letzten Schritt muss die notwendige Verzahnung des nationalen Rechts mit dem Gemeinschaftsrecht vorgenommen werden. Daraus ergibt sich zwanglos der Gang der Untersuchung.

Im ersten Kapitel sind die rechtlichen Rahmenbedingungen für eine überörtliche Wasserversorgung durch die Gemeinden darzustellen. Der Rahmen der überörtlichen kommunalen Wirtschaftstätigkeit wird durch das Verfassungsrecht (§ 2) und das Gemeindewirtschaftsrecht (§ 3) gebildet. Dabei muss beachtet werden, wer gemäß den Landeswassergesetzen Träger der öffentlichen Wasserversorgung ist. Im zweiten Kapitel wird ein Sachverhalt der Überörtlichkeit anhand der Voraussetzungen der landesgesetzlichen Expansionsklauseln entwickelt. Das erlaubt den Ausschluss solcher Betätigungen außerhalb des Gemeindegebiets, die gerade keine Erweiterung des territorialen Handlungsspielraums der Gemeinden darstellen (§ 5). Der allgemeine Sachverhalt der Überörtlichkeit ist dahingehend zu konkretisieren, welche Möglichkeiten zu einer überörtlichen Betätigung die kartellrechtliche Sonderstellung der Wasserversorgung zulässt (§ 6). Im dritten Kapitel wird der Frage der rechtlichen Zulässigkeit der überörtlichen Wasserversorgung nachgegangen. Dabei wird zunächst der allgemeinen Zulässigkeit einer überörtlichen kommunalen Wirtschaftstätigkeit nachgegangen, ins-

---

[67] § 43 Abs. 1 Satz 1 WG BW; Art. 36a BayWG; Art. 37a Abs. 4 Satz 1 BerlWG; § 56 HessWG; § 45 Abs. 1 WG M-V; § 45 Abs. 2 Satz 1 WG RP; § 2 Abs. 2 Satz 2 SaarlWG; § 59 Abs. 1 SächsWG; § 29 Abs. 2 WG S-H; § 63 ThürWG.

[68] *Hendler/Grewing*, ZUR Sonderheft 2001, 146, 151.

besondere der Frage eines Gebietsbezugs der Kommunalwirtschaft (§ 7) und der Frage nach der Vereinbarkeit einer überörtlichen kommunalen Wirtschaftstätigkeit mit dem Selbstverwaltungsrecht der von der Expansion betroffenen Gemeinde (§ 8). Danach ist die spezielle Grenze für eine überörtliche Wasserversorgung zu untersuchen, die sich aus dem Ortsnäheprinzip ergibt (§ 10). Im vierten Kapitel werden diese Ergebnisse am Gemeinschaftsrecht überprüft. Dabei wird geprüft, ob sich die kommunalen Wasserversorgungsunternehmen aufgrund Gemeinschaftsrechts auf eine Gleichbehandlung mit privaten Unternehmen berufen können (§ 11) und ob die rechtlichen Besonderheiten in der Wasserversorgung mit dem Gemeinschaftsrecht zu vereinbaren sind (§ 12).

1. Kapitel: Rechtliche Rahmenbedingungen für eine überörtliche kommunale Wirtschaftstätigkeit im Bereich Wasserversorgung

Die Untersuchung der rechtlichen Rahmenbedingungen für eine kommunale Wirtschaftstätigkeit im Bereich Wasserversorgung hat zwei Aufgaben zu erfüllen. Zum einen muss die Zuständigkeit der Gemeinden für die öffentliche Wasserversorgung dargestellt werden. Zum anderen sind die grundsätzliche Zulässigkeit einer wirtschaftlichen Betätigung der Kommunen und die Vorgaben für eine solche Betätigung herauszuarbeiten.

Eingeleitet wird dieser Abschnitt mit einer überblicksartigen Darstellung der bundesrechtlichen Gesetzgebungskompetenz für die Wasserversorgungt, um sodann schwerpunktmäßig auf die für den Fortgang der Arbeit wesentlichen rechtlichen Grundlagen der kommunalen Wirtschaftstätigkeit einzugehen. Es werden zunächst die Aussagen des Grundgesetzes zur wirtschaftlichen Betätigung der Gemeinden unter besonderer Berücksichtigung der Aussagen des Art. 28 Abs. 2 Satz 1 GG herausgearbeitet. Im Weiteren werden die Vorgaben der Gemeindeordnungen bzw. Kommunalverfassungen der Länder für die kommunale Wirtschaftstätigkeit und insbesondere der Inhalt der in mehreren Bundesländern neu eingeführten Expansionsklauseln untersucht.

§ 2 Die Vorgaben des Grundgesetzes für die kommunale Wirtschaftstätigkeit im Bereich Wasserversorgung

A. Die Gesetzgebungskompetenz des Bundes im Bereich Wasserversorgung

Nach Art. 75 Abs. 1 Satz 1 Nr. 4 GG hat der Bund das Recht Rahmenvorschriften für die Gesetzgebung der Länder über den Wasserhaushalt zu erlassen. Das Wasserhaushaltsrecht ist nur ein Ausschnitt aus der Gesamtmaterie des Wasserrechts. Die Kompetenz betrifft die Einwirkung des Menschen in den Wasserhaushalt[69]. Sie umfasst laut BVerfG „Regeln für die haushälterische Bewirtschaftung des in der Natur vorhandenen Wassers nach Güte und Menge“[70]. Damit ist die „Regelung der Materie Wasser in ihrer Bedeutung für das menschliche Leben, die Wirtschaft und die Industrie, also als Wasserspender und Vorfluter“ gemeint[71]. Im Kern geht es um die Regelung der Rolle des Menschen im Wasserkreislauf der Natur. Von dieser Kompetenz hat der Bund durch den Erlass des Wasserhaushaltsgesetzes (WHG) vom 27.6.1957 Gebrauch gemacht[72].

[69] BVerfGE 58, 300, 339. Für diese Arbeit unerheblich ist die Frage, ob die Gesamtheit der Einwirkungen auf den Wasserhaushalt dem Begriff der „Wasserwirtschaft“ entspricht, dazu BVerfGE 15, 1, 15; *Reinhardt/Czychowski*, WHG, Einl. Rdnr. 38.
[70] BVerfGE 15, 1, 15.
[71] BVerfGE 21, 312, 325.
[72] BGBl. I,1110, ber. 1386; derzeit in der Fassung vom 19.8.2002, BGBl. I, 3246.

Im WHG ist die Nutzung von Gewässern geregelt. Die Zielnorm des § 1a Abs. 1 WHG gibt die Art und Weise vor, in der Gewässer zu bewirtschaften sind[73]. Die Bewirtschaftung der Gewässer umfasst auch alle Wassergewinnungen, auch die der öffentlichen Wasserversorgung. Daraus ergibt sich jedoch keine Kompetenz zur Regelung der Strukturfragen der öffentlichen Wasserversorgung. Eine bundesgesetzliche Wasserversorgungspflicht der Gemeinden kann es nicht geben, da Art. 75 Abs. 1 Nr. 4 GG dafür keine Kompetenzgrundlage bietet[74]. Ergänzend sei angefügt, dass sich eine solche auch nicht aus Art. 74 Abs. 1 Nr. 11 GG herleiten lässt, da der Kompetenztitels des „Rechts der Wirtschaft" sich nur auf Normen zur Wirtschaftslenkung und Wirtschaftsregulierung bezieht[75], den Bundesgesetzgeber aber nicht berechtigt, die öffentliche Hand zur wirtschaftlichen Betätigung auf einem bestimmten Feld zu verpflichten[76]. So hat das BVerfG zu der Verordnung (des Bundes) über Allgemeine Bedingungen für die Versorgung mit Wasser[77] entschieden, dass Art. 74 Nr. 11 GG zu Regelungen der wirtschaftlichen Betätigung ermächtige und das darunter auch der Betrieb der örtlichen Wasserversorgung zu verstehen sei. Ausdrücklich wurde aber betont, dass die „Kompetenz der Länder zur Regelung von Verfassung und Organisation kommunaler Einrichtungen (...) nicht berührt" werde. Die in der Selbstverwaltungsgarantie enthaltene Organisationshoheit bleibe gewahrt[78].

Da das Grundgesetz keine bundesgesetzliche Kompetenz für die Regelung der Wasserversorgung vorsieht, liegt die Gesetzgebungskompetenz in diesem Bereich nach Art. 70 Abs. 1 GG bei den Ländern. Die Darstellung der Rechtslage nach den Landesgesetzen soll jedoch nicht an dieser Stelle erfolgen, sondern im Rahmen der kommunalen Selbstverwaltung. Diese wird durch die jeweiligen Landesgesetze näher ausgeformt[79].

B. Die Aussagen des Grundgesetzes zu einer wirtschaftlichen Tätigkeit der öffentlichen Hand

Soweit die Wasserversorgung durch wirtschaftliche Betätigung der Kommunen erbracht werden kann[80], stellen die Aussagen des Grundgesetzes zur wirtschaftlichen Tätigkeit der öffentlichen Hand das Fundament dar, auf denen eine konkretisierende Ausgestaltung durch den Gesetzgeber letztlich beruhen muss. Jede

---

[73] Vgl. *Sparwasser/Engel/Voßkuhle*, Umweltrecht, § 8 Rdnr. 72.
[74] Vgl. *Salzwedel* in GfU (Hrsg.), Umweltrecht im Wandel, S. 613, 618.
[75] *Degenhart* in Sachs (Hrsg.), GG, Art. 74 Rdnr. 41; *Kunig* in von Münch/Kunig (Hrsg.), GG Bd. III, Art. 74 Rdnr. 45.
[76] Speziell für die Wasserversorgung: *Salzwedel* in GfU (Hrsg.), Umweltrecht im Wandel, S. 613, 634. Allgemein zum Charakter des Art. 74 Nr. 11 GG als Auffangnorm, *Stober*, NJW 2002, 2357, 2363f.
[77] AVBWasserVO, BGBl. I, 750, ber. 1067.
[78] BVerfG NVwZ 1982, 306, 307.
[79] Siehe unten § 2 C II 1.
[80] Dazu ausführlich § 2 C.

Regelung einer überörtlichen kommunalen Wasserversorgung muss sich also daran orientieren, was der Verfassungsgeber unter wirtschaftlicher Tätigkeit versteht und welche Grundsätze diese Tätigkeit untermauern.

I. Definition des Begriffs der wirtschaftlichen Tätigkeit

Wirtschaftliche Tätigkeit wird vor allem auch als Unterscheidung zur Hoheitsverwaltung als der „eigentlichen" Staatstätigkeit eingesetzt[81]. Diese Unterscheidung spricht auch die amtliche Begründung zu § 67 der Deutschen Gemeindeordnung von 1935 an, in der es heißt, die Gemeinden hätten wirtschaftliche Aufgaben neben ihren Aufgaben auf dem Gebiet der öffentlichen Verwaltung übernommen[82]. Eine abschließende Definition des Begriffs der wirtschaftlichen Tätigkeit ist bisher nicht gelungen[83]. Unabhängig davon, ob man Wirtschaftstätigkeit als der Verwaltung grundsätzlich fremde oder einfach als weitere Spielart von Verwaltungshandeln begreift, ist die wesentliche Erkenntnis der Unterscheidung zur Hoheitsverwaltung die Beschreibung einer bestimmten Form von Verwaltungstätigkeit, die sich von ihrem Typus her an privaten Handlungsformen wie etwa unternehmerischer und kaufmännischer Tätigkeit orientiert[84]. Wirtschaftliche Tätigkeit erscheint deshalb als Umschreibung eines bestimmten Verwaltungshandelns und nicht als trennscharfer Rechtsbegriff. Allgemein gesprochen ist wirtschaftliche Betätigung die Produktion von Gütern und die Erbringung von Dienstleistungen am Markt[85]. Sie bezweckt, Güterknappheit zu verringern und Bedürfnisse zu befriedigen[86]. Soweit man das Gewinnstreben als Motivation für die wirtschaftliche Betätigung in deren Definition mit aufnehmen will, kann dieses Element zumindest für eine staatliche Wirtschaftstätigkeit nicht herangezogen werden. Wenn sie auch Gewinne abwerfen mag, so geht sie letztlich nicht aus der Gewinnerzielungsabsicht der öffentlichen Hand hervor, sondern ist durch die Erfüllung von Allgemeinwohlbelangen motiviert[87]. Auf die besonderen Voraussetzungen der kommunalen Wirtschaftstätigkeit soll erst im Rahmen der Darstellung des Gemeindewirtschaftsrechts eingegangen werden[88].

---

[81] *Kluth*, Grenzen kommunaler Wettbewerbsteilnahme, S. 3.

[82] Nach *Kluth*, Grenzen kommunaler Wettbewerbsteilnahme, S. 3 Fn. 19.

[83] *Erichsen*, Gemeinde und Private im wirtschaftlichen Wettbewerb, S. 10. Vgl. auch die Übersicht bei *Gerke*, Jura 1985, 349, 350.

[84] *Kluth*, Grenzen kommunaler Wettbewerbsteilnahme, S.4f.; *Hösch*, DÖV 2000, 393, 399.

[85] *Ipsen* in FS-Rauschning, S. 645, 646.

[86] *Hösch*, WiVerw 2000, 159.

[87] Dazu näher unter § 2 B 3. Vgl. auch *Gerke*, Jura 1985, 349, 351.

[88] Unter § 3 B.

II. Die wirtschaftspolitische Neutralität des Grundgesetzes

Ein ausdrückliches Bekenntnis zur Zulässigkeit oder zum Ausschluss staatlicher Wirtschaftstätigkeit lässt sich dem Grundgesetz nicht entnehmen[89]. In verschiedenen Vorschriften wird aber die erwerbswirtschaftliche Betätigung zur Kenntnis genommen. Art. 134 und 135 GG regeln die Eigentumsverhältnisse am überkommenen Reichsvermögen, darunter der dort bestehenden Unternehmen[90]. Art. 110 Abs. 1 GG schreibt vor, dass nur die Zuführungen und Ablieferungen der Bundesbetriebe in den Haushaltsplan eingestellt werden brauchen, womit ebenfalls nur die Existenz eines Bestandes überkommener Unternehmen konstatiert wird[91]. Die Zulässigkeit bestimmter Finanzmonopole in den Art. 105, 106 und 108 GG besagt ebenfalls nichts über eine generelle Zulässigkeit öffentlicher Wirtschaftstätigkeit[92]. Auch die Überführung der ursprünglich in bundeseigener Verwaltung geführten Bundesbahn und Post in privatwirtschaftliche Unternehmen (Art. 87e Abs. 3 Satz 1, 143a, Art. 87f Abs.2 Satz 1, 143b GG) begründen keine solche generelle Zulässigkeit erwerbswirtschaftlichen Tätigwerdens der öffentlichen Hand. Der Herleitung einer Berufs- und Gewerbefreiheit der öffentlichen Hand[93] ist durch das Sasbach-Urteil des BVerfG die Grundlage entzogen worden. Der Staat kann nicht gleichzeitig Träger und Adressat der Grundrechte sein[94].

Aus dieser Offenheit des Grundgesetzes hat das BVerfG im Anschluss an *H. Krüger*[95] die „wirtschaftspolitische Neutralität des Grundgesetzes" apostrophiert[96]. Die Neutralität des Grundgesetzes besteht laut BVerfG darin, dass „sich der Verfassungsgeber nicht ausdrücklich für ein bestimmtes Wirtschaftssystem entschieden" habe[97]. Dieser seitdem ständigen Rechtsprechung[98] hat sich das Schrifttum[99] überwiegend angeschlossen. Das Grundgesetz stellt eine Systementscheidung hinter die grundgesetzliche Kontrolle von Regelungen und Aktivitäten der öffentlichen Hand zurück[100]. Zwar ist unter Betonung des einschrän-

---

[89] *Otting*, DVBl 1997, 1258, 1260; *Berg*, GewA 1990, 225, 227.

[90] *Ronellenfitsch* in Isensee/Kirchhof (Hrsg.), Handbuch des Staatsrechts Bd. III, § 84 Rdnr. 41.

[91] *Berg*, GewA 1990, 225, 227; *Krölls*, GewA 1992, 281, 282; *Löwer*, VVDStRL 60 (2001), 416, 421.

[92] *Krölls*, GewA 1992, 281, 282.

[93] Diesen Versuch unternahm *Bettermann* in FS-Hirsch, S. 1ff.

[94] BVerfGE 61, 82, 102ff.

[95] *Krüger*, Grundgesetz und Kartellgesetzgebung, 10f.; *ders.*, DVBl 1951, 361, 363f.

[96] BVerfGE 4, 7, 17f.

[97] BVerfGE 4, 7, 18.

[98] Vgl. nur BVerfGE 7, 377, 400; 21, 73, 78; 25, 1, 19f.; 39, 329, 336; 50, 290, 336ff.

[99] Vgl. nur *Hidien*, Gemeindliche Betätigung rein erwerbswirtschaftlicher Art und „öffentlicher" Zweck kommunaler wirtschaftlicher Unternehmen, S. 126; *Storr*, Der Staat als Unternehmer, S. 93; *Mann*, JZ 2002, 819, 820; *Jarass*, DÖV 2002, 489, 491; *Krölls*, GewA 1992, 281, 282; *Pieroth/Schlink*, Rdnr. 814, 953.

[100] *Jarass*, DÖV 2002, 489, 491.

kenden Zusatzes des BVerfGs der Gesetzgeber habe bei der Regelung der Wirtschaftsordnung das Grundgesetz zu beachten[101], verschiedentlich versucht worden, die sozio-ökonomisch relevanten Grundrecht Art. 12, 14 und 2 Abs. 1 GG als Grundlage für einen Vorrang der Privatheit als Prinzip der Wirtschaftsverfassung fruchtbar zu machen[102]. Jedoch lässt sich aus der strukturellen Gewährleistung einer privatrechtlich organisierten Wirtschaft nicht deren Ausschließlichkeit oder Vorrang folgern[103]. Die wirtschaftspolitische Neutralität des Grundgesetzes erlaubt also eine wirtschaftliche Betätigung der öffentlichen Hand. Zugleich ist damit aber festgestellt, dass die Teilnahme der öffentlichen Hand am Wirtschaftsverkehr keine Staatsaufgabe, sondern ein Mittel zur Erfüllung solcher Aufgaben ist[104]. Der Bestand an Aufgaben, deren Erfüllung dem Staat durch wirtschaftliche Betätigung zugewiesen ist, ist jedoch zunächst offen[105]. Aus der Verfassung können sich aber Vorgaben für eine staatliche Wirtschaftstätigkeit ergeben. Denn auch solche Aktivitäten sind Ausübung von Staatsgewalt und fallen somit nach herrschender Meinung unter die Bindung des Art. 1 Abs. 3 GG[106]. Es ist zu untersuchen, welche grundsätzlichen Vorgaben das Grundgesetz für die staatliche Wirtschaftstätigkeit aufstellt.

III. Die Gemeinwohlbindung staatlicher Wirtschaftstätigkeit nach dem Rechtsstaatsprinzip

Eine Konsequenz des Rechtsstaatsprinzips ist die prinzipielle Orientierung des staatlichen Handelns an den Interessen einer als gleich gedachten Allgemeinheit[107]. Der Rechtsstaat als „Gerechtigkeitsstaat" umfasst auch die möglichst gerechte Verteilung von Freiheit in materieller Hinsicht, insofern als die gerechte Versorgung mit Gütern ein Pendant zur Freiheit als Grad der Abwesenheit realer

---

[101] BVerfGE 4, 7, 18.

[102] *Sodan*, DÖV 2000, 361; *Dürig* in Maunz/Dürig (Hrsg.), GG Bd. I, Art. 2 Rdnr. 52. Vgl. auch *Hösch*, DÖV 2000, 393, 396ff.; *Tettinger*, DVBl 1999, 679, 684ff.; *Pielow*, NWVBl 1999, 369, 375f.. Diese Autoren stellen zwar die Stärkung des grundrechtlichen Schutzes gegen staatliche Wirtschaftstätigkeit in den Vordergrund, sehen diese aber als rechtfertigungsbedürftigen Eingriff und nicht als grundsätzlich verboten an.

[103] Vgl. etwa *Grupp*, ZHR 140 (1976), 367, 389 „verfassungsrechtlich anerkanntes nebeneinander von privaten und öffentlichen Unternehmen"; *Stober*, ZHR 145 (1981), 565; *Püttner*, Öffentliche Unternehmen, S. 94, 96f.; *Laskowski* ZUR 2003, 1, 3; *Moraing*, WiVerw 1998, 233, 243; *Berg*, GewA 1990, 225, 227; *Britz*, NVwZ 2001, 380, 381; *Pagenkopf*, GewA 2000, 177, 179..

[104] *Ehlers*, Gutachten E zum 64. DJT, S. 34; *Grawert* in FS-Blümel, S. 119, 125f; *Meyer*, NVwZ 2002, 1479, 1480.

[105] *Schoch*, DVBl 1994, 962; *Laskowski*, ZUR 2003, 1, 3.

[106] *Starck* in von Mangoldt/Klein/Starck (Hrsg.), GG Bd. 1, Art. 1 Rdnr. 229; *Hösch*, DÖV 2000, 393, 398; *Kluth*, Grenzen kommunaler Wettbewerbsteilnahme, S. 58 f.

[107] *Ehlers*, Gutachten E zum 64. DJT, S. 34; *Berg*, WiVerw 2000, 141, 149; *Mann*, JZ 2002, 819, 820; *Bettermann* in FS-Hirsch, S. 1, 23; *Britz*, NVwZ 2001, 380, 381; *Löwer*, NWVBl 2000, 241, 243.

Schranken darstellt[108]. Dieses Gemeinwohl ist der allgemeine Legitimationsgrund aller Staatlichkeit. Es findet im Rechtsstaatsprinzip seine materielle Ausformung, durch die es den Verfassungsstaat vom totalen Staat abgrenzt, welcher keine Grenze seines Handelns kennt[109]. Ohne diese Gemeinwohlverpflichtung würden sich die Zielsetzung öffentlicher und privater Wirtschaft nicht unterscheiden und „die öffentliche Hand würde gewinnen, was sie von Verfassungs wegen nicht haben darf: Freiheit"[110]. Alles staatliche Handeln, auch das erwerbswirtschaftliche Handeln, muss folglich final auf das Gemeinwohl programmiert sein[111]. Auch wenn die Präzisierung des Gemeinwohlsbegriffs schwerfällt, ist er doch als äußerste Grenze für eine staatliche Tätigkeit rechtlich einsetzbar. So argumentierte der BGH, dass sich aus dem Rechtsstaatsprinzip ergebe, dass der Staat sein Vermögen nicht unter Wert veräußern darf[112]. Eine solche Zuwendung ohne Gegenleistung an Private verfolgt keine legitimen öffentlichen Aufgaben. Auch das BVerfG hat in seiner Entscheidung zum Verkauf der Volkswagenaktien von einer „aus dem Dienst am Gemeinwohl folgenden selbstverständlichen Verpflichtung (des Bundes), bei einer Veräußerung öffentlichen Vermögens einen angemessenen Preis anzustreben" gesprochen[113]. Für die wirtschaftliche Betätigung des Staates bedeutet dies, dass sie nicht Selbstzweck sein darf, sondern im Gemeinwohl ihre Rechtfertigung finden muss[114]. Im Gemeinwohlgebot des Rechtsstaates findet sich somit die Grundlage für den häufig angeführten Grundsatz, dass der öffentlichen Hand eine reine Erwerbswirtschaft nicht gestattet ist[115]. Diese Erkenntnis hat sich in den Gemeindeordnungen im Erfordernis eines die wirtschaftliche Betätigung der Kommunen rechtfertigenden öffentlichen Zwecks niedergeschlagen[116].

---

[108] *Hidien*, Positive Konkretisierung der öffentlichen Zweckbindung, S. 63.

[109] *Püttner*, Öffentliche Unternehmen, S. 128.

[110] *Ehlers* in Ipsen (Hrsg.), Kommunalwirtschaft im Umbruch, S.16. Vgl. auch *Löwer*, VVDStRL 60 (2001), 416, 420: „Der Staat würde so um der Finanzierung seiner Aufgaben willen gewinnen, was er nicht hat: Freiheit."

[111] *Ronellenfitsch* in Isensee/Kirchhof (Hrsg.), Handbuch des Staatsrechts Bd. III, § 84, Rdnr. 39; *Püttner*, Öffentliche Unternehmen, S. 128; *Schliesky*, Öffentliches Wettbewerbsrecht, S. 181 f.

[112] BGHZ 47, 30, 39 f.

[113] BVerfGE 12, 354, 364.

[114] *Jarass*, DÖV 2002, 489; *Püttner*, Öffentliche Unternehmen, S. 129; *Badura*, DÖV 1998, 818, 821; *Scharpf*, GewA2005, 1, 8; *Cosson*, DVBl 1999, 891, 894f.; *Ipsen* in FS-Rauschning, S. 645; 648; *Pielow*, NWVBl 1999, 369, 376.

[115] Vgl. auch die umfassende Darstellung von *Löwer*, VVDStRL 60 (2001), 416, 418ff.

[116] Zum öffentlichen Zweck näher unter § 3 A I.

C. Art. 28 Abs. 2 Satz 1 GG: Die Selbstverwaltungsgarantie als Befugnisnorm für kommunale Wirtschaftstätigkeit

I. Die Selbstverwaltungsgarantie als Befugnis zur Wahrnehmung aller Angelegenheiten der örtlichen Gemeinschaft

Art. 28 Abs. 2 Satz 1 GG gewährleistet den Gemeinden das Recht, alle Angelegenheiten der örtlichen Gemeinschaft im Rahmen der Gesetze in eigener Verantwortung zu regeln. Diese Gewährleistung „sichert den Gemeinden einen grundsätzlich alle Angelegenheiten der örtlichen Gemeinschaft umfassenden Aufgabenbereich sowie die Befugnis zu eigenverantwortlicher Führung der Geschäfte in diesem Bereich“[117]. Dieser Grundsatz der Allzuständigkeit der Gemeinden begründet zum einen die Kompetenz der Gemeinden zur Wahrnehmung aller Aufgaben mit relevantem Ortsbezug, begrenzt ihn aber auch zugleich auf die Angelegenheiten der örtlichen Gemeinschaft[118]. Anknüpfungspunkt für eine gemeindliche Zuständigkeit ist also nicht eine bestimmte, den Gemeinden zugewiesene Aufgabenmenge, sondern der relevante Ortsbezug, die „örtliche Radizierung“ der Aufgabe[119]. Zur gemeindlichen Selbstverwaltung gehört „kein gegenständlich bestimmter oder nach feststehenden Merkmalen bestimmbarer Aufgabenkatalog, wohl aber die Befugnis, sich aller Angelegenheiten der örtlichen Gemeinschaft, die nicht durch Gesetz bereits anderen Trägern der öffentlichen Verwaltung übertragen sind, ohne besonderen Kompetenztitel anzunehmen („Universalität“ des gemeindlichen Wirkungskreises)“[120].

Den Grundsatz der Allzuständigkeit als identitätsbestimmendes Merkmal der kommunalen Selbstverwaltung leitete das BVerfG in der Rastede-Entscheidung aus den Funktionen der Selbstverwaltungsgarantie ab[121]. Die Doppelfunktion der Selbstverwaltungsgarantie besagt, dass sie zum einen die politisch-administrative Dezentralisation des Staatsaufbaus regelt und zum anderen Chancen der politischen Mitgestaltung für den Bürger eröffnen soll[122]. Die dezentrale Strukturierung selbst dient der Stärkung der politischen Freiheit des Bürgers, indem ihm ermöglicht wird, an der Erledigung der örtlichen Aufgaben zu partizipieren[123]. Das BVerfG spricht von einer „mitgliedschaftlich-partizipatorischen

---

[117] BVerfGE 79, 127, 143.

[118] *Nierhaus* in Sachs (Hrsg.), GG, Art. 28 Rdnr. 42.

[119] Dazu erstmals BVerfGE 8, 122, 134.

[120] BVerfGE 79, 127, 146.

[121] BVerfGE 79, 127, 143ff. Ausführlich zu den Implikationen der Rastede-Entscheidung für die kommunale Selbstverwaltung, *Schmidt-Aßmann* in FS-Sendler, S. 121; auch *Schmidt-Jortzig*, DÖV 1993, 973, 974f.

[122] *Huber*, Gutachten D zum 65. DJT, S. 129; *Badura*, DÖV 1998, 818, 823; *Schmidt-Aßmann* in FS-Sendler, S. 121, 123; *Nierhaus* in Sachs (Hrsg.), GG, Art. 28 Rdnr. 31; *Rennert*, DV 2002, 319, 321.

[123] *Hösch*, DÖV 2000, 393, 394; *Maurer*, DVBl 1995, 1037, 1040; *Scharpf*, GewA 2005, 1, 6.

Komponente“[124] der Selbstverwaltung. Sie bedeute „ihrem Wesen und ihrer Intention nach Aktivierung der Beteiligten für ihre eigenen Angelegenheiten“[125]. Die Einwohner der Gemeinde sollen die örtlichen Angelegenheiten selber besorgen. Diese „bürgerschaftliche Selbst-Verwaltung“[126] findet ihren Niederschlag in der besonderen demokratischen Legitimation der Gemeinde. Art. 28 Abs. 1 Satz 2 GG ordnet der Gemeinde ein eigenes „Volk“ zu[127]. An diese demokratische Legitimation knüpft Art. 28 Abs. 2 Satz 1 GG für die Zuweisung der Aufgaben an die Gemeinden an[128]. Das BVerfG hat die Parallelität von demokratischer Legitimation und dem Grundsatz der Allzuständigkeit in seiner Entscheidung zum Kommunalwahlrecht für Ausländer ausdrücklich betont: „Der inhaltlich-gegenständlich nicht weiter eingegrenzten Aufgabenzuweisung entspricht eine vergleichbar allgemeine Anknüpfung für die personelle Zugehörigkeit zu einer kommunalen Gebietskörperschaft. Sie bestimmt sich nicht nach gruppenspezifischen Kriterien, wie besondere Eigenschaften, Funktionen oder Interessen, sondern ausschließlich nach der Wohnsitznahme im Hoheitsbereich der Gebietskörperschaft; deren personale Grundlage ist damit von einer offenen und in diesem Sinne unbestimmten Allgemeinheit geprägt“[129]. Der dezentrale Verwaltungsaufbau soll „unter Zurückdrängung des bürokratisch-autoritativen Elements dem Gedanken des Selbstbestimmungsrechts des Bürgers wieder erhöhte Geltung verschaffen“[130]. Diese Orientierung an der demokratischen Legitimation gemeindlicher Tätigkeit führt zu einer Bestimmung des Betätigungsfeldes der Gemeinden, die sich nicht an einem bestimmten Aufgabenbestand, sondern an der Reichweite dieser Legitimation ausrichtet. So wie im Verfassungsstaat das „Staatsvolk“ die Aktivitäten des Staates im „Staatsgebiet“ legitimiert, so legitimieren die „Gemeindeeinwohner“ die Beschäftigung der Gemeinde mit den „Angelegenheiten der örtlichen Gemeinschaft“[131].

Die kommunale Selbstverwaltung umschreibt demnach keinen Pflichtaufgabenbereich[132]. Sie enthält aber ein materielles Aufgabenverteilungsprinzip[133]. Die

---

[124] BVerfGE 83, 37, 55.

[125] BVerfGE 11, 266, 275. Zur Kritik an dieser als „monistisch“ gebrandmarkten Konzeption vgl. die Nachweise bei *Jestaedt*, DV 2002, 293, 312ff.mwN.

[126] BVerfGE 79,127, 148.

[127] Vgl. *Tettinger* in von Mangoldt/Klein/Starck (Hrsg.), GG, Art. 28 Rdnr. 73; *Rennert*, DV 2002, 319, 323; *Schmidt-Aßmann* in FS-Sendler, S. 121, 125; *Hösch*, DÖV 2000, 393, 394. Zur besonderen Legitimation auch *Schmidt-Jortzig*, DÖV 1993, 973.

[128] *Hösch*, WiVerw 2000, 159, 174; *Hellermann*, Örtliche Daseinsvorsorge und gemeindliche Selbstverwaltung, S. 141.

[129] BVerfGE 83, 37, 54f.

[130] BVerfGE 79, 127, 149.

[131] *Löwer*, NWVBl 2000, 241, 244: „Entscheidungen auf der Ortsstufe für die Ortsstufe“.

[132] *Salzwedel* in GfU (Hrsg.), Umweltrecht im Wandel, S. 613, 623; *Huber*, Gutachten D zum 65. DJT, S. 129.

[133] *Schink*, NVwZ 2002, 129, 133; *Löwer* in von Münch/Kunig (Hrsg.), GG Band 2, Art. 28 Rdnr. 50; *Dreier* in Dreier (Hrsg.), GG Band 2, Art. 28 Rdnr. 118. Wesentlich wird das materielle Aufgabenverteilungsprinzip als Vermutung zugunsten der Zuständigkeit der Gemeinde,

Gemeinden haben die Möglichkeit, nicht aber die Pflicht, Aufgaben wahrzunehmen, soweit diese örtlich radiziert sind. Das sind solche Aufgaben, „die in der örtlichen Gemeinschaft wurzeln oder auf die örtliche Gemeinschaft einen spezifischen Bezug haben“[134]. Sie sind „den Gemeindeeinwohnern gerade als solchen gemeinsam (...), indem sie das Zusammenleben und –wohnen der Menschen in der (politische) Gemeinde betreffen“[135]. Wenn eine Gemeinde also im Bereich der Wasserversorgung tätig werden will, müsste die Wasserversorgung einen spezifischen Bezug zur örtlichen Gemeinschaft haben. Die Wasserversorgung muss sich den Angelegenheiten der örtlichen Gemeinschaft zuordnen lassen.

II. Wasserversorgung als Angelegenheit der örtlichen Gemeinschaft

1. Die Wasserversorgung als Selbstverwaltungspflichtaufgabe oder als freiwillige Selbstverwaltungsaufgabe: Die landesrechtlichen Regelungen zur Zuständigkeit im Bereich Wasserversorgung

Der Aufgabenbestand der Gemeinden ist nach der Vorgabe des Art. 28 Abs. 2 Satz 1 GG offen[136]. Diese Aufgaben, d.h. die Angelegenheiten der örtlichen Gemeinschaft, unterliegen aber nach dem Wortlaut des Art. 28 Abs. 2 Satz 1 GG einem Gesetzesvorbehalt[137]. Es ist also Sache des Gesetzgebers, den Aufgabenbestand näher auszuprägen. Die kommunale Selbstverwaltung unterliegt „der gesetzlichen Ausgestaltung und Formung“[138]. Ist den Gemeinden eine Aufgabe gesetzlich zugewiesen, sind sie zu deren Erledigung verpflichtet und nur in der Art und Weise der Erledigung frei[139]. Der Gesetzesvorbehalt hat Eingang in die Gemeindeordnungen der Länder gefunden, insoweit in ihnen, wenn auch nicht mit einheitlicher Terminologie, festgelegt ist, dass den Gemeinden per Gesetz Aufgaben übertragen werden können[140].

---

wenn der Gesetzgeber eine Aufgabe dem Kreis zuweisen will („Hochzonung“ von Aufgaben). Um eine solche Problematik ging es in der Rastede-Entscheidung, vgl. BVerfGE 79, 127, 150ff.

[134] BVerfGE 8, 122, 134; 50, 195, 201; 52, 95, 120; 79, 127, 151.

[135] BVerfGE 79, 127, 151.

[136] Vgl. § 2 C I.

[137] BVerfGE 79, 127, 143ff.

[138] BVerfGE 79, 127, 152. Hier ist nicht der Frage nachzugehen, welche Grenzen dieser Gesetzesvorbehalt im Kernbereich der Selbstverwaltung erfährt, vgl. dazu etwa *Papier*, DVBl 2003, 686, 688; *Nierhaus*, in Sachs (Hrsg.), GG, Art. 28 Rdnr. 49.

[139] *Schmidt-Jortzig*, DÖV 1993, 973, 975.

[140] § 2 Abs. 2 Satz 1 GO BW; § 3 Abs. 4 Satz 2 GO Bbg; § 3 HessGO; § 2 Abs. 3 KV M-V; § 4 Abs. 1 Satz 1 NdsGO; § 3 Abs. 1 GO NRW; § 2 Abs. 1 Satz 2 GO RP; § 4 Abs. 1 Satz 1 GO LSA; § 2 Abs. 2 Satz 1 SächsGO; § 2 Abs. 3 Satz 1 ThürKO. In Bayern verweist Art. 7 Abs. 1 BayGO hinsichtlich der Selbstverwaltungsaufgaben auf Art. 83 Abs. 1 der bayerischen

Im Fall der Wasserversorgung liegt die Gesetzgebungskompetenz bei den Ländern[141]. Sie haben daher die Möglichkeit, die Wasserversorgung als Selbstverwaltungspflichtaufgabe auszugestalten[142]. In mehreren Bundesländern weisen die Landeswassergesetze den Gemeinden die Erfüllung der Wasserversorgung zu[143]. In diesen Ländern, d.h. Bayern, Hessen, Rheinland-Pfalz und den neuen Bundesländern, sind die Gemeinden zur Erbringung der Wasserversorgung verpflichtet. Die Gemeinden der übrigen Länder, die keine entsprechende Regelung in den Landeswassergesetzen aufweisen, sind in ihrer Entscheidung frei, ob sie die Versorgung ihrer Einwohner mit Wasser erbringen oder diese Versorgung dem privaten Markt überlassen. Auch diese Entscheidungsfreiheit haben sie jedoch nur, wenn die Wasserversorgung eine freiwillige Selbstverwaltungsaufgabe sein kann, d.h. wenn die Wasserversorgung eine „Angelegenheit der örtlichen Gemeinschaft" ist[144].

2. Die Leistungen der Daseinsvorsorge als Bestandteil der Angelegenheiten der örtlichen Gemeinschaft

Die Angelegenheiten der örtlichen Gemeinschaft werden regelmäßig mit dem Begriff der Daseinsvorsorge in Verbindung gebracht. Die weitgehende Gleichsetzung dieser Begrifflichkeiten brachten das BVerwG dazu klarzustellen, dass „öffentliche Zwecke (...) das wirtschaftliche Unternehmen (einer Gemeinde) auch dann rechtfertigen, wenn damit keine Daseinsvorsorge betrieben wird"[145].

Der Begriff der Daseinsvorsorge wurde 1938 von *Forsthoff* in seinem Werk „Der Staat als Leistungsträger" entwickelt[146]. Er beruht auf der Prämisse, dass der Einzelne in der modernen, arbeitsteiligen Gesellschaft auf die Versorgung mit wesentlichen Gütern und Dienstleistungen angewiesen ist[147]. Der Staat habe

---

Landesverfassung. Dort ist die Wasserversorgung ausdrücklich als Selbstverwaltungsaufgabe genannt.

141 Vgl. § 2 A.

142 *Fischer/Zwetkow*, NVwZ 2003, 281, 282; *Salzwedel* in GfU (Hrsg.), Umweltrecht im Wandel, S. 613, 624.

143 § 59 WG Bbg; § 54 HessWG; § 43 WG M-V; § 46 Abs. 1 WG RP; § 146 Abs. 1 WG LSA; § 57 Abs. 1 SächsWG; § 61 Abs. 1 ThürKO. Baden-Württemberg, Niedersachsen und Nordrhein-Westfalen haben in ihre Wassergesetze keine Zuweisung aufgenommen. In Bayern wird die Versorgung der Bevölkerung mit Wasser als Aufgabe des eigenen Wirkungskreises in Art. 57 Abs. 2 Satz 1 BayGO genannt.

144 Dazu sogleich unter § 2 C II 2, 3.

145 BVerwGE 39, 329, 333.

146 Zur Entwicklung des Begriffs siehe *Püttner* in Hrbek/Nettesheim (Hrsg.), Europäische Union und mitgliedstaaliche Daseinsvorsorge S. 32, 33. Ausführlich zum philosophischen Hintergrund der Daseinsvorsorge, *Scheidemann*, Der Begriff Daseinsvorsorge.

147 *Meyer*, EWS 2005, 193; *Badura*, DÖV 1966, 624, 626; *Schmidt*, Der Staat 2003, 225; *Fischer/Zwetkow*, NVwZ 2003, 281, 282.

die Verantwortung für die Abdeckung der sozialen Bedürftigkeit des in der modernen, arbeitsteiligen Welt nicht mehr länger autarken Bürgers[148]. Unter dem Grundgesetz wird die Aufgabe der Daseinsvorsorge aus dem Sozialstaatsprinzip hergeleitet[149]. Der Bürger ist auf die Besorgung bestimmter Leistungen zu sozial angemessenen Bedingungen angewiesen, um seine grundrechtlichen Freiheiten wahrnehmen zu können. Eine allgemeine Definition, welche Leistungen darunter zu verstehen sind, ist bisher jedoch nicht gelungen. So werden verschiedene Einrichtungen, unter anderem Universitäten, Museen, Schulen und Personennahverkehr, in anderen Ländern von Privaten erbracht. Auch fehlt eine Begründung für die Liberalisierung etwa von Telekommunikation, Strom und Gas, die „klassisch" von staatlichen Monopolen erbracht wurden. Die Entwicklung von der Leistungsverwaltung zu einer regulierenden Verwaltung, in der Daseinsvorsorgeleistungen durch private Träger erbracht werden und die öffentliche Hand ihrer Pflicht zur Sicherung der Gemeinwohlbelange durch Regulierung oder vertragliche Vereinbarung mit dem privaten Träger Genüge tut[150], spricht gegen einen abgrenzbaren Kreis von staatlichen Daseinsvorsorgeaufgaben. Auch sind bestimmte Daseinsvorsorgeleistungen wie die Versorgung mit Nahrungsmitteln und Medikamenten schon immer durch Private erbracht und nie als staatliche Aufgabe angesehen worden[151]. Letztlich erweist sich die Frage, was Daseinsvorsorge sein soll als das Problem, die Aufgaben des Staates zu bestimmen[152]. Die Daseinsvorsorge ist kein Rechtsbegriff[153]. Sie dient vielmehr als Sammelbecken für die Bezeichnung einer Vielzahl staatlicher Leistungen[154].

Aus dem Begriff der Daseinsvorsorge lassen sich somit unmittelbar keine Erkenntnisse für eine Kompetenzzuweisung an die Gemeinden ziehen. Ob die Leistungen, die mit der Daseinsvorsorge verknüpft werden, als örtliche Angelegenheiten einzustufen sind, lässt sich auch nicht ohne weiteres aus dem unbestimmten Rechtsbegriff der örtlichen Radizierung erschließen. Eine Leistung kann auf der örtlichen Ebene ebenso erbracht werden wie etwa auf Kreis- oder Landesebene. Dazu kommt, die Verbindung örtlicher und überörtlicher Kompo-

---

148 *Püttner* in Hrbek/Nettesheim (Hrsg.), Europäische Union und mitgliedstaatliche Daseinsvorsorge, S. 32, 33; *Schwarze*, EuZW 2001, 334, 335.

149 *Stern*, Staatsrecht I, S. 897f.; *Gröschner* in Dreier(Hrsg.), GG Bd. 2, Art. 20 (S), Rdnr. 57; *Hösch*, WiVerw 2000, 159, 166.

150 Vgl. etwa *Burgi*, NVwZ 2001, 601, 603, 606; *Fischer/Zwetkow*, ZfW 2003, 129, 150 f.

151 *Salzwedel* in GfU (Hrsg.), Umweltrecht im Wandel, S. 613, 616f. Darauf hat auch die nordrhein-westfälische Landesregierung in ihrer Begründung zur Novelle der Gemeindeordnung hingewiesen; LT-Drucks. Nordrhein-Westfalen 12/3730, S. 105.

152 *Hösch*, WiVerw 2000, 159, 167.

153 *Storr*, Der Staat als Unternehmer, S. 111f.; *Hill*, BB 1997, 425, 428; *Schmidt*, Der Staat 2003, 225, 229; *Püttner* in Hrbek/Nettesheim (Hrsg.), S. 32, 35; *Schink*, NVwZ 2002, 129, 132; *Tettinger*, Besonderes Verwaltungsrecht, Rdnr. 58.

154 *Stern*, Staatsrecht I, S. 898. Vgl. auch *Papier*, DVBl 2003, 686, 687f.; *Tettinger* in von Mangoldt/Klein/Starck (Hrsg.), GG Bd. 2, Art. 28 Rdnr. 207; *Schmidt-Aßmann* in FS-Ulmer, S. 1015, 1018. Umfassend zur begrifflichen Unschärfe der Daseinsvorsorge bereits *Ossenbühl*, DÖV 1971, 513, 514ff.; *Badura*, DÖV 1966, 624ff.

nenten vieler Aufgaben und die Größen- und Strukturunterschiede zwischen den einzelnen Gemeinden[155]. Die Verortung einzelner Aufgaben ist gemäß dem BVerfG demnach auch in „der geschichtlichen Entwicklung und den verschiedenen historischen Erscheinungsformen der Selbstverwaltung"[156] zu suchen. Als örtlich radiziert kann eine Aufgabe auch dann angesehen werden, wenn die Erfüllung dieser Aufgabe auf gemeindlicher Ebene historisch gewachsen ist und auch dem aktuellen Aufgabenbestand entspricht[157]. Nach diesem Verständnis kann kein Zweifel daran bestehen, dass die Daseinsvorsorge von jeher ein zentrales Betätigungsfeld der Gemeinden war[158]. Die Darstellung der historischen Entwicklung soll jedoch hier nur in dem konkret interessierenden Kontext der Wasserversorgung erfolgen[159]. Der bayerische VerfGH sprach von der „Funktionskern der Gemeindeverwaltung"[160]. Trotz aller „Wanderungsprozesse" und „Gemengelagen"[161] ist die Förderung des Wohls der Gemeindeeinwohner durch Leistungen, auf die sie im modernen, arbeitsteiligen Staat angewiesen sind, eine Angelegenheit der örtlichen Gemeinschaft.

3. Die Wasserversorgung als Bestandteil der Daseinsvorsorge

Das BVerfG hat die Wasserversorgung ausdrücklich den typischen, die Daseinsvorsorge betreffenden Aufgaben der kommunalen Gebietskörperschaften zugeordnet[162]. Schon *Forsthoff* hat die Versorgung mit Wasser ausdrücklich als

---

[155] *Schmidt-Aßmann* in FS-Sendler, S. 121, 129; *Löwer* in von Münch/Kunig (Hrsg.), GG Bd. 2, Art. 28 Rdnr. 45; *Hellermann*, Örtliche Daseinsvorsorge, S. 144. Vgl. auch *Kluth*, Grenzen kommunaler Wettbewerbsteilnahme, S. 38ff. zur Frage, wann eine „überörtliche" Angelegenheit vorliegt.

[156] BVerfGE 1, 167, 178; 11, 266, 274; 59, 216, 226; 79, 127, 146. Dazu auch *Hellermann*, Örtliche Daseinsvorsorge und gemeindliche Selbstverwaltung, S. 143 f.

[157] *Hellermann*, Örtliche Daseinsvorsorge und gemeindliche Selbstverwaltung, S. 144; *Cronauge*, Der Gemeindehaushalt 1997, 265, 266. Zu den Grenzen der historischen Methode, vgl. *Stern*, Staatsrecht I, S. 417.

[158] Vgl. etwa BVerfGE 38, 258, 270; BVerfG NJW 1990, 1783; VerfGH RP NVwZ 2000, 801; BVerwGE 98, 273, 275; *Stern*, Staatsrecht I, S. 412; *Burmeister* in Püttner (Hrsg.), Handbuch der kommunalen Wissenschaft und Praxis Bd. 5, S. 5; *Schink*, NVwZ 2002, 129, 132; *Scholz*, DÖV 1976, 441, 442; *Cronauge*, Der Gemeindehaushalt 1997, 265, 266. Ausführliche Darstellung des Zeitraums ab dem 19. Jahrhundert bei *Wessel* in Wysocki (Hrsg.), Kommunalisierung, S. 49ff.; *Hellermann*, Örtliche Daseinsvorsorge und gemeindliche Selbstverwaltung, S. 16ff.

[159] Dazu sogleich unter § 2 C III 3.

[160] BayVerfGH DÖV 1958, 216,217.

[161] Vgl. *Dreier* in Dreier (Hrsg.), GG Bd. 2, Art. 28 Rdnr. 105; *Hellermann*, Örtliche Daseinsvorsorge und gemeindliche Selbstverwaltung, S. 144.

[162] BVerfG NJW 1990, 1783; BVerfGE 58, 45, 62; BVerwG GewA 2005, 244, 245 für die Fernwasserversorgung. Auch BVerfGE 38, 258, 270 nennt die Versorgung mit Wasser als Aufgabe, die von den Gebietskörperschaften als eigene Angelegenheit wahrgenommen wird. Vgl. auch BGH NJW 1996, 3409, 3411: „Die Durchführung der Wasser- und Energieversor-

Beispiel für die Daseinsvorsorge aufgeführt[163]. Diese Einschätzung fand Zustimmung im wasserrechtlichen Schrifttum[164]. Auch nach dem BayVerfGH gehören die kommunalen Unternehmen, welche die durch die bayerische Landesverfassung den Gemeinden übertragene Energie- und Wasserversorgung erbringen, dem Gebiet der Daseinsvorsorge an[165]. Die Eindeutigkeit dieser Zuordnung ergibt sich aus der historischen Betrachtung. Die Wasserversorgung ist eines der ersten Gebiete der Daseinsvorsorge, auf denen sich die Gemeinden in großem Maße betätigten. Die ersten modernen, zentralen Wasserversorgungsanstalten entstanden Mitte des 19. Jahrhunderts[166]. Um die Jahrhundertwende gab es in Deutschland bereits mehr als 3.400 Wasserwerke[167]. Sie unterstanden ursprünglich der staatlichen Polizeigewalt über kommunale Anstalten, deren Benutzung im polizeilichen Interesse erforderlich war[168]. Als diese in der Folge des Kreuzberg-Urteils[169] von 1882 auf die Gefahrenabwehr beschränkt wurde, wurden die Wasserwerke zunehmend kommunalisiert[170]. In dieselbe Zeit fällt die Entwicklung eines Grundsatzes der Allzuständigkeit der Gemeinden für örtliche Angelegenheiten wie er erstmals in § 108 der Preußischen Städteordnung erwähnt wird[171]. Darunter verstand das Preußische OVG, dass die Kommunen all das in ihre Wirksamkeit einbeziehen durften, „was die Wohlfahrt des Ganzen, die materiellen Interessen und die geistige Entwicklung der einzelnen fördert"[172]. Damit war den Kommunen die Übernahme von Leistungen der sozialen Vorsorge eröffnet, zu denen vom Kaiserreich über die Weimarer Republik bis zur Bundesrepublik Deutschland die Wasserversorgung gezählt wurde[173].

Ist die öffentliche Wasserversorgung somit unzweifelhaft unter die Angelegenheiten der örtlichen Gemeinschaft zu subsumieren, kann sie auch von den Ge-

---

gung gehört zu den typischen, die Daseinsvorsorge betreffenden Aufgaben der kommunalen Gebietskörperschaften."

[163] *Forsthoff*, Die Verwaltung als Leistungsträger, S. 7.

[164] Vgl. nur stellvertretend *Fischer/Zwetkow*, ZfW 2003, 129, 139; *Salzwedel* in GfU (Hrsg.), Umweltrecht im Wandel, S. 613, 621; *Gern*, NJW 2002, 2593; *Masing*, VerwA 95 (2004), 151, 153; *Laskowski*, ZUR 2003, 1, 4.

[165] BayVerfGH, DÖV 1958, 216, 217.

[166] Den Anstoß gab eine Feuersbrunst in Hamburg 1842. Neben der Trinkwasserversorgung stand vor allem der Aspekt der Vorratshaltung zu Feuerlöschzwecken im Vordergrund. Gegründet wurde das Hamburger Wasserwerk 1848, es folgten unter anderem Berlin (1858) und Nürnberg (1856). Nach *Wessel* in Wysocki (Hrsg.), Kommunalisierung, S. 49, 52ff.; *Stern/Püttner*, Die Gemeindewirtschaft, S. 17.

[167] *Wessel* in Wysocki (Hrsg.), Kommunalisierung, S. 49, 63.

[168] *Hellermann*, Örtliche Daseinsvorsorge und gemeindliche Selbstverwaltung, S. 26.

[169] PrOVGE 9, 353.

[170] Es wurden von Beginn an Wasserwerke als städtische Einrichtungen erbaut, so etwa in Nürnberg und Würzburg (1856) und Stuttgart (1861/2).

[171] *Hellermann*, Örtliche Daseinsvorsorge und gemeindliche Selbstverwaltung, S. 26.

[172] PrOVGE 2, 186, 189f.

[173] Vgl. die Darstellung bei *Hellermann*, Örtliche Daseinsvorsorge und gemeindliche Selbstverwaltung, S. 26, 32, 41.

meinden derjenigen Länder, welche die Wasserversorgung nicht als Selbstverwaltungspflichtaufgabe vorsehen, erbracht werden. Der Grundsatz der Allzuständigkeit erlaubt hier den Kommunen die Entscheidungsfreiheit nicht nur über das „Wie“, sondern auch über das „Ob“ der Erfüllung der Aufgabe[174]. Im Rahmen des „Wie“ stellt sich die Frage nach der wirtschaftlichen Betätigung der Gemeinden als Option zur Aufgabenerfüllung.

III. Wirtschaftliche Betätigung als Handlungsform bei der Erfüllung der Angelegenheiten der örtlichen Gemeinschaft

1. Kein Grundrecht der Gemeinden auf wirtschaftliche Betätigung

Eine Rechtfertigung kommunaler Wirtschaftstätigkeit durch die Berufung auf die Wirtschaftsgrundrechte der Art. 12 Abs. 1 GG und Art. 14 Abs. 1 GG scheidet nach überwiegender und zutreffender Ansicht aus[175]. Wesen und Aufgabe der Grundrechte, dem einzelnen einen Freiheitsraum vor staatlicher Übermacht zu verschaffen, bedeutet, dass der Staat nicht gleichzeitig der Adressat und der Berechtigte der Grundrechte sein kann[176]. Das BVerfG hat deshalb die Grundrechtsfähigkeit von Gemeinden grundsätzlich abgelehnt[177]. Die kommunale Selbstverwaltung ist im organisatorischen Teil des Grundgesetzes angesiedelt. Art. 28 Abs. 2 Satz 1 GG begreift die Gemeinden als Teil des Staatsaufbaus, als Element gegliederter Demokratie[178]. Die Gemeinden also sind keine vorstaatlichen oder grundsätzlich vom Staat unabhängigen Gebietskörperschaften, sondern stellen einen Teil des staatlichen Verwaltungsaufbaus dar[179]. Art. 28 Abs. 2 Satz 1 GG ist insoweit eine Norm des Staatsorganisationsrechts[180]. Zwar institutionalisiert er eine dezentrale Wahrnehmung der Staatsaufgaben, um die Wahrnehmung individueller Freiheit durch die Bürger zu stärken[181]. Dadurch wird aber weder ein Grundrecht oder grundrechtsgleiches Recht der Gemeinden begründet noch die Gemeinde zur Wahrnehmung der gleichsam „gebündelten“

---

[174] *Fischer/Zwetkow*, NVwZ 2003, 281, 284; *Schmidt-Jortzig*, DÖV 1993, 973, 975; *Laskowski*, ZUR 2003, 1, 4.

[175] Vgl. etwa *Storr*, Der Staat als Unternehmer, S. 187 („grundsätzlich abgelehnt“); *Stern/Püttner*, Die Gemeindewirtschaft, S. 137; *Schmidt-Aßmann* in FS-Ulmer, S. 1015, 1022; *Scharpf*, GewA 2005, 1, 3; vorsichtiger *Hellermann*, Örtliche Daseinsvorsorge und gemeindliche Selbstverwaltung, S. 135.

[176] *Storr*, Der Staat als Unternehmer, S. 188.

[177] BVerfGE 45, 63, 78; 61, 82, 104.

[178] Vgl. *Dreier* in Dreier (Hrsg.), GG Bd. 2, Art. 28 Rdnr. 79; *Nierhaus* in Sachs (Hrsg.), GG, Art. 28 Rdnr. 31; *Tettinger* in von Mangoldt/Klein/Starck (Hrsg.), GG Bd. 2, Art. 28 Rdnr. 127; *Stern*, Staatsrecht Bd. I, S. 406 f..

[179] *Nierhaus* in Sachs (Hrsg.), GG, Art. 28 Rdnr. 31; *Hösch*, DÖV 2000, 393.

[180] *Hösch*, WiVerw 1998, 159, 174.

[181] Vgl. § 2 C I.

Grundrechte ihrer Bürger berufen[182]. Gemeinden nehmen also Aufgaben aufgrund von Kompetenzen wahr und nicht kraft einer ihnen eigenen Freiheit[183]. Sie sind somit „ein Stück Staat“[184] und „in den staatlichen Aufbau integriert“[185]. Damit sind Handlungen der Gemeinden grundsätzlich Ausübung von Staatsgewalt. Wenn die Gemeinden aber weder ursprüngliche noch abgeleitete Freiheit bei ihren Handlungen ausüben, fehlt es an der grundrechtstypischen Gefährdungslage, d.h. ihre Betätigung entspricht nicht denen privater natürlicher oder juristischer Personen[186]. Deshalb können die Gemeinden nicht Träger von Grundrechten sein. Es gibt keine „Gewerbefreiheit der öffentlichen Hand“[187]. Kommunale Wirtschaftstätigkeit kann dann nur eine besondere Form der Wahrnehmung von Verwaltungsaufgaben darstellen[188].

2. Wirtschaftstätigkeit als Bestandteil der kommunalen Selbstverwaltung

Kommunale Wirtschaftstätigkeit ist weder neu noch die Ausnahme. Die deutschen Gemeinden haben sich seit jeher wirtschaftlich betätigt[189]. Schon die Städte des späten Mittelalters verfolgten soziale Zwecke durch wirtschaftliche Aktivität. Einige dieser Zwecke haben sich bis heute erhalten, wenn auch nicht mehr notwendigerweise als kommunale Wirtschaftstätigkeit, so zum Beispiel das Betreiben von Häfen, Banken oder Ratskellern[190]. Ab dem 19. Jahrhundert entwickelt sich die Gemeindewirtschaft zunehmend in der Weise, in der man sie auch heute noch antrifft. Die Gemeinden nahmen die Erhaltung der Straßen und der Kanalisation, der Müllabfuhr und später der Energieversorgung mittels städ-

---

[182] BVerfGE 61, 82, 104; *Dürig* in Maunz/Dürig (Hrsg), GG Bd. 2, Art. 19 Abs. 3 Rdnr. 48; *Dreier* in Dreier (Hrsg.), GG Bd. 2, Art. 28 Rdnr. 82; *Hellermann*, Örtliche Daseinsvorsorge und gemeindliche Selbstverwaltung, S. 134f.; *Berg*, WiVerw 2000, 141, 145f.; *Otting*, DVBl 1997, 1258, 1260; *Hösch*, DÖV 2000, 393. Hier ist der grundsätzliche Unterschied zu anderen Selbstverwaltungskörperschaften wie Universitäten und Kirchen, von denen das BVerfG angenommen hat, dass sie grundrechtsfähig sind, vgl. BVerfGE 15, 256, 261; 18, 385, 387; 19, 1, 5; 31, 314, 322; 53, 366, 386.

[183] *Löwer* in von Münch/Kunig (Hrsg.), GG Bd. 2, Art. 28 Rdnr. 39; *Maurer*, DVBl 1995, 1037, 1043.

[184] BVerfGE 73, 118, 191.

[185] BVerfGE 83, 37, 54. Die Vorschriften des Gemeindewirtschaftsrechts der Länder stellen Zugangsregelungen für die kommunalen Unternehmen auf. Insoweit sind diese nicht mit privatwirtschaftlichen Unternehmen zu vergleichen. Die Argumentation, die wirtschaftlich aktive Gemeinde sei in dieser Stellung ebenso betroffen wie ein Privater, ist also zumindest in diesem Bereich nicht einschlägig, vgl. *Hellermann*, Örtliche Daseinsvorsorge und gemeindliche Selbstverwaltung, S. 136 (mit Nachweisen für die Gegenmeinung).

[186] *Hösch*, DÖV 2000, 393; *Scharpf*, GewA 2005, 1, 3.

[187] So *Berg*, GewA 1990, 225, 228.

[188] Vgl. auch *Britz*, NVwZ 2001, 380, 381.

[189] *Storr* bezeichnet den Titel seines Werks „Der Staat als Unternehmer“ als „Floskel“, die noch dazu „alt“ ist, vgl. S. 1 FN 1.

[190] Vgl. *Hellermann*, Örtliche Daseinsvorsorge und gemeindliche Selbstverwaltung, S. 16.

tischer Anstalten und Betriebe wahr[191]. Dabei wurden auch private Gesellschaften auf der Grundlage von Konzessionsverträgen mit den Gemeinden tätig[192] und die Gemeinden gründeten selbst private Unternehmen, 1898 etwa die Rheinisch-Westfälische Elektrizitätswerk AG (RWE). Das Schrifttum hat die Ausprägungen der Kommunalwirtschaft ebenfalls seit langem begleitet[193]. Von der fortgesetzten Bedeutung der Kommunalwirtschaft zeugen auch die Rechtsprechung zur Zulässigkeit bestimmter Formen des kommunalen wirtschaftlichen Engagements und die Auseinandersetzung um den Rechtsschutz Privater vor solcher Tätigkeit[194]. Legt man den Ansatz des BVerfG zugrunde, dass sich das Wesen der Selbstverwaltung aus der Betrachtung ihrer geschichtlichen Entwicklung ergibt, dann ist die wirtschaftliche Betätigung der Kommunen ein traditionell überkommener Bestandteil der Selbstverwaltung. Wie bereits ausgeführt wurde, ist sie jedoch nicht Aufgabe der Kommunen[195]. Das von Art. 28 Abs. 2 Satz 1 GG geschützte Recht der Gemeinden besteht also in einem solchen auf Wahrnehmung ihrer Aufgaben in der Form der wirtschaftlichen Tätigkeit. Damit ist ungeachtet der Frage, ob oder in welchem Umfang sie zum Kernbereich der Selbstverwaltungsgarantie gehört[196], von einer Instrumentalfunktion der kommunalen Wirtschaftstätigkeit auszugehen.

---

[191] Zur historischen Entwicklung vgl. *Hellermann*, Örtliche Daseinsvorsorge und gemeindliche Selbstverwaltung, S. 17ff.; *Stern/Püttner*, Die Gemeindewirtschaft, S. 11ff. Für einen Überblick über die öffentlichen Unternehmen in der Bundesrepublik vgl. die Ausführungen bei *Storr*, Der Staat als Unternehmer, S. 6ff. Dort auch zur Privatisierung staatlicher Beteiligungen.

[192] Ein Beispiel ist etwa der Vertrag der Deutschen Edison-Gesellschaft für angewandte Elektrizität mit der Stadt Berlin im Jahre 1884.

[193] Vgl. dazu etwa die Ausführungen bei *Faßbender*, DÖV 2005, 89; *Pagenkopf*, GewA 2000, 177; *Storr*, Der Staat als Unternehmer, S. 1 FN 1; *Schink*, NVwZ 2002, 129; *Henneke*, NdsVBl 1998, 273 ff..; *Hill*, BB 1997, 425; *Cronauge*, Der Gemeindehaushalt 1997, 265; *Ehlers*, DVBl 1998, 497, 498; *Held*, WiVerw 1998, 264, 274 ff.; *Moraing*, WiVerw 1998, 233, 239 ff.

[194] Vgl. etwa VerfGH RP NVwZ 2001, 801; BGH NJW 2002, 2645; OVG Münster NVwZ 2003, 1520; OLG Düsseldorf NVwZ 2000, 714; OLG Düsseldorf NVwZ 2000, 111; OLG Düsseldorf NWVBl 2001, 443; VGH Mannheim NVwZ 1999, 1243; OLG Hamm NJW 1998, 3504. Aus dem umfangreichen neueren Schrifttum sollen stellvertretend genannt werden *Faßbender*, DÖV 2005, 89; *Grooterhorst/Törnig*, DÖV 2004, 685; *Britz*, NVwZ 2001, 380; *Ehlers*, DVBl 1998, 497; *Pagenkopf*, GewA 2000, 177; *Ipsen*, FS-Rauschning, S. 645; *Schink*, NVwZ 2002, 129; *Hill*, BB 1997, 425; *David*, NvwZ 2000, 738; *Köhler*, WRP 1999, 1205; *Otting*, NWVBl 2000, 206; *Moraing*, NWVBl 1997, 355.

[195] Vgl. schon § 2 C I.

[196] Es geht dabei vor allem um die Frage, ob die Kommunalwirtschaft einen verfassungsrechtlich verbürgten eigenen Aufgabenkreis in Abgrenzung zur Privatwirtschaft hat. Bejahend etwa *Stern/Püttner*, Die Gemeindewirtschaft, S. 160ff.; *Maurer*, DVBl 1995, 1037, 1041f.; etwa *Löwer* in von Münch/Kunig (Hrsg.), GG Bd. 2, Art. 28 Rdnr. 40; *Kluth*, Grenzen kommunaler Wettbewerbsteilnahme, S. 47f.; *Badura*, DÖV 1998, 818, 823; *Schmidt-Aßmann* in FS-Sendler, S. 121, 131. Eine gründliche und überzeugende Ablehnung der Thesen, die einen exklusiven Bereich kommunaler Wirtschaftstätigkeit in der Selbstverwaltungsgarantie veror-

3. Wirtschaftstätigkeit als Instrument der kommunalen Aufgabenerfüllung

Wenn die wirtschaftliche Betätigung keine Aufgabe der Gemeinde ist, kann sie im Rahmen der Selbstverwaltungsgarantie des Art. 28 Abs. 2 Satz 1 GG nicht dem Garantieelement der Allzuständigkeit (für die örtlichen Angelegenheiten) zugeordnet werden[197]. Neben der Allzuständigkeit garantiert Art. 28 Abs. 2 Satz 1 GG den Gemeinden aber auch, die örtlichen Angelegenheiten eigenverantwortlich zu regeln[198]. Die Eigenverantwortlichkeit beinhaltet auch die Entscheidung, „ohne Weisung und Vormundschaft des Staates"[199], mit welchen Mitteln eine bestimmte Aufgabe erfüllt werden soll[200]. Der VerfGH RP hat die Eigenverantwortlichkeit „die grundsätzliche Entscheidungsfreiheit der kommunalen Gemeinwesen, die ihrer Verbandskompetenz unterliegenden Aufgaben ohne staatliche Einflussnahme so zu erfüllen, wie dies – nach Maßgabe der Rechtsordnung – ihrem Gestaltungswillen entspricht" genannt[201]. Die Art und Weise der Erfüllung können die Gemeinden also selber wählen[202]. Die Eigenverantwortlichkeit als Element der kommunalen Selbstverwaltungsgarantie ist damit die Legitimationsgrundlage für eine wirtschaftliche Betätigung der Gemeinden[203]. Sie ist eine bestimmte Wahrnehmungsform der Aufgabenerfüllung, die sich in ihrem Typus von der klassischen Hoheitsverwaltung unterscheidet[204]. Die Verwaltung bleibt aber auch im Falle wirtschaftlicher Betätigung Verwaltung[205].

Wirtschaftliche Betätigung muss als eine Modalität bei der Erfüllung von Aufgaben verstanden werden[206]. Die Aufgabe der Gemeinde, das gemeinsame Wohl ihrer Einwohner zu fördern, kann auch durch wirtschaftliche Betätigung erfüllt werden[207]. In den Gemeindeordnungen der Länder Brandenburg, Nordrhein-

---

ten wollen, findet sich bei *Hellermann*, Örtliche Daseinsvorsorge und gemeindliche Selbstverwaltung, S. 145ff.

[197] *Ruffert*, NVwZ 2000, 763; *Grawert* in FS-Blümel, S. 119, 125.

[198] *Dreier* in Dreier (Hrsg.), GG Bd. 2, Art. 28 Rdnr. 106; *Nierhaus* in Sachs (Hrsg.), GG, Art. 28 Rdnr. 46.

[199] So die von *Dreier* in Dreier (Hrsg.), GG Bd. 2, Art. 28 Rdnr. 106 Fn. 407 als „schon fast klassisch" bezeichnete Wendung.

[200] *Schink*, NVwZ 2002, 129, 133;

[201] VerfGH RP DÖV 1983, 113.

[202] *Nierhaus* in Sachs (Hrsg.), GG, Art. 28 Rdnr. 43; *Tettinger* in von Mangoldt/Klein/Starck (Hrsg.), GG Bd. 2, Art. 28 Rdnr. 178; *Dreier* in Dreier (Hrsg.), GG Bd. 2, Art. 28 Rdnr. 106.

[203] Vgl. zu diesem Befund auch *Ruffert*, NVwZ 2000, 763; *Schink*, NVwZ 2002, 129, 133.

[204] *Kluth*, Grenzen kommunaler Wettbewerbsteilnahme, S. 11; *Hösch*, WiVerw 2000, 159, 176. Vgl. außerdem § 2 B I.

[205] VerfGH RP NVwZ 2000, 801; *Ehlers*, DVBl 1998, 497, 504; *Schink*, NVwZ 2002, 129, 13; *Meyer*, LKV 2000, 321, 323; *Scharpf*, GewA 2005, 1, 4.

[206] *Burgi* in Ruffert (Hrsg.), Recht und Organisation, S. 55, 57*Jarass*, DÖV 2002, 489, 497; *Held*, WiVerw 1998, 264, 266; *Ruffert*, NVwZ 2000, 763; *Hösch*, GewA 2001, 223, 227; *Rennert*, Die Verwaltung 2002, 319, 325; *Schmidt-Aßmann* in FS-Ulmer, S. 1015, 1021; *Grawert* in Reichard (Hrsg.), Kommunen am Markt, S. 9, 12; *Scharpf*, GewA 2005, 1, 2.

[207] BVerwGE 39, 329, 334.

Westfalen und Sachsen ist ausdrücklich festgelegt, dass die kommunale Wirtschaftstätigkeit nur Mittel zum Zweck ist. So heißt es weitgehend übereinstimmend in § 100 Abs. 2 GO Bbg, § 107 Abs. 1 GO NRW und § 97 Abs. 1 Satz 1 SächsGO, dass sich die Gemeinden zur Erledigung von Aufgaben der örtlichen Gemeinschaft wirtschaftlich betätigen dürfen. Eine unternehmerische Betätigung der Kommunen kommt nur in Betracht, wenn dadurch das Wohl der Allgemeinheit, im Sprachgebrauch des Gemeindewirtschaftsrechts, öffentliche Zwecke, erfüllt werden[208]. Für die Gemeinden stellt die kommunale Wirtschaftstätigkeit somit eine Möglichkeit der Erbringung der Wasserversorgung dar.

Die Frage des Grundrechtsschutzes privater Konkurrenten vor kommunaler Wirtschaftstätigkeit aus Art. 12 Abs. 1, 14 Abs. 1, 2 Abs. 1 GG ist in diesem Zusammenhang aus dem Untersuchungsgegenstand auszublenden[209]. Sie stellt lediglich eine Folgefrage des Einsatzes wirtschaftlicher Unternehmen für gemeindliche Wirtschaftstätigkeit dar. Es handelt sich dabei gerade nicht um eine allgemeine Schranke kommunaler Wirtschaftstätigkeit[210]. Die Besorgnis der Grundrechtsverletzung ist die Konkretisierung im Einzelfall der allgemeinen Verpflichtung der Gemeinden zur Beachtung der Grundrechte bei ihrer Tätigkeit. Allgemeine Aussagen zur Zulässigkeit kommunaler Wirtschaftstätigkeit lassen sich daraus nicht herleiten[211].

§ 3 Die Vorgaben des Gemeindewirtschaftsrechts zu kommunaler Wirtschaftstätigkeit

A. Vorgaben der Landesverfassungen für die kommunale Wirtschaftstätigkeit

Aufgrund der bundesstaatlichen Ordnung nach Art. 20 Abs. 1 GG besitzen die Bundesländer Staatsqualität, so dass ihre Verfassungen neben dem Grundgesetz bestehen[212]. Mehrere Landesverfassungen enthalten eigene Kapitel über das

---

[208] *Grawert* in FS-Blümel, S. 119, 125.

[209] Bei *Uhlenhut*, Wirtschaftliche Betätigung der Gemeinden außerhalb ihres Gebietes, S. 44 ff., findet sich eine umfassende Untersuchung, unter welchen Umständen im Einzelfall die wirtschaftliche Betätigung der Kommunen einen Eingriff, insbesondere in Art. 12 GG, privater Unternehmer darstellen kann.

[210] Das konzediert auch *Uhlenhut*, Wirtschaftliche Betätigung der Gemeinden außerhalb ihres Gebietes, S. 43: „Die Grundrechte privater Konkurrenten stehen der grundsätzlichen Zulässigkeit der wirtschaftlichen Betätigung der Gemeinden daher nicht entgegen. Einmal mehr bestätigt sich damit die wirtschaftspolitische Neutralität des Grundgesetzes für derart grundsätzliche Fragen."

[211] Zur Frage des Rechtsschutzes Privater aus den Grundrechten vgl. § 3 B IV.

[212] BVerfGE 22, 267, 270; *Scharpf*, GewA 2005, 1.

Wirtschaftsleben[213]. Der Bund hat allerdings von seiner Kompetenz zur Regelung der Wirtschaft aus Art. 74 Nr. 11 GG weitgehend Gebrauch gemacht und dieses Recht bricht nach Art. 31 GG auch Landesverfassungsrecht[214]. Insoweit ist das Landesverfassungsrecht im Bereich der Wirtschaftstätigkeit weitgehend bedeutungslos. Mehrere Landesverfassungen erwähnen aber ausdrücklich die Existenz wirtschaftlicher Unternehmen des Landes, so dass ihnen zumindest kein generelles Verbot staatlicher und damit kommunaler Wirtschaftstätigkeit entnommen werden kann[215]. Die Wirtschaftstätigkeit ist auch auf Landesebene nicht hoheitliche Aufgabe.

Es findet sich zudem in allen Landesverfassungen eine Garantie der kommunalen Selbstverwaltung[216]. Die Länder haben hinsichtlich des Kommunalrechts und des kommunalen Wirtschafsrechts auch einen eigenen Gestaltungsspielraum, da sie in diesem Bereich über die ausschließliche Gesetzgebungskompetenz verfügen[217]. Auch Art. 28 Abs. 3 GG spricht nur davon, dass der Bund nur die Übereinstimmung der verfassungsmäßigen Ordnung der Länder mit den Bestimmungen der Art. 28 Abs. 1 und 2 GG gewährleistet. Art. 28 Abs. 2 Satz 1 GG enthält also einen der Ausgestaltung zugänglichen Mindeststandard[218]. Hinsichtlich der wirtschaftlichen Betätigung haben die Vorschriften der Landesverfassungen allerdings grundsätzlich denselben Gehalt wie Art. 28 Abs. 2 Satz 1 GG[219]. Es wird ganz überwiegend davon ausgegangen, dass der durch die Landesverfassungen eröffnete Aufgabenbereich auch bei abweichendem Wortlaut mit den von Art. 28 Abs. 2 Satz 1 GG genannten Angelegenheiten der örtlichen Gemeinschaft übereinstimmt[220]. Damit ist aber auch durch die Landesverfassung die wirtschaftliche Tätigkeit nur als Art der Aufgabenwahrnehmung und nicht als eigenständige Aufnahme geschützt.

---

[213] Etwa Art. 151 ff. BayVerf; Art. 38 ff. HessVerf; Art. 24 ff. NWVerf; Art. 51 ff. Verf RP; Art. 34 ff. VerfThür.

[214] *Stober*, ZHR 145 (1981), 565, 575.

[215] Vgl. mit Hinweisen auf die Landesverfassungen *Uhlenhut*, Wirtschaftliche Betätigung der Gemeinden außerhalb ihres Gebietes, S. 61. Er weist zu Recht darauf hin, dass ähnlich wie bei der Erwähnung staatlicher Unternehmen im GG Vorsicht dabei geboten ist, aus dieser Erwähnung weitergehende Schlüsse zu ziehen als die Konstatierung eines vorhandenen Bestandes von Unternehmen durch die Landesverfassungen.

[216] Art. 71 BWVerf; Art. 11 Abs. 2 Satz 2, 83 Abs. 1 BayVerf; Art. 97 BbgVerf; Art. 144 BremVerf; Art. 137 HessVerf; Art. 72 Verf M-V; Art. 57 Abs. 4, 58 NdsVerf; Art. 78 NWVerf; Art. 49 Verf RP; Art. 117 SaarlVerf; Art. 82 Abs. 2, 84 SächsVerf; Art. 87 Verf LSA; Art. 46 Verf S-H; Art. 91 ThürVerf.

[217] *Maurer*, DVBl 1995, 1037, 1041; *Scharpf*, GewA 2005, 1.

[218] *Scharpf*, GewA 2005, 1.

[219] Vgl. etwa VerfGH RP NVwZ 2000, 801; *Scharpf*, GewA 2005, 1. Ihm grundsätzlich folgend *Ruffert*, NVwZ 2000, 763, der allerdings Kritik an der Prüfung der Selbstverwaltungsgarantie durch den VerfGH übt. Vgl. auch *Uhlenhut*, Wirtschaftliche Betätigung der Gemeinden außerhalb ihres Gebietes, S. 85.

[220] *Schmidt-Aßmann* in FS-Sendler, S. 121, 131; *Heilshorn*, Gebietsbezug der Kommunalwirtschaft, S. 160 mit Nachweisen aus dem landesverfassungsrechtlichen Schrifttum.

B. Die Vorgaben der Gemeindeordnungen zu kommunaler Wirtschaftstätigkeit

Das Kommunalwirtschaftsrecht der Länder enthält detaillierte Vorgaben für die wirtschaftliche Betätigung der Gemeinden[221]. Zusammenfassend kann für alle Gemeindeordnungen eine kommunalwirtschaftliche Schrankentrias postuliert werden, die sich in ihrem Inhalt an § 67 der Deutschen Gemeindeordnung von 1935 (DGO) orientiert[222]. In dieser Vorschrift wurden der wirtschaftlichen Betätigung der Kommunen erstmals die Grenzen gesetzt, die bis heute die kommunalwirtschaftliche Diskussion beherrschen:

- das Erfordernis eines öffentlichen Zwecks, der die Errichtung und den Betrieb des wirtschaftlichen Unternehmens rechtfertigt,
- das angemessene Verhältnis der Leistungsfähigkeit der Gemeinde zur übernommenen Aufgabe und
- das Erfordernis, dass der Zweck nicht besser und wirtschaftlicher durch einen anderen erfüllt werden kann (Subsidiaritätsklausel).

Mit Ausnahme der Regelungen über die wirtschaftliche Betätigung der Gemeinden außerhalb des Gemeindegebiets, die aufgrund ihrer Bedeutung gesondert vorgestellt werden[223], kann damit von in allen Bundesländern im Wesentlichen gleichen Voraussetzungen für die kommunale Wirtschaftstätigkeit ausgegangen werden. Gemeinsam ist den Regelungen auch die begrenzende Zielsetzung, der Schutz der Gemeinden vor wirtschaftlicher Überforderung[224]. Die Kommunen sollten ihr Leistungsvermögen nicht unkontrolliert unternehmerischen Risiken aussetzen[225]. Für die Frage der Geltung der Schrankentrias ist aber auch wesentlich, in welcher Form die Gemeinde ihre Wirtschaftstätigkeit organisiert hat. Bevor also die inhaltlichen Voraussetzungen des Gemeindewirtschaftsrechts betrachtet werden, müssen deshalb zunächst die Formen vorgestellt werden, in denen sich eine Gemeinde wirtschaftlich betätigen kann.

---

[221] § 102 BW GO; Art. 87 BayGO; §§ 100, 101 Bbg GO; § 121 HessGO; § 68 KV M-V; § 108 NdsGO; § 107 GO NRW; § 85 GO RP; § 108 SaarlKSVG; § 97 SächsGO; § 116 GO LSA; § 101 GO S-H; § 71 ThürKO.

[222] Deutsche Gemeindeordnung vom 30.1.1935 (RGBl. I S. 49). Vgl. nur *Cronauge/Westermann*, Kommunale Unternehmen, Rdnr. 246; *Henneke*, NdsVBl 1999, 1; *Teufel/Kempkes*, AbfallR 2005, 57, 59; *Held*, WiVerw 1998, 264, 273; *Ipsen* in FS-Rauschning, S. 645, 650; *Tettinger*, Besonderes Verwaltungsrecht, Rdnr. 288.

[223] Siehe § 3 C.

[224] *Burmeister* in Püttner (Hrsg.), Handbuch der kommunalen Wissenschaft und Praxis Bd. 5, S. 13; *Grawert* in FS-Blümel, S. 119, 136.

[225] *Storr*, Der Staat als Unternehmer, S. 117.

I. Formen kommunaler Wirtschaftstätigkeit

Die kommunale Selbstverwaltungsgarantie beinhaltet ein Prinzip der Organisationshoheit, demzufolge die Gemeinde die Befugnis zur Regelung des Aufbaus ihrer Einrichtungen und Betriebe hat[226]. Dabei darf sie zwischen den Formen unmittelbarer und mittelbarer Kommunalverwaltung, zu denen die privatrechtlich organisierten Unternehmen gehören, wählen[227]. Grundsätzlich kann die Gemeinde in öffentlich-rechtlichen oder privatrechtlichen Organisationsformen tätig werden[228]. Eine Privatisierung aufgrund einer autonomen Entscheidung der Kommune ist also grundsätzlich möglich. Dies gilt auch dann, wenn die Länder die Wasserversorgung als Pflichtaufgabe ausgestaltet haben, da den Kommunen auch in diesen Ländern die Entscheidung über das „Wie" der Aufgabenerfüllung verbleibt.

1. Öffentlich-rechtliche Formen

Als rein öffentlich-rechtliche Formen des Kommunalunternehmens sind durch die Gemeindeordnungen vorgesehen:

- der Regiebetrieb;
- der Eigenbetrieb;
- die Anstalt des öffentlichen Rechts[229]; und
- die Stiftung[230].

Gerade nicht in diese Aufzählung gehört der Zweckverband als eine Möglichkeit interkommunaler Zusammenarbeit.

---

[226] *Dreier* in Dreier (Hrsg.), GG Bd. 2 Art. 28 Rdnr. 124.

[227] *Dreier* in Dreier (Hrsg.), GG Bd. 2, Art. 28 Rdnr. 126.

[228] *Held*, WiVerw 1998, 264, 270. Für die Darstellung unerheblich ist dabei die Frage, ob der Kommune kraft ihres Selbstverwaltungsrechts eine grundsätzliche Freiheit der Formenwahl zusteht oder das Selbstverwaltungsrecht vielmehr einen Vorrang öffentlich-rechtlicher Organisationsformen nach sich zieht. Zu dieser Frage vgl. etwa *Rennert*, DV 2002, 319, 330ff.; *Ehlers*, DVBl 1997, 139, 141. Ein solcher Vorrang ist in mehreren Landesgesetzen verankert, s. § 122 Abs. 2 HessGO; § 69 Abs. 1 Nr. 1 KV M-V; § 108 Abs. 1 Nr. 2 GO NRW; § 108 Abs. 4 NdsGO; § 117 Abs. 1 Nr. 1 GO LSA; § 73 Abs. 1 Nr. 2 ThürKO; § 101 Abs. 1 Nr. 3 SächsGO.

[229] Das Kommunalunternehmen in Anstaltsform ist in den letzten Jahren in mehreren Gemeindeordnungen eingeführt worden (vgl. etwa §§ 114a GO NRW; 86a, 86b GemO RP, Art. 89 BayGO und § 1 ff. AnstaltsG LSA; §§ 113a ff. NdsGO) und ist Gegenstand intensiver Betrachtung durch das Schrifttum geworden. Vgl. etwa *Burgi* in Ruffert, S. 55 ff; *Henneke*, VBlBW 2000, 337; *Mann*, NVwZ 1996, 557; *Wolfers/Kaufmann*, DVBl 2002, 507; Zur Neuordnung der Berliner Wasserbetriebe, bei der ein Privater in eine Anstalt des öffentlichen Rechts einbezogen wurde, vgl. VerfGH Berlin NVwZ 2000, 794; *Wolfers*, NVwZ 2000, 765.

[230] Diese Rechtsform hat aufgrund ihrer schlechten Eignung zur Führung eines wirtschaftlichen Unternehmens keine Bedeutung für die kommunale Wirtschaftstätigkeit gewonnen, vgl. *Gern*, Dt. Kommunalrecht, Rdnr. 749.

2. Privatrechtlich organisierte Unternehmen der Gemeinden

Nur in Fällen sogenannter formeller oder Organisationsprivatisierung kann weiterhin davon gesprochen werden, dass es die Gemeinde ist, die sich wirtschaftlich betätigt im Sinne des Grundgesetzes. Sowohl die funktionale Privatisierung, bei der ein Privater für den Verwaltungsträger die Aufgabenerfüllung übernimmt, als auch die materielle Privatisierung, bei der nicht bloß die Aufgabenerfüllung, sondern die Aufgabe selbst auf den Privaten übergeht, sind keine Formen kommunaler Wirtschaftstätigkeit. Das Tätigwerden auf dem Markt durch das Anbieten von Dienstleistungen, also die unternehmerische Tätigkeit, wird im Falle der Aufgabenprivatisierung nicht durch die öffentliche Hand, sondern durch den Privaten wahrgenommen. Bei der Organisationsprivatisierung hingegen bedient sich die Gemeinde zur Aufgabenerfüllung lediglich der Formen des Privatrechts mittels Schaffung einer Eigengesellschaft[231]. Es kommen jedoch nicht alle Gesellschaftsformen des Privatrechts in Betracht. Die Gemeindeordnungen verlangen übereinstimmend, dass die Haftung der Gemeinde auf einen bestimmten Betrag begrenzt ist[232]. Unzulässig ist damit die Beteiligung der Gemeinde als persönlich haftender Gesellschafter an einer OHG, an einer Gesellschaft bürgerlichen Rechts oder als Komplementär an einer KG[233]. Denn in dieser Position ist in den Rechtsformen der Personengesellschaft die Haftung im Außenverhältnis nicht beschränkt. Als zulässige Gesellschaftsformen bleiben somit die Kapitalgesellschaften[234]:

- die Aktiengesellschaft; und
- die Gesellschaft mit beschränkter Haftung.

Es kommt in diesem Zusammenhang nicht auf die Frage an, welche Formen der Aufgabenprivatisierung im Bereich der Wasserversorgung in Betracht kommen[235]. Sowohl bei funktionaler wie materieller Privatisierung keine wirtschaftliche Tätigkeit der Gemeinden im Sinne des Grundgesetzes mehr vor. Es kann

---

[231] *Ronellenfitsch*, DÖV 1999, 705, 708; *Ewer*, AnwBl 2001, 471, 472; *Burgi*, NVwZ 2001, 601, 603; *Mayen*, DÖV 2001, 110, 111.

[232] Vgl. § 103 Abs. 1 Satz 1 Nr. 4 GO BW; Art. 92 Abs. 1 Nr. 1 BayGO; § 102 Abs. 1 Nr. 3 GO Bbg; § 122 Abs. 1 Nr. 2 HessGO; § 69 Abs. 1 Nr. 4 KV M-V; § 109 Abs. 1 Nr. 2 NdsGO; § 108 Abs. 1 Nr. 3 GO NRW; § 96 Abs. 1 Nr. 3 SächsGO; § 117 Abs. 1 Nr. 4 GO LSA; § 73 Abs. 1 Nr. 6 ThürKO.

[233] *Gern*, Dt. Kommunalrecht, Rdnr. 758.

[234] *Püttner* in Püttner (Hrsg.), Handbuch der kommunalen Wissenschaft und Praxis Bd. 5, S. 120.

[235] Dazu ausführlich *Fischer/Zwetkow*, NVwZ 2003, 281; *Michaelis*, ZögU 24 (2001), 412; *Laskowski*, ZUR 2003, 1.

deshalb auch dahinstehen, ob im Bereich der Wasserversorgung eine materielle Privatisierung möglich wäre[236].

3. Gemischt-wirtschaftliche Unternehmen

Eine besondere Bedeutung im Rahmen der Organisationsprivatisierung haben die gemischt-wirtschaftlichen Unternehmen bekommen. An diesen Unternehmen sind neben dem staatlichen Aufgabenträger auch Private beteiligt[237]. Diese Form der *Public Private Partnership*[238] hat von allen Unternehmensformen mittlerweile den größten Anteil an der Erbringung von Wasseraufkommen[239]. Die Gemeinden streben durch die Einbindung des Privaten zum einen die Nutzung des erforderlichen Know-hows für die Erfüllung ihrer Aufgaben an, zum anderen eine betriebswirtschaftliche Optimierung und die Erschließung neuer Finanzmittel[240]. Die Beteiligung Privater, die nicht der Grundrechtsbindung aus Art. 1 Abs. 3 GG unterliegen, könnte dazu führen, dass die gemischt-wirtschaftlichen Unternehmen nicht mehr als Wirtschaftstätigkeit der Gemeinde anzusehen sind. Wenn die Wirtschaftstätigkeit der Kommunen ein Mittel zur Erfüllung ihrer hoheitlichen Aufgaben ist, wären die Kommunen nur dann als Unternehmer anzusprechen, wenn sich auch die Tätigkeit eines gemischt-wirtschaftlichen Unternehmens als Ausübung von Staatsgewalt im Sinne von Art. 1 Abs. 3 GG darstellt.

---

[236] Nach der derzeitigen Rechtslage käme eine materielle Privatisierung in Ländern, die die Wasserversorgung als Selbstverwaltungspflichtaufgabe festschreiben, ohnehin nicht in Betracht. Die Kommunen dürfen sich nicht aus der Pflichtaufgabe zurückziehen, vgl. *Fischer/Zwetkow*, NVwZ 2003, 281, 283. Ansonsten wird auf Bundes- wie auf europäischer Ebene über eine materielle Privatisierung nachgedacht, vgl. die Nachweise bei *Sparwasser/Engel/Voßkuhle*, Umweltrecht, § 8 Rdnr. 45 FN 52. Das BVerwG NVwZ 1999, 870, 874 hat jedoch in einem Vorlagebeschluss an das BVerfG die Wasserversorgung als „letztlich nicht privatisierbare Staatsaufgabe" bezeichnet. Dem Staat würden hinsichtlich des Gemeinschaftsgutes Wasser Schutzpflichten obliegen, deren er sich nicht dadurch begeben dürfte.

[237] *Storr*, Der Staat als Unternehmer, S. 49; *Uhlenhut*, Wirtschaftliche Betätigung der Gemeinden außerhalb ihres Gebietes, S. 39; *Mayen*, DÖV 2001, 110, 111. Private können allerdings auch an öffentlich-rechtlichen Unternehmensformen wie der Anstalt des öffentlichen Rechts und dem Zweckverband beteiligt werden.

[238] Der Begriff der *Public Private Partnership* hat bisher keine klaren Konturen gewonnen. Teilweise scheint er sich speziell auf gemischt-wirtschaftliche Unternehmen zu beziehen, teils wird er für jede Art der Kooperation der öffentlichen Hand mit Privaten verwendet, vgl. etwa *Tettinger*, DÖV 1996, 764; *Schröder*, NJW 2002, 1831; *Mayen*, DÖV 2001, 110, 111; *Bauer*, DÖV 1998, 89; *Ehlers*, Gutachten E zum 64. DJT., S. 110f.

[239] Obwohl sie nur 11,9 % der Gesamtzahl der Wasserversorgungsunternehmen ausmachen, erbringen gemischt-wirtschaftliche Unternehmen in den Formen der AG und GmbH 26, 1 % des Wasseraufkommens. Zum Vergleich erbringen die Eigenbetriebe lediglich 14,9 % des Wasseraufkommens bei einem Anteil an der Gesamtzahl von Unternehmen von 36, 7 %. Zahlen nach BGW-Statistik 2000, abgedruckt in Umweltgutachten 2002 des Rates von Sachverständigen für Umweltfragen, BT-Drucks. 14/8792, S. 295.

[240] *Schröder*, NJW 2002, 1831.

Dabei kommt es für die Beurteilung, ob noch eine kommunale Wirtschaftstätigkeit vorliegt, nicht auf Eigentums- und Besitzverhältnisse am gemischtwirtschaftlichen Unternehmen an. Die Gemeinde ist solange als Unternehmer anzusehen, wie sie das Unternehmen beherrscht[241]. Das kann außer bei Beteiligungen von über 50 % (Mehrheitsbeteiligung) auch bei Minderheitsbeteiligungen der Fall sein[242]. Das Beherrschungskriterium findet auf gemeinschaftsrechtlicher Ebene seinen Niederschlag in der Definition des „öffentlichen Unternehmens" in Art. 1 Nr. 2 der Sektorenrichtlinie[243] und Art. 2 Abs. 1 lit. b der Transparenzrichtlinie[244]. Danach ist ein öffentliches Unternehmen „ ... jedes Unternehmen, auf das die öffentliche Hand aufgrund Eigentum, finanzieller Beteiligung, Satzung oder sonstiger Bestimmungen, die die Tätigkeit des Unternehmens regeln, unmittelbar oder mittelbar einen beherrschenden Einfluss ausüben kann."

Stellt sich die Beteiligung einer Kommune an einem gemischt-wirtschaftlichen Unternehmen noch als wirtschaftliche Tätigkeit der Kommune dar, so muss sich die kompetenzielle Bindung der Gemeinde auch im Rahmen des gemischtwirtschaftlichen Unternehmens verwirklichen. Gebunden ist aber nicht die juristische Person des Privatrechts, also das Unternehmen. Pflichtig ist allein die Trägergemeinde des Unternehmens. Sie hat Einwirkungspflichten dergestalt, dass sie ihren (beherrschenden) Einfluss kompetenzkonform dahin geltend machen muss, dass sich das Unternehmen im Rahmen der Kompetenzen gemeindlicher Wirtschaftstätigkeit bewegt[245].

---

[241] *Stober* in Wolff/Bachof/Stober (Hrsg.), Verwaltungsrecht Bd. 3, § 91 Rdnr. 26; *Uhlenhut*, Wirtschaftliche Betätigung der Gemeinden außerhalb ihres Gebietes, S. 40 f.; *Püttner*, Öffentliche Unternehmen, S. 25 f.; *Stern*, Staatsrecht III/1, S. 1421.

[242] *Mann*, JZ 2002, 819; *Gern*, Dt. Kommunalrecht, Rdnr. 762; *Ronellenfitsch* in Isensee/Kirchhof (Hrsg.), Handbuch des Staatsrechts Bd. III, § 84 Rdnr. 28. Es soll hier nicht auf die schwierigen Abgrenzungsfragen, wann die Beteiligung einer Kommune an einem Unternehmen „beherrschend" ist und wann sie nur noch Finanzvermögen darstellt, eingegangen werden.

[243] RL 20004/17/EG des Rates und des Parlaments vom 31.3.2004 zur Koordinierung der Zuschlagserteilung durch Auftraggeber im Bereich der Wasser-, Energie- und Verkehrsversorgung sowie im Telekommunikationssektor, ABl. EU 2004 Nr. L 134/1.

[244] RL 80/723/EWG der Kommission vom 25.6.1980 über die Transparenz der finanziellen Beziehungen zwischen den Mitgliedstaaten und den öffentlichen Unternehmen, ABl. EG Nr. L 195 vom 29.7.1980, S. 35, geändert durch die RL 85/413/EWG der Kommission vom 24.7.1985, ABl. EG Nr. L 229 vom 28.8.1980, S. 20, durch die RL 93/84/EWG der Kommission vom 30.9.1993, ABl. EG Nr. L 254 vom 12.10.1993, S 16, in der Fassung der RL 2000/52/EG der Kommission vom 26.7.2000, ABl. EG Nr. L 193 vom 29.7.2000, S. 75.

[245] *Heilshorn*, Gebietsbezug der Kommunalwirtschaft, S. 88 f.; *Kluth*, Grenzen kommunaler Wettbewerbsteilnahme, S. 22; *Gern*, Dt. Kommunalrecht, Rdnr. 762.

4. Geltung des Gemeindewirtschaftsrechts für gemischt-wirtschaftliche Unternehmen

Bevor die Voraussetzungen des Gemeindewirtschaftsrechts näher betrachtet werden, muss zunächst die Frage beantwortet werden, ob die kommunalen Unternehmen den Bindungen der Gemeindeordnung überhaupt unterliegen. Während dies für kommunale Eigengesellschaften unbestritten ist[246], wird die Bindung für die Unternehmen in Privatrechtsform und insbesondere für die kommunal beherrschten gemischt-wirtschaftlichen Unternehmen nicht ohne weiteres angenommen. Die Gemeinde kann sich jedoch ihrer umfassenden Bindung nicht durch die Wahl der Rechtsform entziehen[247]. Zweifellos sind damit Unternehmen in Privatrechtsform, die sich ausschließlich in der Hand der Gemeinde befinden, Adressaten der Gemeindeordnung[248]. Für eine beherrschende Beteiligung der Gemeinden an einem privatrechtsförmigen Unternehmen ist zu unterscheiden, ob die Bindung das Unternehmen oder die Gemeinde trifft. Die Bindung des Gemeindewirtschaftsrechts knüpft nicht an die Rechtsform des Unternehmens an, sondern an die unternehmerische Tätigkeit[249]. Es muss also etwa ein „öffentlicher Zweck" im Sinne des Gemeindewirtschaftsrechts durch die Tätigkeit des privatrechtsförmigen Unternehmens erfüllt werden und nicht nur durch die Beteiligung der Gemeinde an einem solchen Unternehmen. Das würde für eine unmittelbare Bindung des Unternehmens an die Vorschriften des Gemeindewirtschaftsrechts sprechen[250]. Eine Parallele ergäbe sich durch die Aussage des BVerfG, dass kommunal beherrschte Unternehmen nicht nach Art. 19 Abs. 3 GG grundrechtsfähig seien[251]. Dagegen ist anzuführen, dass dadurch die Rechte der anderen Anteilseigner und ihre Möglichkeit am Wettbewerb teilzunehmen beschränkt werden. Deshalb kommt es nur zu einer Bindung der Gemeinde, die bei ihren Entscheidungen hinsichtlich des Unternehmens an das Gemeindewirtschaftsrecht gebunden sei[252]. Für eine solche Bindung spricht auch die Ausgestaltung der Regelungen zur Beteiligung an einem privatrechtlich organisierten Unternehmen[253]. Inhaltlich verlangen diese Vorschriften von den Gemeinden bei Gründung bzw. Beteiligung und dem Führen eines Unterneh-

---

[246] *Schulz*, BayVBl 1998, 449, 450.

[247] *Schmidt-Jortzig* in Püttner (Hrsg.) Handbuch der kommunalen Wissenschaft und Praxis Bd. 5, S. 64.

[248] *Zacharias*, VR 2000, 271, 273.

[249] *Hidien*, Gemeindliche Betätigungen rein erwerbswirtschaftlicher Art und „öffentlicher Zweck" kommunaler wirtschaftlicher Unternehmen, S. 33.

[250] *Badura*, DÖV 1998, 818, 822. *Uhlenhut*, Wirtschaftliche Betätigung der Gemeinden außerhalb ihres Gebietes, S. 60.

[251] BVerfG NJW 1990, 1783; a.A. *Ehlers*, DVBl 1998, 497, 505.

[252] *Schulz*, BayVBl 1998, 449, 450; *Zacharias*, VR 2000, 271, 273.

[253] Vgl. dazu auch *Jarass*, DÖV 2002, 335, 336 f.

mens die Einhaltung der kommunalen Schrankentrias[254]. Die Einhaltung des öffentlichen Zwecks erfolgt entweder über die Ausgestaltung der Satzung bzw. des Gesellschaftsvertrags[255] oder über die Zusicherung eines angemessenen Einflusses der Gemeinde im Aufsichtsrat oder einem anderen Überwachungsorgan[256]. Die Einhaltung des Gemeindewirtschaftsrechts wird also von der Gemeinde und nicht von dem Unternehmen selbst verlangt. Eine unmittelbare Durchsetzung der gemeinderechtlichen Bindungen kommt damit nicht in Betracht[257]. In kommunal beherrschten gemischt-wirtschaftlichen Unternehmen hat die Gemeinde bei Entscheidungen im Unternehmen für die Beachtung des öffentlichen Zwecks zu sorgen, indem sie ihren Einfluss dahingehend geltend machen.

II. Voraussetzungen der Aufnahme kommunaler Wirtschaftstätigkeit

Bei Erlass und Auslegung der kommunalwirtschaftlichen Vorschriften sind grundsätzlich die Festlegungen des Grundgesetzes und der Landesverfassungen zu berücksichtigen. Es soll an dieser Stelle zunächst nur der Inhalt der kommunalwirtschaftlichen Schrankentrias vorgestellt werden. Die Bewertung dieser Vorgaben im Lichte der Verfassung soll dem Dritten Kapitel dieser Arbeit vorbehalten bleiben, um diejenigen Fragestellungen zu den Voraussetzungen der kommunalen Wirtschaftstätigkeit auszublenden, die sich nicht auf die überörtliche Tätigkeit beziehen.

1. Öffentlicher Zweck

Die Gemeindeordnungen schreiben vor, dass ein öffentlicher Zweck das wirtschaftliche Unternehmen erfordern bzw. rechtfertigen muss. Bei der Festlegung eines öffentlichen Zwecks wird den Gemeinden eine Einschätzungsprärogative eingeräumt[258]. Das BVerwG hat dazu ausgeführt: „Worin die Gemeinde eine

---

[254] Vgl. § 103 Abs. 1 GO BW; Art. 93 Abs. 1 BayGO; § 102 Abs. 1 GO Bbg; § 122 Abs. 1 HessGO; § 69 Abs. 1 KV M-V; § 109 Abs. 1 NdsGO; § 108 Abs. 1 GO NRW; § 87 Abs. 1 GO RP; § 96 Abs. 1 SächsGO; § 117 Abs. 1 GO LSA; § 73 Abs. 1 ThürKO.

[255] Vgl. beispielsweise § 103 Abs. 1 Nr. 2 GO BW; § 87 Abs. 1 Nr. 3 GO RP.

[256] Vgl. beispielsweise § 122 Abs. 1 Nr. 3 HessGO; § 108 Abs. 1 Nr. 6 GO NRW. In den Ländern, die eine Ausgestaltung der Satzung oder des Gesellschaftsvertrags verlangen, wird zusätzlich die Zusicherung angemessenen Einflusses gefordert, vgl. § 103 Abs. 1 Nr. 3 GO BW; § 87 Abs. 1 Nr. 3 GO RP.

[257] Auch *Uhlenhut*, Wirtschaftliche Betätigung der Gemeinden außerhalb ihres Gebietes, S. 60, muss konzedieren, dass der Wortlaut der Gemeindeordnungen lediglich eine unmittelbare Bindung der Gemeinden ergibt.

[258] BVerwGE 39, 329, 334; *Hellermann*, Örtliche Daseinsvorsorge und gemeindliche Selbstverwaltung, S. 208; *Storr*, Der Staat als Unternehmer, S. 118; *Stober* in Wolff/Bachof/Stober (Hrsg.), Verwaltungsrecht Bd. 3, § 91 Rdnr. 97; *Cronauge/Westermann*, Kommunale Unternehmen, Rdnr. 248; *Lux*, NWVBl 2000, 7; *Teufel/Kempkes*, AbfallR 2005, 57, 59. Der Begriff ist aber voll gerichtlich überprüfbar, vgl. *Badura*, DÖV 1998, 818, 821. Zur Vielfältigkeit

Förderung des allgemeinen Wohls erblickt, ist hauptsächlich den Anschauungen und Entschließungen ihrer maßgebenden Organe überlassen und hängt von den örtlichen Verhältnissen, finanziellen Möglichkeiten der Gemeinde, Bedürfnissen der Einwohner und anderen Faktoren ab. Die Beurteilung des öffentlichen Zwecks für die Errichtung und Fortführung eines Gemeindeunternehmens ist daher der Beurteilung durch den Richter weitgehend entzogen. Im Grunde handelt es sich um eine Frage sachgerechter Kommunalpolitik, die - wie jedes sinnvolle wirtschaftliche Handeln – im starkem Maße von Zweckmäßigkeitsüberlegungen bestimmt wird"[259]. Grundsätzlich ist mit dem unbestimmten Rechtsbegriff des öffentlichen Zwecks die Gemeinwohlbindung der kommunalen wirtschaftlichen Betätigung festgeschrieben[260]. Diese äußerste Grenze des Einschätzungsspielraums der Gemeinden ergibt sich aus dem Rechtsstaatsprinzip[261]. Die Tätigkeit darf nicht reiner Selbstzweck sein. Gefordert ist also, dass die Betätigung selbst ihrem Inhalt geeignet ist, das allgemeine Wohl zu fördern[262]. Aufgrund der Vielfältigkeit denkbarer Aufgaben, deren Erfüllung dem Gemeinwohl dient, ist der Einschätzungsspielraum der Gemeinden bei der Voraussetzung des öffentlichen Zwecks sehr weit. Für eine genauere Bestimmung dieser Schranke werden deshalb die verfassungsrechtlichen Vorgaben des Art. 28 Abs. 2 Satz 1 GG für die kommunale Wirtschaftstätigkeit besonders wichtig, da sich die Grenzen des Gemeinwohlbegriffs aus diesen Vorgaben ergeben[263]. Auf diese Grenzen der öffentlichen Zweckbindung soll erst bei der Darstellung der Grenzen der überörtlichen kommunalen Wirtschaftstätigkeit eingegangen werden[264].

Unabhängig davon, welche räumlichen Grenzen des kommunalwirtschaftlichen Handlungsspielraums die Gemeinwohlbindung im Erfordernis des öffentlichen Zwecks beinhaltet, werden in diesem Zusammenhang die Rechtsschutzmöglichkeiten privater Konkurrenten oder einer durch die auswärtigen Betätigung betroffenen Gemeinde gegen die wirtschaftliche Betätigung von Gemeinden be-

---

möglicher öffentlicher Zwecksetzungen vgl. *Hill*, BB 1997, 425, 429; *Oster* in Gabler/Höhlein (Hrsg.), Kommunalverfassungsrecht RP, § 85 GemO Rdnr. 2.1.

[259] BVerwGE 39, 329, 334.

[260] *Erichsen*, Gemeinde und Private im wirtschaftlichen Wettbewerb, S. 33; *Ehlers*, Gutachten E zum 64. DJT, S. 70. § 116 Absatz 2 Satz 1 GO LSA legt ausdrücklich verschiedene öffentliche Zwecke, darunter die Wasserversorgung, fest.

[261] Vgl. schon § 2 B III.

[262] *Isensee* in Isensee/Kirchhof (Hrsg.), Handbuch des Staatsrecht Bd. III, § 57 Rdnr. 1 f; *Schmidt-Jortzig* in Püttner (Hrsg.), Handbuch der kommunalen Wissenschaft und Praxis Bd. 5, S. 57; *Faßbender*, DÖV 2005, 89, 99; *Britz*, NVwZ 2001, 380, 382; *Pagenkopf*, GewA 2000, 177, 180.

[263] Vgl. etwa für die Konnexität von öffentlichem Zweck und Verfassung *Löwer* VVDStRL 60 (2001), 416, 426; *Grawert* in FS-Blümel, S. 119, 125.

[264] Vgl. zur Verbindung von Gemeinwohlbindung und Gebietsbezug § 8 B. Vgl. zur Gewinnerzielung als möglichem öffentlichem Zweck § 8 C II 1.

deutsam[265]. Im Wege der Konkurrentenklage könnten private Konkurrenten und betroffene Gemeinden sich darauf berufen, dass ein kommunales Versorgungsunternehmen durch seine überörtliche Tätigkeit keinen öffentlichen Zweck mehr erfüllt. Bestünde diese Möglichkeit wäre eine gerichtliche Überprüfung überörtlicher kommunaler Wirtschaftstätigkeit eröffnet. Daneben kann die Kommunalaufsicht feststellen, ob sich eine Gemeinde bei der Aufgabenwahrnehmung über die ihr gesetzten Grenzen hinwegsetzt[266]. Voraussetzung für die gerichtliche Kontrolle wäre allerdings, dass der öffentliche Zweck ein subjektives öffentliches Recht privater Konkurrenten im Sinne von § 42 Abs. 2 VwGO begründet. Ein Anspruch auf Einschreiten der Kommunalaufsicht besteht nicht[267]. Der Rechtsschutz privater Konkurrenten soll jedoch in einem eigenen Abschnitt betrachtet werden. Wie noch auszuführen sein wird, spielt auch die Subsidiaritätsklausel in die Rechtsschutzfrage hinein. Eine zusammenhängende Darstellung ist deshalb erforderlich, zumal die Thematik sich noch in der Entwicklung befindet und äußerst umstritten ist[268].

2. Angemessenes Verhältnis zwischen Leistungsfähigkeit der Gemeinde und übernommener Aufgabe

Eine wirtschaftliche Betätigung der Gemeinden ist darüber hinaus nur zulässig, wenn das wirtschaftliche Unternehmen nach Art und Umfang in einem angemessenen Verhältnis zu der Leistungsfähigkeit der Gemeinde und zum voraussichtlichen Bedarf steht. Dieses Kriterium der Leistungsfähigkeit soll die Gemeinde vor finanziellen Gefahren als Folge einer Fehldimensionierung des Unternehmens oder der Überschätzung der eigenen Finanzkraft und personellen Ressourcen bei der Übernahme von Aufgaben schützen[269]. Die Bedarfsorientierung zielt auf die Vermeidung der Schaffung von Überkapazitäten ab[270]. Für die territoriale Begrenzung ergeben sich aus dieser Voraussetzung keine eigenständigen Schranken. *Ehlers*, weist zwar darauf hin, dass gerade die defizitäre Finanzsituation vieler Kommunen dazu führen dürfte, dass eine gebietsüberschreitende Tätigkeit besondere finanzielle Risiken birgt, da eine solche Tätigkeit

---

[265] Zur Möglichkeit eines Abwehranspruchs der betroffenen Gemeinde aus Art. 28 Abs. 2 Satz 1 GG soll erst bei der Darstellung der Grenzen der überörtlichen wirtschaftlichen Tätigkeit Stellung genommen werden, vgl. § 8.

[266] *Ruffert*, VerwA 92 (2001), 27, 30 ff.; *Oster* in Gabler/Höhlein (Hrsg.), Kommunalverfassungsrecht RP, Vorbem. zu §§ 85-92 GemO, Rdnr. 2.2.4.1.

[267] *Oster* in Gabler/Höhlein (Hrsg.), Kommunalverfassungsrecht RP, Vorbem. zu §§ 85-92 GemO, Rdnr. 2.2.4.1.

[268] Vgl. § 3 B IV.

[269] *Erichsen*, Gemeinde und Private im wirtschaftlichen Wettbewerb, S. 33 f.; *Ipsen* in FS-Rauschning, S. 645, 652; *Schmidt-Jortzig* in Püttner, Handbuch der kommunalen Wissenschaft und Praxis Bd. 5, S. 59; *Henneke*, NdsVBl 1999, 1, 2.

[270] *Kluth*, Grenzen kommunaler Wettbewerbsteilnahme, S. 90; *Heilshorn*, Gebietsbezug der Kommunalwirtschaft, S. 45; *Gern*, Dt. Kommunalrecht, Rdnr. 728..

schließlich nicht zwangsläufig Gewinne abwirft[271]. Damit wird aber in der Prüfung des angemessenen Verhältnisses keine inhaltlich neue Schranke errichtet. Diese Prüfung ist lediglich für eine neue, räumlich erweiterte Form der gemeindlichen Wirtschaftstätigkeit durchzuführen. Es gilt hier allgemein, dass die Gemeinde auch bei Überörtlichkeit ihr Unternehmen nur so dimensionieren darf, dass ihre Verwaltungskraft zur Erfüllung der übernommenen Aufgaben ausreicht und sich durch die übernommenen finanziellen Belastungen keine unabsehbaren oder ruinösen Gefahren für die Finanzkraft der Kommune entstehen[272]. Im Verhältnis von Leistungsfähigkeit und Aufgabe ist die Überörtlichkeit aber grundsätzlich eine neutrale Tatsache. Es wird noch dargestellt, dass die überörtliche Wirtschaftstätigkeit nach ihrer Zielsetzung in den meisten Fällen gerade der Herstellung eines angemessenen Verhältnisses zwischen der Leistungsfähigkeit der Gemeinde und der übernommenen Aufgabe dienen soll[273].

3. Subsidiaritätsklausel

Die Subsidiaritätsklauseln regeln das Verhältnis von Gemeindewirtschaft und privater Wirtschaft. Dabei bestehen zwischen den einzelnen Bundesländern gewisse, wenn auch nicht ausschlaggebende Unterschiede in der Gestaltung dieser Vorschriften[274]. Nach den Gemeindeordnungen einiger Länder darf der von einem kommunalen Unternehmen verfolgte öffentliche Zweck von einem privaten Dritten nicht „besser und wirtschaftlicher“ erfüllen werden können[275]; andere Gemeindeordnungen verlangen, dass der öffentliche Zweck von dem privaten Dritten nicht schon „ebenso gut und wirtschaftlich“ erfüllt werden kann[276]. In Brandenburg haben die Gemeinden nach § 100 Abs. 3 Satz 1 GO Bbg im Interesse einer sparsamen Haushaltsführung dafür zu sorgen, dass Leistungen, die von privaten Anbietern in mindestens gleicher Qualität und Zuverlässigkeit bei gleichen oder geringeren Kosten erbracht werden können, diesen Anbietern übertragen werden, sofern dies mit dem öffentlichen Interesse vereinbar ist. In der hessischen Gemeindeordnung wurde die Subsidiaritätsklausel erst 2004 einge-

---

[271] *Ehlers*, NWVBl 2000, 1, 6.

[272] Vgl. *Teufel/Kempkes*, AbfallR 2005, 57, 60. Im Rahmen der Überörtlichkeit wird die Dimensionierung des kommunalen Unternehmens für die Frage der Zulässigkeit brachliegender Kapazitäten durch eine überörtliche Wirtschaftstätigkeit relevant, vgl. § 7 D II 3 b.

[273] Vgl. dazu § 8 D II 4.

[274] Zu Abweichungen in einzelnen Bundesländern vgl. *Henneke*, NdsVBl 1999, 1; *Schink*, NVwZ 2002, 129, 131; *Britz*, NVwZ 2001, 380, 383; *Heilshorn*, S. 30 FN 9.

[275] § 102 Abs. 1 Nr. 3 GO BW; § 108 Abs. 1 Satz 2 Nr. 3 NdsGO; § 107 Abs. 1 Satz 1 Nr. 3 GO NRW; § 97 Abs. 1 Satz 1 SächsGO; § 116 Abs. 1 Nr. 3 GO LSA; § 101 Abs. 1 Nr. 3 GO S-H.

[276] Art. 87 Abs. 1 Satz 1 Nr. 4 BayGO; § 121 Abs. 1 Satz 1 Nr. 3 HessGO; § 68 Abs. 1 Nr. 3 KV M-V; § 85 Abs. 1 Nr. 3 GO RP; § 108 Abs. 1 Nr. 3 SaarlKSVG; § 71 Abs. 1 Nr. 4 ThürKO. In der hessischen Gemeindeordnung wurde die Subsidiaritätsklausel erst 2004 eingeführt, so dass sie nach § 121 Abs. 1 Satz2 HessGO für wirtschaftliche Tätigkeiten, die vor dem 1. April 2004 bereits ausgeübt wurden, nicht angewendet wird.

führt, so dass für wirtschaftliche Tätigkeiten, die vor dem 1. April 2004 bereits ausgeübt wurden, diese Klausel nach § 121 Abs. 1 Satz 2 HessGO nicht angewendet wird. Grundsätzlich geht es somit bei den Subsidiaritätsklauseln um die Frage, wann die Gemeinde eine Aufgabe durch wirtschaftliche Betätigung erfüllen darf, wenn private Konkurrenz diese bereits erfüllt bzw. bereit wäre, sie zu erfüllen[277].

Die Subsidiaritätsklausel hat im Bereich der Wasserversorgung nur eine untergeordnete Bedeutung. In Nordrhein-Westfalen wird ihre Geltung für die Wasserversorgung von Art. 107 Abs. 1 Satz 1 Nr. 3 GO NRW ausdrücklich ausgeschlossen. § 102 Abs. 1 Nr. 3 GO BW, Art. 87 Abs. 1 Satz 1 Nr. 4 BayGO und § 71 Abs.1 Nr. 4 ThürKO nehmen ein Tätigwerden in der kommunalen Daseinsvorsorge von der Geltung der Subsidiaritätsklauseln aus. Da die Wasserversorgung eindeutig der kommunalen Daseinsvorsorge zuzuordnen ist, findet auch in diesen Bundesländern keine Prüfung einer Tätigkeit in diesem Bereich anhand der Subsidiaritätsklauseln statt[278]. Daneben werden in mehreren Bundesländern nichtwirtschaftliche Unternehmen von der Geltung der Subsidiaritätsklausel ausgenommen, worauf sogleich noch umfassender einzugehen ist[279]. Es sei an dieser Stelle aber vorgreifend festgehalten, dass die Wasserversorgung in Hessen, Mecklenburg-Vorpommern, Sachsen und Sachsen-Anhalt entsprechend privilegiert ist. In der Hälfte aller Bundesländer ist die Wasserversorgung somit von der Bindung an die Subsidiaritätsklausel befreit.

In den übrigen Ländern ist zu prüfen, ob diese Klauseln dem Ausgreifen der Kommunalwirtschaft über das jeweilige Gemeindegebiet hinaus eine eigenständige Schranke setzen. Die Schrankenfrage ist aber verknüpft mit der Frage nach dem Rechtsschutz privater Konkurrenten. Die Schranke kann nur soweit Wirkung entfalten wie die Rechtsordnung es dem Privaten oder einer durch überörtliche Wirtschaftstätigkeit betroffener Gemeinde ermöglicht gegen die Konkurrenz durch die Kommunalunternehmen vorzugehen. Wie bereits für den öffentlichen Zweck gesagt wurde, erfordert das eine gesonderte, zusammenhängende Darstellung der Entwicklung der Rechtsschutzmöglichkeiten[280].

4. Nichtwirtschaftliche Unternehmen

Die Schrankentrias des Kommunalwirtschaftsrechts erfasst nicht alle Formen wirtschaftlicher Betätigung der Gemeinden. In mehreren Gemeindeordnungen ist festgelegt, dass bestimmte Einrichtungen nicht als wirtschaftliche Unterneh-

---

[277] Vgl. etwa *Stober* in Wolff/Bachof/Stober (Hrsg.), Verwaltungsrecht Bd. 3, § 91 Rdnr. 98.
[278] Zur Wasserversorgung als Teil der Daseinsvorsorge vgl. § 2 C II 3.
[279] Vgl. § 3 B II 4.
[280] Vgl. § 3 B IV.

men gelten[281]. Es handelt sich bei den Vorschriften um eine gesetzliche Fiktion, die von der Prüfung des öffentlichen Zwecks, des angemessenen Verhältnisses von Leistungsfähigkeit und Aufgabe sowie der Subsidiaritätsklausel entbindet. Für die Einstufung kommt es nicht darauf an, ob sich die Unternehmen wirtschaftlich betätigen. In vielen Fällen schließen sich nichtwirtschaftliches Unternehmen und wirtschaftliche Betätigung dieses Unternehmens nicht aus[282]. Hinsichtlich des öffentlichen Zwecks erscheint die Freistellung von der Prüfung aufgrund der oben bereits angedeuteten Konnexität dieser Voraussetzung mit den verfassungsrechtlichen Vorgaben des Art. 28 Abs. 2 Satz 1 GG auf den ersten Blick problematisch. Es wird aber allgemein davon ausgegangen, dass die in den gemeinderechtlichen Vorschriften genannten Unternehmen der kommunalen Daseinsvorsorge dienen und daher ihre öffentliche Zwecksetzung „auf der Stirn" tragen[283]. Wohl vor dem Hintergrund dieser Annahme besagt § 116 Abs. 2 Satz 1 GO LSA ausdrücklich, dass die darin privilegierten Unternehmen einem öffentlichen Zweck dienen. Dazu tritt die Überlegung, dass die Gemeinde in diesen Bereichen auch Angebote machen soll, wenn diese unrentabel sind[284].

Die Wasserversorgung ist in den Gemeindeordnungen ausdrücklich nur in § 116 Abs. 2 Satz 1 GO LSA als eine privilegierte Betätigung genannt. In der sachsen-anhaltinischen Gemeindeordnung besteht aber die weitere Besonderheit, dass diese auch für die privilegierten Unternehmen das Erfordernis eines angemessenen Verhältnisses von gemeindlicher Leistungskraft und übernommener Aufgabe aufrechterhalten wird. Es entfällt allein die Prüfung der Subsidiaritätsklausel. Für die anderen Länder ist zu prüfen, ob die kommunalen Wasserversorgungsunternehmen anhand des jeweils einschlägigen Landesrechts als wirtschaftliche oder nicht wirtschaftliche Unternehmen einzustufen sind.

Den Katalogen nichtwirtschaftlicher Unternehmen ist gemein, dass solche Unternehmen nicht als wirtschaftliche Unternehmen gelten, zu deren Errichtung die Gemeinde gesetzlich verpflichtet ist. Das ist in den Bundesländern erheblich, die die Wasserversorgung als Pflichtaufgabe der Gemeinde ausgestaltet haben, also Bayern, Hessen, Rheinland-Pfalz und die neuen Bundesländer[285]. Von diesen Ländern weisen Hessen in § 121 Abs. 2 Satz 1 Nr. 1 HessGO, Mecklenburg-Vorpommern in § 68 Abs. 2 Satz 1 Nr. 1 KV M-V und Sachsen in § 97 Abs. 2 Nr. 1 SächsGO eine entsprechende Privilegierung der Unternehmen auf, zu deren Errichtung und Betrieb die Gemeinden gesetzlich verpflichtet sind. In diesen Ländern sind bei der Errichtung und dem Betrieb von Wasserversorgungsunter-

[281] § 102 Abs. 3 GO BW; § 121 Abs. 2 HessGO; § 68 Abs. 2 KV M-V; § 108 Abs. 3 NdsGO; § 107 Abs. 2 GO NRW; § 85 Abs. 3 GO RP; § 108 Abs. 2 SaarlGO ; § 97 Abs. 2 SächsGO; § 116 Abs. 2 GO LSA; § 101 Abs. 2 GO S-H.

[282] *Jarass*, NWVBl 2002, 335, 336; *Tettinger*, Besonderes Verwaltungsrecht, Rdnr. 204.

[283] OVG Münster GewA 2005, 75, 76; OLG Düsseldorf NVwZ 2000, 111, 112; *Ehlers*, DVBl 1998, 497, 498; *Otting*, NWVBl 2000, 206, 208, *Britz*, NVwZ 2001, 380, 382.

[284] *Meyer*, LKV 2000, 321, 323; *Otting*, NWVBl 2000, 206, 208.

[285] *Gern*, Dt. Kommunalrecht, Rdnr. 770. Vgl. dazu auch § 2 C II 1.

nehmen sowie der Beteiligung an gemischt-wirtschaftlichen Wasserversorgungsunternehmen die Schrankentrias des Gemeindewirtschaftsrechts nicht zu prüfen[286]. In Bayern und Brandenburg bleibt es bei der uneingeschränkten Anwendung der Schrankentrias, da deren Gemeindeordnungen keinen Privilegierungstatbestand enthalten. Jedoch werden in Bayern Unternehmen der kommunalen Daseinsvorsorge von einer Prüfung anhand der Subsidiaritätsklausel freigestellt.

Das VG Freiburg hat die öffentliche Wasserversorgung als Einrichtung der Gesundheitspflege im Sinne von § 102 Abs. 3 Nr. 2 GO BW und damit als nicht wirtschaftliche Tätigkeit angesehen. § 11 Abs. 1 Satz 1 GO BW definiere die Wasserleitung als Einrichtung der Volksgesundheit und eine Trennung zwischen Leitung und Wasserversorgung wäre künstlich und unbegründbar[287]. Hinsichtlich der Subsidiaritätsklausel ist die Wasserversorgung als Teil der kommunalen Daseinsvorsorge aber nach § 102 Abs. 1 Nr. 3 GO BW ohnehin von der Prüfung ausgenommen. Diese Ansicht könnte auf Nordrhein-Westfalen übertragbar sein, da sich dieselbe Definition der Wasserleitung als Einrichtung der Volksgesundheit in § 9 S. 1 GO NRW findet. Es bestehen aber Bedenken die Ausführungen des VG Freiburg auf alle Länder zu übertragen, in denen eine Privilegierung der Einrichtungen des Gesundheitswesens besteht. So beziehen sich in Nordrhein-Westfalen die in § 107 Abs. 2 Nr. 2 lit. 3 GO NRW aufgezählten Einrichtungen des Gesundheits- und Sozialwesens gerade nicht mehr auf die in § 9 GO NRW genannten Einrichtungen. In Rheinland-Pfalz und Niedersachsen werden die Einrichtungen des Gesundheitswesens ebenfalls privilegiert, jedoch definieren § 26 Abs. 1 GO RP und § 8 Nr. 2 NdsGO Wasserleitungen nur allgemein als Einrichtungen des Gemeinwohls und nicht aber als Einrichtungen der Volksgesundheit. Dazu kommt, dass § 108 Abs. 3 Satz 1 NdsGO und § 107 Abs. 2 Nr. 3 GO NRW die Abwasserbeseitigung ausdrücklich als privilegierten Tätigkeitsbereich nennen. Das spricht für eine unterschiedliche Behandlung gegenüber der Wasserversorgung, zumal beide Bereiche unter die Einrichtungen fallen, für die ein Anschlusszwang begründet werden kann. Während also in Baden-Württemberg die Wasserversorgung als nicht wirtschaftliche Tätigkeit eingestuft wird, kann man in Nordrhein-Westfalen, Niedersachsen und Rheinland-Pfalz nicht ohne weiteres davon ausgehen, dass die Wasserversorgungsunternehmen die Privilegierungstatbestände für nicht wirtschaftliche Unternehmen in Anspruch nehmen können.

---

[286] Es kann an dieser Stelle nicht näher auf die Fragen eingegangen werden, die sich für kommunalen Querverbundunternehmen ergeben, d.h. Unternehmen, die die Wasserversorgung und die Abwasserentsorgung unter einem Dach übernehmen. Zwischen diesen Funktionen ergibt sich ein „rechtlicher Riss“, wenn die Wasserversorgung als wirtschaftliches Unternehmen qualifiziert wird und – so die Rechtslage in den meisten Bundesländern – die Abwasserentsorgung als nichtwirtschaftliches Unternehmen. Vgl. dazu *Cronauge/Westermann*, Kommunale Unternehmen, Rdnr. 341 ff.

[287] VG Freiburg VBlBW 1996, 437, 438.

Die Befreiung vom Erfordernis insbesondere eines öffentlichen Zwecks dispensiert außerdem nicht von den verfassungsrechtlichen Bindungen. Es verbleibt somit auch für die privilegierten Wasserversorgungsunternehmen bei der Prüfung, welche territorialen Schranken der Art. 28 Abs. 2 Satz 1 GG für die überörtliche wirtschaftliche Betätigung aufstellt[288]. Auch soweit diese Schranken auf der einfachgesetzlichen Ebene mit dem Erfordernis des öffentlichen Zwecks verwoben sind, lassen sie sich nicht durch eine landesrechtliche Ausnahme von den gemeindewirtschaftlichen Vorschriften umgehen[289]. Die Bindung an die Vorgaben des Art. 28 Abs. 2 Satz 1 GG findet sich auch schon in den Aufgabenbeschreibungen der Gemeindeordnungen[290]. Fraglich bleibt somit nur, ob nach der Bestimmung der verfassungsrechtlichen Vorgaben für den Gebietsbezug der Kommunalwirtschaft Raum für eine einfachgesetzliche Lockerung des Gebietsbezugs verbleibt[291].

III. Die kommunalrechtlichen Expansionsklauseln

1. Einführung von Expansionsklauseln im Rahmen der Reformen des Gemeindewirtschaftsrechts

Seit Ende der neunziger Jahre haben mehrere Bundesländer in ihr Gemeindewirtschaftsrecht Vorschriften aufgenommen, die unter bestimmten Voraussetzungen eine wirtschaftliche Betätigung der Gemeinden außerhalb ihres Gebietes gestatten. Eine solche Expansionsklausel gibt es seit 1998 in Bayern, seit 1999 in Nordrhein-Westfalen, seit 2000 in Thüringen und seit 2001 in Sachsen-Anhalt, seit 2003 in Schleswig-Holstein, seit 2004 im Saarland und seit 2005 in Hessen[292]. Diese Änderungen sind Teil eines Reformprozesses der Kommunalverwaltung der nach Ansicht eines Beobachters an Tiefgang alle kommunalen Reformprozesse seit der Gebietsreform übertreffe[293]. Ursachen dieses Prozesses sind die gesteigerten Anforderungen an das Leistungsangebot der Gemeinden bei gleichzeitig zunehmenden Engpässen in den kommunalen Haushalten. Dies führt zu einer verstärkten Ausrichtung der Kommunalwirtschaft an betriebswirtschaftlichen Gesichtspunkten und der Überzeugung, kommunale Unternehmen

---

[288] Dazu unter § 8 A.

[289] So auch *Meyer*, LKV 2000, 321, 323 f., der dem OLG Düsseldorf NVwZ 2000, 714 vorwirft, diese Herleitung versäumt zu haben. OLG Düsseldorf NWVBl 2003, 192, 198 stellt aber klar, dass auch die überörtliche Betätigung nichtwirtschaftlicher Unternehmen mit deren öffentlichem Zweck „vereinbar" sein müssen.

[290] Vgl. § 7 C I.

[291] Dazu unter § 7 C IV.

[292] In Thüringen und Bayern gab es bereits zuvor Regelungen zur Gebietsüberschreitung, welche die Unternehmen einer Gemeinde, die nicht auf das Gemeindegebiet beschränkt blieben, einem Genehmigungserfordernis unterwarf.

[293] So die vielfach zitierte Wendung von *Schulze-Fielitz* in Henneke (Hrsg.), Organisation kommunaler Aufgabenerfüllung, S. 223.

seien in der Art ihrer Leistungserstellung nach den gleichen Grundsätzen wie privatwirtschaftliche Unternehmen zu führen[294]. Die Einführung der Vorschriften über die Betätigung außerhalb des Gemeindegebiets erfolgte also vor einem primär durch ökonomische Überlegungen determinierten Hintergrund.

Diese ökonomischen Erwägungen ergeben sich auch aus den Begründungen der Gesetzesentwürfe, mit denen die Expansionsklauseln eingeführt wurden. So konstatiert in Bayern der Entwurf des Gesetzes zur Änderung des kommunalen Wirtschaftsrechts und anderer kommunalrechtlicher Vorschriften[295], dass das Gemeindewirtschaftsrecht im Wesentlichen noch auf der Deutschen Gemeindeordnung von 1935 beruht. Die Kommunen würden sich jedoch in einer tiefgreifenden Umbruchsituation befinden, vor allem weil aufgrund europarechtlicher Vorgaben bisher monopolistisch strukturierte Versorgungsbereiche zunehmend dem Wettbewerb geöffnet werden. Damit das Kommunalwirtschaftsrecht zeitgemäß bleibt und die Kommunen nicht den Weg der Privatisierung beschreiten müssen, sondern die Möglichkeit haben sich diesem Wettbewerb zu stellen, unterstützt der Gesetzgeber sie durch die Neugestaltung der Voraussetzungen für die Gründung und Betätigung kommunaler Unternehmen innerhalb und außerhalb der Gemeindegrenzen[296]. In ähnlicher Weise leitet die Begründung des Gesetzgebers von Sachsen-Anhalt im Entwurf eines Gesetzes zur Änderung kommunalwirtschaftlicher Vorschriften und eines Gesetzes über die kommunalen Anstalten des öffentlichen Rechts[297] die Änderungsbedürftigkeit aus dem Umstand her, dass die Vorschriften der wirtschaftlichen Betätigung der Gemeinden im Wesentlichen noch auf der Deutschen Gemeindeordnung von 1935 beruhen. Dementsprechend seien in den der kommunalen Wirtschaftzugrunde liegenden Strukturen – bedingt durch das Gemeinschaftsrecht und seine mitgliedstaatliche Umsetzung – gravierende Änderungen zu verzeichnen. Die hierdurch forcierte Öffnung für den Wettbewerb führe dazu, dass den Kommunen historisch gewachsene, angestammte Aufgabenfelder nicht mehr allein zur Disposition stünden. Sie sehen sich durch das geltende Gemeindewirtschaftsrecht gehemmt, auf die verschlechterte Wettbewerbssituation angemessen zu reagieren[298]. Dabei sei der Verzicht auf die räumliche Begrenzung kommunalwirtschaftlicher Betäti-

---

[294] Zu diesem Reformprozess vgl. die Beiträge in *Henneke* (Hrsg.), Organisation kommunaler Aufgabenerfüllung; *Held*, WiVerw 1998, 264; *Nagel*, Gemeindeordnung als Hürde?; *Gern*, NJW 2002, 2593; *Moraing*, WiVerw 1998, 233; *Britz*, NVwZ 2001, 380; *Schink*, NVwZ 2002, 129; *Zacharias*, VR 2000, 271.

[295] Gesetz zur Änderung des kommunalen Wirtschaftsrechts und anderer kommunalrechtlicher Vorschriften vom 24.7.1998, BayGVBl. 1998, S. 424; Neufassung der BayGO vom 27. 8. 1998, BayGVBl. 1998, S. 796.

[296] LT-Drucks. Bayern 13/10828, S. 17.

[297] Gesetz über das kommunale Unternehmensrecht vom 3.4.2001, GVBl. LSA 2001, S. 136; § 116 Abs. 3 GO LSA neugefasst durch das Investitionserleichterungsgesetz vom 16.7.2003, GVBl. LSA 2003, S. 158.

[298] LT-Drucks. Sachsen-Anhalt 3/3022, S. 22 f.

gung ein Hauptanliegen des Gesetzesentwurfs[299]. In Thüringen hat der Gesetzgeber in der Begründung des Gesetzesentwurfes des Dritten Gesetzes zur Änderung der Thüringer Kommunalordnung[300] ebenfalls die Öffnung verschiedener Märkte für den Wettbewerb und die Benachteiligung der Kommunen und der kommunalen Stadtwerke gegenüber der privaten Konkurrenz durch die bestehende Rechtslage als regelungsbedürftiges Problem und langfristige Bedrohung der Existenz der Kommunen erkannt. Um den Erhalt der kommunalen Stadtwerke in den sich ändernden Märkten zu gewährleisten, müssten Rahmenbedingung geschaffen werden, die den Kommunen die Teilnahme am Wettbewerb nicht verschließen und gleichzeitig die verfassungsrechtlichen Vorgaben berücksichtigen. Insbesondere falle hierunter auch die Möglichkeit der Kommunen ihre Tätigkeit insgesamt über das Gemeindegebiet hinaus zu erstrecken[301]. Auf die durch die auf europäischem Recht beruhende Öffnung der Märkte und die dadurch veränderte Wettbewerbssituation der Kommunalwirtschaft berufen sich auf die Begründungen des Entwurfs des Gesetzes zur Änderung kommunalrechtlicher Vorschriften des Saarlands[302] und der Entwurf Hessens des Gesetzes zur Änderung der Hessischen Gemeindeordnung und anderer Vorschriften[303]. Die Expansionsklausel diene, so beide Begründungen übereinstimmend, der Erhaltung der Chancengleichheit im Wettbewerb[304]. Auch die Begründung des Ersten Gesetzes zur Modernisierung von Regierung und Verwaltung in Nordrhein-Westfalen[305] will „die Handlungsmöglichkeiten der Kommunen bei der wirtschaftlichen Betätigung in begrenztem Umfang in räumlicher und sachlicher Hinsicht erweitern, ohne die Interessen vor allem kleiner und mittelständischer Unternehmen zu gefährden[306].

Der sächsische Gesetzgeber hingegen hat bei Erlass des Gesetzes zur Änderung des kommunalen Wirtschaftsrechts und des Sächsischen Wassergesetzes vom 4.3.2003[307] bewusst auf eine Expansionsklausel verzichtet, um in einer Phase europa- und wettbewerbsrechtlicher Neuordnung den Normenbestand flexible zu halten[308]. Die Änderung des Gemeindewirtschaftsrechts in Baden-

---

[299] Dazu LT-Drucks. Sachsen-Anhalt 3/3022, S. 25.

[300] Drittes Gesetz zur Änderung der Kommunalordnung vom 18.7.2000, ThürGVBl. 2000, S. 177.

[301] LT-Drucks. Thüringen 3/333, S. 1.

[302] Gesetz Nr. 1532 zur Änderung kommunalrechtlicher Vorschriften vom 8.10.2003, SaarlGVBl. 2004, S. 594. Begründung in LT-Drucks. Saarland 12/918, S. 1.

[303] Gesetz zur Änderung der Hessischen Gemeindeordnung und anderer Gesetze vom 31.1.2005, HessGVBl. I 2005, S. 54; Begründung in LT-Drucks. Hessen 16/2463, S. 1.

[304] LT-Drucks. Hessen 16/2463, S. 60; LT-Drucks. Saarland 12/918, S. 18.

[305] Erstes Gesetz zur Modernisierung von Regierung und Verwaltung in Nordrhein-Westfalen vom 15.6.1999, NWGVBl. 1999, S. 386.

[306] LT-Drucks. Nordrhein-Westfalen 12/3730, S. 103, 106.

[307] SächsGVBl 2003, S. 49; Neufassung der SächsGO vom 18.3.2003, SächsGVBl. 2003 S. 55. Dazu *Sollondz*, LKV 2003, 297; *Tintelnot/Pommer*, SächsVBl 2003, 205.

[308] Begründung zum Gesetzesentwurf, LT-Drucks. Sachsen 3/6213, S. 2.

Württemberg enthielt ebenfalls keine Expansionsklausel[309]. Auch dieser Verzicht auf eine Regelung zur wirtschaftlichen Tätigkeit außerhalb des Gemeindegebiets ist aber letztendlich ökonomisch motiviert, nur will sich der sächsische Gesetzgeber vorläufig seine Optionen noch offenhalten. Die sächsischen Gemeinden tragen damit das wirtschaftliche Risiko, wenn sie entsprechend einer Ansicht handeln sollten, dass die Selbstverwaltungsgarantie des Art. 28 Abs. 2 Satz 1 GG die Aufnahme einer wirtschaftlichen Betätigung außerhalb des Gemeindegebiets erlaubt und sich diese Einschätzung im nachhinein als falsch erweisen sollte[310].

2. Inhalt der Expansionsklauseln

Inhaltlich stimmen die verschiedenen Expansionsklauseln trotz geringfügiger Abweichungen im Wortlaut miteinander überein. So bestimmt Art. 87 Abs. 2 Satz 1 BayGO, dass „die Gemeinde (...) mit ihren Unternehmen außerhalb des Gemeindegebiets tätig werden (darf), wenn dafür die Voraussetzungen des Absatzes 1 vorliegen und die berechtigten Interessen der betroffenen kommunalen Gebietskörperschaften gewahrt sind“. § 107 Abs. 3 Satz 1 GO NRW besagt, dass „die wirtschaftliche Betätigung außerhalb des Gemeindegebiets (...) nur zulässig (ist), wenn die Voraussetzungen des Absatzes 1 vorliegen und die berechtigten Interessen der betroffenen kommunalen Gebietskörperschaften gewahrt sind“[311]. Nach § 116 Absatz 3 Satz 1 GO LSA ist „die wirtschaftliche Betätigung außerhalb des Gemeindegebiets (...) nur in begründeten Ausnahmefällen zulässig, wenn die Voraussetzungen der Absätze 1 und 2 vorliegen und die berechtigten Interessen der betroffenen Gemeinde gewahrt sind“. Und gemäß § 71 Abs. 4 Satz 1 ThürKO darf „die Gemeinde (...) mit ihren Unternehmen außerhalb des Gemeindegebiets nur tätig werden, wenn dafür die Voraussetzungen der Absätze 1 und 2 vorliegen und die berechtigten Interessen der betroffenen kommunalen Gebietskörperschaften gewahrt sind“. Nach § 101 Abs. 2 Satz 1 GO S-H ist „die wirtschaftliche Betätigung außerhalb des Gemeindegebiets (...) zulässig, wenn die Voraussetzungen des Absatzes 1 vorliegen und die berechtigten Interessen der betroffenen Gebietskörperschaft gewahrt sind. Laut § 108 Abs. 4 SaarlKSVG darf „die Gemeinde (...) mit ihren Unternehmen außerhalb des Gemeindegebiets tätig werden wenn, 1. die Voraussetzungen des Absatzes 1 vorliegen und 2. keine betroffene kommunale Gebietskörperschaft aus berechtigten Interessen widerspricht“. In Hessen ist nach § 121 Abs. 5 HessGO „die

[309] Vgl. Gesetz zur Änderung gemeindewirtschaftsrechtlicher Vorschriften und anderer Gesetze, BWGVBl. 1999, S. 292 bis 298.

[310] So zu recht *Tintelnot/Pommer*, SächsVBl 2003, 205.

[311] Da die Wasserversorgung in Nordrhein-Westfalen keine Selbstverwaltungspflichtaufgabe ist und somit die Gemeinde nicht zu ihrer Errichtung verpflichtet ist, ist die Frage unerheblich, ob § 107 Abs. 3 Satz 1 GO NRW durch seinen Verweis auf Absatz 1 für nichtwirtschaftliche Unternehmen die Schrankentrias bei Tätigkeiten außerhalb des Gemeindegebiets wieder einführt. Vgl. zu dieser Frage, *Zacharias*, VR 2000, 271, 274.

Betätigung außerhalb des Gemeindegebiets (...) zulässig, wenn 1. bei wirtschaftlicher Betätigung die Voraussetzungen des Absatzes 1 vorliegen und 2. die berechtigten Interessen der betroffenen kommunalen Gebietskörperschaften gewahrt sind". Die Verweise in den Vorschriften führen jeweils zur Anwendung der kommunalwirtschaftlichen Schrankentrias auf die überörtliche kommunale Wirtschaftstätigkeit. Durch den Verweis auf Absatz 2 in § 116 Abs. 3 Satz 1 GO LSA ist ausdrücklich die Möglichkeit einer überörtlichen kommunalen Wasserversorgung festgeschrieben. Ansonsten ist den Regelungen das Erfordernis der Wahrung der berechtigten Interessen der betroffenen kommunalen Gebietskörperschaften gemein, wobei einzig die saarländische Regelung einen Widerspruch der betroffenen kommunalen Gebietskörperschaft voraussetzt.

Der Umfang dieser berechtigten Interessen wird durch die Expansionsklauseln für bestimmte Bereiche eingeschränkt. Nach Art. 87 Abs. 2 Satz 2 BayGO, § 107 Abs. 3 Satz 2 GO NRW und § 71 Abs. 4 Satz 2 ThürKO gelten bei der Versorgung mit Strom und Gas nur diejenigen Interessen als berechtigt, die nach den Vorschriften des Energiewirtschaftsgesetzes eine Einschränkung des Wettbewerbs zulassen. § 116 Abs. 3 Satz 2 GO LSA nimmt neben diesen Bereichen „andere im Wettbewerb wahrgenommene Aufgaben" und lässt nur solche berechtigte Interessen gelten, „wie der jeweilige Ordnungsrahmen eine Einschränkung des Wettbewerbs zulässt". § 101 Abs. 2 Satz 2 GO S-H nennt diese Einschränkung für „im Wettbewerb wahrgenommene Aufgaben" ebenfalls. § 121 Abs. 5 Nr. 2 Satz 2 HessGO und § 108 Abs. 4 Nr. 2 Satz 2 SaarlKSVG und lassen bei „gesetzlich liberalisierten Tätigkeiten" nur die berechtigten Interessen gelten, die nach den „maßgeblichen Vorschriften eine Einschränkung des Wettbewerbs zulassen". Die Verfassungsmäßigkeit dieser Einschränkung ist häufig bezweifelt worden[312]. Jedoch fällt die Wasserversorgung schon nach dem Wortlaut nicht unter eine dieser einschränkenden Regelungen, da sie nicht gesetzlich liberalisiert worden ist und durch die Kommunen im Wettbewerb mit der Privatwirtschaft wahrgenommen wird. § 131 Abs. 8 GWB i.V.m. § 103 GWB a.F. erhält den Kommunen ihre lokalen Versorgungsmonopole[313]. Diese Regelungen können also für die vorliegende Fragestellung außer Acht gelassen werden.

Darüber hinaus bestehen in einigen Expansionsklauseln zusätzliche Regelungen. § 71 Abs. 4 Satz 3 ThürKO enthält für Betätigungen außerhalb des Gemeindegebiets das Erfordernis einer Genehmigung durch die Rechtsaufsichtsbehörde.

---

[312] Vgl. *Ehlers*, Gutachten E zum 64. DJT., S. 101; *ders.*, NWVBl 2000, 1, 6; *Scharpf*, NVwZ 2005, 148, 152; *Schink*, NVwZ 2002, 129, 136; *Lux*, NWVBl 2000, 7, 10 („äußerst problematisch"); *Held*, NWVBl 2000, 201, 206; *Heilshorn*, VerwA 96 (2005), 88, 96; *Kühling*, NJW 2001, 177, 181; für eine verfassungskonforme Auslegung *Gern*, NJW 2002, 2593, 2596 f.; *Koehler*, VR 2000, 44, 49; *Meyer*, LKV 2000, 321, 323; für die allgemeine Verfassungswidrigkeit der Expansionsklauseln *Stober* in Wolff/Bachof/Stober (Hrsg.), Verwaltungsrecht Bd. 3, § 91 Rdnr. 102; *Grawert* in Reichard (Hrsg.), Kommunen am Markt, S. 9, 25; *Ipsen* in FS-Rauschning, S. 645, 664; *Becker*, DÖV 2000, 1032, 1039; *Löwer*, NWVBl 2000, 241, 244.

[313] Siehe dazu § 7 B.

Nach § 116 Abs. 3 Satz 3 GO LSA und § 101 Abs. 3 Satz 3 GO S-H ist „die betroffene Gemeinde (...) so rechtzeitig von der Aufnahme der wirtschaftlichen Tätigkeit auf ihrem Gemeindegebiet zu informieren, dass sie ihre berechtigten Interessen geltend machen kann". Nach § 101 Abs. 3 Satz 4 GO S-H ist die Kommunalaufsichtsbehörde über den Beschluss, außerhalb des Gemeindegebiets tätig zu werden, zu unterrichten, wenn die beteiligten Gemeinden über die Wahrung der berechtigten Interessen kein Einvernehmen erzielen.

Es bestehen damit in fast der Hälfte der Bundesländer ausdrückliche rechtliche Grundlagen für eine wirtschaftliche Betätigung außerhalb des Gemeindegebiets. Sie sind der Kernpunkt einer Betrachtung überörtlicher Wirtschaftstätigkeit. Durch sie treten neben die traditionelle kommunalwirtschaftsrechtliche Schrankentrias weitere Voraussetzungen für die Aufnahme einer solchen Betätigung. Es gilt deren rechtlichen Gehalt zu erfassen und in den verfassungsrechtlichen Kontext zu stellen. Das erlaubt die Beantwortung der Frage nach den Möglichkeiten einer einfachgesetzlichen Bestimmung der räumlichen Reichweite der Kommunalwirtschaft. Im nächsten Teil der Arbeit soll deshalb erarbeitet werden, in welchem Umfang die Expansionsklauseln die Gemeinden der jeweiligen Länder ermächtigen und welche Möglichkeiten einer Betätigung außerhalb des Gemeindegebiets im Bereich der Wasserversorgung bestehen.

Zuvor muss aber die bereits angesprochene Frage der Rechtsschutzmöglichkeit privater Konkurrenten gegen kommunale Wirtschaftstätigkeit dargestellt und deren Auswirkung auf die Aufnahme überörtlicher kommunaler Wirtschaftstätigkeit geklärt werden[314].

IV. Auswirkungen des Rechtsschutzes Privater gegen konkurrierende kommunale Wirtschaftstätigkeit auf die Aufnahme überörtlicher kommunaler Wirtschaftstätigkeit

Der Rechtsschutz Privater bei konkurrierender kommunaler Wirtschaftstätigkeit hat eine Reihe schwieriger und noch nicht gelöster Fragen zum Verhältnis der privaten und kommunalen Wirtschaft aufgeworfen[315]. Man kann in diesem Zu-

---

[314] Zur Bedeutung dieser Frage vgl. bereits § 3 B II 1.

[315] Aus der Rechtsprechung vgl. BGH NJW 2003, 586; BGH NJW 2002, 2645; OVG Münster, NWVBl 2005, 68; OVG Münster, GewA 2005, 75; OVG Münster, NVwZ 2003, 1520; OLG Düsseldorf NWVBl 2003, 192; OLG Düsseldorf NWVBl 2001, 443; OLG Düsseldorf NVwZ 2000, 111; VerfGH RP NVwZ 2000, 801; OLG Hamm NJW 1998, 3504. Aus dem umfangreichen Schrifttum stellvertretend nur *Ehlers*, Gutachten E zum 64. DJT, S. 84 mit Nachweisen aus Rechtsprechung und Literatur; *Frenz*, GewA 2006, 100; *Faßbender*, DÖV 2005, 89; *Grooterhorst/Törnig*, DÖV 2004, 685; *Scharpf*, GewA 2005, 1; *Scharpf*, GewA 2004, 317; *Micker*, NWVBl 2004, 181; *Schneider/Häfner*, AbfallR 2005, 31; *Teufel/Kempkes*, AbfallR 2005, 57; *Schliesky*, NdsVBl 2005, 113, 115 f.*Heßhaus*, NWVBl 2003, 173; *Wieland*, DV 2003, 225; *Antweiler*, NVwZ 2003, 1466; *Faber*, DVBl 2003, 761; *Diefenbach*,

sammenhang ohne Zögern von der zentralen Fragestellung im Bereich des Gemeindewirtschaftsrechts sprechen. Um die Auswirkungen auf die rechtlichen Vorgaben für eine überörtliche kommunale Wirtschaftstätigkeit zu bewerten, müssen zunächst die Leitlinien der Entwicklung der Rechtsprechung zum Rechtsschutz privater Konkurrenten gegen kommunalwirtschaftliche Betätigung dargestellt werden.

Die verwaltungsgerichtliche Rechtsprechung ging lange Zeit davon aus, dass die Subsidiaritätsklauseln keine Schutznorm für private Konkurrenten der Gemeinden darstellten[316]. Diese konnten deshalb nicht die Einhaltung der Schrankentrias bei kommunaler Wirtschaftsbetätigung einklagen. Noch weitergehend wurde aber auch ein Eingriff in die Grundrechte durch kommunales oder staatliches Wirtschaften praktisch ausgeschlossen. Die in der Berufsfreiheit des Art. 12 Abs. 1 GG enthaltene Wettbewerbsfreiheit schütze nicht vor Konkurrenz, auch nicht vor dem Wettbewerb der öffentlichen Hand[317]. Die bloße Verminderung von Erwerbschancen durch das Hinzutreten eines Konkurrenten auf dem Markt sei kein Eingriff in die Wettbewerbsfreiheit, da ein genereller Anspruch auf Chancengleichheit im Wettbewerb, mit dem die Unzulässigkeit eines Gemeindeunternehmens begründet werden könnte, nach der verfassungsrechtlichen Ordnung des Grundgesetzes nicht bestehe[318]. Ein Eingriff läge nur dann vor, wenn der Private den Nachweis erbrächte, dass die wirtschaftliche Betätigung der öffentlichen Hand die Wettbewerbsfreiheit in unerträglichem Maße einschränke, ein Auszehrungs- und Verdrängungswettbewerb vorliege oder eine Monopolstellung der öffentlichen Hand bestehe[319]. Das OVG Münster hat in einer Entscheidung aus dem Jahr 2005 sogar jegliche Berufung des privaten Konkurrenten auf Grundrechte ausgeschlossen, wenn die wirtschaftliche Betätigung eines Trägers öffentlicher Gewalt in Erfüllung einer gesetzlich vorgegebenen Aufgabe geschieht[320]. Damit war ein verwaltungsgerichtlicher Rechtsschutz privater Konkurrenten so gut wie aussichtslos[321].

WiVerw 2003, 99; *Diefenbach*, WiVerw 2003, 115; *Meyer*, NVwZ 2002, 1075; *Schink*, NVwZ 2002, 129, 137ff.; *Jarass*, DÖV 2002, 489, 492 ff.; *Grawert* in Reichard (Hrsg.), Kommunen am Markt, S. 9, 25 ff.; *Kluth*, WiVerw 2000, 184; *Pagenkopf*, GewA 2000, 177, 181 ff.; *David*, NVwZ 2000, 738; *Ennuschat*, BB 1999, 494; *Köhler*, WRP 1999, 1205; *Otting*, DÖV 1999, 549; *Berg*, WiVerw 2000, 141.

[316] Die Leitentscheidung dazu ist BVerwGE 39, 329, 336 f.; außerdem BVerwG NJW 1995, 2938 f.; OVG Münster NVwZ 1986, 1045; VGH München BayVBl 1976, 628, 629 f.; VGH Mannheim DÖV 1995, 120; vgl. dazu die Darstellungen bei *Wieland*, DV 2003, 225, 228, ff.; *Faßbender*, DÖV 2005, 89, 90; *Schliesky*, NdsVBl 2005, 113, 116.

[317] So die vielzitierte Wendung in BVerwGE 39, 329, 336.

[318] BVerwGE 39, 329, 337.

[319] BVerwGE 30, 191, 198; BVerwG GewA 1995, 329, 330; VGH Mannheim, DÖV 1995, 120, 121; BVerwGE 39, 329, 337; BVerwG NJW 1978, 1539, 1540; BVerwG NJW 1995, 2938, 2939.

[320] OVG Münster, GewA 2006, 122 f. mit Anmerkung *Frenz*, GewA 2006, 100 ff. Diese Rechtsprechung ist insoweit noch folgenlos als die Wasserversorgung in Nordrhein-Westfalen

Diese Lücke im Rechtsschutz wurde durch die Zivilgerichte ausgefüllt. Sie gingen davon aus, dass die Gemeindeordnungen die kommunalwirtschaftliche Betätigung auch zum Schutz privater Wettbewerber einschränkten, so dass bei einem Verstoß gegen die Schrankentrias zugleich ein Verstoß gegen die guten Sitten im Wettbewerb im Sinne des § 1 UWG vorläge[322]. Die privaten Wettbewerber konnten somit gegen den Marktzutritt kommunaler Unternehmen im Rahmen wettbewerbsrechtlicher Unterlassungsklagen vorgehen[323]. Dieser Rechtsprechung hat der BGH in zwei Entscheidungen aus dem Jahr 2002 eine klare Absage erteilt[324]. Ein Verstoß gegen das Gemeindewirtschaftsrecht sei nicht automatisch sittenwidrig im Sinne von § 1 UWG. Die Regelungen zum Marktzutritt, also zum „Ob“ der wirtschaftlichen Betätigung, hätten keine auf die Lauterkeit des Marktverhaltens bezogene Schutzfunktion. Das Wettbewerbsrecht sei ausschließlich Marktverhaltensrecht, nicht aber Marktzutrittsrecht. Damit ist den privaten Konkurrenten der Weg über den Zivilrechtsweg verschlossen worden und die Schließung der öffentlich-rechtlicher Rechtsschutzlücken wieder dem Öffentlichen Recht überlassen[325].

Mit einer Entscheidung des VerfGH RP im Jahre 2000 begann im Öffentlichen Recht ein Umdenken in der Frage der drittschützenden Wirkung der Subsidiaritätsklauseln[326]. Der VerfGH RP erkannte der neuen, „verschärften“ Subsidiari-

---

keine Selbstverwaltungspflichtaufgabe ist. Es bleibt abzuwarten, ob die vom OVG vorgenommene Unterscheidung beim Grundrechtsschutz zwischen freiwilligen und gesetzlich bindend vorgegebenen Aufgaben von den Oberverwaltungsgerichten anderer Bundesländer aufgegriffen wird.

321 Zu diesem Befund vgl. *Faßbender*, DÖV 2005, 89, 90; *Schliesky*, NdsVBl 2005, 113, 116; *Micker*, NWVBl 2004, 181, 183; *Dietlein*, NZBau 2003, 141. Zum Grundrechtsschutz und zur Kritik von Teilen des Schrifttums an der ständigen Rechtsprechung *Pieroth/Hartmann*, DVBl 2002, 421; *Scharpf*, GewA 2005, 1, 3 ff.; *Riese/Suermann*, LKV 2005, 289, 291 f.; *Kluth*, WiVerw 2000, 184, 197 ff.; *Jarass*, DÖV 2002, 489, 492 ff.; *Meyer*, NVwZ 2002, 1075, 1076; *Faber*, DVBl 2003, 761, 762 f.; *Antweiler*, NVwZ 2003, 1466, 1468 f.

322 OLG Hamm NJW 1998, 3504, 3505; OLG Düsseldorf NVwZ 2000, 111; OLG Düsseldorf NJW-RR 1997, 1470, 1471; OLG Düsseldorf NWVBl 2001, 443; OLG München NVwZ 2000, 835; abweichend OLG Karlsruhe NJW-RR 1998, 229, 231.

323 Vgl. zum Streit um die Zulässigkeit solcher Klagen auf der Grundlage von § 1 UWG vgl. *Ruffert*, NVwZ 2000, 763, 764; *Pagenkopf*, GewA 2000, 177, 182 f.; *David*, NVwZ 2000, 738 ff.; *Tomerius*, LKV 2000, 41, 46; *Köhler*, WRP 1999, 1205 ff.; *Schink*, NVwZ 2002, 129, 138 ff.; *Scharpf*, GewA 2004, 317 f.; *Faber*, DVBl 2003, 761, 764 f.; *Kämper/Heßhaus*, NWVBl 2001, 377, 380 f.

324 BGH NJW 2002, 2645; BGH NJW 2003, 586.

325 Zur Bewertung dieser Entscheidungen vgl. *Scharpf*, GewA 2004, 317, 318; *Schliesky*, LKV 2005, 113, 115; *Grooterhorst/Törnig*, DÖV 2004, 685, 686; *Teufel/Kempkes*, AbfallR 2005, 57, 66; *Heßhaus*, NWVBl 2003, 173, 174 f., *Wieland*, DV 2003, 225, 235 f.; *Faßbender*, DÖV 2005, 89, 91 f.; *Meyer*, NVwZ 2002, 1075, 1077 f.

326 Zur Vorreiterstellung der Entscheidung VerfGH RP NVwZ 2000, 801 vgl. *Schliesky*, LKV 2005, 113, 116; *Schneider*, DVBl 2000, 1250, 1258; *Wieland*, DV 2003, 225, 230. Der drittschützende Charakter ist im Schrifttum heftig umstritten, bejahend etwa *Scharpf*, GewA 2004, 317, 320; *Faber*, DVBl 2003, 761, 765; *Diefenbach*, WiVerw 2000, 115, 120; *Schink*, NVwZ

tätsklausel eine drittschützende Wirkung zu, wobei er sich auf eine Passage aus der Gesetzesbegründung stützte, nach der § 85 Abs. 1 Nr. 3 GO RP den Schutz der Privatwirtschaft vor einer Beeinträchtigung ihrer Interessen bezweckt[327]. Das OLG Karlsruhe lehnte eine drittschützende Wirkung des § 102 Abs. 1 Nr. 3 GO BW in der Folge ab, weil entsprechende Ausführungen in der Gesetzesbegründung bei der Neufassung der Subsidiaritätsklausel fehlten[328]. In einer Entscheidung aus dem Jahr 2003 führte das OVG Münster aus, § 107 Abs. 1 Satz 1 GO NRW könne öffentlich-rechtliche Unterlassungs- und Folgenbeseitigungsansprüchen zugrunde liegen, wenn ein privater Konkurrent sich gegen die kommunalwirtschaftsrechtliche Unzulässigkeit der wirtschaftlichen Betätigung an sich wende[329]. In einer späteren Entscheidung hat es jedoch offen gelassen, ob § 107 Abs. 1 GO NRW nur die Frage regelt, „ob" eine Kommune am wirtschaftlichen Verkehr teilnehmen darf, oder ob darüber hinaus auch dem „Wie" der Betätigung Grenzen gesetzt werden[330]. In seinen Entscheidungen stellte das OVG allerdings auf den drittschützenden Charakter des Erfordernisses des öffentlichen Zwecks des § 107 Abs. 1 Satz 1 Nr. 1 GO NRW ab und nicht auf die Subsidiaritätsklausel[331]. Für eine öffentlich-rechtliche Konkurrentenklage im Bereich der Wasserversorgung ist dies in Nordrhein-Westfalen besonders relevant, da § 107 Abs. 1 Satz 1 Nr. 3 GO NRW die Wasserversorgung von der Geltung der Subsidiaritätsklausel ausschließt[332]. Im Anschluss und teilweise in ausdrück-

---

2002, 129, 138; *Mann*, JZ 2002, 819, 824; *Kluth*, WiVerw 2000, 184, 205 f.; *Knemeyer/Kempen* in Achterberg/Püttner (Hrsg.), Besonderes Verwaltungsrecht Bd. II, § 17 Rdnr. 58; *Ruffert*, NVwZ 2000, 763, 764; *Storr*, Der Staat als Unternehmer, S. 445; *Ehlers*, Gutachten E zum 64. DJT, S. 84 f.; ablehnend etwa *Faßbender*, DÖV 2005, 89, 97; *Antweiler*, NVwZ 2003, 1466, 1467; *Hellermann*, Örtliche Daseinsvorsorge und gemeindliche Selbstverwaltung, S. 252; *Schmidt-Jortzig* in Püttner (Hrsg.), Handbuch der kommunalen Wissenschaft und Praxis Bd. 5, S. 67; *Lux*, NWVBl 2000, 7, 8; *Meyer*, NVwZ 2002, 1075, 1076.

327 VerfGH RP NVwZ 2000, 801, 804. Die Stelle der Gesetzesbegründung findet sich in LT-Drucks. Rheinland-Pfalz 113/2306, S. 29. Das VG Trier hat in einem Beschluss vom 20.10.2004 – 1 L 1216/04.TR – Zweifel an der Drittwirkung geäußert und diesbezüglich auch ausgeführt, weshalb es die Entscheidung des VerfGH RP für nicht bindend halte; dazu *Schneider/Häfner*, AbfallR 2005, 57, 64 f.

328 OLG Karlsruhe NVwZ 2000, 712, 713 f. So auch der Landesgesetzgeber in LT-Drucks. Baden-Württemberg 13/1376, S. 4.

329 OVG Münster NVwZ 2003, 1520, 1521; OVG Münster NWVBl 2005, 68, 69 vgl. die Besprechungen bei *Riese/Suermann*, LKV 2005, 289, 291; *Micker*, NWVBl 2005, 181; *Grooterhorst/Törnig*, DÖV 2004, 685; *Faßbender*, DÖV 2005, 89, 92 ff.

330 OVG Münster GewA 2006, 122; dazu *Frenz*, GewA 2006, 100, 101 f.

331 OVG Münster NVwZ 2003, 1520, 1521. Dazu ablehnend *Antweiler*, NVwZ 2003, 1466, 1467; *Faßbender*, NVwZ 2005, 89, 93 ff.; *Schliesky*, NdsVBl 2005, 113, 116.

332 Ein Grundrechtsschutz privater Konkurrenten wäre somit denkbar, da die Drittschutzfrage nicht über § 107 Abs. 1 GO NRW gelöst würde, sondern über die Grundrechte. Eine Berufung auf Art. 12 Abs. 1, 14 Abs. 1 oder 2 Abs. 1 GG bliebe möglich, weil die Wasserversorgung in Nordrhein-Westfalen keine Pflichtaufgabe der Kommunen ist, deren Erfüllung laut OVG Münster GewA 2006, 122 f. die Pflicht zur Rücksichtnahme auf private Konkurrenz ausschließt.

licher Reaktion auf diese Entscheidungen wurde in einigen Gemeindeordnungen wurde bei der Novellierung des Gemeindewirtschaftsrechts in der Begründung des Gesetzesentwurfs die Drittschutzwirkung der Subsidiaritätsklausel benannt[333]. Es deutet also alles darauf hin, dass die verwaltungsgerichtliche Rechtsschutzlücke im Bereich des Gemeindewirtschaftsrechts geschlossen wird[334]. Parallel zur Einführung der Expansionsklauseln hat sich eine verwaltungsgerichtliche Rechtschutzmöglichkeit für private Wettbewerbsteilnehmer gegenüber der Erweiterung kommunalwirtschaftlicher Handlungsspielräume herausgebildet. Die unzulässige Wirtschaftsbetätigung der Kommunen, also das „Ob" der Betätigung, wird als Marktzutritt durch die Verwaltungsgerichte beurteilt. Soweit die Frage der Kontrolle des Marktverhaltens kommunaler Unternehmen, also des „Wie" der Betätigung, von den Verwaltungsgerichten noch offen gelassen wird, bleibt es auch nach der neueren Rechtsprechung des BGH bei einer Kontrolle durch die Zivilgerichtsbarkeit.

Damit ergeben sich aber noch keine eigenständigen Schranken für die überörtliche Betätigung einer Gemeinde aus den Subsidiaritätsklauseln. Wie bei der Frage des angemessenen Verhältnisses von Leistungskraft und übernommener Aufgabe gilt auch hier, dass die überörtliche Betätigung nach denselben Kriterien zu prüfen ist wie eine Tätigkeit, die ausschließlich im Gemeindegebiet erfolgt[335]. Die spezifische Problematik der Zulässigkeit überörtlicher kommunaler Wirtschaftstätigkeit ist keine Frage, ob das kommunale Unternehmen eine Aufgabe ebenso gut und wirtschaftlich bzw. besser und wirtschaftlicher wie ein privater Dritter erfüllen kann, sondern eine Frage, ob das kommunale Unternehmen die Kompetenz besitzt, sich überhaupt außerhalb des Gemeindegebiets zu betätigen. Die spezifische Problematik ist also eine des Gebietsbezugs der Kommunalwirtschaft, nicht der Qualität und Wirtschaftlichkeit ihrer Leistungserbringung. Es geht also um ein von den Verwaltungsgerichten zu beurteilendes „Ob" wirtschaftlicher Betätigung. Der Anknüpfungspunkt des Gebietsbezugs, also der Zuständigkeitsgrenzen der Kommunalwirtschaft, ist nicht die Subsidiaritätsklausel, sondern das Erfordernis des öffentlichen Zwecks[336]. Die Relevanz der drittschützenden Wirkung liegt in der Begründung eines subjektiven öffentlichen Rechts privater Konkurrenten im Sinne von § 42 Abs. 2 VwGO vermitteln, das ihnen erlaubt das Ausgreifen der kommunalen Wasserversorgungsunternehmen gerichtlich überprüfen zu lassen. Die Wasserversorgungsgebiete sind kommunale Gebietsmonopole[337]. Die Gemeinden bestimmen vor allem mittels ausschließ-

---

[333] Für § 121 HessGO LT-Drucks. Hessen 16/2463, S. 59; für § 108 SaarlKSVG LT-Drucks. Saarland 12/918, S. 18, jeweils unter Bezugnahme auf die vorangegangene Rechtsprechung.

[334] Damit ist eine aktuelle Entscheidung des VGH Kassel hinfällig, die sich für die Ablehnung der drittschützenden Wirkung des § 121 HessGO gerade darauf berief, er enthalte bewusst keine Subsidiaritätsklausel, VGH Kassel DÖV 2005, 210, 211 f.

[335] Ähnlich *Gottschalk*, ThürVBl 2003, 25, 30.

[336] Vgl. § 7 C II.

[337] Vgl. § 6 B.

licher Konzessionsverträge, wer die Wasserversorgung in ihrem Gebiet übernimmt; diese Dienstleistungskonzessionen fallen nicht unter das Vergaberechtsregime[338]. Schließt eine Gemeinde nun mit einem auswärtigen kommunalen Versorgungsunternehmen einen Konzessionsvertrag ab, so kann ein privater Konkurrent dagegen verwaltungsgerichtlich vorgehen und sich darauf berufen, er würde ein wirtschaftlicheres Angebot abgeben. Er könnte geltend machen, die Erfüllung der Versorgungsaufgabe durch das auswärtige Kommunalunternehmen wäre ein Verstoß gegen den in der Subsidiaritätsklausel enthaltenen Vorrang der Privatwirtschaft im Falle ebenso guter und wirtschaftlicher bzw. besserer und wirtschaftlicherer Aufgabenerfüllung. In einer Entscheidung aus dem Jahr 2004 hat das OVG Münster ein solches verwaltungsgerichtliches Vorgehen gegen einen kommunalen Konkurrenten im Rahmen der Vergabe öffentlicher Aufträge zugelassen[339]. Es bleibt aber insgesamt festzuhalten, dass Konkurrentenklagen unter Berufung auf die Subsidiaritätsklausel im wesentlichen nicht zu einer Überprüfung der Zulässigkeit überörtlicher kommunaler Wirtschaftstätigkeit führen und deshalb keine eigenständige Schranke für eine solche Betätigung bilden.

Das OVG Münster hat zwar Konkurrentenklagen unter Berufung auf einen fehlenden öffentlichen Zweck grundsätzlich zugelassen. Damit läge die eben geforderte Anknüpfung an die Frage gemeindlicher Kompetenzen bei kommunalwirtschaftlicher Betätigung vor. Sie würde zu einer effektiveren Kontrolle der überörtlichen Betätigung führen als die Anknüpfung an die Subsidiaritätsklausel[340]. Im Kontext der Wasserversorgung hilft die Entscheidung des OVG Münster allerdings kaum weiter. Das OVG hat nämlich die Hilfs- und Nebengeschäfte des kommunalen Unternehmens von der Prüfung ausgenommen, soweit das kommunale Unternehmen insgesamt einen öffentlichen Zweck verfolgt. Es käme „auf den Unternehmensgegenstand insgesamt an, nicht aber im Wege atomisierender Betrachtung auf jede einzelne unternehmerische Handlung, die bei Gelegenheit der Verfolgung des Unternehmensgegenstandes vorgenommen wird“[341]. Darunter seien insbesondere Nutzungen ansonsten brachliegender Kapazitäten des Unternehmens zu verstehen. Laut OVG dürfen „Erwerbschancen außerhalb des Unternehmensgegenstandes wahrgenommen werden, wenn sonst vorhandene Ressourcen der Gesellschaft brach lägen“[342]. Gestattet sind also Nebengeschäfte, die der Wirtschaftlichkeit des Unternehmens dienen; das fordert schon

---

[338] Vgl. 6 C I.

[339] OVG Münster GewA 2005, 75. Vgl. zur fehlenden Kongruenz dieser Entscheidung zur vergaberechtlichen Rechtsprechung des OLG Düsseldorf, *Schneider/Häfner*, AbfallR 2005, 31, 34 f.

[340] Dazu schon bei § 3 B I.

[341] OVG Münster NVwZ 2003, 1520, 1522.

[342] OVG Münster NVwZ 2003, 1520, 1522.

der Wirtschaftlichkeitsgrundsatz des Gemeindewirtschaftsrechts[343]. Die Wasserversorgungsunternehmen erfüllen mit ihrem Hauptgeschäft einen öffentlichen Zweck. Wie noch näher auszuführen sein wird, stellt der absolut überwiegende Teil der überörtlichen wirtschaftlichen Betätigung im Bereich der Wasserversorgung kapazitätsauslastende Randnutzungen kommunaler Wasserwerke dar[344]. Gerade dabei stellt sich die Frage, ob und in welchem Maße die Vermarktung ungenutzter Kapazitäten außerhalb des Gemeindegebiets einen öffentlichen Zweck erfüllen. Das OVG Münster entzieht diese Frage der gerichtlichen Überprüfung. Der Private müsste also zunächst darlegen, dass es sich bei der überörtlichen Betätigung um das Hauptgeschäft des kommunalen Versorgungsunternehmens handelt. Für den Regelfall überörtlicher Wasserversorgung, bei der ein Versorgungsunternehmen die überörtliche Betätigung neben der Versorgung der Einwohner der Heimatkommune betreibt, erscheint das weitgehend aussichtslos[345]. Das OVG hat auch die Rechtsprechung zum Grundrechtsschutz vor kommunaler Konkurrenz bestätigt[346], so dass auch aus dem Verfassungsrecht nur äußerst eingeschränkte Möglichkeiten zur gerichtlichen Kontrolle der Nebentätigkeiten ergeben. Die Entscheidung führt also nicht zu einer wesentlichen Erweiterung des Rechtsschutzes privater Konkurrenten.

Eine uneingeschränkte Kontrolle des öffentlichen Zwecks überörtlicher Betätigung hat der Vergabesenat des OLG Düsseldorf in mehreren Entscheidungen zur Abfallentsorgung vorgenommen[347]. In diesen Entscheidungen wurde eine überörtliche Betätigung, in der Form der Teilnahme eines kommunalen Abfallentsorgungsunternehmens am Bieterwettbewerb in einer anderen Kommune, daraufhin kontrolliert, ob diese Betätigung noch vom öffentlichen Zweck des Unternehmens umfasst war[348]. Es muss zumindest ein fördernder Zusammen-

---

[343] OVG Münster NVwZ 2003, 1520, 1522; dazu zustimmend *Antweiler*, NVwZ 2003, 1466, 1468, der allerdings grundsätzlich den Drittschutz aus § 107 Abs. 1 Satz 1 Nr. 1 GO NRW ablehnt.

[344] Vgl. § 7 D II 2, 3.

[345] Zu einer vergleichbaren Einschätzung des Urteils kommen *Grooterhorst/Törnig*, DVBl 2004, 685, 690; *Riese/Suermann*, LKV 2005, 289, 291; *Micker*, NWVBl 2004, 181, 182.

[346] OVG Münster NVwZ 2003, 1520 ,1523; OVG Münster NWVBl 2005, 68, 70.

[347] OLG Düsseldorf NVwZ 2000, 714; OLG Düsseldorf NWVBl 2003, 192.

[348] OLG Düsseldorf NVwZ 2000, 714; Das OLG nahm jedoch an, die § 107 Abs. 1, 3 GO NRW seien nicht anwendbar, da es sich bei der Abfallentsorgung um eine privilegierte Betätigung im Sinne von § 107 Abs. 2 Nr. 4 GO NRW handelt. OLG Düsseldorf NWVBl 2003, 192, 195 ff., bestätigt diese Rechtsprechung, kommt aber dennoch zu einer Überprüfung nicht wirtschaftlicher Unternehmen an dem ihnen immanenten öffentlichen Zweck. Das OVG Münster, GewA 2005, 75 hat die Überprüfung am öffentlichen Zweck bei nichtwirtschaftlichen Unternehmen abgelehnt. Das OLG Düsseldorf hat sich in einer späteren Entscheidung von der Rechtsprechung des OVG distanziert, auch wenn es im konkreten Fall nach § 131 VwGO an dessen Entscheidung gebunden war, vgl. OLG Düsseldorf, IBR 2005, 113. Ein Verfahren vor dem OLG Celle VergabeR 2001, 207 scheiterte daran, dass es sich bei der Betätigung nach Ansicht des OLG um eine zulässige Annextätigkeit zur Auslastung ungenutzter Kapazitäten handelte.

hang zwischen der Gebietsüberschreitung und dem öffentlichen Zweck bestehen[349]. Der Verstoß gegen das Gemeindewirtschaftsrecht wäre eine Verletzung von § 97 Abs. 7 GWB, § 2 Nr. 1 Abs. 2 VOL/A[350]. Jedoch fallen die Konzessionsverträge in der Wasserversorgung unter den Begriff der Dienstleistungskonzessionen im Sinne des europäischen Vergaberechts[351]. Nach Art. 18 SKR scheiden Dienstleistungskonzessionen aus dem Anwendungsbereich des gemeinschaftsrechtlichen Vergaberechts aus[352]. Es findet also zumindest im Bereich der Wasserversorgung keine Erweiterung der Rechtsschutzmöglichkeiten durch das vergaberechtliche Nachprüfungsverfahren statt. Selbst wenn man, einigen Literaturstimmen folgend, die Konzessionsverträge in der Wasserversorgung nicht unter die Dienstleistungskonzession einordnen würde[353], ist der Schluss auf die Verbesserung des Rechtsschutzmaßstabs nicht zwingend. § 97 Abs. 7 GWB gibt den an der Ausschreibung beteiligten Unternehmen nur einen Anspruch auf Einhaltung der Bestimmungen über das Vergabeverfahren. Das Gemeindewirtschaftsrecht ist diesem Verfahren als Marktzutrittsrecht vorgelagert[354]. Das Vergabeverfahren beginnt erst mit dem Entschluss des öffentlichen Auftraggebers zur Beschaffung und den ersten Maßnahmen zur Einleitung des Beschaffungsvorgangs[355]. Für das Marktzutrittsrecht sind die Verwaltungsgerichte die sachnähere Instanz; zudem würden öffentliche Auftraggeber durch die gegebenenfalls komplizierte Prüfung des kommunalen Organisationsrechts überfordert[356]. Ein paralleles Vorgehen der Vergabekammern und der Verwaltungsgerichte wäre auch nichts Ungewöhnliches. So werden kartellrechtliche Fragestellungen bei der Auftragsvergabe nicht Gegenstand des Nachprüfungsverfahrens, sondern vor den Kartellgerichten geltend gemacht[357]. Durch die neuere Rechtsprechung des OVG Münster zum verwaltungsgerichtlichen Drittschutz entsteht auch keine Rechtsschutzlücke mehr[358]. Um die Einheitlichkeit der Rechtsprechung zu den Grenzen kommunalwirtschaftlicher Betätigung zu ge-

---

349 OLG Düsseldorf NWVBl 2003, 192, 199; zustimmend *Leimkühler*, VergabeR 2001, 353, 373; kritisch *Schneider/Häfner*, AbfallR 2005, 31, 34.
350 Vgl. dazu *Leimkühler*, VergabeR 2001, 353, 369 ff.; *Faber*, DVBl 2003, 761, 766 f.; *Schneider/Häfner*, AbfallR 2005, 57, 67.
351 Vgl. *Theobald*, NJW 2003, 324, 327; *Fischer/Zwetkow*, ZfW 2003, 129, 154; *Koch*, ZögU 26 (2003), 241, 257; *Koenig/Haratsch*, DVBl 2004, 1387, 1390 mit gewissen Bedenken; allgemein zu Konzessionen EuGH Rs. C-324/98 *Telaustria*, Slg. 2000, I-10475 Rdnr. 46 ff.
352 Näher dazu § 6 C I.
353 So etwa *Jennert*, N&R 2004, 108 ff.; auch *Koenig/Haratsch*, DVBl 2004, 1387, 1390 werfen gewisse Bedenken hinsichtlich der Einordnung auf.
354 *Heßhaus*, NWVBl 2003, 173, 175; *Faber*, DVBl 2003, 761, 767; a.A. *Dietlein*, NZBau 2003, 141, 142.
355 *Heßhaus*, NWVBl 2003, 173, 175.
356 *Riese/Suermann*, LKV 2005, 289, 292; *Faber*, DVBl 2003, 761, 767.
357 OLG Düsseldorf NZBau 2002, 583 ff.
358 So vor diesen Entscheidungen noch *Dietlein*, NZBau 2003, 141, 142 als Ausgangspunkt seiner Argumentation für vergaberechtlichen Rechtsschutz.

währleisten, sollte das Gemeindewirtschaftsrecht in die ausschließliche Zuständigkeit der Verwaltungsgerichte fallen.

Die bisherige verwaltungsgerichtliche Rechtsprechung führt aber dazu, dass die Geeignetheit gerade im Bereich Wasserversorgung eng begrenzt bleibt, soweit die Berufung auf den öffentlichen Zweck überhaupt zugelassen wird. Im Vergaberecht konnten sich private Konkurrenten zwar grundsätzlich auf das Fehlen des öffentlichen Zwecks berufen, jedoch fällt der Konzessionsvertrag in der Wasserversorgung nicht in den Anwendungsbereich dieser Rechtsprechung. Auch muss noch einmal betont werden, dass sich die Frage des Drittschutzes aus der kommunalwirtschaftsrechtlichen Schrankentrias sowohl im Vergaberecht wie im Verwaltungsrecht noch im Fluss befindet und es beim Konkurrentenschutz aus Grundrechten bisher bei der strengen Begrenzung auf den Auszehrungs- und Verdrängungswettbewerb bleibt. Der Rechtsschutz privater Konkurrenten gegen die wirtschaftliche Betätigung der Kommunen hat deshalb nur sehr geringe Auswirkungen auf die Aufnahme einer überörtlichen Tätigkeit im Bereich der Wasserversorgung durch eine Gemeinde.

§ 4 Zusammenfassung der rechtlichen Grundlagen

Die Kompetenz zur Regelung der wirtschaftlichen Betätigung der Gemeinden im Bereich Wasserversorgung liegt bei den Ländern. Der Bund hat aus Art. 75 Nr. 4 GG nur eine Rahmenkompetenz im Bereich des Wasserhaushaltsrechts. Auch führt die wirtschaftspolitische Neutralität des Grundgesetzes dazu, dass eine staatliche bzw. kommunale Wirtschaftstätigkeit weder gefordert noch grundsätzlich beschränkt wird. Einzige generelle Beschränkung ist die Bindung aller Staatsgewalt an das Rechtsstaatsprinzip. Ausfluss des Rechtsstaates als „Gerechtigkeitsstaat" ist die Orientierung aller staatlicher Tätigkeit, damit auch der wirtschaftlichen Betätigung, am Gemeinwohl. Damit ist der Verfassung ein grundsätzliches Verbot einer freien, selbstzweckhaften Wirtschaftstätigkeit zu entnehmen.

Die Selbstverwaltungsgarantie des Art. 28 Abs. 2 Satz 1 GG in seiner Ausprägung der Allzuständigkeit erlaubt den Gemeinden, alle Aufgaben der örtlichen Gemeinschaft wahrzunehmen. Dabei ist allerdings kein bestimmter Aufgabenkatalog vorgeschrieben, so dass auch Art. 28 Abs. 2 Satz 1 GG keine kommunale Wirtschaftstätigkeit vorschreibt. Die Zuständigkeit für eine Aufgabe ergibt sich vielmehr aus ihrer „örtlichen Radizierung". Die Allzuständigkeit findet ihre Begründung im mitgliedschaftlich-partizipatorischen Gedanken der Selbstverwaltung, wonach die Bürger der Gebietskörperschaft die örtlichen Aufgaben selbst wahrnehmen sollen. Der relevante Bezugspunkt für die Festlegung örtlicher Angelegenheiten sind also die im Gemeindegebiet versammelten Einwohner. Die Bestimmung des Betätigungsfeldes der Gemeinde richtet sich also nach der Reichweite dieser Legitimationsgrundlage. Die Landesverfassungen haben insoweit keinen eigenständigen Bedeutungsbereich gegenüber der Selbstverwaltungsgarantie des Art. 28 Abs. 2 Satz 1 GG.

Die Wasserversorgung ist Teil der Selbstverwaltungsaufgaben. Dies ergibt sich entweder aus ihrer Ausgestaltung als Selbstverwaltungspflichtaufgabe in den Landeswassergesetzen oder daraus, dass sie als Teil der Daseinsvorsorge zum historisch gewachsenen Aufgabenbestand der Gemeinden gehört.

Die wirtschaftliche Betätigung gehört nicht zum Aufgabenbestand der Gemeinden. Als Träger öffentlicher Gewalt können sie sich auch nicht auf eine „Gewerbefreiheit der öffentlichen Hand" auf der Grundlage der Wirtschaftsgrundrechte Art. 12 Abs. 1 GG und Art. 14 Abs. 1 GG berufen. Die Wirtschaftstätigkeit gehört stattdessen zum Element der Eigenverantwortlichkeit der Selbstverwaltungsgarantie, demzufolge den Gemeinden die Wahl, auf welche Art und Weise sie ihre Aufgaben erfüllen, ihnen überlassen bleibt. Darunter fällt auch die Erfüllung einer Aufgabe durch wirtschaftliche Betätigung, wie dies auch einige Gemeindeordnungen ausdrücklich besagen. Sie ist somit eine Form der Aufgabenerfüllung. Formen kommunaler Wirtschaftstätigkeit sind dabei sowohl öffentlich-rechtliche Unternehmen wie Regie- und Eigenbetriebe und Anstalten des öffentlichen Rechts als auch privatrechtlich ausgestaltete Unternehmen (AG, GmbH) sowie gemischt-wirtschaftliche Unternehmen, soweit die Gemeinde auf sie einen beherrschenden Einfluss ausübt.

Die Gemeindeordnungen der Länder enthalten genauere Vorgaben über die Ausgestaltung der wirtschaftlichen Betätigung der Gemeinden, im Sinne einer Tätigkeit, die auch ein Privater mit Gewinnerzielungsabsicht ausüben könnte[359]. So erfordert die gemeindewirtschaftliche Schrankentrias, dass kommunale Unternehmen durch einen öffentlichen Zweck gerechtfertigt bzw. erfordert werden, ein angemessenes Verhältnis zwischen der Leistungsfähigkeit der Gemeinde und der übernommenen Aufgabe besteht und der öffentliche Zweck nicht ebenso gut und wirtschaftlich bzw. besser und wirtschaftlicher durch einen anderen erfüllt werden kann. Von diesen Voraussetzungen hat nur der öffentliche Zweck bei gemeindlichen Tätigkeiten außerhalb des Gemeindegebiets eine Bedeutung, die über seine Prüfung bei Tätigkeiten, die ausschließlich innerhalb des Gemeindegebiets stattfinden, hinausgeht. In den Gemeindeordnungen von Hessen, Mecklenburg-Vorpommern und Sachsen ist die Wasserversorgung als Selbstverwaltungspflichtaufgabe aufgrund gesetzlicher Fiktion von der Anwendung der Schrankentrias befreit. In diesen Ländern kann die Wasserversorgung außerhalb des Gemeindegebiets nur durch verfassungsrechtliche Vorgaben begrenzt werden.

In Bayern, Nordrhein-Westfalen, Sachsen-Anhalt, Thüringen, Schleswig-Holstein, dem Saarland und Hessen hat der jeweilige Landesgesetzgeber unter

[359] Vgl. zur sogenannten Popitzschen Formel etwa *Oebbecke*, ZHR 164 (2000), 375, 377; *Schmidt-Jortzig* in Püttner (Hrsg.), Handbuch der kommunalen Wissenschaft und Praxis Bd. 5, S. 53; *Kluth*, Grenzen kommunaler Wettbewerbsteilnahme, S. 6.

dem Druck der gesteigerten Leistungsanforderungen an die Gemeinden und der zunehmenden Orientierung der kommunalen Unternehmen an der Privatwirtschaft Expansionsklauseln eingeführt, die es einem kommunalen Unternehmen gestatten, sich außerhalb des Gemeindegebiets wirtschaftlich zu betätigen. Neben der Beachtung der gemeindewirtschaftsrechtlichen Schrankentrias sind dabei die berechtigten Interessen der betroffenen Gebietskörperschaften zu wahren.

2. Kapitel: Der Sachverhalt der Überörtlichkeit nach den landesgesetzlichen Expansionsklauseln

Um die Zulässigkeit überörtlicher Wasserversorgung untersuchen zu können, bedarf es zunächst eines Überblicks über die verschiedenen Formen gebietsüberschreitender gemeindlicher Wirtschaftstätigkeit. Diese Problematik wird häufig anhand verschiedener Fallgruppen diskutiert[360], deren Zulässigkeitsgrenzen dann jeweils untersucht werden. Es spricht aber einiges dafür, sich zunächst damit zu beschäftigen, welche Formen gebietsüberschreitender Betätigung von den gemeindewirtschaftsrechtlichen Expansionsklauseln erfasst werden. Diese Regelungen zielen laut den Begründungen der Landesgesetzgeber[361] gerade auf eine Erweiterung der territorialen Handlungsspielräume der Kommunen ab. Erst die Feststellung, welche Formen der gebietsüberschreitenden gemeindlichen Wirtschaftstätigkeit die Regelungen über eine wirtschaftliche Tätigkeit außerhalb des Gemeindegebiets erfassen, lässt eine Untersuchung der Frage zu, ob durch die Einführung der Expansionsklauseln eine tatsächliche Erweiterung des kommunalen Handlungsspielraums erfolgt ist. Die Überörtlichkeit muss sich dann nämlich an den allgemeinen Grenzen der gemeindewirtschaftsrechtlichen Schrankentrias und den verfassungsrechtlichen Vorgaben des Art. 28 Abs. 2 Satz 1 GG messen lassen, die für die kommunale Wirtschaftstätigkeit aller Bundesländer gelten[362]. Bevor also die Wirkung der Expansionsklauseln betrachtet werden kann, muss hier in einem ersten Schritt der Sachverhalt herausgearbeitet werden, mit dem sich die Expansionsklauseln überhaupt befassen. Es muss ihnen ein Sachverhalt der Überörtlichkeit entnommen werden.

Koehler hat zu Recht darauf hingewiesen, dass die Expansionsklauseln keinen Hinweis darauf geben, was sie unter einer wirtschaftlichen Betätigung außerhalb des Gemeindegebiets verstehen[363]. Die Untersuchung der übereinstimmenden Voraussetzungen dieser Regelungen ermöglicht jedoch die Herausarbeitung von Kriterien, die zusammengefasst einen Tatbestand der Überörtlichkeit bilden, der den Expansionsklauseln zugrunde liegt. Auf der Grundlage dieses Tatbestands der Überörtlichkeit können in einem zweiten Schritt diejenigen gebietsüberschreitenden wirtschaftlichen Betätigungen der Gemeinde benannt werden, die von den Expansionsklauseln gerade nicht erfasst werden. In einem letzten Schritt sind unter Berücksichtigung der rechtlichen Besonderheiten die Sachverhalte der öffentlichen Wasserversorgung herauszuarbeiten, in denen einem kommunalen Versorgungsunternehmens überörtliche Betätigung möglich ist.

---

[360] Fallgruppenartige Übersichten finden sich etwa bei *Heilshorn*, Gebietsbezug der Kommunalwirtschaft, S. 186 ff.; *Oebbecke*, ZHR 164 (2000), 375, 378 ff. Zahlreiche Beispiele auch bei *Ehlers*, Gutachten E zum 64. DJT, S. 94 ff.; *Schulz*, BayVBl 1998, 449.

[361] Vgl. § 3 B III 1.

[362] Vgl. § 3 B III 2.

[363] *Koehler*, VR 2000, 44, 45.

§ 5 Die Tatbestandsmerkmale der Expansionsklauseln

Die Zusammenschau des Art. 87 Abs. 2 BayGO und der §§ 121 Abs. 5 HessGO, 107 Abs. 3 GO NRW, 108 Abs. 4 SaarlKSVG, 101 Abs. 2 GO S-H, 116 Abs. 3 GO LSA und 71 Abs. 4 ThürKO lässt weitgehend identische Voraussetzungen erkennen:

- Wirtschaftliche Betätigung[364],
- Ausübung dieser Betätigung außerhalb des Gemeindegebiets,
- Einhaltung der gemeindewirtschaftsrechtlichen Schrankentrias über die Verweise in den Expansionsklauseln und
- Wahrung der berechtigten Interessen der betroffenen Gebietskörperschaft[365].

Zwischen den Vorschriften bestehen insoweit Unterschiede als die Schrankentrias in den Bundesländern unterschiedlich ausgestaltet ist. Außerdem enthalten § 116 Abs. 3 Satz 3 GO LSA und § 101 Abs. 2 Satz 3 GO S-H eine Pflicht zur Information der betroffenen Gemeinde und § 71 Abs. 4 Satz 3 ThürKO eine Pflicht zur Genehmigung bzw. Anzeige der Tätigkeit außerhalb des Gemeindegebiets. Die genannten Unterschiede sind in im Kontext der Entwicklung des Begriffs der Überörtlichkeit aber unerheblich, da sie auf diesen keinen Einfluss nehmen. Die Informations- und Genehmigungs- bzw. Anzeigenpflicht ist nur die Folge einer als überörtlich einzustufenden Betätigung, nicht aber eine Voraussetzung dafür. Ebenso ist die Schrankentrias für die Definition eines Sachverhalts der Überörtlichkeit unerheblich, da sie für überörtliche wie nicht überörtliche gemeindliche Wirtschaftstätigkeit gleichermaßen gilt und nicht auf die Eröffnung neuer Betätigungsfelder abzielt. Davon ist die bereits angesprochene[366] Frage abzugrenzen, ob die Expansionsklauseln geeignet sind, die insbesondere durch das Erfordernis eines öffentlichen Zwecks gesetzten Grenzen der Überörtlichkeit zu überwinden.

Die Expansionsklauseln haben somit zwei Voraussetzungen, die sie von den bisherigen Regelungen der gemeindlichen Wirtschaftstätigkeit unterscheiden. Die Betätigung muss außerhalb des Gemeindegebiets erfolgen. Und die Gemeinde soll bei ihrer Betätigung die berechtigten Interessen der betroffenen Gebietskörperschaften wahren.

---

[364] Art. 87 Abs. 2 Satz 1 BayGO und § 71 Abs. 4 Satz 1 ThürKO sprechen davon, dass die Gemeinden „mit ihren Unternehmen (...) tätig werden" darf. Inhaltlich kann damit aber nur eine wirtschaftliche Betätigung gemeint sein.

[365] An dieser Stelle soll nicht auf die Besonderheit des § 108 Abs. 4 Nr. 2 SaarlKSVG eingegangen werden.

[366] § 3 B I.

A. Das Merkmal der Betätigung außerhalb des Gemeindegebiets

Die Voraussetzung, dass die Betätigung außerhalb des Gemeindegebiets erfolgen muss, erscheint zunächst kein Zulässigkeitserfordernis zu sein, sondern die Beschreibung des von der Regelung erfassten Phänomens. Von diesem Kriterium werden auf den ersten Blick fast alle Formen gebietsüberschreitender Tätigkeit erfasst. Dennoch geht diese Voraussetzung durch das Abstellen auf die „Betätigung" außerhalb des Gemeindegebiets über das bloß Deskriptive hinaus. Der rechtliche Gehalt der „Betätigung" besteht in der Einschränkung gegenüber dem allgemeinen Begriff der Gebietsüberschreitung. Die Gebietsüberschreitung orientiert sich nicht an der Betätigung, sondern an dem Kriterium der Wertschöpfung[367]. Darunter ist die Befriedigung von Bedürfnissen durch die Bereitstellung von Gütern oder Dienstleistungen seitens der kommunalen Unternehmen zu verstehen[368]. Es werden davon auch Fälle erfasst, in denen die kommunalen Unternehmen in ihrem Gebiet verbleiben, aber rechtliche Beziehungen zu Gebietsfremden herstellen. Eine Gebietsüberschreitung liegt dann vor, wenn die eigentliche Wertschöpfung auf dem fremden Gebiet erfolgte[369]. Das soll etwa beim Bezug von Strom durch ein ortsfremdes Unternehmen der Fall sein[370]. Für die Überörtlichkeit kann dieses Kriterium nicht fruchtbar gemacht werden. Die Expansionsklauseln verlangen ausdrücklich die wirtschaftliche Betätigung außerhalb des Gemeindegebiets. Damit ist eine Aktivität mit wirtschaftlichem Charakter zu verstehen, nicht aber die Auswirkungen einer solchen Aktivität. Das kommunale Unternehmen muss eine Leistung bzw. zumindest einen Teil der Leistung auf dem Gebiet einer anderen als der Trägergemeinde erbringen[371].

Auf den ersten Blick ausscheiden kann damit eine Konstellation, die oft im Zusammenhang mit der Thematik der Gebietsüberschreitung behandelt wird. Es handelt sich um die Fälle, in denen eine Betätigung auf eigenem Gebiet stattfindet, aber einen über die Gemeindegrenzen hinausgehenden Einzugsbereich hat wie etwa die Versorgung von auswärtigen Kunden durch ein im Gemeindegebiet tätiges kommunales Unternehmen. Beispiele wären etwa das Stadttheater, ein Museum, ein Zoo oder ein Schwimmbad. Im allgemeinen werden punktuelle Auswirkungen einer Tätigkeit auf dem eigenen Gebiet schon nach dem allgemeinen Gemeindewirtschaftsrecht als zulässig erachtet[372]. Die Beurteilung einer

---

[367] *Cronauge*, Der Gemeindehaushalt 1998, 131, 134; *Schulz*, BayVBl 1997, 449, 450; *Heintzen*, NVwZ 2000, 743, 744; *Kühling*, NJW 2001, 177, 178; *Schink*, NVwZ 2002, 129, 137, *Gottschalk*, ThürVBl 2003, 25, 26. Zur Kritik an diesem Kriterium vgl. *Ehlers*, Gutachten E zum 64. DJT, S. 95.

[368] *Hösch*, DÖV 2000, 393, 399; *Schmidt-Jortzig* in Püttner (Hrsg.), Handbuch der kommunalen Wissenschaft und Praxis Bd. 5, S. 54; *Knemeyer/Kempen* in Achterberg/Püttner/Würtenberger (Hrsg.), Besonderes Verwaltungsrecht Bd. II, § 17 Rdnr. 38.

[369] *Cronauge*, Der Gemeindehaushalt 1997, 265, 268; *Schulz*, BayVBl 1998, 449, 450.

[370] *Schulz*, BayVBl 1998, 449, 450.

[371] *Scharpf*, NVwZ 2005, 148, 149.

[372] *Storr*, Der Staat als Unternehmer, S. 535; *Mann*, JZ 2002, 819, 825; *Badura*, DÖV 1998, 818, 822; *Braun*, SächsVBl 1999, 25, 29; *Grawert* in FS-Blümel, S. 119, 129; *Held* in Henne-

solchen Tätigkeit fällt schon nach seinem Wortlaut nicht unter die Expansionsklauseln, da diese von einer Betätigung „außerhalb des Gemeindegebiets" sprechen. Soweit das Gebiet nicht verlassen wird, können kommunale Einrichtungen auch Leistungen an Auswärtige erbringen[373]. Die Leistungserbringung an Gebietsfremde innerhalb der Gemeindegrenzen ist deshalb kein Sachverhalt der Überörtlichkeit, sondern eine Frage, auf welche Weise Überkapazitäten einer gemeindlichen Einrichtung nutzbar gemacht werden können[374]. Die überörtliche Komponente von Überkapazitäten wird im Zusammenhang mit der Neudefinition des Gebietsbezugs im Kommunalwirtschaftsrecht erörtert[375].

Ähnliches gilt für Konstellationen, bei denen ein im Gemeindegebiet ansässiges Unternehmen eine Leistung anbietet, die ihrer Natur nach einen Überschreitung des Gemeindegebiets verlangt. Ein Beispiel ist etwa der Betrieb einer gemeindlichen Abfallentsorgungsanlage, die auch Abfälle von Gebietsfremden entsorgt[376]. Hier ist zu unterscheiden. Entweder kann der Gebietsfremde die Abfälle zur Entsorgungsanlage bringen, so dass das kommunale Unternehmen diese nur annehmen muss oder das kommunale Unternehmen holt die Abfälle beim Erzeuger, d.h. außerhalb ihres Gebietes ab. Bringt der Gebietsfremde seine Abfälle zur Anlage, kann die kommunale Einrichtung ihre Entsorgungsleistung auch an ihn erbringen. Die Expansionsklauseln wären nicht einschlägig. Wenn sie hingegen die Abfälle im auswärtigen Gemeindegebiet abholt, erbringt sie eine Leistung bzw. einen Teil der Gesamtleistung Entsorgung außerhalb ihres Gebietes. Für die Beurteilung der Zulässigkeit wäre die Expansionsklausel heranzuziehen.

Die Betätigung außerhalb des Gemeindegebiets enthält keine ausdrückliche Einschränkung hinsichtlich des „Wo" der Wirtschaftstätigkeit. Den Kommunen und ihren Unternehmen scheint, überspitzt formuliert, die Welt offen zu stehen. Es bleibt festzuhalten, dass sich eine etwaige räumliche Begrenzung im Anwendungsbereich der Expansionsklauseln nicht bereits aus diesen selber ergibt, sondern ihre Grundlage im allgemeinen Kommunalwirtschaftsrecht finden müsste. Einen kommunalverfassungsrechtlichen Gebietsbezug der Wirtschaftstätigkeit gilt es sogleich zu entwickeln[377]. Soweit die Wahrung der berechtigten Interes-

---

ke (Hrsg.), Organisation kommunaler Aufgabenerfüllung, S. 118, 123 f. Für das Sparkassenrecht hat *Kirchhof*, DVBl 1983, 921 zwischen Hoheitsgebiet, Errichtungsgebiet, Bestandsgebiet, Geschäftsgebiet und Wirkungsgebiet differenziert.

[373] *Schwintowski* in FS-Baur, S. 339, 345; *Ehlers*, Gutachten E zum 64. DJT, S. 94.

[374] OLG Düsseldorf NVwZ 2000, 111; *Oebbecke*, ZHR 164 (2000), 375, 379; *Heilshorn*, Gebietsbezug der Kommunalwirtschaft, S. 189.

[375] Vgl. § 7 D II 2, 3.

[376] Vgl. nur *Kühling*, NJW 2001, 177, 178; *Gottschalk*, ThürVBl 2003, 25, 26; *Schwintowski* in FS-Baur, S. 339, 345; *Schink*, NVwZ 2002, 129, 137; *Ehlers*, Gutachten E zum 64. DJT, S. 94.

[377] Vgl. § 7.

sen als Grenze der Wirtschaftstätigkeit dient, ergibt sich diese Wirkung als unmittelbare Folge eines Gebietsbezugs der Kommunalwirtschaft[378].

B. Das Merkmal der Wahrung der berechtigten Interessen der betroffenen Gebietskörperschaft

Das zweite für die Expansionsklauseln spezifische Element ist, ist die Wahrung der berechtigten Interessen der (durch die wirtschaftliche Betätigung außerhalb des Gemeindegebiets) betroffenen Gebietskörperschaften[379]. Sieht man die erste Voraussetzung der Betätigung außerhalb des Gemeindegebiets als ein primär deskriptives Merkmal an, so liegt der Schwerpunkt der rechtlichen Regelung in der Wahrung der berechtigten Interessen. Diese sind nach dem Wortlaut der Vorschriften die einzige Grenze außergebietlicher kommunaler Wirtschaftstätigkeit. Um den Sachverhalt der Überörtlichkeit zu erfassen, bedarf es also der Feststellung, was die Expansionsklauseln unter berechtigten Interessen der betroffenen Gemeinden verstehen. Zurückstehen kann an dieser Stelle die weitergehende Frage, wie die „Wahrung" der berechtigten Interessen zu erfolgen hat[380].

Nach der Begründung des nordrhein-westfälischen Gesetzgebers ist die eigene wirtschaftliche Betätigung der betroffenen Gemeinde in jedem Fall als berechtigtes Interesse anzusehen[381]. In der Begründung des Gesetzgebers von Sachsen-Anhalt werden als berechtigte Interessen die vertragliche Regelung mit Dritten genannt sowie die Absichtserklärung, sich einer bis dato noch nicht erfüllten Aufgabe in Zukunft widmen zu wollen. Insgesamt sei der Begriff der berechtigten Interessen im Lichte der Selbstverwaltungsgarantie weit auszulegen und gerichtlich nachprüfbar[382]. In der Amtlichen Begründung des Gesetzesentwurfs zum Dritten Gesetz zur Änderung der Thüringer Kommunalordnung wird auf eine solche Auslegung dahingehend Rücksicht genommen, dass nach herrschendem Verfassungsverständnis die berechtigten Interessen nur gewahrt sind, wenn das Einverständnis der Nachbargemeinde in Form eines entsprechenden Gemeinderatsbeschlusses vorliegt[383].

---

[378] Vgl. § 8.
[379] Für die Versorgung mit Energie und Gas werden die berechtigten Interessen auf diejenigen Interessen beschränkt, die nach den Bestimmungen des Energiewirtschaftsgesetzes (EnWG) eine Einschränkung des Wettbewerbs zulassen, vgl. Art. 87 Abs. 2 Satz 2 BayGO, § 107 Abs. 3 Satz 2 GO NRW; § 116 Abs. 3 Satz 2 GO LSA; § 71 Abs. 4 Satz 2 ThürKO. Die Frage, ob eine solche Einschränkung zur Verfassungswidrigkeit der Vorschriften führt, ist hier nicht weiter zu untersuchen, vgl. etwa (die Verfassungswidrigkeit annehmend) *Ehlers*, Gutachten E zum 64. DJT, S. 101, *Schink*, NVwZ 2002, 129, 136 f.; *Lux*, NWVBl 2000, 7, 10.
[380] Vgl. dazu § 8 B. Dort auch zur Besonderheit des § 108 Abs. 4 Nr. 2 SaarlKSVG.
[381] LT-Drucks. Nordrhein-Westfalen 12/3730, S. 108.
[382] LT-Drucks. Sachsen-Anhalt 3/3022, S. 25.
[383] LT-Drucks. Thüringen 3/333, S. 8.

Fasst man die Aussagen der Landesgesetzgeber zusammen, so ergeben sich die berechtigten Interessen aus dem Selbstverwaltungsrecht der betroffenen Gemeinde. Sachsen-Anhalt und Thüringen stellen ausdrücklich darauf ab, dass der Begriff der berechtigten Interessen im Lichte der Selbstverwaltungsgarantie auszulegen ist. Unabhängig davon, wie weit oder eng die Landesgesetzgeber die daraus resultierenden Schutzpositionen verstehen, haben die Expansionsklauseln letztendlich das Ziel, eine Verletzung des Selbstverwaltungsrechts zu verhindern[384]. Es muss dabei an dieser Stelle noch nicht der Frage nachgegangen werden, ob das Erfordernis der Wahrung der berechtigten Interessen einen Eingriff in die Selbstverwaltungsgarantie rechtfertigen kann[385]. Wesentlich ist zunächst, dass die Überörtlichkeit eine Beeinträchtigung des Selbstverwaltungsrechts verlangt, die durch die wirtschaftliche Betätigung außerhalb des Gemeindegebiets entsteht. Dabei kommt es auch darauf an, dass die betroffene Gemeinde nicht selbst in der Lage ist, ihre berechtigten Interessen zu wahren. Nur in solchen Fällen bedarf es überhaupt eines Schutzes der Gemeinde durch den Gesetzgeber. Die Beeinträchtigung erfordert also einen zumindest potentiell entgegenstehenden Willen der betroffenen Gemeinde[386].

Die Expansionsklauseln erfassen somit nicht die Fälle, in denen eine Gemeinde eine Leistung außerhalb ihres Gemeindegebietes einkauft. Solche Einkäufe können sich sowohl auf Güter beziehen, die sie zur Erledigung ihrer Aufgaben braucht (Verwaltungsbedarf, Transportmittel etc.) als auch auf Leistungen, die sie nicht selber erstellt. Muss sie etwa in Ermangelung ausreichender eigener Vorkommen Trinkwasser von einer anderen Gemeinde beziehen, so hat sie keine Verpflichtung berechtigte Interessen dieser Gemeinde zu wahren, da diese selbst in der Lage ist, ihre Interessen wahrzunehmen. Letztlich liegt im Leistungseinkauf schon keine Tätigkeit außerhalb des Gemeindegebiets vor; der Einkauf ist keine Leistungserstellung und die Erbringung der Leistung durch die Gemeinde erfolgt im eigenen Gebiet für die eigene örtliche Gemeinschaft.

---

384 Vgl. auch *Schulz*, BayVBl 1998, 449, 452; *Lux*, NWVBl 2000, 7, 10. *Ehlers*, Gutachten E zum 64. DJT, S. 143 f. empfiehlt eine Legaldefinition der berechtigten Interessen. Die von ihm genannten Beispiele des Einverständnisses sowie der eigenen wirtschaftlichen Betätigung der betroffenen Kommune ergeben sich für die geltenden Expansionsklauseln bereits unproblematisch aus den Gesetzesmaterialien.

385 Dazu § 8. Vgl. außerdem § 7 A II 3 zur Tätigkeit zweier Gemeinden auf einem Gemeindegebiet.

386 *Ehlers*, NWVBl 2000, 1, 5 erkennt zu recht, dass die Aussage des nordrhein-westfälischen Gesetzgebers, dass die eigene zulässige wirtschaftliche Betätigung grundsätzlich als berechtigtes Interesse anzuerkennen ist, im Umkehrschluss bedeutet, dass die Kommune grundsätzlich außerhalb des Gemeindegebiets tätig werden darf, es sei denn die fremde kommunale Körperschaft ist selber wirtschaftlich tätig bzw. mit der kommunalen Konkurrenz nicht einverstanden.

C. Gebietsüberschreitende Tätigkeiten, die nicht unter die Überörtlichkeit fallen

Um den Sachverhalt der Überörtlichkeit genauer zu fassen, soll an dieser Stelle kurz auf einige Formen der Gebietsüberschreitung eingegangen werden, die

I. Wirtschaftliche Betätigung außerhalb des eigenen Bundeslands

Eine wirtschaftliche Betätigung von Gemeinden außerhalb ihres Heimatlandes ist in zwei Konstellationen denkbar. Zum einen kann die Gemeinde ihre Betätigung in einem anderen Bundesland ausüben, zum anderen kann sie eine Tätigkeit außerhalb des Bundesgebietes aufnehmen.

Der letztere Fall ist in Nordrhein-Westfalen, Sachsen-Anhalt und Schleswig-Holstein gesondert geregelt worden. Die §§ 107 Abs. 4 GO NRW, 116 Abs. 4 GO LSA und 101 Abs. 3 GO S-H befassen sich mit der wirtschaftliche Betätigung auf ausländischen Märkten. In diesen Vorschriften wird jedoch nur deren Genehmigungsbedürftigkeit statuiert bzw. die Pflicht zur Unterrichtung der Kommunalaufsichtsbehörde. § 101 Abs. 3 GO S-H besagt zudem, dass der Betätigung keine berechtigten Interessen des Bundes oder des Landes Schleswig-Holstein entgegenstehen dürfen. Die rechtlichen Besonderheiten bei ausländischer Wirtschaftstätigkeit stehen aber nicht im Zusammenhang mit der Feststellung eines Gebietsbezugs der Kommunalwirtschaft und der damit verbundenen Frage der Zulässigkeit einer Erweiterung des territorialen Handlungsspielraums der kommunalen Unternehmen durch den Landesgesetzgeber. Sie stehen vielmehr im Zusammenhang mit der Gesetzgebungskompetenz des Landesgesetzgebers. Dessen Verbandskompetenz ist auf das Gebiet des jeweiligen Bundeslandes beschränkt[387]. Er ist nicht befugt, den Gemeinden mit bindender Wirkung territoriale Handlungsspielräume über dieses Gebiet hinaus zu eröffnen[388]. Es stellen sich Fragen, ob und in welchem Umfang Art. 28 Abs. 2 Satz 1 GG den Gemeinden überhaupt die Kompetenz zur Betätigung im Ausland verleiht oder verleihen kann[389]. Die verfassungsrechtlichen Beschränkungen der kommunalen

---

[387] *Ehlers*, Gutachten E zum 64. DJT, S. 100; *Becker*, DÖV 2000, 1032, 1035.

[388] Ebenso *Scharpf*, NVwZ 2005, 148, 149; *Held*, NWVBl 2000, 201, 206; *Ehlers*, NWVBl 2000, 1, 6; *Heilshorn*, Gebietsbezug der Kommunalwirtschaft, S. 165; *Gottschalk*, ThürVBl 2003, 25 27; *Hösch*, GewA 2001, 223, 231; wenn auch im Kontext einer Gebietsüberschreitung in ein anderes Bundesland.

[389] Grundsätzlich verbietet das Völkerrecht die Ausübung von Hoheitsgewalt, etwa gesetzgebender Gewalt, auf dem Hoheitsgebiet eines fremden Staates, vgl. *Ehlers*, Gutachten E zum 64. DJT, S. 119. Das bedeutet jedoch nicht, dass die wirtschaftliche Betätigung von Gemeinden auf ausländischen Märkten grundsätzlich untersagt wäre. Schon das Gemeinschaftsrecht geht in Art. 86 Abs. 1 EGV von einer grundsätzlichen Gleichbehandlung öffentlicher und privater Unternehmen aus und eröffnet den staatlichen Unternehmen die Teilnahme am Markt, vgl. § 11 A. Auch wird Art. 28 Abs. 2 Satz 1 GG als Kompetenznorm für ausländische Aktivitäten von Kommunen gesehen, vgl. *Gern*, NJW 2002, 2593, 2598. So hat das BVerwG etwa eine internationale Städtepartnerschaft unter den Schutzbereich der kommunalen Selbst-

Wirtschaftstätigkeit sind bei der Erteilung einer Genehmigung nach §§ 107 Abs. 4 GO NRW, 116 Abs. 4 GO LSA jedoch weiterhin zu beachten[390].

Dasselbe gilt für die wirtschaftliche Betätigung in einem anderen Bundesland. Auch diese ist eine Frage der Kompetenzen des Landesgesetzgebers. Der Landesgesetzgeber ist durch seine auf das Landesgebiet beschränkte Verbandskompetenz daran gehindert, territoriale Handlungsspielräume für seine Kommunen mit bindender Wirkung für die landesfremden Kommunen einzurichten. Zwar kann er seinen Kommunen eine Erlaubnis für einseitige Gebietsüberschreitungen einräumen. Diese Erlaubnis berührt die Rechte der Gemeinden anderer Bundesländer noch nicht[391]. Soweit eine Angelegenheit der örtlichen Gemeinschaft vorliegt, dürfen diese also die Landesgrenzen überschreiten[392]. Der Landesgesetzgeber hat aber nicht die Kompetenz zur Regelung, in welchen Fällen die Selbstverwaltungsgarantie der Gemeinde eines anderen Bundeslandes zurückstehen kann. Er kann also einen Abwehranspruch der Kommunen anderer Länder aus ihrem Selbstverwaltungsrecht heraus nicht abbedingen[393]. Für eine solche Regelung bedarf es einer Kooperation zwischen den Ländern, etwa in Form von Staatsverträgen oder Verwaltungsabkommen kooperieren, die zu einer Addition ihrer Verbandskompetenzen führt[394]. Wie sogleich ausgeführt wird, entspricht die Kooperation von Hoheitsträgern nicht dem Leitbild der Expansionsklauseln, sondern unterliegt besonderen rechtlichen Voraussetzungen[395]. Dem jeweiligen Landesgesetzgeber fehlt die Kompetenz zur vollständigen Regelung dieses Sachverhalts[396].

---

verwaltung gefasst, vgl. BVerwGE 87, 237, 238. Auch ist es bei grenznachbarschaftlicher Zusammenarbeit von Gemeinden anerkannt, dass sie innerhalb der kommunalen Selbstverwaltungsgarantie stattfindet, soweit sie der Erledigung von Angelegenheiten der örtlichen Gemeinschaft dient, vgl. *Heberlein*, DÖV 1996, 100, 101 f. Die Zulässigkeit von Auslandsaktivitäten ist allerdings neben einer Erlaubnis durch einen deutschen Gesetzgeber zusätzlich von einer Öffnungsklausel in der Rechtsordnung des von der Expansion betroffenen Staates abhängig, vgl. *Becker*, DÖV 2000, 1032, 1035.

390 *Held*, NWVBl 2000, 201, 203; *Koehler*, VR 2000, 44, 46; *Lux*, NWVBl 2000, 7, 10. Zur Frage, ob die Genehmigungsbehörde nach freiem Ermessen urteilen darf oder auf eine rechtsaufsichtliche Kontrolle gebunden ist, vgl. *Lux*, NWVBl. 2000, 7, 10; *Ehlers*, NWVBl 2000, 1, 5; *Uhlenhut*, Wirtschaftliche Betätigung der Gemeinden außerhalb ihres Gebietes, S. 209 f.; *Schink*, NVwZ 2002, 129, 136 Fn. 67; *Kühling*, NJW 2001, 177, 180 Fn. 37.

391 *Püttner*, DÖV 2002, 731, 736; *Held*, NWVBl 2000, 201, 206.

392 *Ehlers*, Gutachten E zum 64. DJT, S. 118 f.; *Gern*, NJW 2002, 2593, 2598; *Uhlenhut*, Wirtschaftliche Betätigung der Gemeinden außerhalb ihres Gebietes, S. 150; speziell zu Landesbanken *Löwer*, VVDStRL 60 (2001), 416, 427.

393 *Leimkühler*, VergabeR 2001, 353, 366; *Kühling*, NJW 2001, 177, 182; im Ergebnis auch *Uhlenhut*, Wirtschaftliche Betätigung der Gemeinden außerhalb ihres Gebietes, S. 209.

394 vgl. *Kluth* in Wolff/Bachof/Stober (Hrsg.), Verwaltungsrecht Bd. 3, § 96 Rdnr. 21; *Ehlers*, Gutachten E zum 64. DJT, S. 119.

395 Dazu unter § 5 C 3.

396 Vgl. *Kühling*, NJW 2001, 177, 181; *Gottschalk*, ThürVBl 2003, 25, 27; *Becker*, DÖV 2000, 1032, 1035; *Ehlers*, NWVBl 2000, 1, 6.

Beide Formen der Gebietsüberschreitung sind somit für die Frage nach der Erweiterung gemeindlicher Handlungsspielräume unergiebig. Ihre rechtlichen Besonderheiten haben keinen Einfluss auf einen verfassungsrechtlich begründeten Gebietsbezug der Kommunalwirtschaft. Es bleibt bei der Prüfung, ob eine Angelegenheit der örtlichen Gemeinschaft vorliegt[397]. Dabei werden von Art. 28 Abs. 2 Satz 1 GG keine anderen Grenzen gezogen werden als bei einer Gebietsüberschreitung innerhalb des eigenen Bundeslands. Diese Formen der Gebietsüberschreitung werden deshalb im weiteren Verlauf dieser Arbeit nicht in die Betrachtung einbezogen.

II. Gebietsüberschreitung zur Erstellung von Leistungen für das eigene Gemeindegebiet

In vielen Fällen kann die Gemeinde eine bestimmte Leistung nicht auf ihrem Gebiet herstellen. Für die Wasserversorgung ist das insbesondere der Fall, wenn sich auf dem Gemeindegebiet keine angemessenen Wasservorkommen befinden. Ihr bleibt nun die Möglichkeit, das fehlende Wasser vom Wasserwerk einer anderen Gemeinde zu beziehen. Die Beschaffung einer Leistung fällt nicht in Anwendungsbereich der Expansionsklauseln[398]. Eine andere Möglichkeit wäre die Herstellung der Leistung durch die Gemeinde auf dem Gebiet einer anderen Kommune, in unserem Beispiel also das Betreiben eines Wasserwerkes außerhalb des eigenen Gemeindegebietes[399]. Ein weiteres Beispiel der Leistungserstellung für die eigene Gemeinde auf fremdem Gebiet sind Anlagen, die auf einen gewissen Abstand zur Heimgemeinde angewiesen sind wie etwa das Schullandheim[400]. In beiden Fällen findet eine wirtschaftliche Betätigung außerhalb des Gemeindegebiets statt. Es fehlt aber an einer Konfliktlage zwischen der leistungserstellenden Gemeinde und der betroffenen Kommune. In beiden Fällen dient die Leistungserstellung ausschließlich der Versorgung der eigenen Einwohner. Durch die wirtschaftliche Betätigung wird damit kein Element des kommunalen Selbstverwaltungsrechts der Gemeinde, auf deren Gebiet diese Aktivität stattfindet, beeinträchtigt[401]. Da die Errichtung der notwendigen Anlagen zur Leistungserstellung nicht entgegen der Planung der betroffenen Gemeinde stattfinden kann, ist auch deren Planungshoheit nicht betroffen. Es können also keine berechtigten Interessen der betroffenen Gemeinde bestehen, die sie nicht selber wahren könnte. Neben der auswärtigen Leistungsbeschaffung fällt auch die auswärtige Leistungsbestellung nicht unter die Überörtlichkeit[402].

---

397 *Ehlers*, NWVBl 2000, 1 5.
398 Vgl. § 5 B.
399 Zu einem solchen Fall VGH Bebenhausen BWVBl 1956, 139 ff.
400 Zu diesem Beispiel vgl. etwa *Oebbecke*, ZHR 164 (2000), 375, 378; *Uhlenhut*, Wirtschaftliche Betätigung der Gemeinde außerhalb ihres Gemeindegebietes, S. 144 f.
401 *Ehlers*, Gutachten E zum 64. DJT, S. 96; *Oebbecke*, ZHR 164 (2000), 375. 386.
402 Vgl. dazu auch noch § 8 A II 3.

III. Interkommunale Zusammenarbeit

Dem Leitbild, dass eine Gemeinde die Angelegenheiten der örtlichen Gemeinschaft erledigen soll, steht die Erkenntnis gegenüber, dass viele Aufgaben wirtschaftlich und zweckmäßig nur in größeren Räumen erfüllt werden können[403]. Das kann sowohl daraus resultieren, dass eine Gemeinde bei alleiniger Erfüllung einer notwendigen Aufgabe finanziell oder personell überfordert ist als auch daraus, dass die Einrichtungen zur Erfüllung dieser Aufgabe nur so dimensioniert werden kann, dass sie den Bedarf einer einzelnen Gemeinde deutlich übersteigen würde[404]. In der Wasserversorgung ergeben sich für die Kommunen bei einer Zusammenarbeit Kostensenkungsspielräume, etwa durch den Betrieb von dezentralen Versorgungsanlagen in einem organisatorischen Verbund[405]. Die interkommunale Zusammenarbeit hat gerade deshalb in der Wasserversorgung eine lange Tradition. Schon 1869 wurde auf der Schwäbischen Alb der erste Wasserverschaffungsverband gebildet. Der Zusammenschluss von Gemeinden zu Wasserversorgungsverbänden fand innerhalb kürzester Zeit große Verbreitung, ein Trend, der bis heute nicht abgerissen ist[406]. Die Wasserverbände sind keine Form der interkommunalen Zusammenarbeit. Sie erfüllen vielmehr Aufgaben nach § 2 Wasserverbandsgesetz[407]. Deshalb bleiben sie hier außer Betracht.

Es lassen sich drei Argumente dafür anführen, dass die interkommunale Zusammenarbeit nicht in den Anwendungsbereich der Expansionsklauseln fällt. Offensichtlich wird die besondere Stellung dieser Gebietsüberschreitung schon dadurch, dass sie in den Gesetzen über die kommunale Zusammenarbeit (KomZG) der Länder einer gesonderten Regelung zugeführt worden ist. Als spezialgesetzliche Regelungen verdrängen diese Gesetze das allgemeine Gemeindewirtschaftsrecht[408]. Die Gemeindeordnungen befassen sich nur mit der Organisation und den Aufgaben jeweils einer Gemeinde, trifft aber keine Rege-

---

403 Zu den verschiedenen Formen der kommunalen Gemeinschaftsarbeit vgl. *Kluth* in Wolff/Bachof/Stober, Verwaltungsrecht Bd. 3, § 96.

404 *Dittmann* in Achterberg/Püttner/Würtenberger (Hrsg.), Besonderes Verwaltungsrecht Bd. II, § 18 Rdnr. 41; *Ehlers*, DVBl. 1997, 137, 139; *Seewald* in Steiner (Hrsg.), Besonderes Verwaltungsrecht, Abschnitt I, Rdnr. 407.

405 *Michaelis*, ZögU 24 (2001), 432, 448.

406 Vgl. zur historischen Entwicklung den Abriss bei *Schauwecker* in Püttner (Hrsg.), Handbuch der kommunalen Wissenschaft und Praxis Bd. 5, S. 317 f.

407 *Kluth* in Wolff/Bachof/Stober (Hrsg.), Verwaltungsrecht Bd. 3, § 96 Rdnr. 3; *Cronauge/Westermann*, Kommunale Unternehmen, Rdnr. 147 ff.

408 *Uhlenhut*, Wirtschaftliche Betätigung der Gemeinden außerhalb ihres Gebietes, S. 146, weist darauf hin, dass die Gesetze über die kommunale Zusammenarbeit nur die Formen dieser Zusammenarbeit regeln, nicht aber zu einer außergebietlichen Tätigkeit ermächtigen. Dieser Hinweis steht aber im Zusammenhang mit Ausführungen zum funktionalen Verständnis des Art. 28 Abs. 2 Satz 1 GG. Für den Anwendungsbereich der Expansionsklauseln ist hier aber entscheidend, dass die interkommunale Zusammenarbeit gar nicht durch die Expansionsklauseln geregelt werden soll.

lungen hinsichtlich des Verhältnisses von Gemeinden zueinander. Die interkommunale Zusammenarbeit, bei der die Gemeinden selbst die Rechtsgrundlagen zur Regelung der interkommunalen Beziehung schaffen können, ist deshalb allgemein anerkannt[409]. Sie beruht auf der im Selbstverwaltungsrecht begründeten Kooperationshoheit der Gemeinden[410]. Das Recht der Gemeinden, gemeinsame Einrichtungen zu schaffen, sei ihnen durch die historische Entwicklung zugewachsen und Teil der Selbstverwaltungsgarantie[411]. Deshalb ist es auch unerheblich, dass die Gesetze über die kommunale Zusammenarbeit nicht zur gebietsüberschreitenden Tätigkeit ermächtigen und nur das „Wie" der Kooperation regeln. Die Ermächtigung ergibt sich für diese Form der Gebietsüberschreitung bereits aus der Verfassung. Zuletzt ließe sich auch aus den Expansionsklauseln selbst herauslesen, dass sie das kooperative Verhalten von Gemeinden nicht regeln will. Es bestünde nämlich in diesen Fällen kein entgegengesetzter Wille, den das Kriterium der Wahrung berechtigter Interessen aber voraussetzt. Die Tätigkeit ist nicht überörtlich, sondern mehrörtlich[412]. Die Gemeinden gründen etwa einen Zweckverband um die Wasserversorgung in mehreren Gemeindegebieten zu erledigen. Für jede dieser Gemeinden stellt die Beteiligung an diesem Verband eine Erledigung eigener Aufgaben dar[413]. Die Interessenlage bei interkommunaler Zusammenarbeit lässt sich mit der bei der Leistungserstellung auf fremdem Gebiet vergleichen. So wie im dort genannten Beispiel ein Wasserwerk auf fremdem Gebiet errichtet wird, weil es im eigenen Gebiet keine Leistungen erbringen könnte, so wird bei gemeindlichen Kooperationen etwa ein gemeinsames Wasserwerk betrieben, weil die Wasservorkommen der Region ungleich verteilt sind oder weil die gemeindlichen Haushalte das Ausnutzen von Synergieeffekten oder die Stärkung der Finanz- und Verwaltungskraft durch Kooperation erfordert[414]. Es fehlt nicht bloß am entgegenstehenden Willen der eingebundenen Kommunen. Sie sind außerdem im Rahmen der Kooperation, ob diese nun als Zweckverband, Aktiengesellschaft oder Gesellschaft mit beschränkter Haftung betrieben wird, selber imstande, ihre berechtigten Interesse zu wahren.

---

[409] Vgl. nur BVerwGE 87, 237, 238; *Storr*, Der Staat als Unternehmer, S. 536; *Oebbecke*, ZHR 164 (2000), 375, 387; *Heintzen*, NVwZ 2000, 743, 745; *Schulz*, BayVBl 1998, 449; *Mann*, JZ 2002, 819, 825.

[410] BVerwG GewA 2005, 244, 246; *Dreier* in Dreier (Hrsg.), GG Bd. 2, Art. 28 Rdnr. 128; *Rengeling* in Püttner (Hrsg.), Handbuch der kommunalen Wissenschaft und Praxis Bd. 2, S. 394; *Kluth* in Wolff/Bachof/Stober (Hrsg.), Verwaltungsrecht Bd. 3, § 96 Rdnr. 34.

[411] *Schauwecker* in Püttner (Hrsg.), Handbuch der kommunalen Wissenschaft und Praxis, Bd. 5, S. 324.

[412] *Kühling*, NJW 2001, 177, 178 f.; *Ehlers*, NWVBl 2000, 1, 6; *Held* in Henneke (Hrsg.), Optimale Aufgabenerfüllung im Kreisgebiet?, S. 181, 184.

[413] *Scharpf*, NVwZ 2005, 148, 149.

[414] Vgl. etwa *Storr*, Der Staat als Unternehmer, S. 536.

D. Zusammenfassung des Sachverhalts der Überörtlichkeit

Aus einer Zusammenschau der Voraussetzungen der Expansionsklauseln wie der aus ihrem Anwendungsbereich ausgeschlossenen Tätigkeiten lässt sich ein spezifischer Sachverhalt der Überörtlichkeit entwickeln. Von diesem Sachverhalt ist bei der nun folgenden Untersuchung der Grenzen einer überörtlichen Wasserversorgung auszugehen.

Die Gemeinde eines Bundeslandes bzw. deren Unternehmen muss die Grenzen ihres Gebietes überschreiten und auf dem Gebiet einer anderen Gemeinde wirtschaftlich tätig werden. Dabei muss die expandierende Gemeinde die berechtigten Interessen, die sich aus dem Selbstverwaltungsrecht der betroffenen Gemeinde ergeben, wahren. Solche Interessen bestehen nicht bzw. werden von der betroffenen Gemeinde selber wahrgenommen, wenn die wirtschaftliche Betätigung nur der Versorgung der eigenen Einwohner der expandierenden Gemeinde dient oder wenn sie in den zulässigen Formen interkommunaler Zusammenarbeit erfolgt.

Konkret für die Wasserversorgung liegt ein überörtlicher Sachverhalt somit vor, wenn eine Gemeinde oder deren Wasserversorgungsunternehmen die Versorgung einer anderen Gemeinde bzw. eines Teils dieser Gemeinde übernimmt. Auf welche Weise eine Gemeinde die Versorgung auswärtiger Gemeindeeinwohner übernehmen kann, bedarf allerdings noch der Erläuterung und soll deshalb im Anschluss dargestellt werden.

§ 6 Die Sachverhalte überörtlicher kommunaler Wasserversorgung

A. Das gemeindliche Versorgungsgebiet als natürliches Monopol

Die Anwendung der Begrifflichkeiten überörtlicher Kommunalwirtschaft auf die öffentliche Wasserversorgung scheint auf den ersten Blick Schwierigkeiten aufzuwerfen, die sich mit den rechtlichen und tatsächlichen Besonderheiten des Wassermarktes erklären lassen. Er stellt sich als historisch gewachsene, zersplitterte Struktur voneinander abgegrenzter Versorgungsgebiete dar[415]. Eine Vielzahl voneinander unabhängiger kommunaler Unternehmen übernimmt für ihr jeweiliges Gebiet die Aufgabe der Wasserversorgung[416]. Als Folge der kleinteiligen Entwicklung des deutschen Wassermarktes besteht kein großflächiges oder gar nationales Leitungsnetz[417]. Der Betreiber des jeweiligen örtlichen Netzes verfügt damit über ein natürliches Monopol in seinem Versorgungsgebiet, da es

---

[415] Bericht über das Referat von *Reif* auf dem 282. Kolloquium über Fragen des Rechts der Wasser- und Entsorgungswirtschaft an der Universität Bonn am 28.5.1999, ZfW 2000, 24; *Koenig/Haratsch*,, DVBl 2004, 1387.

[416] Vgl. § 1 B für eine Übersicht über den deutschen Wassermarkt und die darin tätigen Unternehmen.

[417] *Masing*, VerwA 95 (2004), 151, 155; *Michaelis*, ZögU 24 (2001), 432, 440.

für einen möglichen Konkurrenten unrentabel wäre, ein paralleles Leitungsnetz im Versorgungsgebiet zu errichten[418]. Es ist einem auswärtigen Kommunalunternehmen deshalb nicht möglich, seine Tätigkeit ohne weiteres auf das fremde Gemeindegebiet auszudehnen. Schon aufgrund der tatsächlichen Gegebenheiten scheinen die für überörtliche Aktivitäten benutzten Bilder des „Wilderns in fremden Feldern“[419] oder der „feindlichen Übernahme“[420] nicht zu passen.

B. Das gemeindliche Versorgungsgebiet als kartellrechtlich zulässiges Monopol

Durch eine kartellrechtliche Ausnahmevorschrift wird das historisch gewachsene natürliche Monopol der Kommunen als rechtliches Monopol fortgeschrieben. § 131 Abs. 8 GWB ordnet im Bereich der Wasserversorgung die Weitergeltung der grundsätzlich aufgehobenen Sondervorschriften für die Versorgungswirtschaft (§§ 103, 103a und 105 GWB i.d.F vom 20.2.1990.) an. Diese Ausnahmen vom Wettbewerbsrecht wurden laut Bericht der Bundesregierung als Schutz vor möglichen ökonomischen Fehlentwicklungen aufgrund uneingeschränkten Wettbewerbs geschaffen. Der Bericht verwiest auch auf den hohen Kostenaufwand für die notwendige Errichtung fester Leitungen erfordere, so dass in der Regel nur ein Leitungsnetz in einem bestimmten Versorgungsgebiet wirtschaftlich vertretbar sei[421]. Nach der Aufhebung dieser Regelung für die Strom- und Gasversorgung im Jahre 1998 ist die Wasserversorgung der letzte bedeutende Infrastruktursektor, der noch einen wettbewerbspolitischen Ausnahmebereich darstellt[422]. § 103 GWB a.F erlaubt unter anderem den Abschluss von Demarkationsverträgen, in denen sich Versorgungsunternehmen untereinander oder gegenüber Gebietskörperschaften verpflichten, die Versorgung eines bestimmten Gebietes zu unterlassen, sowie von Konzessionsverträgen, durch die sich eine Gemeinde gegenüber einem Versorgungsunternehmen verpflichtet, ihm das alleinige Recht zur Leitungsverlegung und Nutzung auf oder unter öffentlichen Wegen zu überlassen[423]. Diese Vorschrift führt also zu einem Gebietsschutz für die Gemeinden, die ihr Gebiet für ein Wasserversorgungsunternehmen freihalten können[424]. Dazu kommt die Möglichkeit der Festlegung eines Anschluss- und Benutzungszwangs durch gemeindliche Satzung wie ihn die Gemeindeordnun-

---

418 *Salzwedel*, NordÖR 2001, 185; *Grave*, RdE 2004, 92, 95; *Sauer/Strecker*, ZögU 26 (2003),259, 265; *Koenig/Haratsch*, DVBl 2004, 1387; *Masing*, VerwA 95 (2004), 151, 156.

419 *Grawert* in Reichard (Hrsg.), Kommunen am Markt, S. 9, 25.

420 *Tettinger* in von Mangoldt/Klein/Starck (Hrsg.), GG Bd. 2, Art. 28 Rdnr. 226.

421 Bericht der Bundesregierung über die Ausnahmebereiche des Gesetzes gegen Wettbewerbsbeschränkungen (GWB), BT-Drucks. 7/3206, S. 39.

422 *Koch*, ZögU 26 (2003), 241, 242; *Laskowski*, ZUR 2003, 1; *Koenig/Haratsch*, DVBl 2004, 1387.

423 *Frenz*, ZHR 166 (2002), 307, 311; *Masing*, VerwA 95 (2004), 151, 153.

424 *Salzwedel*, NordÖR 2001, 185; *Koch*, ZögU 26 (2003), 241, 242; *Decker*, WuW 1999, 967, 968..

gen vorsehen[425]. Der Gemeindeeinwohner hat sich dann des örtlichen Versorgers zu bedienen. Die natürliche Monopolstellung wird dadurch zu einem rechtlichen Gebietsmonopol gesteigert[426]. Ein Eindringen auswärtiger Konkurrenz erscheint deshalb gerade ausgeschlossen.

C. Möglichkeiten überörtlicher kommunaler Wirtschaftstätigkeit trotz bestehender Gebietsmonopole

I. Ausschreibung der geschlossenen Versorgungsgebiete

Jedoch schließen die geschlossenen Versorgungsgebiete des deutschen Wassermarktes nicht jede Form von Wettbewerb aus. Der Gemeinde steht es offen, die öffentliche Wasserversorgung nicht selber auszuführen und stattdessen ein auswärtiges Versorgungsunternehmen damit zu beauftragen. Die Ausschreibung des geschlossenen Versorgungsgebietes führt zu einem Wettbewerb um den Markt[427]. Dabei sind zwei Formen des Ausschreibungswettbewerbs zu unterscheiden.

Die Gemeinde hat zum einen die Möglichkeit sich für eine funktionale Privatisierung ihres Wasserversorgungsunternehmens zu entscheiden. Dabei wird ein Dritter als Verwaltungshelfer an der Aufgabenerfüllung beteiligt[428]. Ist der Dritte ein aus der Organisationsprivatisierung einer anderen Kommune hervorgegangenes kommunales Unternehmen, spricht man von einer unechten funktionalen Privatisierung[429]. Übliche Formen der Einbindung sind die Betreiber- und Betriebsführungsmodelle[430]. Der Private erhält dabei den Auftrag, Dienstleistungen im Bereich der Wasserversorgung für die Gemeinde zu erbringen. Nach

---

425 Vgl. etwa § 11 Abs. 1 Satz 1 GO BW; § 19 Abs. 2 Satz 1 HessGO; § 9 S. 1 GO NRW; § 26 Abs. 1 GO RP; § 14 Abs. 1 SächsGO; § 8 S. 1 Nr. 2 GO LSA.

426 *Koenig/Haratsch*, DVBl 2004, 1387; *Frenz*, ZHR 166 (2002), 307, 311.

427 Dazu ausführlich *Koenig/Haratsch*, DVBl 2004, 1387 ff.; *Michaelis*, ZögU 24 (2001), 432, 441 ff.

428 *Schoch*, DVBl 1994, 962, 963; *Burgi*, DVBl 2003, 949.

429 *Burgi*, NVwZ 2001, 601, 603; *Fischer/Zwetkow*, ZfW 2003, 129, 138.

430 Im Betriebsführungsmodell übernimmt der Verwaltungshelfer gegen ein vertragliches Entgelt die kaufmännische und technische Leitung des kommunalen Unternehmens und führt es im Namen und für Rechnung der Gemeinde. Er tritt nicht in eine eigenständige Außenbeziehung mit den Abnehmern. Im Betreibermodell obliegt dem Verwaltungshelfer die Verantwortung für die Erbringung der Versorgungsleistung und die notwendigen Investitionen in Bau, Finanzierung und Betrieb der dafür erforderlichen Anlagen. Eine Außenbeziehung zu den Kunden besteht auch hier nicht; der Verwaltungshelfer enthält ein Vertragsentgelt. Vgl. *Tettinger*, DÖV 1996, 764, 765; *Koenig/Haratsch*, DVBl 2004, 1387, 1388; *Gern*, Dt. Kommunalrecht, Rdnr. 767.

Art. 4 Abs. 1 der Sektorenrichtlinie (SKR)[431] erfasst das vergaberechtliche Regime dieser Richtlinie die Bereitstellung und das Betreiben fester Netze zur Versorgung der Allgemeinheit im Zusammenhang mit der Gewinnung, der Fortleitung und der Abgabe von Trinkwasser (lit. a) sowie die Einspeisung von Trinkwasser in diese Netze (lit. b). Die funktionale Privatisierung unterliegt somit dem Vergaberecht[432]. Grundsätzlich ist es kommunalen Unternehmen auch erlaubt, sich an Ausschreibungen als Bieter zu beteiligen[433]. Dabei muss vorliegend nicht auf die Frage nach der Vergaberechtspflichtigkeit eines sogenannten In-house-Geschäfts eingegangen werden. Die Fragestellungen bei In-house-Geschäften beziehen sich darauf, wann die Beauftragung eines kommunalen Tochterunternehmens unter das Vergaberecht fällt. Bei überörtlicher kommunaler Wirtschaftstätigkeit steht der kommunale Bieter aber zwangsläufig außerhalb der betroffenen Gemeinde[434].

Zum anderen sieht § 131 Abs. 8 GWB i.V.m. § 103 GWB a.F. die Möglichkeit des Abschlusses von Konzessionsverträgen mit auswärtigen Versorgungsunternehmen vor[435]. Bei dieser sog. unechten Aufgabenprivatisierung wird einem Unternehmen die Verantwortung für die öffentliche Wasserversorgung übertragen[436]. Nach dem Konzessionsvertrag übernimmt ein Privater im Versorgungsgebiet einer Gemeinde die Wasserversorgung und rechnet selbständig mit den Endabnehmern ab. Er enthält Regelungen über das Nutzungsrecht des Konzessionärs an öffentlichen Verkehrsräumen, über Instandhaltungs- und Investitions-

---

431 RL 2004/17/EG des Europäischen Parlaments und des Rates vom 31.3.2004 zur Koordinierung der Zuschlagserteilung durch Auftraggeber im Bereich der Wasser-, Energie- und Verkehrsversorgung sowie der Postdienste, ABl. EU Nr. L 134/1.

432 *Fischer/Zwetkow*, ZfW 2003, 129, 151; *Koenig/Haratsch*, DVBl 2004, 1387, 1389.

433 Ausführlich zur Frage der Konkurrenz durch die öffentliche Hand und dem aktuellen Stand der Rechtsprechung, *Schneider/Häfner*, AbfallR 2005, 31 ff.; *Dietlein*, NZBau 2003, 141 ff; *Heßhaus*, NWVBl 2003, 173 ff. Vgl. weiterhin OLG Düsseldorf NVwZ 2000, 714; OVG Münster GewA 2005, 75; *Burgi*, DVBl 2003, 949, 950; *Kämper/Heßhaus*, NWVBl 2001, 377; *Horn*, NVwZ 2001, 647; *Leimkühler*, VergabeR 2001, 353.

434 Vgl. zu dieser Problematik stellvertretend *Faber*, DVBl 2001, 248; *Fischer/Zwetkow*, ZfW 2003, 129, 152 f.; *Burgi*, NVwZ 2001, 601, 604; *Kasper*, VR 2006, 9 speziell für die Möglichkeiten von In-house-Geschäften in den Formen interkommunaler Zusammenarbeit; vgl. weiterhin die beiden wesentlichen gemeinschaftsrechtlichen Entscheidungen zur In-house-Vergabe, EuGH Rs. C-107/98 *Teckal*, Slg. 1999, I-8121 Rdnr. 50 f.; EuGH Urteil vom 11.1.2005 Rs. C-26/03 *Stadt Halle*, Urteil vom 11.1.2005, WuW 2005, 237.

435 In Nordrhein-Westfalen bestehen etwa 500 Konzessionsverträge, in Sachsen-Anhalt 250, Rheinland-Pfalz etwa 130 und in Bayern circa 100, BMWi (Hrsg.), Optionen, Chancen und Rahmenbedingungen einer Marktöffnung für eine nachhaltige Wasserversorgung (BMWi-Forschungsvorhaben 11/00), S. 43.

436 *Fischer/Zwetkow*, NVwZ 2003, 281, 282; *Masing*, VerwA 95 (2004), 151, 159. Vgl. auch das Urteil des Hess. VerfGH, RdE 1993, 143 ff., wonach die Wasserversorgung bei Bestehen eines Konzessionsvertrags keine öffentliche Einrichtung mehr ist und Ansprüche der Abnehmer wegen mangelnder Qualität der Versorgungsleistung nicht mehr gegenüber der Gemeinde, sondern ausschließlich gegenüber dem Versorgungsunternehmen geltend gemacht werden können.

pflichten, die Übernahmerechte und –pflichten der Gemeinde an den Versorgungsanlagen nach Ablauf der Vertragslaufzeit sowie über die Konzessionsabgaben für die Einräumung der Nutzungsrechte[437]. Die Gemeinde kann auch zugunsten des Konzessionärs einen Anschluss- und Benutzungszwang einrichten[438].

Grundsätzlich stellt sich die Frage, ob Konzessionsverträge ebenso wie die Modelle der funktionalen Privatisierung dem Vergaberecht unterliegen. Nach Art. 18 SKR scheiden Dienstleistungskonzessionen aus dem Anwendungsbereich der Richtlinie aus[439]. Sie setzen also keinen öffentlichen Ausschreibungswettbewerb unter Beachtung des Vergaberechtsregimes voraus; es ist lediglich das Diskriminierungsverbot zu beachten[440]. Die Konzessionsverträge in der Wasserversorgung wären also vom Vergaberechtsregime freigestellt, wenn es sich dabei um Dienstleistungskonzessionen im Sinne des europäischen Vergaberechts handeln würde. Die Dienstleistungskonzession umfasst abweichend vom Dienstleistungsauftrag über die Berechtigung der Nutzung hinaus das Recht zur Abrechnung mit dem Endkunden[441]. Die Anwendung des Vergaberechts setzt aber nach Art. 1 Abs. 2 lit. a SKR bzw. § 99 Abs. 1 GWB einen entgeltlichen Vertrag voraus. Der Konzessionär refinanziert sich über die Ausübung seines Nutzungsrechts und trägt im Gegensatz zum Dienstleistungsauftragnehmer, dessen Amortisation durch das Vertragsentgelt gesichert wird, ein eigenes Nutzungsrisiko[442]. Es liegt also keine unmittelbare Gegenleistung seitens des öffentlichen Auftraggebers vor, sondern lediglich die Einräumung eines Nutzungsrechts, so dass es an einem entgeltlichen Vertrag im Sinne von § 99 Abs. 1 GWB fehlt[443]. Diese

---

[437] *Schauwecker/Schauwecker* in Püttner (Hrsg.), Handbuch der kommunalen Wissenschaft und Praxis Bd. 5, S. 282.

[438] Dazu *Brüning*, Der Private bei der Erledigung kommunaler Aufgaben, S. 230 ff.; vgl. auch *Salzwedel* in GfU (Hrsg.), Umweltrecht im Wandel, S. 613, 620; *Grave*, RdE 2004, 92, 94. Der Anschluss- und Benutzungszwang wird nach der AVBWasserV in bestimmten Bedarfsfällen eingeschränkt, vgl. *Salzwedel*, N&R 2004, 36, 38.

[439] *Koenig/Haratsch*, DVBl 2004, 1387, 1390; *Jennert*, VR 2005, 257, 258.

[440] EuGH Rs. C-324/98 *Telaustria*, Slg. 2000, I-10745 Rdnr. 60 bis 62 noch vor Inkrafttreten der neuen Sektorenrichtlinie; Kommission der Europäischen Gemeinschaften, Grünbuch zu Dienstleistungen von allgemeinem wirtschaftlichen Interesse vom 21.5.2003, KOM (2003) 270endg. Rdnr. 81; *Theobald*, NJW 2003, 324, 327; *Frenz*, ZHR 166 (2002), 307, 329; *Koch*, ZögU 26 (2003), 241, 257 f.

[441] *Fischer/Zwetkow*, ZfW 2003, 129, 154; *Koch*, ZögU 26 (2003), 241, 255.

[442] Mitteilung der Kommission zu Auslegungsfragen im Bereich Konzessionen im Gemeinschaftsrecht, ABl. 2000, Nr. C 121, S. 2, 4; *Dreher* in Immenga/Mestmäcker (Hrsg.), GWB, § 98 Rdnr. 141; *Burgi*, DVBl 2003, 949, 951; *Koenig/Haratsch*, DVBl 2004, 1387, 1390.

[443] *Burgi*, DVBl 2003, 949, 952; zum entgeltlichen Vertrag nach § 99 GWB vgl. auch *Kasper*, VR 2006, 9, 11. Teilweise wird angenommen, das Recht zur wirtschaftlichen Verwertung einer erbrachten Leistung könnte als Entgelt des Auftraggebers angesehen werden, vgl. noch für die Rechtslage vor der neuen Sektorenrichtlinie, *Koch*, ZögU 26 (2003), 241, 257. *Koenig/Haratsch*, DVBl 2004, 1387, 1390 argumentieren, dass aufgrund der geschlossenen Versorgungsgebiete und der Möglichkeit eines Anschluss- und Benutzungszwangs ein deutlich verringertes Nutzungsrisiko des Konzessionärs vorliegt. Die derart gesicherten Verwertungs-

Gestaltung findet in den Konzessionsverträgen im Bereich der Wasserversorgung ihre Entsprechung. Das konzessionierte Unternehmen bekommt das Nutzungsrecht an den öffentlichen Wegen eingeräumt und verpflichtet sich im Gegenzug zur Versorgung des Gemeindegebiets. Es trägt dabei das wirtschaftliche Nutzungsrisiko, da die Vertragsbeziehungen ausschließlich zwischen ihm und dem Endverbraucher bestehen[444]. Es handelt sich deshalb bei den Konzessionsverträgen in der Wasserversorgung um vom Vergaberechtsregime freigestellte Dienstleistungskonzessionen[445].

Bei der Privatisierung der Wasserversorgung durch den Abschluss eines Konzessionsvertrags ist allerdings zu beachten, dass einer Gemeinde bei längeren Vertragslaufzeiten kaum mehr Einfluss auf die Erbringung der Wasserversorgung verbleibt. In den Ländern, die die Wasserversorgung als Selbstverwaltungspflichtaufgabe ausgestaltet haben[446], ist somit fraglich, ob die Gemeinde bei Abschluss solcher Konzessionsverträge noch ihrer Gewährleistungsverantwortung nachkommt. Grundsätzlich verbietet sich in diesen Ländern eine vollständige Abgabe der kommunalen Verantwortung[447]. Zwar haben die meisten dieser Länder Regelungen zur Übertragung der Wasserversorgung auf private Dritte[448]. Dabei lassen § 57 Abs. 3 Satz 2 SächsWG und § 146a Abs. 1 Satz 3 WG LSA ausdrücklich auch den Übergang der Wasserversorgungspflicht zu, so dass zumindest in diesen Ländern der Konzessionsvertrag nicht schon an sich als Instrument des Wettbewerbs um den Markt ausgeschlossen ist[449]. §§ 54 Abs. 2 Satz 1 HessWG, 43 Abs. 2 Satz 1 WG M-V und 46a Abs. 1 WG RP lassen dagegen nur zu, dass der private Dritte bei der Erfüllung bzw. der Durchführung

---

einnahmen würden risikoökonomisch einem Entgelt gleichstehen. Vgl. zum wirtschaftlichen Risiko ausführlich *Jennert*, N&R 2004, 108. Für die Frage der Formen überörtlicher Wirtschaftstätigkeit in der Wasserversorgung spielen solche Überlegungen keine Rolle, da sie auch bei Anwendung des Vergaberechts grundsätzlich möglich ist.

444 *Fischer/Zwetkow*, ZfW 2003, 129, 150; *Jennert*, VR 2005, 257, 258 f.

445 Teilweise wird angenommen, das Recht zur wirtschaftlichen Verwertung einer erbrachten Leistung könnte als Entgelt des Auftraggebers angesehen werden, vgl. noch für die Rechtslage vor der neuen Sektorenrichtlinie, *Koch*, ZögU 26 (2003), 241, 257. *Koenig/Haratsch*, DVBl 2004, 1387, 1390 argumentieren, dass aufgrund der geschlossenen Versorgungsgebiete und der Möglichkeit eines Anschluss- und Benutzungszwangs ein deutlich verringertes Nutzungsrisiko des Konzessionärs vorliegt. Die derart gesicherten Verwertungseinnahmen würden risikoökonomisch einem Entgelt gleichstehen. Vgl. zum wirtschaftlichen Risiko ausführlich *Jennert*, N&R 2004, 108. Für die Frage der Formen überörtlicher Wirtschaftstätigkeit in der Wasserversorgung spielen solche Überlegungen keine Rolle, da sie auch bei Anwendung des Vergaberechts grundsätzlich möglich ist.

446 Vgl. § 2 C II 1 (Bayern, Hessen, Rheinland-Pfalz und die neuen Bundesländer).

447 *Burgi*, NVwZ 2001, 601, 603.

448 Vgl. § 54 Abs. 2 HessWG; § 43 Abs. 2 WG M-V; § 46a WG RP; § 57 Abs. 3 SächsWG; § 146a Abs. 1 WG LSA. Keine Regelungen treffen die Wassergesetze von Bayern, Brandenburg und Thüringen.

449 Zur Regulierungsverwaltung im Bereich der Wasserversorgung ausführlich *Masing*, VerwA 95 (2004), 151.

der Wasserversorgung eingeschaltet wird[450]. Sie schließen eine materielle Privatisierung aus[451]. Das gilt in derselben Weise für die Bayern, Brandenburg und Thüringen, die neben der Normierung als Pflichtaufgabe keine Regelung zur Einschaltung Privater getroffen haben. Wenn die Gemeinden Dritte einschalten, können sie sich ihrer Verantwortung für die öffentliche Wasserversorgung dadurch nicht entziehen[452]. Zwar ist das Überlassen der Aufgabe zeitlich befristet und der Einfluss der Gemeinde wird über die Ausgestaltung des Konzessionsvertrags gewahrt[453]. Es wäre dann im Einzelfall zu prüfen, ob die Ausgestaltung des Konzessionsvertrags hinsichtlich gemeindlicher Mitspracherechte, der Möglichkeit regulatorisch auf das eingeschaltete Versorgungsunternehmen einzuwirken und Rückholpflichten der Gemeinde in einer Weise erfolgt ist, in der die Gemeinde ihrer Verantwortung für die Aufgabe gerecht wird[454]. Die Konzession führt aber gerade zu einem „Entlassen" der Aufgabe aus dem kommunalen Verantwortungsbereich. Grundsätzlich ist er der materiellen Privatisierung zuzurechnen[455]. Das Konzessionsmodell scheidet somit in den Ländern aus, in denen die Wasserversorgung Pflichtaufgabe der Gemeinde ist und die Wassergesetze nur eine funktionale Privatisierung erlauben oder gar keine Regelung zur Übertragung der Aufgabe auf Dritte getroffen wird,

Grundsätzlich ist damit aber ein Wettbewerb um den Markt unter Beteiligung auswärtiger Kommunalunternehmen möglich[456].

---

[450] Grundsätzlich erlauben diese Vorschriften auch die Übertragung auf eine andere öffentlichrechtliche Körperschaft. Damit sind aber höherstufige Verwaltungseinheiten oder kooperative Lösungen, etwa in einem Wasserverband wie der Hessenwasser, erfasst. Die Übertragung würde auch nicht auf die expandierende Körperschaft erfolgen, sondern auf deren kommunales Unternehmen. Dieses ist aber gerade in den Fällen großer Stadtwerke fast immer privatwirtschaftlich organisiert. Es wäre auch nicht einsichtig, weshalb eine materielle Privatisierung erlaubt sein sollte, wenn es sich bei dem eingeschalteten Unternehmen um das Versorgungsunternehmen einer anderen Kommune handelte, aber nicht, wenn es sich um ein Unternehmen der Privatwirtschaft handelt. In beiden Fällen überträgt die betroffene Gemeinde die Verantwortung für die Aufgabenerfüllung auf ein autonom tätiges Versorgungsunternehmen.

[451] Anders noch für § 46, 46a WG RP a.F. *Fischer/Zwetkow*, NVwZ 2003, 281, 283.

[452] Vgl. etwa für Bayern *Gößl* in Sieder/Zeitler/Dahme, Bayerisches Wassergesetz, Art. 36a Rdnr. 5.

[453] *Fischer/Zwetkow*, ZfW 2003, 129, 139; *Hellermann*, Örtliche Daseinsvorsorge und gemeindliche Selbstverwaltung, S. 286.

[454] OVG Koblenz, DVBl 1985, 176, 177; *Fischer/Zwetkow*, NVwZ 2003, 281, 289. Zu gesetzlichen Vorgaben bezüglich Rückholpflichten vgl. etwa § 46a Abs. 3 WG RP.

[455] *Burgi*, NVwZ 2001, 601, 603; *Mayen*, DÖV 2001, 110, 111 f.; *Fischer/Zwetkow*, NVwZ 2003, 281, 282.

[456] Die Erfahrungen mit dem Konzessionsmodell, das in Frankreich schon lange praktiziert wird, lassen allerdings darauf schließen, dass dieses Modell nicht sehr wettbewerbsintensiv ist. Wegen der hohen Investitionskosten müssen die Konzessionszeiträume sehr lang bestimmt werden. Die Regel sind 30 Jahre. In dieser Zeit ergibt sich eine Abhängigkeit von Versorgungsunternehmen und Gemeinde, die einen fairen Neuausschreibungswettbewerb verhindert. Es ist in Frankreich noch nicht zu einem Wechsel des konzessionierten Versor-

II. Konkurrierende Betätigung im geschlossenen Versorgungsgebiet

Umstritten ist hingegen die Frage, ob die Regelung des § 131 Abs. 8 GWB i.V.m. § 103 GWB a.F. auch einen Wettbewerb im Markt, also den Wettbewerb zwischen mehreren Versorgungsunternehmens innerhalb eines Versorgungsgebietes, zwingend ausschließt. § 19 Abs. 4 Nr. 4 GWB eröffnet auswärtigen Unternehmen einen Anspruch auf die Zulassung zum Netz sowie zu anderen Infrastruktureinrichtungen eines marktbeherrschenden Unternehmens, wenn es ansonsten nicht möglich ist, auf dem vor- oder nachgelagerten Markt als Wettbewerber des marktbeherrschenden Unternehmens tätig zu werden[457]. Örtliche Abnehmer könnten also Leistungen auswärtiger Versorgungsunternehmen anfordern und der Netzinhaber wäre zur Durchleitung der fremden Wässer verpflichtet. Es wird deshalb weitgehend angenommen, dass die Verweigerung einer Stichleitung oder einer Durchleitung durch den Gebietsmonopolisten, d.h. die Gemeinde oder das regional tätige Versorgungsunternehmen, auch nach geltender Rechtslage überwunden werden kann, wenn sich die Verweigerung als missbräuchliche Ausnutzung einer marktbeherrschenden Stellung darstellt[458]. Die wettbewerbsbeschränkende Wirkung des § 131 Abs. 8 GWB sei keine Drittwirkung, die die örtlichen Abnehmer dazu verpflichte, sich an den Wettbewerbsausschluss zu halten[459]. Die Versorgungsgebiete wären dann gerade keine geschlossenen Versorgungsgebiete mehr, sondern müssten als teilweise durchlässig angesehen werden. Dagegen wird angeführt, dass die Regelung zum Anschluss- und Benutzungszwang dafür spräche, dass sich die Gemeinde grundsätzlich an ein Versorgungsunternehmen binden darf[460]. Auch sollen durch die Zulassung von Demarkations- und Konzessionsverträgen gerade geschlossene Versorgungsgebiete errichtet werden. Die Möglichkeit eines Wettbewerbs im

---

gungsunternehmens gekommen, vgl. zur Situation in Frankreich *Mankel/Schwarze*, ZögU 23 (2000), 418, 424; *Fischer/Zwetkow*, ZfW 2003, 129, 134 f.

[457] Zu dieser Kodifizierung der *essential facility*-Doktrin vgl. *Möschel* in Immenga/Mestmäcker (Hrsg.), GWB, § 19 Rdnr. 178 ff.; *Bechtold*, Kartellrecht, § 19 GWB Rdnr. 80 ff.; *Schultz* in Langen/Bunte (Hrsg.), Kartellrecht Bd. 1, § 19 GWB Rdnr. 151 ff.

[458] Antwort der Bundesregierung auf eine Kleine Anfrage, BT-Drucks. 14/2604, S. 5; BMWi (Hrsg.), Optionen, Chancen und Rahmenbedingungen einer Marktöffnung für eine nachhaltige Wasserversorgung (BMWi-Forschungsvorhaben 11/00), S. 15; *Salzwedel*, NordÖR 2001, 185; *Salzwedel* in GfU (Hrsg.), Umweltrecht im Wandel, S. 613, 625 Fn. 19; *Uhlenhut*, Wirtschaftliche Betätigung der Gemeinden außerhalb ihres Gebietes, S. 225; *Grave*, RdE 2004, 92, 95; *Theobald*, NJW 2003, 324, 326 hält einen solchen Anspruch für „denkbar". *Bechtold*, Kartellrecht, § 131 GWB Rdnr. 8, meint die Fortgeltung der auf §§ 103, 103a, 15 GWB a.F. verweisenden Normen habe allenfalls für das Schriftformerfordernis des § 34 GWB a.F. Bedeutung; er geht wohl nicht von der Fortgeltung der Missbrauchskontrolle nach § 22 GWB a.F. aus, sondern von der Anwendbarkeit des § 19 Abs. 4 Nr. 4 GWB.

[459] *Klaue* in Immenga/Mestmäcker (Hrsg.), GWB, § 131 Rdnr. 13.

[460] *Koenig/Haratsch*, DVBl 2004, 1387; *Koch*, ZögU 26 (2003), 241, 247; zweifelnd *Frenz*, ZHR 166 (2002), 307, 312 f. *Salzwedel* in GfU (Hrsg.), Umweltrecht im Wandel, S. 613, 625 meint, dass die Gemeinden allein mittels des Anschluss- und Benutzungszwangs ihr Monopolgebiet vor Konkurrenz abschirmen können.

Markt widerspricht aber der Idee, dass eine Gemeinde ihr Gebiet für die Versorgung durch ein Unternehmen freihalten kann. Durchstich- und Durchleitungsrechte widersprechen dem Sinn und Zweck des § 131 Abs. 8 GWB, so dass eine Anwendung des § 19 Abs. 4 Nr. 4 GWB im Bereich der Wasserversorgung nicht in Betracht kommt[461]. Nach dieser Ansicht setzt ein Wettbewerb im Markt die Aufhebung des § 131 Abs. 8 GWB i.V.m. § 103 GWB a.F. voraus[462]. Die Begründung der Bundesregierung hat bei der Aufhebung der Ausnahmeregelungen für die Energiewirtschaft im Rahmen der 6. Novelle des GWB 1998 das Fortbestehen dieser Ausnahmen für die Wasserversorgung ausdrücklich als Übergangsregelungen bezeichnet[463]. Die Fachgesetze zur Wasserversorgung gingen von geschlossenen Versorgungsgebieten aus. Die Übergangsbestimmung würde also nur solange benötigt bis die Fachgesetze geändert oder ergänzt seien, um auch bei Entfallen der Demarkationsabsprachen und ausschließlichen Wegerechte weiterhin eine qualitativ hochwertige und hygienisch einwandfreie Trinkwasserversorgung zu gewährleisten[464]. Die Durchleitung verschiedener Wasser durch ein Leitungssystem stößt aber auf erhebliche technische Schwierigkeiten[465]. Vor allem wird eingewendet, dass sich vorhandene Beläge auf der Innenseite der Leitungsrohre bei der Durchleitung von Wassern unterschiedlicher Qualität ablösen könnten, was eine kostspielige chemische Aufbereitung des Wassers, etwa durch die Zugabe von Chlor, erforderlich machen würde[466]. Dadurch kann die Trinkwasserqualität wiederum leiden. Abgesehen von den umwelt- und gesundheitspolitischen Bedenken ist die Durchleitung aufgrund des fehlenden Verbundnetzes auch mit ökonomischen Schwierigkeiten belastet, da zunächst Verbundleitungen hergestellt werden müssten und Wasser hohe Transportkosten verursacht[467]. Außerdem ist ungeklärt wie Einbußen in der Wasserqualität haftungsrechtlich zu behandeln sind, wenn verschiedene Wasser durch ein Leitungssystem geleitet wurden[468]. In England war dem Durchleitungsmodell (*common carriage*) bisher keinerlei Erfolg beschieden[469]. Auch auf europäi-

---

[461] *Decker*, WuW 1999, 967, 970; *Koch*, ZögU 26 (2003), 241, 246; *Frenz*, ZHR 166 (2002), 307, 312.

[462] Vgl. etwa Umweltgutachten 2002 des Rates von Sachverständigen für Umweltfragen, BT-Drucks. 14%8792, S. 299; *Michaelis*, ZögU 24 (2001), 432, 439; *Frenz*, ZHR 166 (2002), 307, 320.

[463] BT-Drucks. 13/9720, S. 70.

[464] BT-Drucks. 13/9720, S. 70.

[465] *Grave*, RdE 2004, 92, 95; *Masing*, VerwA 95 (2004), 151, 157.

[466] Umweltgutachten 2002 des Rates von Sachverständigen für Umweltfragen, BT-Drucks. 14/8792, 301f.; *Laskowski*, ZUR 2003, 1, 7; *Fischer/Zwetkow*, ZfW 2003, 129, 133; *Michaelis*, ZögU 24 (2001),432, 440 f.; *Koch*, ZögU 26 (2003), 241, 245; *Pöchterstorfer*, ZUR Sonderheft 2003, 184, 188.

[467] *Michaelis*, ZögU 24 (2001), 432, 440; *Sauer/Strecker*, ZögU 26 (2003),259, 268.

[468] *Koch*, ZögU 26 (2003), 241, 245.

[469] Umweltgutachten 2002 des Rates von Sachverständigen für Umweltfragen, BT-Drucks. 14/8792, S. 299 f.; *Michaelis*, ZögU 24 (2001), 432, 441; *Fischer/Zwetkow*, ZfW 2003, 129,

scher Ebene ist man in der Diskussion um eine Liberalisierung der Wasserversorgung von der Einführung von Durchleitungsrechten abgerückt[470]. Wenn auch ein Durchleitungswettbewerb – zumindest in größerem Umfang – wegen der bestehenden Probleme recht unwahrscheinlich erscheint, besteht jedoch eine weitere Variante des Wettbewerbs um den Markt, die die Risiken der Durchleitung vermeidet. In der Diskussion um die Liberalisierung des Wassermarktes hat eine in England verbreitete Wettbewerbsmethode breiten Zuspruch erfahren[471]. Im Einsetzungsvertrag (*inset appointment*) einigen sich ein Wasserkunde, zumeist ein industrieller Großabnehmer von Kühl- und Brauchwasser, und ein auswärtiges Versorgungsunternehmen auf einen langfristigen Wasserlieferungsvertrag, wobei das Versorgungsunternehmen auf seine Kosten einen Anschluss zum Abnehmer herstellt (Stichleitung)[472]. Stichleitungen zu einzelnen Großabnehmern können trotz des Erfordernisses eines parallelen Leitungsbaus ökonomisch sinnvoll sein[473]. Der Einsetzungsvertrag scheitert auch nicht an einem Anschluss- und Benutzungszwang. Dessen Anwendung setzt ein dringendes öffentliches Bedürfnis voraus, das vorliegen soll, wenn durch den Anschluss- und Benutzungszwang Gefahren, erhebliche Belästigungen oder Nachteile vermieden werden[474]. Die Gewährleistung einer hygienischen und sicheren Wasserversorgung setzt aber nicht unabdingbar ein Monopol voraus, soweit der hinzutretende Anbieter imstande ist, dieselbe Gewährleistung zu bieten[475]. Es wäre also verkürzt, wenn man im Rahmen überörtlicher kommunaler Wirtschaftstätigkeit im Bereich der Wasserversorgung die Möglichkeit einer konkurrierenden Betätigung durch ein auswärtiges kommunales Versorgungsunternehmen nicht berücksichtigen würde. Der Bau von Stichleitungen, der derzeit noch durch ausschließliche Konzessionsverträge behindert wird[476], stellt sich als ökologisch und hygienisch machbare Wettbewerbsform dar. Es erscheint deshalb als höchst wahrscheinlich, dass eine Form von Einsetzungsvertrag in der Wasserversorgung in nächster Zeit auf eine rechtliche Grundlage gestellt wird[477], soweit man

---

133. Positiv werden die Möglichkeiten gemeinsamer Netznutzung und Durchleitung etwa von *Pöchterstörfer*, ZUR Sonderheft 2003, 184, 188 bewertet.

[470] Vgl. *Geiger/Freund*, EuZW 2003, 490, 491.

[471] Zu den Erfahrungen des *Office of Water* (OFWAT) mit Einsetzungsverträgen, vgl. *Mankel/Schwarze*, ZögU 23 (2000), 418, 421 f.; *Scheele*, ZögU 20 (1997), 35, 51; *Fischer/Zwetkow*, ZfW 2003, 129, 133 f.; *Sauer/Strecker*, ZögU 26 (2003), 259, 267. Vertragskunden sind etwa der Flughafen Gatwick, industrielle Großabnehmer oder ein Neubausiedlungsgebiet.

[472] *Mankel/Schwarze*, ZögU 23 (2000), 418, 421; *Sauer/Strecker*, ZögU 26 (2003), 259, 267.

[473] Umweltgutachten 2002 des Rates von Sachverständigen für Umweltfragen, BT-Drucks. 14/8792, S. 299.

[474] *Frenz*, ZHR 166 (2002), 307, 311.

[475] So für private Anbieter *Frenz*, ZHR 166 (2002), 307, 312 f.; *Salzwedel* in GfU (Hrsg.), Umweltrecht im Wandel, S. 613, 629 ff. Für gebietsfremde kommunale Unternehmen muss zwangsläufig dasselbe gelten.

[476] *Grave*, RdE 2004, 92, 96.

[477] Vgl. auch *Schmalz*, ZUR Sonderheft 2001, 152, 154.

nicht durch § 19 Abs. 4 Nr. 4 GWB die rechtliche Zulässigkeit von Stichleitungen ohnehin schon als gegeben ansieht.

D. Ergebnis

Es bestehen also auch bei Fortgeltung der kartellrechtlichen Ausnahmevorschrift des § 131 Abs. 8 GWB Möglichkeiten für die Kommunen auf dem Gebiet einer anderen Gemeinde tätig zu werden. Dabei kann es sowohl um die Versorgung eines Gebietes in seiner Gesamtheit gehen wie um die Versorgung einzelner Großabnehmer in den dann doch begrenzt durchlässigen Versorgungsgebieten. Gemeindewirtschaftsrechtlich stellt sich damit die Frage, ob die Expansionsklauseln die rechtmäßige Teilnahme der Kommunen an einer Ausschreibung bzw. die Geltendmachung von Durchstichs- oder Durchleitungsrechten gestatten oder ob den kommunalen Versorgungsunternehmen möglicherweise durch einen verfassungsrechtlichen oder einfachgesetzlichen Gebietsbezug der Kommunalwirtschaft Grenzen gesetzt werden. Von besonderer Bedeutung ist dabei die Frage, inwieweit die Zustimmung der betroffenen Gemeinde, insbesondere der Zuschlag im Vergabeverfahren oder der Abschluss des Konzessionsvertrags, dazu geeignet sind, bestehende Grenzen für die überörtliche Betätigung zu beseitigen. Dieser Frage wird sogleich im Rahmen der verfassungsrechtlichen Grenzen einer überörtlichen kommunalen Wirtschaftstätigkeit nachgegangen. An dieser Stelle bleibt hingegen festzuhalten, dass die kartellrechtlichen Besonderheiten im Bereich der Wasserversorgung eine überörtliche kommunale Wirtschaftstätigkeit nicht von vornherein ausschließen.

3. Kapitel: Zulässigkeit der überörtlichen kommunalen Wasserversorgung nach nationalem Recht

Nachdem der Sachverhalt der Überörtlichkeit entwickelt worden ist, sind die Grenzen einer räumlichen Erweiterung des kommunalwirtschaftlichen Engagements in der Wasserversorgung abzustecken, die sich aus dem Recht der kommunalen Wirtschaft und dem Wasserhaushaltsrecht ergeben. Die Feststellung dieser Grenzen erlaubt die Bewertung, ob die Expansionsklauseln dem Willen der Landesgesetzgeber gemäß den territorialen Handlungsspielraum erweitert haben bzw. ob der Landesgesetzgeber diesen überhaupt erweitern darf.

Für das Gemeindewirtschaftsrecht soll zunächst der in der Garantie der kommunalen Selbstverwaltung wurzelnde Gebietsbezug begründet werden und dessen Aussagen hinsichtlich einer Einschränkung überörtlicher kommunaler Wirtschaftstätigkeit. Darauf folgen die Darstellung der Verknüpfung dieses Gebietsbezugs mit dem kommunalwirtschaftlichen Erfordernis eines öffentlichen Zwecks sowie die Untersuchung der Frage, ob die Expansionsklauseln ein neues Verständnis des öffentlichen Zwecks erfordern. Zuletzt muss der Frage nachgegangen werden, ob die Expansionsklauseln geeignet sind, einen Eingriff in das Selbstverwaltungsrecht einer von überörtlicher Wirtschaftstätigkeit betroffenen Gemeinde zu rechtfertigen.

Im Rahmen der Untersuchung der wasserhaushaltsrechtlichen Grenzen überörtlicher Wasserversorgung wird das in § 1a Abs. 3 WHG auf Bundesebene eingeführte Ortsnäheprinzip in seiner Reichweite vorgestellt und die verfassungsrechtliche Zulässigkeit dieser Vorschrift geklärt.

§ 7 Der Gebietsbezug im kommunalen Wirtschaftsrecht als Grenze für die überörtliche Wirtschaftstätigkeit

A. Die Herleitung des Gebietsbezugs aus Art. 28 Abs. 2 Satz 1 GG

Der normative Ansatzpunkt für die Entwicklung eines Gebietsbezugs im kommunalen Wirtschaftsrecht ist die Ausgestaltung der kommunalen Selbstverwaltungsgarantie in Art. 28 Abs. 2 Satz 1 GG[478]. In ihrer Ausprägung als objektive Rechtsinstitutionsgarantie gewährleistet sie den Gemeinden das Recht, alle Angelegenheiten der örtlichen Gemeinschaft im Rahmen der Gesetze in eigener Verantwortung zu regeln[479]. Grundsätzlich kann sich die Gemeinde jeder Aufgabe annehmen, soweit sie nicht durch Gesetz einem anderen Verwaltungsträger zugeordnet ist. Die Allzuständigkeit enthält keine Begrenzung der Zuständigkeit in sachlicher Hinsicht, weshalb auch von einem Aufgaben- und Funktionenerfindungsrecht der Gemeinden innerhalb der allgemeinen, für staatliche Aufga-

---

[478] Zu dieser Ausgestaltung im Einzelnen vgl. § 2 C.

[479] BVerfGE 79, 127, 143; *Stern*, Staatsrecht Bd. I, S. 409.

benwahrnehmung geltenden Grenzen gesprochen wird[480]. Jedoch enthält die Umschreibung der Allzuständigkeit der Gemeinde zugleich die Umschreibung ihrer Verbandskompetenz[481]. Denn die Gemeinde nimmt als Teil der staatlichen Verwaltung nicht vorverfassungsrechtliche Freiheiten in Anspruch, sondern übt Hoheitsgewalt aus[482]. Ihre Handlungen sind also zwingend kompetenzgebunden[483]. Aufgrund der umfassenden Konzeption der sachlichen Zuständigkeit kann sie nicht zur Grundlage der Abgrenzung mit den Tätigkeitsfeldern anderer Verwaltungsträger herangezogen werden. Die Aufgabenabgrenzung kann dann nur durch die Anknüpfung an den räumlichen Zuständigkeitsbereich der Gemeinde erfolgen[484]. Der materielle Gehalt der Aufgabengarantie ist neben der Allzuständigkeit an eine räumliche Komponente, also an einen Gebietsbezug geknüpft[485]. Die Reichweite der Verbandskompetenz ergibt sich deshalb erst nach der Bestimmung der räumlichen Komponente des Merkmals der „Angelegenheiten der örtlichen Gemeinschaft"[486].

---

[480] *Dreier* in Dreier (Hrsg.), GG Bd. 2, Art. 28 Rdnr. 104; *Nierhaus* in Sachs (Hrsg.), GG, Art. 28 Rdnr. 42.

[481] Das BVerfG hat in BVerfGE 8, 122, 134 festgestellt, dass „die Gemeinde als hoheitlich handelnde Gebietskörperschaft, soweit ihr nicht Auftragsangelegenheiten vom Staat zugewiesen sind, von Rechts wegen darauf beschränkt ist, sich mit Angelegenheiten des örtlichen Wirkungskreises zu befassen". *Löwer* in von Münch/Kunig (Hrsg.), GG Bd.2, Art. 28 Rdnr. 37; *Oster* in Gabler/Höhlein (Hrsg.), Kommunalverfassungsrecht RP, Vorbem. Zu §§ 85-92 GO Rdnr. 2.2.1.1; *Seewald* in Steiner (Hrsg.), Besonderes Verwaltungsrecht, Abschnitt I, Rdnr. 57; *Enkler*, ZG 1998, 328, 336. Man muss dabei zwischen der Allzuständigkeit als abstrakter Verbandskompetenz und der gesetzlichen Ausgestaltung der Aufgabenzuweisung als konkreter Verbandskompetenz unterscheiden. Dennoch muss trotz aller gesetzlicher Aufgabenzuweisungen die Allzuständigkeit als zum Kernbereich der kommunalen Selbstverwaltung gehörendes Garantieelement als Grundlage der gemeindlichen Verbandskompetenz angesehen werden.

[482] Vgl. § 2 C III 1.

[483] *Maurer*, DVBl 1995, 1037, 1043; *Hösch*, WiVerw 2000, 159, 173.

[484] *Knemeyer* in FS-von Unruh, S. 209, 221 f.

[485] Vgl. etwa *Stern* in Püttner (Hrsg.), Handbuch der kommunalen Wissenschaft und Praxis Bd. 1, S. 212; *Tettinger* in von Mangoldt/Klein/Starck (Hrsg.), GG Bd. 2, Art. 28 Rdnr. 168. Die Lehre vom sog. Funktionalen Selbstverwaltungsverständnis, das eine Abgrenzung zwischen örtlichen und überörtlichen Aufgaben ablehnt, hat sich schon aufgrund der Unvereinbarkeit mit dem Wortlaut des Art. 28 Abs. 2 Satz 1 GG nicht durchgesetzt, vgl. dazu *Löwer* in von Münch/Kunig (Hrsg.), GG Bd. 2, Art. 28 Rdnr. 47; *Stern*, Staasrecht Bd. I, S. 424 f.; *Knemeyer* in FS-von Unruh, S. 209, 216, der das Modell allerdings als passend für einen „zentralistischen Einheitsstaat mit dekonzentrierten Basiseinheiten" empfindet.

[486] *Von Mutius* in FS-von Unruh, S. 227, 245; *Seewald* in Steiner (Hrsg.), Besonderes Verwaltungsrecht, Abschnitt I, Rdnr. 58.

I. Die Gebietshoheit der Gemeinden als Grundlage eines Territorialitätsprinzips

Wenn die „Angelegenheiten der örtlichen Gemeinschaft" den Umfang der Verbandskompetenz bestimmen, könnte man darauf schließen, dass sich die Gemeinde nur auf ihrem eigenen Gebiet betätigen kann[487]. Damit würde die Gemeinde außerhalb ihres Gebietes grundsätzlich keine Angelegenheit der örtlichen Gemeinschaft mehr wahrnehmen[488]. Ein Handeln extra muros kommt der örtlichen Gemeinschaft nicht zugute und ist deshalb grundsätzlich unzulässig[489]. Sehr nachdrücklich hat *Grawert* formuliert „die Gemeinden dürfen sich also lediglich als Hersteller, Anbieter oder Verteiler von Gütern oder Dienstleistungen am örtlichen Markt und dort auch nur zur Erfüllung ihrer Sachaufgaben betätigen"[490]. Ähnlich klare Worte findet *Held*, wenn er sagt, die Gemeinden seien berechtigt, „in ihrem Gebiet – und an keiner anderen Stelle – die örtlichen Angelegenheiten zu gestalten"[491]. Die herrschende Meinung im Schrifttum geht somit von einem strengen Territorialitäts- oder Örtlichkeitsprinzip aus. Teilweise ste-

---

487 Diesen Schluss ziehen etwa *Klüber*, Das Gemeinderecht, S. 23; *Schröder* in Achterberg/Püttner/Würtenberger (Hrsg.), Besonderes Verwaltungsrecht Bd. II, § 16 Rdnr. 15 (weiter hingegen speziell für das kommunale Wirtschaftsrecht, *Knemeyer/Kempen* in Achterberg/Püttner/Würtenberg (Hrsg.), Besonderes Verwaltungsrecht Bd. II, § 17 Rdnr. 54); *Dreier* in Dreier, GG Bd. 2, Art. 28 Rdnr. 126; *Knauff*, VR 2005, 145,147; *Scharpf*, NVwZ 2005, 148, 149; *Held*, NWVBl 1995, 325, 328; *Meyer*, LKV 2000, 321, 323; *Löwer* in von Münch/Kunig (Hrsg.), GG Bd. 2, Art. 28 Rdnr. 37a; *Henneke*, NdsVBl 1998, 273, 278; *Weiß*, DVBl 2003, 564, 571; *Ehlers*, DVBl 1998, 497, 504; *Schmahl*, LKV 2000, 47, 49; *Mann*, JZ 2002, 819, 825; *Stober* in Wolff/Bachof/Stober (Hrsg.), Verwaltungsrecht Bd. 3, § 91 Rdnr. 126; *ders.*, NJW 2002, 2357, 2365; *Gern*, Dt. Kommunalrecht, Rdnr. 731; *Knemeyer* in FS-von Unruh, S. 209, 222 („Gemeindliche Aufgaben sind also solche, die innerhalb der Grenzen der Gemeinde anfallen.")*Becker*, DÖV 2000, 1032, 1035 hält einen Ansatz „beweglicher Gemeindegrenzen" für äußerst bedenklich.
Manche Vertreter dieser Ansicht sprechen nicht von einem Territorial- sondern von einem Regionalprinzip.

488 *Hösch*, DÖV 2000, 393, 403. Unklar ist, wie Hösch diese Aussage in Einklang bringt mit seiner Auffassung, dass die örtliche Begrenzung der gemeindlichen Tätigkeit nicht geographisch zu bestimmen ist, sondern dass ein „Bezug zu der Gemeinde" ausreicht, *Hösch* ebenda. In ähnlicher Weise lässt *Hösch*, GewA 2001, 223, 230 bezüglich Art. 87 Abs. 2 Satz 1 BayGO genügen, dass „der Grund der auswärtigen Tätigkeit einen örtlich radizierten Anlass" haben muss, nur um es im Anschluss wieder kategorisch abzulehnen, dass eine auswärtige Tätigkeit die Verfolgung eines öffentlichen Zwecks darstellen kann. In ähnlicher Weise spricht *Ehlers*, Gutachten E zum 64. DJT, S. 94 davon, die Kommunalunternehmen seien „grundsätzlich auf das Gebiet ihres kommunalen Trägers festgelegt", stellt aber auf S. 96 fest, dass die Rastede-Entscheidung des BVerfG deutlich mache, „dass keine strenge geografische Beschränkung gelten soll".

489 *Ehlers*, NWVBl 2000, 1, 6.

490 *Grawert* in FS-Blümel, S. 119, 129.

491 *Held*, NWVBl 1995, 325, 328.

hen die Vertreter dieser Ansicht deshalb der verfassungsrechtlichen Zulässigkeit der Expansionsklauseln äußerst skeptisch gegenüber[492].

Ausgangspunkt der Überlegungen zu einem strengen Territorialitätsprinzip ist die Rechtsnatur der Gemeinde als staatliche Gebietskörperschaft[493]. Gebietskörperschaften sind nach dem BVerfG solche Körperschaften des Öffentlichen Rechts, bei denen sich die Mitgliedschaft aus dem Wohnsitz im Gebiet der Körperschaft ergibt und die mit Gebietshoheit ausgestattet sind[494]. Die Gebietshoheit beschränkt die Zuständigkeit der Gemeinden auf ihr jeweiliges Gebiet[495]. Diese Kompetenzen sind exklusiv, d.h. es kann nicht zwei oder mehr Verwaltungsträger geben, die auf demselben Gebiet für dieselbe Aufgabe zuständig sind[496]. Die kommunale Selbstverwaltung begründet also nicht nur die Verbandskompetenz, sondern beschränkt sie zugleich im Sinne einer Ne-ultra-vires-Regel auf die Erledigung der örtlichen Aufgaben[497]. Das Verbot der Doppelverwaltung[498] setzt sich auch auf der untersten Verwaltungsebene fort. Auf dieser Ebene gliedern die Gemeindegrenzen die staatliche Zuständigkeitsordnung und gewährleisten so „ein überschneidungsloses Nebeneinander der Funktionskreise der kommunalen Verwaltungseinrichtungen“[499]. Art. 28 Abs. 2 Satz 1 GG eröffnet also der Gemeinde die alleinige Trägerschaft für alle öffentlichen Aufgaben

---

492 *Ehlers*, NWVBl 2000, 1, 6 und *Löwer*, NWVBl 2000, 241, 244 halten § 107 Abs. 3 GO NRW für verfassungswidrig. Ebenso *Stober* in Wolff/Bachof/Stober (Hrsg.), Verwaltungsrecht Bd. 3, § 91 Rdnr. 102; *Grawert* in Reichard (Hrsg.), Kommunen am Markt, S. 9, 25 für alle Expansionsklauseln. Zurückhaltender äußern sich *Lux*, NWVBl 2000, 7, 10 („äußerst problematisch“); *Held*, NWVBl 2000, 201, 205 f. *Becker*, DÖV 2000, 1032, 1036 interpretiert den Verweis auf den öffentlichen Zweck in § 116 Abs. 3 GO LSA so, dass davon der Gebietsbezug nicht als umfasst angesehen wird. Die Expansionsklausel sei „verfassungsrechtlich nicht mehr unterfangen“. Letztlich kommt er für § 116 Abs. 3 GO LSA zur Verfassungswidrigkeit, weil die Expansionsklausel die Interessen der betroffenen Gemeinde nicht verfassungskonform schütze. Ebenso für § 107 Abs. 3 Satz 2 GO NRW, *Scharpf*, NVwZ 2005, 148, 152; *Schink*, NVwZ 2002, 129, 136. *Koehler*, VR 2000, 44, 49 und *Meyer*, LKV 2000, 321, 323 gehen für § 107 Abs. 3 GO NRW von der Möglichkeit einer verfassungskonformen Auslegung aus. Zu diesen Bedenken vgl. § 8.

493 Vgl. etwa *Löwer*, NWVBl 2000, 241, 244.

494 BVerfGE 52, 95, 117.

495 *Waechter*, Kommunalrecht, Rdnr. 090; *Schröder* in Achterberg/Püttner/Würtenberger (Hrsg.), Besonderes Verwaltungsrecht Bd. II, § 16 Rdnr. 7; *Ehlers*, NWVBl 2000, 1, 6; *ders.* DVBl 1997, 137, 138.

496 *Schink*, NVwZ 2002, 129, 136, *Gern*, Dt. Kommunalrecht, Rdnr. 70; *Löwer* in von Münch/Kunig (Hrsg.), GG Bd. 2, Art. 28 Rdnr. 37a.

497 *Nierhaus* in Sachs (Hrsg.), GG, Art. 28 Rdnr. 32; *Löwer* in von Münch/Kunig (Hrsg.), GG Bd. 2, Art. 28 Rdnr. 37; *Henneke*, NdsVBl 1998, 273, 278.

498 *Burmeister* in FS-von Unruh, S. 623, 648; *Held*, WiVerw 1998, 264, 266; *Ehlers*, Gutachten E zum 64. DJT, S. 101. *Löwer* nennt diesen Grundsatz die „Einräumigkeit der Verwaltung“ vgl. NWVBl 2000, 241, 244.

499 So die oft zitierte Formulierung von *Burmeister* in Püttner (Hrsg.), Handbuch der kommunalen Wissenschaft und Praxis Bd. 5, S. 42. Vgl .etwa *Henneke*, NdsVBl 1998, 273, 278; *Enkler*, ZG 1998, 328, 338; *Merten*, DVBl 1983, 1140, 1141.

im Gemeindegebiet. *Löwer* führt zur Begründung des Zusammenhangs zwischen Gebietshoheit und Territorialitätsprinzip unterstützend das Demokratieprinzip an, dass eine Ausweitung kommunaler Befugnisse über den Raum, für den die Kommune demokratisch legitimiert ist, verbiete[500].

Es erscheint jedoch fraglich, ob sich aus den Angelegenheiten der örtlichen Gemeinschaft tatsächlich eine räumliche Begrenzung auf das Gemeindegebiet ergibt. Für hoheitliches Handeln scheint sich die Frage nicht zu stellen. Es dürfte wohl niemand ernsthaft bezweifeln, dass es den Gemeinden nur in ihrem Gemeindegebiet erlaubt ist, hoheitlich tätig zu werden. So könnte die Gemeinde nicht für das Gebiet einer anderen Gemeinde Verwaltungsakte erlassen[501]. Dieser Befund wird wesentlich weniger eindeutig, wenn man statt der Eingriffsverwaltung den Bereich der Leistungsverwaltung betrachtet. Hier gilt als ein allgemein anerkannter Grundsatz, dass die Auswirkungen bzw. Ausstrahlungen einer gemeindlichen Einrichtung keine Verletzung des Territorialitätsprinzips darstellen[502]. Unter Auswirkungen ist dabei vor allem die Versorgung von Gebietsfremden zu verstehen[503]. Das landesplanerische System der zentralen Orte fordert sogar ausdrücklich die überörtliche Wirkung bestimmter gemeindlicher Einrichtungen, um auch den Bewohnern kleinerer Gemeinden in angemessener Entfernung Leistungen anzubieten, deren Erbringung die eigene Gemeinde überfordern würde[504]. In einem noch weitergehenderen Schritt werden im Rahmen der Leistungsverwaltung Ausnahmen vom strengen Territorialitätsprinzip zugelassen, wenn die öffentliche Einrichtung nicht sinnvollerweise auf dem eigenen

---

500 *Löwer*, NWVBl 2000, 241, 244; *ders.*, VVDStRL 60 (2001), 416, 437; *Ehlers*, Gutachten E zum 64. DJT, S. 101; zustimmend *Mann*, JZ 2002, 819, 825. Vgl. ausführlich zum Demokratieprinzip als Beschränkung der Kommunalwirtschaft, *Heilshorn*, Gebietsbezug der Kommunalwirtschaft, S. 101 ff, 132.

501 *Uhlenhut*, Wirtschaftliche Betätigung der Gemeinden außerhalb ihres Gebietes, S. 139.

502 *Scharpf*, NVwZ 2005, 148, 149; *Gern*, NJW 2002, 2593, 2595; *Cronauge/Westermann*, Kommunale Unternehmen, Rdnr. 397; *Held*, NWVBl 2000, 201, 202; *Oster* in Gabler/Höhlein (Hrsg.), Kommunalverfassungsrecht RP, Vorbem. Zu §§ 85-92 GO, Rdnr. 2.2.1.3; *Storr*, Der Staat als Unternehmer, S. 535; *Schmidt-Aßmann* in FS-Ulmer, S. 1015, 1023; *Mann*, JZ 2002, 819, 825; *Held* in Henneke (Hrsg.), Organisation kommunaler Aufgabenerfüllung, S. 118, 123 f; *Cronauge*, Der Gemeindehaushalt 1997, 265, 268.

503 Vgl. die Beispiele bei *Ehlers*, Gutachten E zum 64. DJT, S. 94: Beförderung von Besuchern durch stadteigene Verkehrsunternehmen im Stadtgebiet; Entgegennahme von Abfällen Gebietsfremder zwecks Beseitigung in der kommunalen Müllverbrennungsanlage. *Gern*, NJW 2002, 2593, 2595 nennt gebietsübergreifendes Stadtmarketing. *Storr*, Der Staat als Unternehmer, S. 535 weist auf §§ 22 PBefG, 70 GewO und 10 EnG hin, die eine Versorgung Gebietsfremder eröffnen. Die ausdrückliche gesetzliche Regelung würde aber eher für den Ausnahmecharakter der Versorgung Ortsfremder sprechen.

504 *Seewald* in Steiner (Hrsg.), Besonderes Verwaltungsrecht, 1. Abschnitt, Rdnr. 63; *Tettinger* in von Mangoldt/Klein/Starck (Hrsg.), GG Bd. 4, Art. 28 Rdnr. 226; *Sollondz*, SächsVBl 2004, 297, 303; *Püttner*, DÖV 2002, 731, 735; *Schmidt-Aßmann* in FS-Ulmer, S. 1015, 1023.

Gebiet betrieben werden kann[505]. Als Beispiele werden etwa ein auswärtiges Schullandheim oder eine auswärtige Wassergewinnungsanlage genannt[506].

In sich widersprüchlich ist eine weitere Ausnahme, die für den Bereich der wirtschaftlichen Betätigung angenommen wird. So sollen sich Gemeinden außerhalb ihres Gebietes wirtschaftlich betätigen dürfen, wenn es sich dabei um Randnutzungen zur Auslastung ansonsten brachliegender Kapazitäten kommunaler Unternehmen handelt[507]. Jedoch bewegt sich die Gemeinde auch bei der Kapazitätsauslastung außerhalb ihres Gemeindegebiets und damit außerhalb ihrer Verbandskompetenz. Für das fremde Gebiet hätte die durch die Überörtlichkeit betroffene Gemeinde aber eine exklusive Zuständigkeit und das räumliche Ausgreifen wird auch nicht mehr demokratisch legitimiert.

Vor dem Hintergrund dieser Ausnahmen im Rahmen der Leistungsverwaltung stellt sich die Frage, ob das von den Vertretern des Territorialitätsprinzips postulierte System trennscharfer, überschneidungsloser Zuständigkeiten ausschließlich räumlich zu bestimmen ist. Diese Ansicht scheint schon in der Rechtsprechung keine Stütze zu finden. Das BVerfG hat sich bei der Definition der Aufgabenzuständigkeit nur auf „diejenigen Bedürfnisse und Interessen, die in der örtlichen Gemeinschaft wurzeln oder auf sie einen spezifischen Bezug haben", bezogen und gerade nicht auf eine kartografische Begrenzung[508]. In einer Entscheidung zur Zulässigkeit internationaler Städtepartnerschaften hat das BVerwG sie als „Angelegenheit des durch Art. 28 Abs. 2 GG erfassten örtlichen Wirkungsbereichs der Gemeinde" angesehen, auch wenn die „internationale Städtepartnerschaft von der Natur der Sache her grenzüberschreitend wirkt"[509]. Selbst *Burmeister* als einer der entschiedensten Vertreter des Territorialitätsprinzips umschreibt das Verbot der Doppelverwaltung auch als „anstaltsrechtliches Konkurrenzverbot, d.h. die Verhinderung konkurrierender Betätigung zweier oder mehrerer Verwaltungsinstitutionen mit identischem Handlungsauftrag in einem Gebiet"[510]. Es erscheint deshalb als fruchtbarer Ansatz, durch Auslegung der „Angelegenheiten der örtlichen Gemeinschaft" in Art. 28 Abs. 2 Satz 1 GG

---

505 *Hellermann*, Örtliche Daseinsvorsorge und gemeindliche Selbstverwaltung, S. 211.

506 *Püttner* in Isensee/Kirchhof (Hrsg.), Handbuch des Staatsrechts Bd. IV, § 107 Rdnr. 39; *Ehlers*, Gutachten E zum 64. DJT, S. 96, *ders.*, NWVBl 2000, 1, 6; *Scharpf*, NVwZ 2005, 148, 149. *Cronauge/Westermann*, Kommunale Unternehmen, Rdnr. 397 stellen im Rahmen eines strengen Territorialitätsprinzips auf die eigentliche „Wertschöpfung" des Unternehmens ab und lassen so auch einen überregionalen Busbahnhof als örtliche Einrichtung zu.

507 *Ehlers*, DVBl 1998, 497, 504; *Oster* in Gabler/Höhlein (Hrsg.), Kommunalverfassungsrecht RP, Vorbem. Zu §§85-92 GO, Rdnr. 2.2.1.5. Zu diesen Randnutzungen ausführlich § 8 D II 2, 3.

508 BVerfGE 8, 122, 134; 52, 95, 120; 79, 127, 151.

509 BVerwGE 87, 237, 238. Bejahend, *Klüber*, Das Gemeinderecht, S. 26 ff.; *Pielow*, NWVBl 1999, 369, 373 Fn. 32; kritisch zu dieser Entscheidung, *Löwer* in von Münch/Kunig (Hrsg.), GG Bd. 2, Art. 28 Rdnr. 37.

510 *Burmeister* in FS-von Unruh, S. 623, 648; *ders.* in Püttner (Hrsg.), Handbuch der kommunalen Wissenschaft und Praxis Bd. 5, S. 42.

zu bestimmen, ob ein anstaltsrechtliches Konkurrenzverbot auch ohne eine Beschränkung der Handlungsbefugnisse der Gemeinde auf ihr Gebiet verwirklicht werden kann. Eine andere Vorgehensweise würde auch die Annahme eines Gebietsbezugs in Art. 28 Abs. 2 Satz 1 GG vorwegnehmen und diesen zur Grundlage weiterer Überlegungen machen.

Für die wirtschaftliche Betätigung ist zudem angeführt worden, dass sich die Argumente, die für eine trennscharfe räumliche Abgrenzung der Zuständigkeiten der Hoheitsverwaltung sprechen, nicht auf sie übertragen lassen. Während im Bereich hoheitlicher Verwaltungstätigkeit eine klare und ausschließliche Zuständigkeitsordnung Rechtssicherheit für den Bürger schaffe, würden diese rechtsstaatlichen Aspekte bei der gleichzeitigen wirtschaftlichen Tätigkeit zweier Gemeinden in einem Gebiet nicht greifen[511]. Die Beschränkung auf das eigene Gebiet sei eben nur für Hoheitsakte eine gewisse „Selbstverständlichkeit"[512]. Auf der anderen Seite ist vor einer Differenzierung des Territorialitätsprinzips nach hoheitlicher und wirtschaftlicher Tätigkeit zu warnen, da ansonsten die Gefahr bestünde, dass kommunale Unternehmen weitergehende Kompetenzen wahrnehmen könnten als es die Gemeinde selbst könnte[513]. Wenn solche Vorüberlegungen auch zeigen, dass das strenge Territorialitätsprinzip der herrschenden Meinung in Ermangelung einer eindeutigen normativen Anknüpfung keine Selbstverständlichkeit ist, so lässt sich andererseits aus ihnen auch nicht der Schluss ziehen, dass der Wirkungsbereich kommunaler Unternehmen gegenüber dem Wirkungsbereich der hoheitlich handelnden Gemeinde in unterschiedlicher Weise ausgestaltet wurde. Die räumlichen Beschränkungen sind also anhand der Auslegung des Art. 28 Abs. 2 Satz 1 GG zu bestimmen.

II. Auslegung der „Angelegenheiten der örtlichen Gemeinschaft" in Art. 28 Abs. 2 Satz 1 GG

1. Von den „Angelegenheiten der örtlichen Gemeinschaft" zur örtlichen Radizierung

Bei einer Betrachtung des Wortlauts des Art. 28 Abs. 2 Satz 1 GG stellt man fest, dass die Angelegenheiten, d.h. die Aufgaben der Gemeinde, durch den Bezug auf die örtliche Gemeinschaft bestimmt werden. Dieser Bezug weist eine räumliche („örtlich") und eine personelle („Gemeinschaft") Komponente auf[514]. Die Behauptung, die Allzuständigkeit der Gemeinden knüpfe deshalb an eine räumliche Komponente an, ist jedoch eine unzulässige Verkürzung der verfas-

---

[511] *Heilshorn*, Gebietsbezug der Kommunalwirtschaft, S. 138.
[512] *Uhlenhut*, Wirtschaftliche Betätigung der Gemeinden außerhalb ihres Gebietes, S. 140.
[513] *Cronauge/Westermann*, Kommunale Unternehmen, Rdnr. 398.
[514] *Von Mutius* in FS-Unruh, S. 227, 245; *Heintzen*, NVwZ 2000, 743; *Heilshorn*, Gebietsbezug der Kommunalwirtschaft, S. 100.

sungsrechtlichen Vorgaben[515]. Angelegenheiten der Gemeinde wären dann nur solche, die innerhalb der Gemeindegrenzen anfallen[516]. Gemäß dem Wortlaut des Art. 28 Abs. 2 Satz 1 GG nimmt die Örtlichkeit aber Bezug auf die Gemeinschaft und nicht auf deren Angelegenheiten[517]. Es handelt sich eben nicht um „örtliche Angelegenheiten"[518]. Das Merkmal der Örtlichkeit weist also nicht auf einen kartografischen Bezug der gemeindlichen Aufgabenzuständigkeit hin, sondern es bestimmt die Gemeinschaft[519]. Die Örtlichkeit begründet nicht etwa eine Raumbezogenheit der Angelegenheiten, sondern umschreibt die Grenzen der Gemeinschaft. Was unter „Angelegenheiten" zu verstehen ist, ergibt sich also durch Bezug auf den Begriff der örtlichen Gemeinschaft. Ob eine bestimmte öffentliche Aufgabe noch „Angelegenheit" der Gemeinde ist, muss durch eine Betrachtung der „ örtlichen Gemeinschaft" erfolgen.

Im Rahmen der Garantie der kommunalen Selbstverwaltung können mit dem Begriff der „örtlichen Gemeinschaft" nur die Einwohner der Gebietskörperschaft gemeint sein. Die Formulierung des Art. 28 Abs. 2 Satz 1 GG begreift die Einwohner als zentralen Bezugspunkt nicht nur für den Umfang der gemeindlichen Aufgaben („Universalitätsprinzip" des gemeindlichen Wirkungskreises), sondern auch für die Reichweite der gemeindlichen Aufgaben[520]. Sie geht damit gerade nicht von einem bereits im Grundgesetz ausdrücklich niedergelegten Territorialitätsprinzip der gemeindlichen Aufgabenwahrnehmung aus[521]. Stattdessen wird der räumliche Handlungsspielraum erst durch Verknüpfung mit der Gemeinschaft festgelegt. Das BVerfG hat deshalb bereits früh eine Gleichsetzung von Gemeindegebiet und räumlichen Handlungsmöglichkeiten abgelehnt und auf die örtliche Radizierung zur Bestimmung der Grenzen der Allzuständigkeit abgestellt[522]. Zunächst betonte es deshalb, dass die gemeindlichen Zuständigkeiten nicht grenzenlos und die Gemeinden darauf beschränkt seien, sich mit Ange-

---

[515] So etwa *Knemeyer* in FS-von Unruh, S. 209, 221 f. („Da die umfassend konzipierte Allzuständigkeit der Gemeinden nicht durch Enumeration von Aufgaben regelbar war, bedurfte es für die Aufgabenabgrenzung zu den übrigen kommunalen Gebietsköperschaften der Anknüpfung an eine räumliche Komponente, nämlich das gemeindliche Hoheitsgebiet."). Ähnlich *Schoch*, JuS 1991, 728, 732 („Die territoriale Verbindung mit einer „örtlichen" Gemeinschaft ersetzt indes nicht die notwendige Ortsbezogenheit in der Sache."); *Stober*, Kommunalrecht, S. 68 („Der Ausdruck „örtliche Gemeinschaft" in Art. 28 Abs. 2 Satz 1 GG knüpft an die Raumbezogenheit einer öffentlichen Aufgabe an.").

[516] *Schoch*, JuS 1991, 728, 733; *Knemeyer* in FS-von Unruh, S. 209, 222.

[517] *Koehler*, VR 2000, 44, 48; *Heilshorn*, Gebietsbezug der Kommunalwirtschaft, S. 101.

[518] So etwa *Püttner* in Isensee/Kirchhof (Hrsg.), Handbuch des Staatsrechts Bd. IV, § 107 Rdnr. 17 ff. In ähnlicher Weise verkürzt *Rennert*, JZ 2003, 385, 391, wenn er die kommunale Kompetenz auf die „Versorgung des eigenen Gebietes" beschränkt.

[519] *Koehler*, VR 2000, 44, 48; *Heberlein*, DÖV 1990, 374; *ders.*, DÖV 1996, 100, 102; *Seewald*, DV 1992, 175, 182; *Schmidt-Jortzig*, DÖV 1989,142, 145; *Oebbecke*, ZHR 164 (2000), 375, 386.

[520] Vgl. zur Grundlage der Allzuständigkeit § 2 C I.

[521] *Tettinger* in von Mangoldt/Klein/Starck, GG Bd. 2, Art. 28 Rdnr. 225.

[522] *Kühling*, NJW 2001, 177, 178; *Jarass*, DVBl 2006, 1, 2.

legenheiten des örtlichen Wirkungskreises zu befassen[523]. Angelegenheiten des örtlichen Wirkungskreises sind nach der seitdem mehrfach bestätigten Rechtsprechung „nur solche Aufgaben, die in der örtlichen Gemeinschaft wurzeln oder auf die örtliche Gemeinschaft einen spezifischen Bezug haben"[524]. Die räumliche Komponente erschließt sich also aus der örtlichen Radizierung, d.h. der Verwurzelung der Aufgabe bzw. ihrem spezifischem Bezug auf die örtliche Gemeinschaft[525]. Auf den ersten Blick scheint diese Definition keine Grundlage für weitergehende Erkenntnisse zu sein, da sie selbst wiederum den Begriff der örtlichen Gemeinschaft enthält[526]. In der Rastede-Entscheidung hat das BVerfG die örtliche Radizierung jedoch genauer gefasst, indem es die Angelegenheiten der örtlichen Gemeinschaft als „diejenigen Bedürfnisse und Interessen" beschrieb, „die in der örtlichen Gemeinschaft wurzeln oder auf sie einen spezifischen Bezug haben, die also den Gemeindeeinwohnern gerade als solchen gemeinsam sind, indem sie das Zusammenleben und –wohnen der Menschen in der (politischen) Gemeinde betreffen"[527]. Auf der Grundlage dieser Umschreibung der örtlichen Radizierung kann in einem ersten Schritt eine schlichte geografische oder kartografische Beschränkung der gemeindlichen Wirtschaftstätigkeit eindeutig abgelehnt werden[528]. Das BVerwG hat in einer neuen Entscheidung zur Fernwasserversorgung die Zugehörigkeit zu den Angelegenheiten der örtlichen Gemeinschaften gerade nicht davon abhängig gemacht, „wo sich die konkreten Anlagen und Einrichtungen befinden, mit denen die Aufgabe (...) wahrgenommen wird", insbesondere nicht, „ob sie auf dem Gebiet der jeweiligen Gemeinde belegen sind"[529]. Die Kommune kann sich wirtschaftlich betätigen, solange diese Tätigkeit örtlich radiziert ist[530]. Sie kann auch überörtlich tä-

---

[523] BVerfGE 8, 122, 134.

[524] BVerfGE 8, 122, 134; 50, 195, 201; 52, 95, 120.

[525] *Stern*, Staatsrecht Bd. I, S. 412; *Tettinger* in von Mangoldt/Klein/Starck (Hrsg.), GG Bd. 2, Art. 28 Rdnr. 226; *von Mutius* in FS-von Unruh, S. 227, 245; *Oster* in Gabler/Höhlein (Hrsg), Kommunalverfassungsrecht RP, Vobem. zu §§ 85-92 GemO, Rdnr. 2.2.1.3; *Tomerius*, Der Gemeindehaushalt 2004, 241, 242. Soweit *Stober*, Kommunalrecht, S. 68, *Klüber*, Das Gemeinderecht, S. 23, *Hösch*, GewA 2001, 223, 230 oder *Knemeyer* in FS-von Unruh, S. 209, 222 von der örtlichen Radizierung auf eine Beschränkung der Aufgaben auf solche, die im Gemeindegebiet anfallen, schließen, ist diese Schlussfolgerung anhand des Wortlauts der Formel des BVerfG nicht nachvollziehbar und wird von den Autoren auch nicht näher begründet.

[526] *Stober*, Kommunalrecht, S. 69; *ders.*, JZ 1984, 105, 110; *Schmidt-Jortzig*, DÖV 1993, 973, 974.

[527] BVerfGE 79, 127, 151 f.

[528] *Ehlers*, Gutachten E zum 64. DJT, S. 96; *Schulz*, BayVBl 1998, 449, 451; *Dolde*, ZHR 166 (2002), 515, 518; *Heberlein*, DÖV 1990, 374, 377; *Lux*, NWVBl 2000, 7, 9; *Kühling*, NJW 2001, 177, 178; *Gern*, NJW 2002, 2593, 2595; *Koehler*, VR 2000, 44, 48; *Leimkühler*, VergabeR 2001, 353, 361; *Oebbecke*, ZHR 164 (2000), 375, 386; *Cronauge*, AfK 1999, 24, 31; *Enkler*, ZG 1998, 328, 341; *Tomerius*, Der Gemeindehaushalt 2004, 241, 242.

[529] BVerwG GewA 2005, 244, 245.

[530] *Tettinger*, Besonderes, Verwaltungsrecht, Rdnr. 302; *Gottschalk*, ThürVBl 2003, 25; *Tomerius*, Der Gemeindehaushalt 2004, 241, 242.

tig werden, soweit die Bedürfnisse und Interessen der örtlichen Gemeinschaft dafür eine Grundlage bieten. Laut BVerwG ist eine funktionsbezogene Betrachtungsweise maßgeblich; entscheidend sei, ob ein Bezug zur Gemeindebevölkerung oder zum Gemeindegebiet besteht, wem also die (...) Tätigkeit zugute kommt[531]. Für den territorialen Handlungsspielraum der Kommunen ist also kein räumliches, sondern ein personelles Kriterium anzulegen. Die örtliche Radizierung knüpft an die örtliche Gemeinschaft an, nicht an das Gemeindegebiet. Der zweite Schritt muss deshalb in einer näheren Betrachtung des Inhalts der örtlichen Radizierung liegen. Die Kriterien der „Verwurzelung" bzw. des „spezifischen Bezugs" müssen in einer Weise konkretisiert werden, der die Trennung von Angelegenheiten der örtlichen Gemeinschaft von Angelegenheiten ohne relevanten örtlichen Charakter ermöglicht.

2. Der Inhalt der örtlichen Radizierung

a. Die Schwierigkeiten bei der Abgrenzung der Angelegenheiten der örtlichen Gemeinschaft

Die örtliche Radizierung ist als Definition der räumlichen Komponente der Verbandskompetenz nur dann einsetzbar, wenn sie eine griffige Abgrenzung zu den Aufgaben ermöglicht, die nicht mehr Angelegenheiten der örtlichen Gemeinschaft darstellen. Die Schwierigkeit einer solchen Abgrenzung auf der Basis der örtlichen Radizierung ist vielfach festgestellt worden[532]. Sie ergeben sich vor allem aus der offenen Formulierung der sachlichen Zuständigkeit, die gerade keinen nach feststehenden Merkmalen bestimmbaren Aufgabenkatalog umschreibt[533]. Die Verortung einzelner Aufgaben ist vielmehr in der geschichtlichen Entwicklung und den verschiedenen historischen Erscheinungsformen der Selbstverwaltung zu suchen[534]. Schon die unterschiedliche flächenmäßige Ausdehnung, Einwohnerzahl und Wirtschafts- und Sozialstruktur der Gemeinden lassen eine Aufgabe für manche Gemeinden als örtliche, für andere als überört-

---

[531] BVerwG GewA 2005, 244, 246.

[532] Vgl. nur *Schulz*, BayVBl 1998, 449, 451; *Stern*, Staatsrecht Bd. I, S. 413; *Tettinger*, Besonderes Verwaltungsrecht, Rdnr. 63 f.; *Maunz* in Maunz/Dürig (Hrsg.), GG Bd. IV, Art. 28 Rdnr. 61 ff.; *Püttner* in Isensee/Kirchhof (Hrsg.), Handbuch des Staatsrechts, Bd. IV, § 107 Rdnr. 17; *Löwer* in von Münch/Kunig (Hrsg.), GG Bd. 2, Art. 28 Rdnr. 45; *Dreier* in Dreier (Hrsg.), GG Bd. 2, Art. 28 Rdnr. 105; *Schmidt-Aßmann* in FS-Sendler, S. 119, 129. Sehr umfassend zur Bestimmung von Angelegenheiten der örtlichen Gemeinschaft gemäß der örtlichen Radizierung, *Waechter*, Kommunalrecht, Rdnr. 065 ff.; *Gern*, Dt. Kommunalrecht, Rdnr. 57 ff.

[533] BVerfGE 79, 127, 146; *Schmidt-Jortzig*, DÖV 1993, 973, 975; *Gern*, Dt. Kommunalrecht, Rdnr. 59.

[534] BVerfGE 1, 167, 178; 11, 266, 274; 59, 216, 226; 79, 127, 146. Dazu auch *Hellermann*, Örtliche Daseinsvorsorge, S. 143 f.

liche erscheinen[535]. Die historische Entwicklung hat zu „Wanderungsprozessen" im Verständnis von kommunaler Aufgabenstellung geführt[536]. Insbesondere ist es durch die Entwicklung der Verwaltung zur Leistungsverwaltung aufgrund der erforderlichen Planung, Technisierung und Normierung in Bereichen wie der Ver- und Entsorgung zu zentralisierenden Hochzonungsprozessen gekommen[537]. In diesem Zusammenhang wurde das bundesverfassungsgerichtliche Diktum, die Selbstverwaltung solle nicht völlig beseitigt oder ausgehöhlt und den Gemeinden nicht die Gelegenheit zu kraftvoller Betätigung genommen werden sowie die Frage, was den Wesensgehalt der Selbstverwaltung ausmacht, wieder relevant[538]. Auch hat der Streit um kommunale Außen- oder Entwicklungspolitik oder um die Abgrenzung von kommunalpolitischem und allgemeinpolitischem Mandat zu der Erkenntnis geführt, dass eine Unterscheidung zwischen örtlichen und über-örtlichen Aufgaben selbst in scheinbar zunächst eindeutigen Feldern nicht immer selbstverständlich durchzuführen ist[539]. Noch schwieriger wird diese Abgrenzung in Bereichen wie dem Raumplanungs- und dem Umweltrecht, die sich erst im 20. Jahrhundert ausgeformt haben[540]. In diesen Bereichen berühren viele Entscheidungen auch die Gemeindeebene ohne dieser exklusiv zugeordnet zu sein. Die Rechtsprechung hat in solchen Gemengelagen („res mixtae") die Figur des kommunalen Befassungsrechts bemüht, die eine Teilhabe oder Mitbestimmung der Gemeinden bei Verwaltungsentscheidungen

[535] *Nierhaus* in Sachs (Hrsg.), GG, Art. 28 Rdnr. 41. Vgl. dazu etwa den Streit darüber, ob die Energieversorgung eine Angelegenheit der örtlichen Gemeinschaft ist, *Gern*, Dt. Kommunalrecht, Rdnr. 60; *Dreier* in Dreier (Hrsg.), GG Bd. 2, Art. 28 Rdnr. 137 ff; *Löwer* in von Münch/Kunig (Hrsg.), GG Bd. 2, Art. 28 Rdnr. 45.

[536] *Schmidt-Aßmann* in FS-Sendler, S. 119, 129; *Tettinger*, Besonderes Verwaltungsrecht, Rdnr. 52.

[537] *Stober*, Kommunalrecht, S. 69; *Nierhaus* in Sachs (Hrsg.), GG, Art. 28 Rdnr. 41. In der Rastede-Entscheidung des BVerfG ging es um die Zulässigkeit der Verlagerung der Abfallbeseitigungskompetenz von der Gemeinde- auf die Kreisebene.

[538] BVerfGE 1, 167, 174 f.; 38, 258, 278 f.; 56, 298, 313. Dazu *Blümel* in FS-von Unruh, S. 265; *Püttner* in Isensee/Kirchhof (Hrsg.), Handbuch des Staatsrechts, Bd. IV, § 107 Rdnr. 20; *Gern*, Dt. Kommunalrecht, Rdnr. 79 ff; *Tettinger* in von Mangoldt/Klein/Starck (Hrsg.), GG Bd. 2, Art. 28 Rdnr. 191 ff..

[539] In BVerfGE 8, 122, 134 stoppte das BVerfG Volksbefragungen hessischer Städte zur atomaren Bewaffnung der Bundeswehr. In BVerwGE 87, 237 wurde eine internationale Städtepartnerschaft als Angelegenheit der örtlichen Gemeinschaft anerkannt. Vgl. dazu *Löwer* in von Münch/Kunig (Hrsg.), GG Bd. 2, Art. 28 Rdnr. 37 f.; *Maunz* in Maunz/Dürig (Hrsg.), GG Bd. IV, Art. 28 Rdnr. 61; *Schmidt-Jortzig*, DÖV 1989, 142; *Heberlein*, DÖV 1990, 374; *Gern*, Dt. Kommunalrecht, Rdnr. 72.

[540] In BVerfGE 76, 107 klagte die Stadt Wilhelmshaven gegen die Ausweisung eines erheblichen Teil des Gemeindegebietes als Vorrangstandort für großindustrielle Anlagen im Landes-Raumordnungsprogramm Niedersachsen. Vgl. außerdem *Jarass*, DVBl 2006, 1, 2; *Pappermann*, JuS 1973, 689, 690 f.; *Stober*, Kommunalrecht, S. 69; *Stern*, Staatsrecht Bd. I, S. 413; *Maunz* in Maunz/Dürig (Hrsg.), GG Bd. IV, Art. 28 Rdnr. 62.

auf höherer Ebene garantiert[541]. Im Schrifttum hat die Lehre vom funktionalen Selbstverwaltungsverständnis angesichts der Abgrenzungsschwierigkeiten eine Unterscheidung zwischen örtlichen und über-örtlichen Aufgaben praktisch aufgegeben[542]. Diese Lehre konnte sich trotz Anerkennung ihres Wertes als verwaltungswissenschaftliches Modell nicht durchsetzen, da sie den Wortlaut der kommunalen Selbstverwaltungsgarantie in Art. 28 Abs. 2 Satz 1 GG ignoriert[543]. Zusammenfassend ist schon vor Jahrzehnten konstatiert worden, dass „der Begriff „örtliche Gemeinschaft" gegenwärtig schwerer als je zu bestimmen" ist[544].

b. Die demokratische Legitimation der Gemeinden als Grundlage für die Herstellung des spezifischen Bezugs einer Aufgabe zur örtlichen Gemeinschaft

Der Gemeinschaftsbegriff muss also interpretatorisch so aufgefüllt werden, dass er die eigenständig örtlichen „Bedürfnisse und Interessen" der Gemeinde aus den historischen, geografischen, wirtschaftlichen, verkehrstechnischen und kulturellen Verflechtungen herauslösen und benennen kann[545]. Der spezifische Bezug, den eine Angelegenheit zur örtlichen Gemeinschaft haben muss, wird deutlicher, wenn man die besondere demokratische Legitimation der Gemeinden zur Ausübung von Staatsgewalt in den Blick nimmt[546]. Wie bereits ausgeführt, tritt neben die institutionelle Legitimation der Gemeinde, die in der Einsetzung durch das Staatsvolk als Verfassungsgeber begründet wird, die personelle Legitimation, die den Gemeindeorganen gemäß Art. 28 Abs. 1 Satz 2 GG durch die

---

541 *Gern*, Dt. Kommunalrecht, Rdnr. 65 ff.; *Maunz* in Maunz/Dürig (Hrsg.), GG Bd. IV, Art. 28 Rdnr. 64.

542 Stellvertretend *Pappermann*, JuS 1973, 689, 690: „Diese Einbindung (in überörtliche Entscheidungszusammenhänge hat dazu geführt, dass es keinen fest abgrenzbaren Kreis von Angelegenheiten der „örtlichen Gemeinschaft" mehr gibt, dass also die altvertraute und auch vom Grundgesetz noch akzeptierte Differenzierung nach „örtlichem" und „überörtlichem" Aufgabenkreis nicht mehr generell, sondern allenfalls noch im Einzelfall möglich ist." Uhlenhuts Benennung seiner Auslegung des Art. 28 Abs. 2 GG als funktionales Verständnis der Selbstverwaltung ist deshalb ein terminologischer Missgriff, vgl. *Uhlenhut*, Wirtschaftliche Betätigung der Gemeinden außerhalb ihres Gebietes, S. 142.

543 Zu den Argumenten gegen die Lehre vom funktionalen Selbstverwaltungsverständnis vgl. *Stern*, Staatsrecht Bd. I, S. 424 f.; *ders.* in Püttner (Hrsg.), Handbuch der kommunalen Wissenschaft und Praxis Bd. 1, S. 208 ff.; *von Mutius* in FS-Unruh, S. 223, 236 f.; *Tettinger* in von Mangoldt/Klein/Starck (Hrsg.), GG Bd. 2, Art. 28 Rdnr. 161.

544 *Maunz* in Maunz/Dürig (Hrsg.), GG Bd. IV, Art. 28 Rdnr. 61. Vgl. außerdem die Nachweise bei *Stern*, Staatsrecht Bd. I, S. 424.

545 *Heberlein*, DÖV 1990, 374 377; *von Mutius* in FS-von Unruh, S. 223, 245; *Scholz*, DÖV 1976, 441; *Tomerius*, Der Gemeindehaushalt 2004, 241, 242.

546 Vgl. § 2 C I zur Rechtsprechung des BVerfG, nach der die Einrichtungen der Selbstverwaltung auf die Verstärkung demokratischer Elemente abzielen. Vgl. außerdem *Frotscher* in FS-von Unruh, S. 127; *von Arnim*, AöR 113 (1988), 1; *Jestaedt*, DV 2002, 293; *Schmidt-Aßmann* in FS-Sendler, S. 119, 121 ff. Ausführlich dazu auch *Heilshorn*, Gebietsbezug der Kommunalwirtschaft, S. 103 ff.

Wahlen auf Gemeindeebene, also durch das „Gemeindevolk", zukommt[547]. Das Gemeindevolk als räumlich radizierter Teil des Staatsvolkes hat die Kraft, gemeindliches Handeln zu legitimieren[548]. Die räumliche Radizierung bedeutet aber nicht, dass die Legitimationskraft der Gemeindeeinwohner an den Gemeindegrenzen endet[549]. Im Rahmen des demokratischen Legitimationsprozesses gewinnt das demokratische Prinzip als Verwirklichung der politischen Selbstbestimmung Bedeutung[550]. Durch die dezentrale Strukturierung der untersten Verwaltungsebene soll den Einwohnern der Gemeinden eine Chance der politischen Mitgestaltung eröffnet werden, indem sie innerhalb eines überschaubaren Raumes in die Lage versetzt werden, ihre eigenen Angelegenheiten zu regeln. Das BVerfG hat insoweit von einer mitgliedschaftlich-partizipatorischen Komponente der Selbstverwaltung gesprochen[551]. Damit ist zunächst nur gesagt, dass die Verwurzelung bzw. der spezifische Bezug einer Angelegenheit so bestimmt werden muss, dass sich die Gemeindebewohner bei Erfüllung der Aufgaben wirksam engagieren können. Das Prinzip der Selbstbestimmung verlangt die Beteiligung der Betroffenen. Das sind im Falle der kommunalen Selbstverwaltung die Einwohner der Gemeinde als örtliche Gemeinschaft. Damit stellt sich die Frage, bei welchen Aufgaben sich die Einwohner als Betroffene darstellen. Diese Antwort kann die demokratische Legitimation der Gemeinde nicht mehr leisten. Grundlegend für die Beantwortung dieser Frage ist vielmehr die Herausarbeitung des soziologisch-politischen Gehalts des Gemeinschaftsbegriffs, insbesondere durch *Schmidt-Jortzig*[552].

c. Die Bestimmung der Bedürfnisse und Interessen der Gemeindeeinwohner durch den soziologisch-politischen Gehalt des Gemeinschaftsbegriffs

Systematisch beruht die Gemeinschaft auf den Sonderbeziehungen, die sich zwischen den Gemeindeeinwohnern aufgrund überschaubarer und gleichförmigen Bedingungen in Natur, Umwelt, Wirtschaftsstrukturen etc. Dadurch entsteht ein spezifisches Gefühl nachbarschaftlicher Zusammengehörigkeit. Die Gemeinschaft wird zu einer emotional besetzten und emotional erfahrbaren Verbunden-

---

[547] Zur Verbindung von demokratischer Legitimation und Allzuständigkeit vgl. die unter § 2 C I zitierten Ausführungen des BVerfG.

[548] Vgl. § 2 C I.

[549] Zu diesem Schluss kommen *Heilshorn*, Gebietsbezug der Kommunalwirtschaft, S. 125 f., 132; *Löwer*, NWVBl 2000, 241, 244. Dagegen überzeugend *Uhlenhut*, Wirtschaftliche Betätigung der Gemeinden außerhalb ihres Gebietes, S. 158 ff. *Oebbecke*, ZHR 164 (2000), 375, 389 lässt zwar eine Überschreitung der Gemeindegrenzen zu, nicht aber die Versorgung von Gebietsfremden außerhalb des Gemeindegebiets.

[550] *Heilshorn*, Gebietsbezug der Kommunalwirtschaft, S. 122 ff.

[551] BVerfGE 83, 37, 55. Vgl. dazu bereits bei § 2 C I.

[552] *Schmidt-Jortzig*, Kommunalrecht, Rdnr. 466 ff.; *ders.*, DÖV 1989, 142, 144 ff.; *ders.*, DÖV 1993, 973, 974 f; zustimmend *Oster* in Gabler/Höhlein (Hrsg.), Kommunalverfassungsrecht RP, Vorbem. zu §§ 85-92 GemO, Rdnr. 2.2.1.3.

heit der Einwohner im Gemeindegebiet[553]. Die „örtliche Gemeinschaft" wird demnach definiert als „der in einem wirtschaftlich, ökologisch, strukturell gleichförmigen und emotional überschaubaren Raum entstandene Zusammenhang nachbarschaftlicher Verbundenheit"[554]. Dieser Zusammenhang geht auch durch die zunehmende Verflechtung von traditionell örtlichen und überörtlichen Belangen nicht verloren. Grundlagen der Bestimmung einer weiterhin bestehenden Verbundenheit im gemeindlichen Raum sind Solidaritätsbedürfnis, Heimatverbundenheit, Integrationsverlangen, Engagementbereitschaft und Partizipationsdrang bei Gestaltung der unmittelbaren Lebensbereiche[555]. Aus dem Gefühl nachbarschaftlicher Verbundenheit ergeben sich als Emanationen die Angelegenheiten, die „Angelegenheiten der örtlichen Gemeinschaft" sind. Aufgrund des emotionalen Gehaltes des Gemeinschaftsbegriffs kann es sich bei der Bestimmung der Angelegenheiten nur um einen Annäherungsprozess handeln[556]. Es geht um ein „Angelegensein", um ein konkretes Interesse der Gemeinschaftsangehörigen an bestimmten Ergebnissen[557]. Angelegenheiten der örtlichen Gemeinschaft wären damit „diejenigen Vorhaben, deren bestmögliche Verwirklichung den Menschen in einem geschlossenen Siedlungsraum für ihre gemeinsamen Lebensbedürfnisse von konkretem Interesse sind"[558]. Durch diese Definition wären Angelegenheiten ausgeschlossen, die von übergreifendem allgemeinem Interesse sind sowie Angelegenheiten, die nur abstrakt oder mittelbar auf die Gemeinschaft wirken und bei denen das lokale Interesse nur Anlass für eine Befassung mit einer Angelegenheit von übergreifendem, allgemeinem Interesse wäre[559].

---

[553] Diese emotionale Qualität des Gemeinschaftsbegriffs hat wohl auch dazu geführt, dass Maunz die Gemeindegebietsreform als die schwerste Attacke gegen das soziale Gebilde „örtliche Gemeinschaft" und das vom Grundgesetz vorgesehene Substrat der Selbstverwaltung bezeichnet hat, vgl. *Maunz* in Maunz/Dürig (Hrsg.), GG Bd. IV, Art. 28 Rdnr. 62.

[554] *Schmidt-Jortzig*, Kommunalrecht, Rdnr. 468; *ders.*, DÖV 1989,142, 146; *von Mutius* in FS-von Unruh, S. 223, 245.

[555] *Schmidt-Jortzig*, Kommunalrecht, Rdnr. 469; *ders.*, DÖV 1989, 142, 146.

[556] *Schmidt-Jortzig*, Kommunalrecht, Rdnr. 472. *Von Mutius* in FS-von Unruh, S. 223, 246 spricht von einer matrixhaften Darstellung der Wertungs- und Entscheidungskriterien. In dieser Matrix würden die räumlichen, sozialen, organisatorischen, personellen und finanziellen Determinanten sowie die einzelnen Etappen des in Rede stehenden Ablaufvorganges auftauchen. Die Determinanten ergäben Argumente für und gegen eine Zuordnung zu den Angelegenheiten der örtlichen Gemeinschaft. Sie würden in einer Abwägung zum Ausgleich gebracht werden, in der die historische Entwicklung der Selbstverwaltung und die Allzuständigkeitsvermutung für die Gemeinden entscheidende Bedeutung gewänne.

[557] *Schmidt-Jortzig*, DÖV 1989, 142, 146 f.

[558] *Schmidt-Jortzig*, DÖV 1993, 973, 974.

[559] *Schmidt-Jortzig*, DÖV 1993, 973, 974. Als konkrete Beispiele für Angelegenheiten, die auf eine Verbesserung lokaler Lebensumstände abzielen und damit genuine Angelegenheiten der örtlichen Gemeinschaft sind, werden Strom- und Wasserlieferung, die Straßenreinigung, die Bereitstellung sozialer, kultureller und sportlicher Einrichtungen, Abfall- und Abwasserbeseitigung, Ortsstraßenbau und Nahverkehrsbedienung, Kulturangebot und Wirtschaftsförderung bis Zukunftsplanung im städtebaulichen und Umweltbereich genannt.

Das Verständnis der örtlichen Gemeinschaft als emotionalem Verbund ermöglicht also eine Konkretisierung der Kriterien der „Verwurzelung" und des „spezifischen Bezugs" der Bedürfnisse und Interessen in der örtlichen Gemeinschaft. Nur solche Aufgaben an deren Erfüllung die Gemeindeeinwohner ein auf einem Gefühl nachbarschaftlicher Verbundenheit beruhendes Interesse haben, sind den Gemeindeeinwohner als solche gemeinsam, betreffen ihr Zusammenleben und -wohnen in der Gemeinde. Auf diese Weise lassen sich auch die Ausnahmen im Bereich kommunalwirtschaftlicher Tätigkeit erklären, die auch bei Anwendung eines strengen Territorialitätsprinzips allgemein als zulässig anerkannt sind[560]. Das auswärtige Schullandheim oder das Wasserwerk auf fremdem Gebiet zur Versorgung der eigenen Einwohner erbringen Leistungen, an deren Erfüllung die Gemeindeeinwohner ein gemeinsames, verbindendes Interesse haben. Das Gemeinschaftsinteresse liegt als Anknüpfungspunkt der örtlichen Radizierung näher als der vielfach postulierte „räumliche Bezug"[561].

d. Übereinstimmung mit der historischen Methode des BVerfG zur Bestimmung des Wesens der Selbstverwaltung

Eine solche Betrachtungsweise harmoniert auch mit der historischen Methode des BVerfG zur „Bestimmung dessen, was zum Wesen der Selbstverwaltung gehört"[562]. Denn auch die besondere demokratische Legitimation der Selbstverwaltung und ihre Funktion als Element bürgerlicher Selbstbestimmung sind historisch begründet[563]. Die emotionale Verbundenheit der Gemeindeeinwohner mit einer bestimmten Aufgabe ergibt sich nicht a priori, sondern vor allem auch dadurch, dass diese Aufgabe traditionell als eine solche des örtlichen Wirkungskreises begriffen wurde[564]. Daran ändern auch die Vorbehalte und Einschränkungen der historischen Methode des BVerfG nichts[565]. Laut BVerfG darf sie „Änderungen, die in der Linie einer vernünftigen Fortentwicklung des überkommenen (!) Systems liegen" nicht im Wege stehen[566]. Die Einschränkungen der historischen Methode richten sich aber gegen eine Tätigkeit des Gesetzge-

---

[560] § 8 A I.

[561] Stellvertretend *Kluth*, Grenzen kommunaler Wettbewerbsteilnahme, S. 38.

[562] BVerfGE 11, 266 ,274. Vgl. zur historischen Methode auch § 2 C II 2.

[563] Vgl. BVerfGE 11, 266, 274 f.; *Frotscher* in FS-von Unruh, S. 127, 128 f.; *von Arnim*, AöR 113 (1988), 1, 4 f.

[564] Vgl. dazu auch § 1 des preußischen Gemeindeverfassungsgesetzes vom 15.12.1933: „Die Gemeinde ist die vom Staate anerkannte, *geschichtlich gewordene und zur Einheit gewachsene* Zelle räumlichen Zusammenlebens einer Vielheit von Familien ..."; zitiert nach *Gabler/Höhlein(Hrsg.)*, Kommunalverfassungsrecht RP, § 1 GemO Rdnr. 1.1.1.

[565] Zur Relativierung der historischen Betrachtungsweise vgl. *Blümel* in FS-von Unruh,S. 265, 271 ff. Das BVerfG hat in BVerfGE 23, 353, 367 selber bereits gesagt, dass „die Bezugnahme der Rechtsprechung auf die historisch begründete Gestaltung des Selbstverwaltungswesens (nicht bedeute), dass alles beim alten bleiben müsse und dass eine neue Einrichtung schon deshalb nicht hingenommen werden könne, weil sie neu und ohne Vorbild ist".

[566] BVerfGE 23, 353, 367; 38, 258, 279.

bers im Falle einer Neuordnung der Aufgabenzuständigkeit[567]. Die historische Methode ist dagegen nicht für die Frage entwertet, ob eine bestimmte Aufgabe – von Zuweisungen seitens der Legislative einmal abgesehen – traditionell als solche des örtlichen Wirkungskreises begriffen wurde und deshalb ein nachbarschaftliches Verbundenheitsgefühl besteht, das die Grundlage für die Feststellung der örtlichen Radizierung bildet. Ist sie festgestellt, muss man sich aber der Frage stellen, welche Möglichkeiten überörtlicher Wirtschaftstätigkeit dich durch eine grundsätzlich territorial offene Auslegung der „Angelegenheiten der örtlichen Gemeinschaft" eröffnen.

3. Die örtliche Radizierung als Grundlage der Zulässigkeit der wirtschaftlichen Betätigung mehrerer Gemeinden in einem Gebiet

Diese Auslegung der „Angelegenheiten der örtlichen Gemeinschaft" in Art. 28 Abs. 2 Satz 1 GG erlaubt also grundsätzlich eine wirtschaftliche Tätigkeit einer Gemeinde auf dem Gebiet einer anderen Gemeinde. Es besteht damit die Möglichkeit, dass zwei Kommunen auf demselben Gebiet eine identische wirtschaftliche Aktivität entfalten[568]. Dabei sind zwei Fälle der Tätigkeit außerhalb des Gemeindegebiets deutlich zu unterscheiden. Im Rahmen der näheren Definition des Sachverhaltes der Überörtlichkeit festgestellt, dass eine Gebietsüberschreitung zur Erstellung von Leistungen für das eigene Gemeindegebiet nicht unter diesen Sachverhalt fällt[569]. Das Beispiel für eine solche Tätigkeit war das Wasserkraftwerk einer Gemeinde, welches zwar die eigenen Einwohner versorgt, aber auf dem Gebiet einer anderen Gemeinde errichtet wurde. Soweit es bei einer solchen nicht überörtlich ausgerichteten Wirtschaftstätigkeit zu Auswirkungen des gemeindlichen Handelns auf andere Gebietskörperschaften kommt, etwa wenn die zusätzliche Nutzung von Wasservorkommen die Preise der eigenen Wasserversorgung beeinflusst, werden diese Ausstrahlungen allgemein als unausweichliche Folge der wirtschaftlichen Betätigung von Kommunen akzeptiert[570]. Eine andere Fallgestaltung ergibt sich, wenn das Wasserkraftwerk auch noch Einwohner der Gemeinde mit Trinkwasser versorgt, in der es belegen ist. Dann wäre der Sachverhalt der Überörtlichkeit erfüllt. Für die Leistungserstellung zugunsten der eigenen Einwohner ergibt die örtliche Radizierung eine Vertiefung der Begründung, weshalb diese vom Landesgesetzgeber bei der Schaffung der Expansionsklauseln nicht weiter ins Blickfeld genommen wurde. Die örtliche Radizierung verschiebt nämlich den Akzent des Verbots der Doppelverwaltung bzw. des anstaltsrechtlichen Konkurrenzverbots vom Gemeindege-

---

[567] Vgl. nur die den Entscheidungen BVerfGE 11, 266; 23, 353; 38, 258; 79, 127 zugrundeliegenden Sachverhalte.

[568] Ein häufig angeführtes Beispiel sind die Schullandheime, vgl. *Oebbecke*, ZHR 145 (2000), 375, 376; *Ehlers*, NWVBl, 2000, 1, 6.

[569] Vgl. § 5 C.

[570] Vgl. § 7 A I.

biet zur wahrgenommenen Tätigkeit. Legt man dem Verbot der Doppelverwaltung nicht die Gebietshoheit, sondern die über die Interessen der Einwohner zu bestimmenden Angelegenheiten der örtlichen Gemeinschaft zugrunde, bedeutet dieses Verbot nicht die Unzulässigkeit der Betätigung mehrerer Gemeinden in einem Gebiet. Es kommt vielmehr darauf an, dass die Gemeinden nicht identische Zielsetzungen verfolgen. Jede Gemeinde kann nur *ihre* örtlich radizierten Interessen verfolgen. Soweit sie *ausschließlich* die Interessen einer anderen Gemeinde wahrnimmt, scheint sie die verfassungsrechtlichen Vorgaben für überörtliche kommunale Wirtschaftstätigkeit. Bei der Leistungserstellung für die eigenen Einwohner verfolgt die Gemeinde ausschließlich die Erfüllung örtlich radizierter Aufgaben. Die Überschneidungsfreiheit kommunaler Wirtschaftstätigkeit ist weiterhin gegeben, weil mehrere Gemeinden auch bei gleichartiger Tätigkeit in einem Gemeindegebiet zweifellos eigene Aufgaben wahrnehmen, d.h. Angelegenheiten ihrer jeweiligen örtlichen Gemeinschaft erfüllen[571]. Die Expansionsklauseln müssen solche Tätigkeiten also gar nicht erfassen, da sie bereits durch die verfassungsrechtlichen Vorgaben erlaubt sind[572]. Der Begriff des anstaltsrechtlichen Konkurrenzverbotes erscheint deshalb zunächst passender, weil nicht schon gleichartige Tätigkeiten in einem Gebiet durch das Verbot ausgeschlossen werden, sondern Tätigkeiten mit identischer Zielsetzung.

Für den Sachverhalt der Überörtlichkeit hingegen erscheint es problematisch von einem anstaltsrechtlichen Konkurrenzverbot zu sprechen. Er beruht nämlich gerade in der Aufnahme einer Tätigkeit, die sich als „Angelegenheit der örtlichen Gemeinschaft" einer anderen Gemeinde darstellt[573]. Dabei ist die Voraussetzung, dass die übernommene Tätigkeit auch für die expandierende Gemeinde örtlich radiziert sein muss, an dieser Stelle unbeachtlich. Wesentlich ist, dass die Überörtlichkeit auch Fälle erfasst, in denen eine Gemeinde auf dem Gebiet einer anderen Gemeinde mit ihr in Konkurrenz tritt. Ebenso erfasst die Überörtlichkeit Fälle, in denen die expandierende und die betroffene Gemeinde gerade entgegengesetzte Zielsetzungen verfolgen, wenn also etwa die betroffene Gemeinde eine bestimmte Aufgabe auf ihrem Gebiet gar nicht durch (eigene oder fremde) kommunale Wirtschaftstätigkeit erfüllt sehen will. Eine Aufgabe ist auch dann örtlich radiziert, wenn es um eine Entscheidung zur Nichterfüllung der Aufgabe

---

[571] Im Ergebnis ebenso *Uhlenhut*, Wirtschaftliche Betätigung der Gemeinden außerhalb ihres Gebietes, S. 144.

[572] Die Vorgaben des Art. 28 Abs. 2 Satz 1 GG werden auch nicht durch die Gemeindeordnungen der Länder eingeschränkt, vgl. § 7 C.

[573] Das übersieht *Uhlenhut*, Wirtschaftliche Betätigung der Gemeinden außerhalb ihres Gebietes, S. 145, wenn er bei Randnutzungen annimmt, es handele sich bei genauer Wahrnehmung nicht um dieselbe Aufgabe, da die Randnutzungen sich aus der Hauptbetätigung rechtfertigen. Es handelt sich um die Wahrnehmung derselben Aufgabe. Die expandierende Gemeinde nimmt diese auch mit derselben Zielsetzung wahr wie die betroffene Gemeinde. Beiden geht es um die Versorgung der Einwohner der betroffenen Gemeinde. Gerade die Randnutzungen dürften sich – aufgrund der weitgehend angenommenen Zulässigkeit – als ein Hauptproblem der konkurrierenden Betätigung von Gemeinden erweisen.

geht. Es kommt also auch in diesem Fall dazu, dass die expandierende Gemeinde eine Aufgabe wahrnimmt, die in der fremden örtlichen Gemeinschaft verwurzelt ist oder auf sie einen spezifischen Bezug hat[574]. Es geht also um eine wirtschaftliche Betätigung, die sich für zwei (oder mehr) Gemeinden als Erfüllung einer örtlich radizierten Aufgabe darstellt und für oder gegen deren Erfüllung sich diese Gemeinden kraft ihres Selbstverwaltungsrechts entscheiden können. Für den Bereich der kommunalen Wirtschaftstätigkeit ist ein strenges Konkurrenzverbot also nicht anzuerkennen. Solange sich eine Aufgabe als örtlich radiziert darstellt, kann eine Gemeinde sie auch wahrnehmen, wenn sie dabei dieselbe Tätigkeit entfaltet wie eine andere Gemeinde. Ausgeschlossen ist nur die Wahrnehmung einer ausschließlich für eine andere Kommune örtlich radizierten Aufgabe.

Soweit also eine wirtschaftliche Betätigung mit identischer Zielsetzung verfolgt wird, also überörtliche kommunale Wirtschaftstätigkeit im Sinne der Expansionsklauseln vorliegt, kommt es zur Konkurrenz zwischen den Angeboten der expandierenden und der betroffenen Gemeinde[575]. Als Folge der räumlich nicht streng begrenzten Auslegung des Art. 28 Abs. 2 Satz 1 GG könnte man somit einen „ruinösen Wettbewerb" zwischen den Gemeinden bzw. ihren Unternehmen befürchten[576]. Die hier vertretene Auslegung liefe dann Gefahr sich in Widerspruch zu Art. 28 Abs. 2 Satz 3 GG zu stellen, der den Gemeinden eine aufgabenadäquate Finanzausstattung zusichert, wenn der kommunalwirtschaftliche Wettbewerb die finanziellen Mittel der Gemeinden aufzehrt. Zunächst muss in diesem Zusammenhang darauf hingewiesen werden, dass kommunale Konkurrenzwirtschaft auch dann eine seltene Ausnahme bleibt, wenn man das Territorialitätsprinzip aufgibt[577]. Es dürfte nur wenige Fälle geben, in denen das Anbieten von Leistungen außerhalb der eigenen Gemeinde noch einen örtlich radizierten Anlass hat. Im Bereich der Wasserversorgung ist das Auftreten einer Konkurrenzsituation (Wettbewerb im Markt) besonders unwahrscheinlich, da sich der Bau paralleler Netze für das gleiche Versorgungsgebiet nicht rechnet[578]. Wenn somit die Gefahr eines „ruinösen" Wettbewerbs eher fernliegend erscheint, so ist dennoch zuletzt anzumerken, dass diese Folge des Verständnisses des Art. 28 Abs. 2 Satz 1 GG im Rahmen des Anspruchs der Gemeinden auf eine adäquate Finanzausstattung zu berücksichtigen wäre. Die finanzielle Leistungskraft kann die Zulässigkeit kommunaler Wirtschaftstätigkeiten beschränken, sie kann aber nicht die Reichweite des örtlichen Wirkungskreises bestim-

---

[574] Näher dazu unter § 9 A I.

[575] Vgl. auch *Gottschalk*, ThürVBl 2003, 25, 30.

[576] *Becker*, DÖV 2000, 1032, 1039.

[577] Zum Hauptfall, nämlich den sogenannten Randnutzungen, vgl. § 8 D II 2.

[578] *Salzwedel*, NordÖR 2001, 185. Zur Begründung von Durchleitungsansprüchen der expandierenden Gemeinde durch das Leitungsnetz der betroffenen Gemeinde, etwa nach § 19 Abs. 4 Nr. 4 GWB vgl. § 6 C II.

men[579]. Art. 28 Abs. 2 Satz 1 GG schließt also den kommunalwirtschaftlichen Wettbewerb in der Form identischer Leistungsangebote seitens zweier Gemeinden für die Einwohner einer Gemeinde nicht aus.

Davon zu unterscheiden ist die Frage, ob die überörtliche Wirtschaftstätigkeit einer Gemeinde eine Verletzung des Selbstverwaltungsrechts der Gemeinde, auf deren Gebiet die Tätigkeit ausgeübt wird, begründet. Diese Frage fragt aber nicht nach dem Recht einer Gemeinde sich überörtlich zu betätigen, sondern stellt eine eigenständige Schranke dar. Das ergibt sich zwanglos schon aus der Unterteilung des Sachverhalts der Überörtlichkeit wie er den Expansionsklauseln zugrunde liegt in zwei Bestandteile[580]. Die Frage nach dem Selbstverwaltungsrecht der betroffenen Gemeinde bedarf der Klärung erst, wenn die Sachverhalte festgestellt sind, in denen eine Gemeinde außerhalb ihres Gebietes tätig werden darf[581].

III. Zwischenergebnis

Der Gebietsbezug des Gemeindewirtschaftsrechts ergibt sich aus der Auslegung des Begriffs der Angelegenheiten der örtlichen Gemeinschaft in Art. 28 Abs. 2 Satz 1 GG. Da sich die räumliche Komponente dieses Begriffs auf die Gemeinschaft bezieht, ist für die Reichweite der kommunalen Wirtschaftstätigkeit die Bestimmung des Gemeinschaftsbegriffs grundlegend. Das BVerfG hat dazu die Formel von der Notwendigkeit der örtlichen Radizierung entwickelt, wonach sich eine Aufgabe dann als örtlich erweist, wenn sie Interessen und Bedürfnisse der Gemeindeeinwohner als solche betrifft. Während diese Formel ihre Grundlage in der besonderen demokratischen Legitimation der Gemeinde findet, ergeben sich die den Gemeindeeinwohnern spezifischen Interessen und Bedürfnisse durch die Betrachtung des soziologisch-politischen Gehalts des Gemeinschaftsbegriffs. Spezifische Bedürfnisse und Interessen finden sich in den Aufgaben, bei denen sich ein gemeinsames Interesse der Gemeindeeinwohner an ihrer (bestmöglichen) Erledigung aus einem nachbarschaftlichen Verbundenheitsgefühl entwickelt hat. Da dieser emotionale Gehalt des Gemeinschaftsbegriffs nicht eine Folge der rechtlichen Konstruktion der Selbstverwaltung sondern der gefühlten Wirklichkeit der Gemeindeeinwohner ist, muss bei seiner Feststellung insbesondere die historische Ausprägung und Fortentwicklung der als örtlich angesehenen Aufgaben Berücksichtigung finden.

Im Ergebnis erweist sich der Gebietsbezug der kommunalen Selbstverwaltung also primär als durch die Gemeinschaft denn durch das Gemeindegebiet be-

---

[579] Das BVerfG hat in der Rastede-Entscheidung auch klargestellt, dass es bei der Definition der Angelegenheiten der örtlichen Gemeinschaft nicht auf die Verwaltungskraft der Gemeinde ankommt, BVerfGE 79, 127, 152. Kritisch zu diesem Diktum *Gern*, Dt. Kommunalrecht, Rdnr. 61.

[580] Vgl. § 5.

[581] Vgl. § 8.

stimmt. Abzulehnen ist somit ein Verständnis des Gebietsbezugs, welches die Gebietshoheit als Ausgangspunkt seiner Überlegungen nimmt. Die örtliche Radizierung kennt keine streng geografische oder kartografische Grenze des gemeindlichen Handlungsspielraums. Weiterhin sind aber auch solche Ansichten zur überörtlichen Wirtschaftstätigkeit abzulehnen, die sie zwar grundsätzlich zulassen, aber ebenfalls räumlich begründete Kriterien für die Zulässigkeit anlegen. Dazu zählt etwa die Frage nach dem Sitz des kommunalen Unternehmens[582] oder die Frage, ob die „eigentliche Wertschöpfung"[583] der kommunalwirtschaftlichen Betätigung im Gebiet der eigenen Gemeinde erfolgt. Soweit man den „Schwerpunkt der Tätigkeit" als Bewertungsmaßstab heranzieht[584], darf es sich dabei nicht um einen Schwerpunkt der Tätigkeit im Gemeindegebiet handeln, sondern um einen Schwerpunkt im Bezug zur örtlichen Gemeinschaft[585]. Damit kann es zu in zwei Konstellationen zu einer gleichgerichteten wirtschaftlichen Tätigkeit zweier Gemeinden auf einem Gebiet kommen. Entweder erfüllt jede Gemeinde die Aufgabe nur für ihr eigenes Gebiet, etwa wenn aufgrund der Verteilung der Versorgungsgebiete eine Gemeinde ihr Wasserkraftwerk zwingend auf dem Gebiet einer anderen Gemeinde errichten muss. Oder es entsteht eine Konkurrenzsituation zwischen den Gemeinden, wenn die Erfüllung einer Aufgabe sich für beide als Angelegenheit der örtlichen Gemeinschaft darstellt, so etwa im Bereich der sogenannten Randnutzungen kommunaler Unternehmen[586]. Die Konkurrenzproblematik ist über die Frage der Abwehrrechte der betroffenen Gemeinde aus ihrem kommunalen Selbstverwaltungsrecht zu klären.

IV. Geltung des Art. 28 Abs. 2 Satz 1 GG für die wirtschaftliche Betätigung der Kommunen

In neuerer Zeit wurde von mehreren Autoren die Ansicht vertreten, dass die kommunale Wirtschaftstätigkeit nicht an den aus Art. 28 Abs. 2 Satz 1 GG her-

---

[582] *Braun*, SächsVBl 1999, 25, 29.

[583] Vgl. etwa *Cronauge/Westermann*, Kommunale Unternehmen, Rdnr. 397; *Cronauge*, Der Gemeindehaushalt 1997, 265, 268; *Leimkühler*, VergabeR 2001, 353, 363. Meistens bezieht sich das Kriterium der Wertschöpfung aber auf die Feststellung einer Gebietsüberschreitung und nicht auf eine verfassungsrechtliche Zulässigkeit dieser Gebietsüberschreitung, vgl. *Kühling*, NJW 2001, 177, 178; *Schulz*, BayVBl 1998, 449, 450; *Koehler*, VR 2000, 44, 45; *Gottschalk*, ThürVBl 2003, 25, 26.

[584] OLG Düsseldorf NVwZ 2000, 714, 715. Im Schrifttum etwa *Kluth*, Grenzen kommunaler Wettbewerbsteilnahme, S. 38; *Lux*, NWVBl 2000, 7, 9; *Dolde*, ZHR 166 (2002), 515, 518; *Meyer*, LKV 2000, 321, 323 („Hauptbetätigungsfeld"). *Kühling*, NJW 2001, 177, 178 benutzt das Kriterium des Schwerpunktes der Tätigkeit zur Feststellung, an welchem Ort die „Wertschöpfung" der gemeindlichen Wirtschaftstätigkeit erfolgt.

[585] *Uhlenhut*, Wirtschaftliche Betätigung der Gemeinden außerhalb ihres Gebietes, S. 155. Zum „Schwerpunkt der Tätigkeit" im Falle von Randnutzungen vgl. § 7 D II 3.

[586] Dazu § 8 D II 2, 3.

geleiteten Gebietsbezug gebunden ist[587]. Es müsste insoweit zwischen dem hoheitlichen und wirtschaftlichen Handeln der Gemeinde differenziert werden. Letztere würde auch dann nicht den Charakter von Verwaltungstätigkeit annehmen, wenn sie örtlichen Gemeinwohlzwecken diene. Gerade wenn den Gemeinden die wirtschaftliche Betätigung zur Erfüllung von Gemeinwohlzwecken ermöglicht werde, würde sie nur dann ein geeignetes Mittel darstellen, wenn den Kommunen ein wettbewerbsgerechter Einsatz dieses Mittels eröffnet wäre. Die Bindung an eine Verwaltungskompetenz würde dem nicht Rechnung tragen[588]. Sie berufen sich dabei auf die ältere Auffassung, dass die Kompetenzverteilungsnormen des Staates die wirtschaftliche Teilnahme des Staates am Wirtschaftsleben grundsätzlich nicht betreffen[589]. Entsprechend läge ein Missverständnis über den Regelungsgehalt des Art. 28 Abs. 2 GG vor. Während Verwaltungstätigkeit ein Prinzip der Ausschließlichkeit voraussetze, fände wirtschaftliche Betätigung im Wettbewerb statt[590]. Sie sei also von vornherein auf Konkurrenz ausgerichtet, d.h. auf die Betätigung mehrerer Teilnehmer mit gleicher Zielsetzung. Es kommt also nicht zu einer Konkurrenz von Zuständigkeiten zwischen verschiedenen Verwaltungsträgern. Der hoheitliche Bereich wird gar nicht tangiert. Im Hinblick auf die horizontale Zuständigkeitsabgrenzung zwischen den Gemeinden käme es deshalb gar nicht zu einem Eingriff in das Selbstverwaltungsrecht, wenn eine Gemeinde im Rahmen ihrer wirtschaftlichen Tätigkeit territorial ausgreift[591].

---

[587] Vgl. *Hellermann*, Örtliche Daseinsvorsorge und gemeindliche Selbstverwaltung, S. 133 ff.; 157 f.; *Wieland/Hellermann*, DVBl 1996, 401; *Moraing*, WiVerw 1998, 233; *Wieland* in Henneke (Hrsg.), Optimale Aufgabenerfüllung im Kreisgebiet?, S. 193; *Wieland*, NWVBl 2000, 246.

[588] *Hellermann*, Örtliche Daseinsvorsorge und gemeindliche Selbstverwaltung, S. 157 f.; *Wieland*, NWVBl 2000, 246, 248. *Heilshorn*, Gebietsbezug der Kommunalwirtschaft, S. 56 Fn. 14 weist richtig darauf hin, dass *Hellermann* fälschlicherweise die „generell vorherrschende" Auffassung hinter sich wähnt.

[589] Vgl. insbesondere *Klein*, Die Teilnahme des Staates am wirtschaftlichen Wettbewerb, S. 149 f.; *Dickersbach*, WiVerw 1983, 187, 192 ff. Unscharf sind die Ausführungen bei *Püttner*, Kommunale Unternehmen, S. 161 ff. dazu, wann Wirtschaftstätigkeit Verwaltung ist und wann reine Erwerbswirtschaft, die nicht unter Art. 30 GG fallen soll. Unklarheiten ergeben sich seiner Ansicht nach aus der Unschärfe der verfassungsrechtlichen Vorgaben. Er ist allerdings der Ansicht, dass Art. 28 Abs. 2 GG eine hinreichend genaue Exegese erlaubt, die die kommunale Wirtschaftstätigkeit als „verwaltungsersetzend" einstuft, S. 161. Im Ergebnis müssen damit die Bindungen der Verfassung für die Kommunalwirtschaft eingreifen.

[590] *Wieland* in Henneke (Hrsg.), Optimale Aufgabenerfüllung im Kreisgebiet?, S. 193, 196 ff.

[591] *Moraing*, WiVerw 1998, 233, 245; *Wieland* in Henneke (Hrsg.), Optimale Aufgabenerfüllung im Kreisgebiet, S. 193, 196 f. Die Lehre von der Beschränkungsfreiheit kommunaler Wirtschaftstätigkeit ist letzten Endes ein Ausfluss des nachvollziehbaren Bedürfnisses die kommunale Wirtschaft in einer Zeit zunehmender Liberalisierung der bisher monopolistisch betriebenen Versorgungsleistungen in eine wettbewerbsgerechte Position zu bringen. Angesichts der Ablösungsbestrebungen der kommunalen Unternehmen und Spitzenverbände von den gemeindewirtschaftsrechtlichen Schranken kann es deshalb wohl nicht als ein Zufall erscheinen, dass diese Ansicht von ihren wesentlichen Vertretern in Schriften des Verbands

Die überwiegende Meinung im Schrifttum hat dieser Ansicht zu Recht widersprochen[592]. Sie würde dazu führen, dass die Restriktionen des Gemeindewirtschaftsrechts verfassungswidrig wären[593]. Wenn der Landesgesetzgeber die Kommunalwirtschaft aber nicht mehr reglementieren darf, würde die Gemeinde damit im Bereich wirtschaftlichen Handelns eine der Privatautonomie vergleichbare Handlungsfreiheit erlangen. Die Verfassung verweigert der öffentlichen Hand aber gerade eine solche Freiheit[594]. Öffentliches Handeln bedarf, unabhängig von der Form in der es geschieht, einer kompetenziellen Grundlage[595]. Es sei ein Fehlschluss wenn man aufgrund des Gegensatzpaares von (privater) Wirtschaft und (öffentlicher) Verwaltung die gemeindewirtschaftliche Tätigkeit als privatwirtschaftlich qualifizieren würde[596]. Funktional stellt die kommunale Wirtschaftstätigkeit Verwaltungshandeln dar[597]. Denn auch dadurch werden öffentliche Aufgaben erfüllt[598]. Die Verwaltung bleibt auch dann Verwaltung,

---

kommunaler Unternehmen entwickelt wurde, vgl. *Wieland/Hellermann*, Der Schutz des Selbstverwaltungsrechts der Kommunen gegenüber Einschränkungen ihrer wirtschaftlichen Betätigung im nationalen und europäischen Recht, VKU, Beiträge zur kommunalen Versorgungswirtschaft, Heft 85, 1995; *Wieland* in SPD-Landtagsfraktion 1997 (Hrsg.), Wirtschaftliche Betätigung der Kommunen, S. 8; *Moraing*, Möglichkeiten und Grenzen des kommunalen Wirtschaftsrechts, in Anlage zum VKU-Nachrichtendienst, Folge 589, Januar 1998, S. 8.

[592] *Jarass*, DVBl 2006, 1, 3; *Knauff*, VR 2005, 145, 147; *Held*, WiVerw 1998, 264, 280 f.; *Tettinger* in von Mangoldt/Klein/Starck (Hrsg.), GG Bd. 2, Art. 28 Rdnr. 225; *Faßbender*, DÖV 2005, 89, 98 f.; *Oster* in Gabler/Höhlein (Hrsg.), Kommunalverfassungsrecht RP, Vorbem. §§ 85-92 GO, Rdnr. 2.2.1.2; *Henneke*, NdsVBl 1998, 273, 278; *Ehlers*, Gutachten E zum 64. DJT, S. 43 f.; *ders.*, DVBl 1998, 497, 504; *Stober*, NJW 2002, 2357, 2365; *Heintzen*, NVwZ 2000, 743, 744; *Rennert*, DV 2002, 319, 339; *Britz*, NVwZ 2001, 380, 386; *Lux*, NWVBl 2000, 7, 9; *Scharpf*, GewA 2005, 1, 4; *ders.*, NVwZ 2005, 148, 150; zustimmend *Weiß*, DVBl 2003, 564, 571 Fn.53 ; *Berg*, WiVerw 2000, 141, 147 Fn. 32.

[593] Vgl. etwa *Wieland*, NWVBl 2000, 246, 248; *Moraing*, WiVerw 1998, 233, 249 ff. Konsequent die Aussage bei *Hellermann*, Örtliche Daseinsvorsorge und gemeindliche Selbstverwaltung, S. 210: „Die gesetzliche Beschränkung der wirtschaftlichen Betätigung der Kommunen auf ihr jeweiliges Gemeindegebiet folgt daher nicht aus Art. 28 Abs. 2 GG, sondern muss sich an Art. 28 Abs. 2 GG messen lassen."

[594] Vgl. § 2 B III.

[595] *Tettinger*, Besonderes Verwaltungsrecht, Rdnr. 53; *Rennert*, DV 2002, 319, 339; *Heintzen*, NVwZ 2000, 743, 744; *Lux*, NWVBl 2000, 7, 9. *Ehlers*, Gutachten E zum 64. DJT, S. 43; *ders.* DVBl 1998, 497, 504 hat deshalb diese Ansicht als Rückkehr zur „schon im 19. Jahrhundert überholten Fiskustheorie in ihrer absolutistischen Ausprägung" gebrandmarkt; zustimmend *Berg*, WiVerw 2000, 141, 147 Fn 32.

[596] *Burmeister* in FS-Unruh, S. 623, 637.

[597] Dazu *Stern/Püttner*, Die Gemeindewirtschaft, S. 96 ff.; *Mann*, JZ 2002, 819, 825.

[598] *Burmeister* in FS-Unruh, S. 623, 645: „Allein diese Zwecksetzung der gemeinwohlorientierten öffentlichen Aufgabenerfüllung rechtfertigt und gebietet die Qualifizierung dieser Tätigkeit – auch soweit sie in den Formen des Privatrechts wahrgenommen wird – als öffentliche Verwaltungserfüllung und die Einordnung der betrauten Unternehmen als Einrichtungen der öffentlichen Verwaltung."

wenn sie wirtschaftet[599]. Das BVerfG hat im Sasbach-Urteil denn auch deutlich formuliert, dass „die Erfüllung öffentlicher Aufgaben durch juristische Personen des öffentlichen Rechts vollzieht sich grundsätzlich nicht in Wahrnehmung unabgeleiteter, ursprünglicher Freiheiten (...), sondern aufgrund von Kompetenzen, die vom positiven Recht zugeordnet und inhaltlich bemessen und begrenzt sind"[600]. Es bleibt also bei einer Zuständigkeitswahrnehmung aus Art. 28 Abs. 2 Satz 1 GG[601]. Grundsätzlich hätte die Gemeinde dann auch bei ihrem wirtschaftlichen Handeln die horizontalen Zuständigkeitsabgrenzungen zu beachten. Wenn man Wirtschaftstätigkeit so versteht, liegt in einer ungeregelten Überschreitung des Gemeindegebiets eine Verletzung des Selbstverwaltungsrechts der betroffenen Gemeinde[602]. Denn in diesem Fall würden die sich aus der Verfassung und den Gesetzen ergebenden Zuständigkeitsgrenzen durch die Inanspruchnahme einer bestimmten Form der Aufgabenerfüllung unterlaufen[603].

Zudem hat *Held* auf einen inneren Widerspruch der Ansicht von *Moraing* und *Wieland* aufmerksam gemacht[604]. Er weist darauf hin, dass zum einen das Recht auf wirtschaftliche Betätigung unter den Schutzbereich des Art. 28 Abs. 2 GG subsumiert wird. Auf der Grundlage der vom BVerfG formulierten Verpflichtung des Gesetzgebers, die gemeindliche Selbstverwaltung nicht innerlich auszuhöhlen, wird im Kernbereich der Selbstverwaltung das Recht auf den Vorrang der gemeindlichen Aufgabenzuständigkeit verortet[605]. Zugleich wird aber eine Bindung durch die Grenzen des Selbstverwaltungsrechts abgestritten. So soll der Gebietsbezug für die wirtschaftliche Betätigung nicht gelten, obwohl er sich bereits aus Art. 28 Abs. 2 GG ergibt[606].

Im Ergebnis muss der Gebietsbezug deshalb auch für die wirtschaftliche Betätigung von Kommunen gelten.

B. Territoriale Schranken im Landesverfassungsrecht

Der Wortlaut der in den Landesverfassungen enthaltenen Selbstverwaltungsgarantien weicht in den meisten Fällen von dem des Art. 28 Abs. 2 Satz 1 GG

[599] VerfGH RP NVwZ 2000, 801; *Faßbender*, DÖV 2005, 89, 99; *Henneke*, NdsVBl 1998, 273, 278; *Erichsen*, Gemeinde und Private im wirtschaftlichen Wettbewerb, S. 25; *Ehlers*, DVBl 1998, 497, 504; *Stober*, NJW 2002, 2357, 2365.

[600] BVerfGE 61, 82, 101.

[601] Vgl. dazu schon § 2 C IV 1. S. auch *Britz*, NVwZ 2001, 380, 386; *Ruffert*, DV 2001, 27, 34; *Becker*, DÖV 2000, 1032, 1034.

[602] *Stober*, NJW 2002, 2357, 2365.

[603] *Ehlers*, Gutachten E zum 64. DJT, S. 44.

[604] *Held*, WiVerw 1998, 264, 280 f.

[605] Vgl. *Wieland/Hellermann*, DVBl 1996, 401, 408 f.; *Wieland*, NWVBl 2000, 246, 248; *Moraing*, WiVerw 1998, 233, 248 ff.; *Hellermann*, Örtliche Daseinsvorsorge und gemeindliche Selbstverwaltung, S. 140 ff.

[606] *Held*, WiVerw 1998, 264, 281; *Heintzen*, NVwZ 2000, 743, 744; *Mann*, JZ 2002, 819, 825; zustimmend *Weiß*, DVBl 2003, 564, 571 Fn.53.

ab[607]. So sprechen etwa Art. 49 Abs. 1 der Verfassung von Rheinland-Pfalz und Art. 137 Abs. 1 der hessischen Verfassung wortgleich davon, dass „die Gemeinden in ihrem Gebiet unter eigener Verantwortung die ausschließlichen Träger der gesamten örtlichen, öffentlichen Verwaltung (sind). Sie können jede öffentliche Aufgabe übernehmen, soweit sie nicht durch ausdrückliche gesetzliche Vorschrift anderen Stellen im dringenden öffentlichen Interesse ausschließlich zugewiesen werden“. Art. 78 Abs. 2 der Verfassung von Nordrhein-Westfalen nennt die Gemeinden als „die alleinigen Träger der öffentlichen Verwaltung“[608]. Dennoch wird der Umfang der landesverfassungsrechtlichen Ausgestaltungen der Selbstverwaltungsgarantie als identisch mit den in Art. 28 Abs. 2 Satz 1 GG enthaltenen Angelegenheiten der örtlichen Gemeinschaft angesehen[609]. Grundsätzlich bestehen damit auch die Handlungsschranken der Kommunalwirtschaft, die sich aus den Angelegenheiten der örtlichen Gemeinschaft ergeben, auch auf der Länderebene.

Verschiedene Landesverfassungen nennen sogar ausdrücklich das Gemeindegebiet als Bezugspunkt für die Allzuständigkeit[610]. Daraus lässt sich aber keine über die örtliche Radizierung hinausgehende Begrenzung des gemeindewirtschaftlichen Handlungsspielraums entnehmen. Art. 28 Abs. 2 Satz 1 GG enthält eine Mindestgarantie für die Gemeinde[611]. Über Art. 31 GG wäre also eine weitergehende Begrenzung aus dem Landesverfassungsrecht nichtig[612]. Diese Rechtsfolge tritt aber laut BVerfG nur ein, wenn das Landesverfassungsrecht inhaltlich mit dem Bundesverfassungsrecht unvereinbar ist[613]. Die Selbstverwaltungsvorschriften der Landesverfassungen sind deshalb bundesverfassungskon-

---

[607] Art. 72 Abs. 1 Satz 1 Verf M-V und Art. 91 Abs. 1 ThürVerf sprechen hingegen von Angelegenheiten der örtlichen Gemeinschaft, Ar.t 97 Abs. 2 Verf Bbg von „Aufgaben der örtlichen Gemeinschaft“.

[608] Art. 84 SachsVerf spricht von „Trägern der öffentlichen Aufgaben“.

[609] VerfGH RP NVwZ 2001, 801; VerfGH NRW DVBl 1991, 488; *Gern*, Dt. Kommunalrecht, Rdnr. 87; *Schmidt-Aßmann* in FS-Sendler, S. 121, 131.

[610] Art. 71 Abs. 2 Satz 1 Verf BW; Art. 11 Abs. 2 BayVerf; Art. 97 Abs. 2 Verf Bbg; Art. 137 Abs. 1 Satz 1 HessVerf; Art. 72 Abs. 1 Satz 1 Verf M-V; Art. 57 Abs. 3 NdsVerf; Art. 78 Abs. 2 Verf NRW; Art. 49 Abs. 1 Verf RP; Art. 117 Asb. 2 Verf Saar; Art. 84 SachsVerf; Art. 87 Abs. 1 Verf LSA; Art. 46 Abs. 2 Verf S-H; Art. 91 Abs. 1 ThürVerf.

[611] *Stern*, Staatsrecht Bd. I, S. 419; *Tettinger*, Besonderes Verwaltungsrecht, Rdnr. 46; *Nierhaus* in Sachs (Hrsg.), GG, Art. 28 Rdnr. 59; *Löwer* in von Münch/Kunig (Hrsg.), GG Bd. 2, Art. 28 Rdnr. 34; *Dreier* in Dreier (Hrsg.), GG Bd. 2, Art. 28 Rdnr. 86 f. Strittig ist, ob Art. 28 Abs. 2 GG insoweit eine Durchgriffsnorm darstellt und damit die Gesetzgeber der Länder unmittelbar bindet oder ob es sich um eine Normativbestimmung handelt, also um einen an die Länder ergangenen Normierungsbefehl.

[612] Teilweise geht man bei Landesverfassungsrecht nur von einer Überlagerung aus statt von der Nichtigkeit, vgl. *Huber* in Sachs (Hrsg.), GG, Art. 31 Rdnr. 13. Geht man von dem Durchgriffscharakter des Art. 28 Abs. 2 GG aus, so ergibt sich über die Gewährleistung des Art. 28 Abs. 3 GG die Unvereinbarkeit einer weitergehenden landesverfassungsrechtlichen Begrenzung unmittelbar aus Art. 28 Abs. 2 GG ohne den Umweg über Art. 31 GG, *von Mutius* in FS-von Unruh, S. 227, 241.

[613] BVerfGE 36, 342, 365 f.

form dahingehend auszulegen, dass sie die gemeindlichen Handlungsbefugnisse nicht weitergehend beschränken als das BVerfG[614].

Die landesverfassungsrechtlichen Garantien der kommunalen Selbstverwaltung gewinnen also in der Frage des Gebietsbezugs keine eigenständige Bedeutung.

C. Die Ausprägung des Gebietsbezugs aus Art. 28 Abs. 2 Satz 1 GG im Gemeindewirtschaftsrecht

Es ist nun zu untersuchen wie sich der verfassungsrechtlich vorgegebene Gebietsbezug kommunaler Wirtschaftstätigkeit auf der Ebene des einfachen Rechts, namentlich in den Gemeindeordnungen, fortsetzt. Dazu finden sich in den Gemeindeordnungen Ansatzpunkte sowohl bei der allgemeinen Beschreibung der gemeindlichen Aufgaben als auch in den Vorschriften des Gemeindewirtschaftsrechts.

I. Der Gebietsbezug in den Vorschriften zur Beschreibung der Aufgaben der Gemeinde

Die Einleitungsvorschriften in der Gemeindeordnung, die sich mit dem „Wirkungskreis“[615] oder den „Aufgaben“[616] der Gemeinde beschäftigen, enthalten durchgehend einen territorialen Bezug. In allen Vorschriften ist die Gemeinde „in ihrem Gebiet“ zur Erfüllung der öffentlichen Aufgaben berufen bzw. ausschließlicher Träger der öffentlichen Aufgaben oder Verwaltung[617]. In diesen Vorschriften könnte deshalb eine einfachgesetzliche Beschränkung der gemeindlichen Wirtschaftsaktivitäten gesehen werden. Da die kommunale Wirtschaftstätigkeit nur Mittel zur Aufgabenerfüllung ist[618], wird sie durch eine Beschränkung der Aufgaben der Gemeinde auf das Gemeindegebiet ebenfalls erfasst und entsprechend beschränkt.

Ob ein solches „Örtlichkeitsprinzip im räumlichen Sinne“ neben dem „Örtlichkeitsprinzip im materiellen Sinne“[619] besteht, erscheint aber zweifelhaft. Dagegen sprechen zunächst schon tatsächliche Gegebenheiten, die eine exterritoriale Tätigkeit zumindest in Ausnahmefällen als erforderlich erscheinen lassen[620]. Im Bereich der Wasserversorgung ist dies wiederum das Beispiel des außergebiet-

---

[614] VerfGH NRW DÖV 1979, 637; VerfGH NRW DÖV 1980, 691, 692; VerfGH Bbg DVBl 1994, 857, 858.

[615] So etwa in Baden-Württemberg, Bayern, Hessen und Nordrhein-Westfalen.

[616] So bezeichnet unter anderem in Brandenburg, Niedersachsen, Sachsen und Thüringen.

[617] Vgl. § 2 Abs. 1 GO BW; Art. 6 Abs. 1 Satz 1 BayGO; § 3 Abs. 1 Satz 2 GO Bbg; § 2 Abs. 1 HessGO; § 2 Abs. 1 KV M-V; § 2 Abs. 1 NdsGO; § 2 GO NRW; § 1 Abs. 2 Satz 2 GO RP; § 2 Abs. 1 Satz 1 SächsGO; § 2 Abs. 1 Satz 1 GO LSA; § 1 Abs. 3 Satz 1 ThürKO.

[618] Vgl. § 2 C III 3.

[619] Begriffe nach *Held*, WiVerw 1998, 264, 266.

[620] So auch *Ehlers*, Gutachten E zum 64. DJT, S. 143.

lich betriebenen Wasserwerkes, wenn im eigenen Gemeindegebiet keine geeigneten Wasservorkommen zur Versorgung der Einwohner vorhanden sind. Es ließe sich allerdings anführen, dass die Zulässigkeit einer solchen Gebietsüberschreitung eine gesetzliche Regelung voraussetzt[621]. Die Expansionsklauseln würden dann das räumliche Territorialitätsprinzip der Gemeindeordnungen für den Bereich der wirtschaftlichen Betätigung aufheben. Jedoch weisen diese gesetzlichen Ausnahmetatbestände bereits darauf hin, dass die Aufgabenbeschreibungen der Gemeindeordnungen keine Gebietsbeschränkung enthalten. Wenn man die Mittel zur Erfüllung der Aufgaben in ihrer Anwendung über das Gemeindegebiet hinaus ausdehnt, bringt man dadurch gleichzeitig zum Ausdruck, dass die Aufgaben der Gemeinde eben nicht nur „in ihrem Gebiet" liegen, d.h. dass der Bezug der beschriebenen Aufgaben nicht das Gemeindegebiet, sondern wie schon in der verfassungsrechtlichen Vorgabe des Art. 28 Abs. 2 Satz 1 GG wiederum die örtliche Gemeinschaft ist.

Dieser Bezug auf die Gemeinschaft kommt in den Vorschriften der Gemeindeordnung auch zum Ausdruck. Besonders deutlich ist die Identität der gemeindlichen Aufgabenbeschreibung in der Verfassung und den Gemeindeordnung dort, wo letztere ebenfalls von Angelegenheiten der örtlichen Gemeinschaft sprechen[622]. Neben der allgemeinen Aufgabenbeschreibung findet sich der Bezug zu den Angelegenheiten der örtlichen Gemeinschaft teilweise auch in den Wirtschaftsklauseln des Gemeinderechts[623]. Soweit die Gemeindeordnungen vom Wortlaut des Art. 28 Abs. 2 Satz 1 GG abweichen und von „öffentlichen Aufgaben" sprechen[624], wird jedoch ebenfalls davon ausgegangen, dass damit keine eigenständige Normierung des gemeindlichen Aufgabenbereichs gegenüber der Verfassung stattfindet[625]. Damit greifen die Gemeindeordnungen also auf die

---

[621] *Ehlers*, Gutachten E zum 64. DJT, S. 143; *Kühling*, NJW 2001, 177, 181: „Angesichts des Erfordernisses einer entsprechenden Ermächtigungsgrundlage scheidet in diesen Ländern (ohne Expansionsklausel) eine extraterritoriale Betätigung damit aus".

[622] Vgl. § 2 Abs. 1 KV M-V; § 4 Abs. 1 NdsGO; § 4 Abs. 1 GO LSA; § 2 Abs. 1 ThürKO. Vgl. insoweit auch § 3 Abs. 1 GO Bbg; § 2 Abs. 1 GO RP („Aufgaben der örtlichen Gemeinschaft").

[623] Vgl. § 108 Abs. 1 Satz 1 NdsGO; § 116 Abs. 1 Satz 1 GO LSA. Vgl. auch § 100 Abs. 2 GO Bbg („Aufgaben der örtlichen Gemeinschaft").

[624] Vgl. Art. 6 Abs. 1 Satz 1 BayGO; § 2 Abs. 1 NdsGO; § 2 Abs. 1 Satz 1 SächsGO; § 2 Abs. 1 Satz 1 GO LSA; § 1 Abs. 3 Satz 1 ThürKO („örtliche öffentliche Aufgaben"). §§ 2 Abs. 1 HessGO, 2 GO NRW und 1 Abs. 2 Satz 2 GO RP sprechen davon, die Gemeinden seien „Träger der öffentlichen Verwaltung". Auch finden sich in den Wirtschaftsklausel teilweise entsprechende Bezüge zur „Erfüllung ihrer Aufgaben", vgl. § 107 Abs. 1 Satz 1 GO NRW; § 97 Abs. 1 Satz 1 SächsGO.

[625] *Leimkühler*, VergabeR 2001, 353, 361; *Lux*, NWVBl 2000, 7, 9; *Knemeyer/Kempen* in Achterberg/Püttner/Würtenberger (Hrsg.), Besonderes Verwaltungsrecht Bd. II, § 17 Rdnr. 54; *Heilshorn*, Gebietsbezug der Kommunalwirtschaft, S. 162 f. Für § 2 GO NRW hat das OVG Münster, NVwZ 1995, 718 die Identität der Aufgabenbeschreibung mit den Angelegenheiten der örtlichen Gemeinschaft gemäß Art. 28 Abs. 2 Satz 1 GG unter Verweis auf das verfassungsrechtliche Kompetenzverteilung im gesamtstaatlichen Gefüge begründet.

verfassungsrechtliche Umschreibung des gemeindlichen Wirkungskreises zurück. Die Aufgabenbeschreibung orientiert sich an der örtlichen Radizierung der Aufgabe[626]. Es kann deshalb bei Zugrundelegung der räumlichen Reichweite der verfassungsrechtlichen Aufgabenzuweisung auch auf der einfachgesetzlichen Ebene nicht von einem Territorialitätsprinzip im Sinne einer strengen Begrenzung auf das Gemeindegebiet ausgegangen werden[627].

Dieses Ergebnis erscheint auch im Lichte der Funktion des Art. 28 Abs. 2 Satz 1 GG als Mindestgarantie der kommunalen Selbstverwaltung stimmig. Enthielten die Aufgabenbeschreibungen der Gemeindeordnung ein Territorialitätsprinzip würden sie einen Eingriff in die kommunale Selbstverwaltung darstellen und bedürften der Rechtfertigung durch Gründe des Gemeinwohls. Solche Gründe sind jedoch nicht ersichtlich. Argumente der Rechtssicherheit lassen sich auf den Bereich wirtschaftlicher Tätigkeit nicht ohne weiteres übertragen[628]. Die Ausnahmekonstellationen, in denen allgemein eine Überschreitung der Gemeinde für erforderlich und auch zulässig erachtet wird[629], sprechen ebenfalls gegen eine pauschale Beschränkung des gemeindlichen Handlungsspielraums durch die Gemeindeordnungen. Die Vorschriften müssen entsprechend verfassungskonform dahingehend ausgelegt werden, dass sie keine über die verfassungsrechtlichen Vorgaben hinausgehende Aufgabenbeschränkung normieren[630].

II. Der Gebietsbezug im Erfordernis des öffentlichen Zwecks

Das Erfordernis eines Gebietsbezugs ist im Gemeindewirtschaftsrecht nicht ausdrücklich verankert[631]. Der öffentliche Zweck des Gemeindewirtschaftsrechts ist ein unbestimmter Rechtsbegriff, so dass die Gemeinden bei der Festlegung, worin ein öffentlicher Zweck zu sehen ist, einen Einschätzungsspielraum genießen. Eine äußerste Grenze dieses Spielraums ergibt sich jedoch aus der Gemeinwohlbindung allen staatlichen Handelns, womit die Gemeinwohlbindung der kom-

---

[626] Besonders deutlich in diese Richtung § 2 Abs. 1 ThürKO: „Eigene Aufgaben der Gemeinde sind alle Angelegenheiten der örtlichen Gemeinschaft, *die in der Gemeinde wurzeln oder auf sie einen spezifischen Bezug haben* (Aufgaben des eigenen Wirkungskreises)".

[627] Zum verfassungsrechtlichen Begriff der Angelegenheiten der örtlichen Gemeinschaft § 8 A II.

[628] Vgl. § 7A I.

[629] Vgl. § 7 A I.

[630] *Heilshorn*, Gebietsbezug der Kommunalwirtschaft, S. 163; zustimmend *Uhlenhut*, Wirtschaftliche Betätigung der Gemeinden außerhalb ihres Gebietes, S. 178. Im Ergebnis geht auch *Sollondz*, LKV 2003, 297, 303 für die sächsische Gemeindeordnung von einem zu eng interpretierten Örtlichkeitsgrundsatz aus, wenn man § 2 Abs. 1 SächsGO (in ihrem Gebiet) als geografische Barriere versteht. Zu diesem Ergebnis kommt er allerdings in dem er die pauschale Qualifizierung kommunalwirtschaftlicher Betätigung als öffentliche Verwaltung in Frage stellt und deshalb die räumliche Beschränkung der Verbandskompetenz für wirtschaftliche Aktivitäten nicht anerkennt. Zur Kritik einer solchen Auffassung vgl. § 7 A IV.

[631] *Püttner*, DÖV 2002, 731, 735; *Oebbecke*, ZHR 164 (2000), 375, 382..

munalen Wirtschaftstätigkeit festgeschrieben ist[632]. Der öffentliche Zweck fixiert also nicht den Gebietsbezug der Kommunalwirtschaft, sondern deren Aufgabenbezug[633].

Der Gebietsbezug der Kommunalwirtschaft ergibt sich dann den allgemeinen Aufgabenbeschreibungen der Gemeindeordnungen. Die wirtschaftliche Betätigung stellt ein Mittel zur Aufgabenerfüllung dar[634]. Die räumliche Reichweite der kommunalen Wirtschaftstätigkeit kann somit nicht über die räumliche Reichweite der gemeindlichen Aufgaben hinausreichen. Nur im Rahmen dieser Aufgaben besteht die Kompetenz der Gemeinden zum wirtschaftlichen Handeln[635]. Sie muss zwangsläufig an dem Gebietsbezug, der für alle Aufgaben der Gemeinde besteht, partizipieren[636]. Besonders deutlich ist dieser Bezug dort, wo das Gemeindewirtschaftsrecht selber davon spricht, dass die Kommune sich zur Erledigung von Angelegenheiten der örtlichen Gemeinschaft wirtschaftlich betätigen darf[637]. Ansonsten wird teilweise durch den Hinweis auf die Aufgaben (der Gemeinde) die Verknüpfung ausdrücklich hergestellt[638]. Dieser Hinweis ist allerdings nicht erforderlich, da sich, wie gesagt, die Bindung der Kommunalwirtschaft an die gemeindlichen Aufgaben bereits aus der Natur der wirtschaftlichen Betätigung als Instrument der Aufgabenerfüllung ergibt.

Es findet sich aber auch im Erfordernis eines öffentlichen Zwecks ein Gebietsbezug der Kommunalwirtschaft. Der Gemeinwohlbezug, den die wirtschaftliche Betätigung der Gemeinde aufweisen muss, ist nämlich nicht grenzenlos. „Öffentlich" bezieht sich im Rahmen des öffentlichen Zwecks auf einen bestimmten Zweckträger. Aufgrund der Stellung der Regelung kann es sich dabei nur um die Gemeindeeinwohner als „Gemeindevolk" im Sinne des Art. 28 Abs. 1 Satz 2 GG handeln[639]. An deren Wohl hat sich die Gemeinde bei ihrer wirtschaftlichen Betätigung zu orientieren[640]. Der wesentliche Bezugspunkt des öffentlichen Zwecks ist also ein räumlich beschränkter Ausschnitt der Allgemeinheit inner-

---

[632] Vgl. zum öffentlichen Zweck schon § 3 A I.

[633] *Dolde*, ZHR 166 (2002), 515, 518.

[634] *Schulz*, BayVBl 1998, 449, 450; *Lux*, NWVBl 2000, 7, 9 zur GO NRW; *Heilshorn*, Gebietsbezug der Kommunalwirtschaft, S.46 f. Auch *Oebbecke*, ZHR 164 (2000), 375, 382, gesteht der Schrankentrias keinen unmittelbaren Gebietsbezug zu.

[635] *Brüning*, DVBl 2004, 1451, 1452.

[636] Zum Gebietsbezug in den Regelungen zur Aufgabenbeschreibung vgl. § 7 C I.

[637] § 100 Abs. 2 GO Bbg; § 108 Abs. 1 NdsGO; § 116 Abs. 1 GO LSA. Insoweit ließe sich für diese Gemeindeordnungen das Bestehen eines Gebietsbezugs in ihrem Kommunalwirtschaftsrecht argumentieren.

[638] § 107 Abs. 1 GO NRW; § 97 Abs. 1 SächsGO.

[639] *Hidien*, Gemeindliche Betätigungen rein erwerbswirtschaftlicher Art und „öffentlicher Zweck" kommunaler wirtschaftlicher Unternehmen, S. 155 f; *Schmidt-Aßmann* in FS-Ulmer, S. 1015, 1018.

[640] *Gottschalk*, ThürVBl 2003, 25, 27; *Schmidt-Jortzig* in Püttner (Hrsg.), Handbuch der kommunalen Wissenschaft und Praxis Bd. 5, S. 58. Derselbe dort auch zur Ausfüllungsbedürftigkeit des Begriffs.

halb des gesamten Staatswesens. Die Gemeinwohlbindung ist im Rahmen des öffentlichen Zwecks gemeindebezogen zu bestimmen. Die Zielsetzung eines kommunalen Unternehmens muss also gemeinnützig im Sinne von einwohnernützig sein, d.h. das Wohl der Gemeindeeinwohner fördern[641]. Letztlich findet sich im öffentlichen Zweck somit eine zur allgemeinen Aufgabenbeschreibung spiegelbildliche Aussage. Ist dort die Gemeinde für eine Aufgabe zuständig, weil sie aus dem Gemeinwohlinteresse der Einwohner entspringt, so darf hier die Gemeinde nur tätig werden, wenn sie dabei das Wohl der Gemeindeeinwohner fördert. Während die Aufgabenbeschreibung jedoch Bezug auf die verfassungsrechtlichen Vorgaben des Art. 28 Abs. 2 Satz 1 GG nimmt, findet sich die verfassungsrechtliche Vorgabe für den öffentlichen Zweck in der Gemeinwohlbindung allen staatlichen Handelns. Da sich der Gebietsbezug des öffentlichen Zwecks aber ebenso wie der Gebietsbezug des Art. 28 Abs. 2 Satz 1 GG aus der Orientierung am Wohl der Gemeindeeinwohner ergibt, stellt er sich als mit den verfassungsrechtlichen Vorgaben identisch heraus[642]. Es bedarf somit keiner abweichenden Bewertung des Gebietsbezugs im Rahmen des öffentlichen Zwecks gegenüber dem Gebietsbezug des kommunalen Selbstverwaltungsrechts.

III. Der Gebietsbezug in den Expansionsklauseln

Das Erfordernis eines öffentlichen Zwecks ist durchweg in den bestehenden Expansionsklauseln enthalten[643]. Damit entsteht aber ein Widerspruch zwischen dem in diesem Merkmal enthaltenen Gebietsbezug und der hinter den Expansionsklauseln stehenden Absicht der Landesgesetzgeber, den räumlichen Spielraum der Kommunalwirtschaft zu erweitern. Wird die überörtliche Wirtschaftstätigkeit an das einwohnerbezogene Gemeinwohlerfordernis des öffentlichen Zwecks gebunden, wird dadurch ein räumliches Ausgreifen der kommunalen Unternehmen selbst in dem Rahmen verhindert, innerhalb dessen der Landesgesetzgeber ermächtigt ist, eine Erweiterung des Handlungsspielraums vorzunehmen. Diese Widersprüchlichkeit erscheint jedoch nicht außergewöhnlich, wenn

[641] *Sollondz*, SächsVBl 2004, 297, 303; *Zacharias*, VR 2000, 271, 275; *Hösch*, GewA 2000, 1, 2; *Cronauge*, Der Gemeindehaushalt 1997, 265, 267; *Schmidt-Jortzig*, DÖV 1993, 973 Fn. 2.

[642] *Schulz*, BayVBl 1998, 449, 451 spricht in diesem Zusammenhang von einer örtlichen Radizierung des öffentlichen Zwecks. Dabei ist jedoch zu beachten, dass auch er die Fortschreibung der Vorgaben des Art. 28 Abs. 2 Satz 1 GG in den allgemeinen Aufgabenbeschreibungen der Gemeindeordnungen sieht. In ähnlicher Weise sieht *Oebbecke*, ZHR 164 (2000), 375, 382 den öffentlichen Zweck durch den Gebietsbezug begrenzt, obwohl der öffentliche Zweck als Teil der kommunalwirtschaftlichen Schrankentrias keinen unmittelbaren Gebietsbezug besitzt. *Rennert*, JZ 2003, 385, 390 spricht davon, dass die Gemeinwohlbindung sich zur Bindung an den sachlichen Leistungszweck konkretisiert und im Rahmen der Selbstverwaltungsgarantie an die Angelegenheiten der örtlichen Gemeinschaft gebunden wird.

[643] Vgl. § 3 B II 2.

man die Funktion des Gemeindewirtschaftsrechts als Kompromiss zwischen den Pflichtbindungen der Gemeinde als Teil des Staates und ihrer unternehmerischen Initiative im Auge behält[644]. Die Gemeinde ist schon verfassungsrechtlich an das Gemeinwohl gebunden[645]. Die Frage, ob das Erfordernis des öffentlichen Zwecks im Rahmen der Expansionsklauseln einer Neubestimmung bedarf und zugänglich ist, wird im folgenden Abschnitt dieser Arbeit geklärt[646]. Grundsätzlich kann an dieser Stelle nur festgehalten werden, dass in der Verweisung auf die kommunalwirtschaftliche Schrankentrias und damit das Erfordernis des öffentlichen Zwecks auch in den Expansionsklauseln ein Gebietsbezug für die überörtliche kommunale Wirtschaftstätigkeit verankert wurde.

IV. Lockerung des Gebietsbezugs für nichtwirtschaftliche Tätigkeiten

Aus den Vorschriften, die eine Privilegierung bestimmter als nichtwirtschaftlich fingierter Tätigkeiten vorsehen, könnte sich eine Lockerung des Gebietsbezugs ergeben[647]. Die nichtwirtschaftlichen Betätigungen werden nämlich von der Prüfung der gemeindewirtschaftsrechtlichen Schrankentrias weitgehend freigestellt. Damit wäre eine Prüfung des öffentlichen Zwecks entbehrlich und für die überörtliche Tätigkeit nichtwirtschaftlicher Tätigkeiten würden geringere Voraussetzungen gelten[648]. Die Expansionsklauseln würden sich als Verschärfung der Voraussetzungen lediglich der wirtschaftlichen Betätigung außerhalb des Gemeindegebiets darstellen, wodurch für die Voraussetzungen der privilegierten nichtwirtschaftlichen Tätigkeiten nichts hergeleitet werden kann[649]. In der öffentlichen Wasserversorgung beträfe diese Lockerung die Bundesländer, die einen Privilegierungskatalog in ihrer Gemeindeordnung vorsehen und zugleich die Wasserversorgung als Selbstverwaltungspflichtaufgabe ausgestaltet haben. Neben Sachsen-Anhalt, welches die Wasserversorgung ausdrücklich als nichtwirtschaftliche Betätigung nennt, sind dies Hessen, Mecklenburg-Vorpommern und Sachsen[650].

---

[644] *Burmeister* in FS-von Unruh, S. 623, 625.
[645] Vgl. zur umfassenden Gemeinwohlbindung des Staates und seiner Einrichtungen § 2 B III.
[646] Vgl. § 7 D.
[647] Es soll an dieser Stelle nicht der Frage nachgegangen werden, ob die Differenzierung zwischen wirtschaftlichen und nichtwirtschaftlichen Tätigkeiten noch zeitgemäß ist oder – wie etwa im Rahmen der Reform des bayrischen Kommunalwirtschaftsrechts – aufgegeben werden sollte.
[648] Im Ergebnis OVG Münster GewA 2005, 75; *Leimkühler*, VergabeR 2001, 353, 366 f. *Cronauge/Westermann*, Kommunale Unternehmen, Rdnr. 399 begründen diese Absenkung der Anforderungen etwa damit, dass diese Tätigkeiten den Gemeinden stets vollumfänglich zur Verfügung stehen sollten.
[649] OVG Münster GewA 2005, 75, 76.
[650] Vgl. § 3 B II 4. Dort auch zu der Ansicht, die Wasserversorgung wäre eine Einrichtung des Gesundheitswesens im Sinne der Kataloge nichtwirtschaftlicher Unternehmen in den Gemeindeordnungen.

Das Kommunalwirtschaftsrecht kann die verfassungsrechtliche Vorgabe des Art. 28 Abs. 2 Satz 1 GG nicht auflockern[651]. Die örtliche Radizierung muss also auch bei nichtwirtschaftlichen überörtlichen Tätigkeiten vorliegen. Das Erfordernis des öffentlichen Zwecks enthält aber keine darüber hinausgehende Einschränkung für wirtschaftliche Unternehmen[652], d.h. der Gebietsbezug ist insoweit für wirtschaftliche wie nichtwirtschaftliche Unternehmen identisch. Die Richtigkeit dieses Ergebnisses erweist sich auch bei einer Betrachtung der Entstehungsgeschichte der Privilegierung. Wie die Schrankentrias selbst beruht die Differenzierung von wirtschaftlicher und nichtwirtschaftlicher Tätigkeit auf § 67 DGO[653]. Die nichtwirtschaftlichen Tätigkeiten tragen ihren öffentlichen Zweck quasi „auf der Stirn"[654]. Dafür spricht auch, dass einige Gemeindeordnungen die Verwaltung der privilegierten Unternehmen und Einrichtungen nach wirtschaftlichen Gesichtspunkten fordern, soweit es mit ihrem öffentlichen bzw. gemeinnützigen Zweck vereinbar ist[655]. Sie sollen den Gemeinden vorbehalten bleiben und wegen ihrer Bedeutung auch dann ausgeführt werden, wenn sie sich als unrentabel darstellen[656]. Es wird bei ihnen vermutet, dass sie Leistungen der Daseinsvorsorge erbringen, die aufgrund ihrer Bedeutung von den Anforderungen an die Wirtschaftlichkeit kommunaler Unternehmen freigestellt werden müssen[657]. Die Privilegierung besteht, um das Angebot bestimmter Einrichtungen für die Einwohner der Gemeinde zu erhalten. Diese Schutzfunktion zugunsten der Versorgung der Gemeindeeinwohner mit bestimmten Leistungen spricht aber gerade für eine besondere Verbundenheit mit der örtlichen Gemeinschaft[658]. Die Beibehaltung dieser Privilegierung wäre im Rahmen überörtlicher Wirtschaftstätigkeit widersinnig. Sie würde dazu führen, den Gemeinden Spielräume für wirtschaftliche, d.h. gewinnorientierte Tätigkeiten zu eröffnen[659]. Damit würde aber die Schutzfunktion der Privilegierung in ihr Gegenteil verkehrt. Anstatt unrentable Einrichtungen, die als wirtschaftliche Unternehmen geführt werden müssen, für die Gemeindeeinwohner zu erhalten, würde die Ablösung von der Prüfung der Schrankentrias zu einer Erweiterung des wirtschaftlichen Spielraums der Gemeinde führen. Statt bestimmte Tätigkeiten aus dem wirt-

---

[651] So auch das OLG Düsseldorf NVwZ 2000, 111, 112; OLG Düsseldorf NVwZ 2000, 714, 715; OVG Münster GewA 2005, 75 f.; *Meyer*, LKV 2000, 321, 323.
[652] Vgl. § 7 C II.
[653] *Cronauge*, Der Gemeindehaushalt 1997, 265, 268.
[654] OLG Düsseldorf NVwZ 2000, 111, 112; *Ehlers*, DVBl 1998, 497, 498; *Otting*, NWVBl 2000, 206, 208, *Britz*, NVwZ 2001, 380, 382.
[655] Vgl. § 121 Abs. 2 Satz 2 HessGO; § 107 Abs. 2 Satz 2 GO NRW.
[656] *Meyer*, LKV 2000, 321, 323; *Otting*, NWVBl 2000, 206, 208. Vgl. auch *Gern*, Dt. Kommunalrecht, Rdnr. 726; *Britz*, NVwZ 2001, 380, 382: Bei nichtwirtschaftlichen Unternehmen wird davon ausgegangen, dass sie der Daseinsvorsorge dienen und nicht der Gewinnerzielungsabsicht.
[657] *Gern*, Dt.Kommunalrecht, Rdnr. 726.
[658] *Uhlenhut*, Wirtschaftliche Betätigung der Gemeinden außerhalb ihres Gebietes, S. 187 f.
[659] Zur Vereinbarkeit von Nichtwirtschaftlichkeit und Gewinnerzielung, vgl. Britz, NVwZ 2001, 380, 383 zu den beiden hier referierten Entscheidungen des OLG Düsseldorf.

schaftlichen Wettbewerb auszunehmen, käme es vielmehr zu einer Privilegierung im Wettbewerb[660]. Soweit sich die nichtwirtschaftlichen Unternehmen aber von der bloßen Schutzfunktion der Regelungen lösen, lösen sie sich zugleich von der Grundlage für ihre Privilegierung, da bei überörtlichen Wirtschaftstätigkeiten nicht mehr automatisch vom Vorliegen eines öffentlichen Zwecks ausgehen kann. Tragen die Unternehmen diesen aber nicht mehr „auf der Stirn", muss es konsequenterweise auch zum Wiederaufleben der Voraussetzungen der kommunalwirtschaftlichen Schrankentrias kommen[661]. Eine Besserstellung der nichtwirtschaftlichen Unternehmen im Sinne einer Lockerung des Gebietsbezuges ergibt sich also aus den Regelungen der Gemeindeordnungen nicht.

Eine Erleichterung der überörtlichen Betätigung findet für die nichtwirtschaftlichen Unternehmen also nur hinsichtlich der beiden anderen Erfordernisse der Schrankentrias statt, dem angemessen Verhältnis von der kommunalen Finanz- und Leistungskraft und der übernommenen Aufgabe sowie der Subsidiaritätsklausel. Hinsichtlich dieser Voraussetzungen ist im Bereich der Wasserversorgung in Hessen, Mecklenburg-Vorpommern, Sachsen und Sachsen-Anhalt keine gesonderte Prüfung vorzunehmen[662]. Diese Voraussetzungen gelten aber auch im Rahmen von wirtschaftlicher Betätigung allgemein und stellen keine eigenständigen Anforderungen für eine überörtliche wirtschaftliche Betätigung auf[663]. Hinsichtlich des Gebietsbezuges ihrer Tätigkeit unterscheiden sich die nichtwirtschaftlichen Unternehmen hingegen nicht von den wirtschaftlichen Unternehmen der Kommune.

D. Die Neubestimmung des öffentlichen Zwecks in den kommunalrechtlichen Expansionsklauseln

An dieser Stelle soll nun an die bereits aufgeworfene Frage angeknüpft werden, ob der öffentliche Zweck des Gemeindewirtschaftsrechts in den Expansionsklauseln neu bestimmt werden kann[664]. Nachdem zunächst der Grund für eine Neubestimmung – und für die Forderung nach einer Neubestimmung vor allem durch die Vertreter der Kommunen und kommunalen Unternehmen - genauer herausgearbeitet wird, soll untersucht werden, ob der ökonomische Antrieb bei der Einführung der Expansionsklauseln Niederschlag im Verständnis des öffent-

---

[660] Eine solche Lesart der Regelungen bejahen wohl *Cronauge/Westermann*, Kommunale Unternehmen, Rdnr. 399. Dagegen *Dietlein*, NZBau 2003, 141, 142 f.

[661] *Ehlers*, Gutachten E zum 64. DJT, S. 75 argumentiert deshalb, dass die Prüfung des öffentlichen Zwecks wieder aufleben muss, wenn die Vermutung für sein Vorliegen für ein nichtwirtschaftliches Unternehmen nicht mehr gegeben ist.

[662] § 116 Abs. 2 Satz 1 GO LSA beinhaltet auch für nichtwirtschaftliche Unternehmen eine Prüfung des angemessenen Verhältnisses von gemeindlicher Leistungskraft und übernommener Aufgabe.

[663] Vgl. § 3 B II 2, 3.

[664] Dazu schon in § 8 C III.

lichen Zwecks finden kann oder gar zu einer Ablösung vom verfassungsrechtlich vorgegebenen Gebietsbezug führt.

I. Der Widerspruch zwischen dem öffentlichen Zweck und der Gestattung der Überörtlichkeit von kommunaler Wirtschaftstätigkeit

Es ist vielfach registriert worden, dass sich das Selbstverständnis der Kommunalwirtschaft in den letzten Jahren grundlegend geändert haben[665]. Besonders deutlich wurde dies auf dem 64. Deutschen Juristentages 2002 in Berlin. Im Rahmen der Beschlussfassung erwies sich das Abstimmungsverhalten der Vertreter der Stadtwerke und kommunaler Spitzenverbände als vornehmlich von betriebswirtschaftlichen Interessen getragen[666]. Ein wesentlicher Auslöser für den „unternehmerischen Geist"[667] der Kommunen ist das im Zuge der Verwaltungsreform vorgestellte „Neue Steuerungsmodell". Es ist Teil des von der Kommunalen Gemeinschaftsstelle für Verwaltungsvereinfachung in Köln vorgegebenen Leitbildes „Von der bürokratischen Behörde zum modernen Dienstleistungsunternehmen". Dieses Modell wurde als Reaktion auf die anhaltende Finanzmisere der Kommunen und die gemeinschaftsrechtlich angestoßene Öffnung bisheriger kommunaler Versorgungsmonopole für den Wettbewerb entwickelt[668]. Das „Neue Steuerungsmodell" führt eine zunehmende Kundenorientierung und betriebswirtschaftlich geprägte Steuerungs- und Managementinstrumente in die Kommunalwirtschaft ein. Dazu werden Fach- und Ressourcenverantwortung in einzelnen Fachbereichen gebündelt. Kernstück der Neuerungen ist dabei die autonome Budgetverantwortung dieser Fachbereiche im Sinne eines „profit center" der Privatwirtschaft[669]. Die Fachbereiche müssen im Rahmen zentraler Vorgaben mit dem zur Verfügung gestellten Budget eigenverantwortlich wirtschaften[670]. Bei einer solchen betriebswirtschaftlichen Ausrichtung der Verwaltung ist es unschwer nachzuvollziehen, dass diese zur Erwirtschaftung von Einnahmen reizt. Zumal die Aussicht besteht, dass die erwirtschafteten

---

665 Vgl. etwa *Cronauge*, AfK 1999, 24; *Penski*, DÖV 1999, 85; *Britz*, NVwZ 2001, 380; *Moraing*, WiVerw 1998, 233; *Held*, WiVerw 1998, 264; *Hellermann*, Örtliche Daseinsvorsorge und gemeindliche Selbstverwaltung, S.2 ff.; *Berg*, WiVerw 2000, 141; *Hill*, BB 1997, 425; *Dolde*, ZHR 166 (2002), 515; *Köhler*, WRP 1999, 1205; *Otting*, DVBl 1997, 1258; *Karst*, DÖV 2002, 809, 812. Speziell zur Wasserwirtschaft vgl. *Michaelis*, ZögU 24 (2001), 432; *Mankel/Schwarze*, ZögU 23 (2000), 418.

666 *Henneke*, Der Landkreis 2002, 644; *Meyer*, NVwZ 2002, 1479; *Burgi*, Der Landkreis, 2003, 26; *Katz*, LKV 2003, 1.

667 *Ehlers*, DVBl 1997, 137, 138; *Otting*, DVBl 1997, 1258.

668 *Hill*, BB 1997, 425, 426; *Britz*, NVwZ 2001, 380 f. Zu den Neuordnungen in den einzelnen Gebieten (Energiewirtschaft, Telekommunikation, Öffentlicher Personennahverkehr, Abfallwirtschaft) vgl. die Übersicht bei *Nagel*, Gemeindeordnung als Hürde?, S. 25 ff.

669 *Gundlach*, LKV 2002, 264; *Badura*, DÖV 1998, 818, 819; *Otting*, DVBl 1997, 1258; *Henneke*, NdsVBl 1998, 273, 274. Zu den Gefahren des „Neuen Steuerungsmodells" für die Grundrechtswahrnehmung der Bürger, vgl. *Berg*, WiVerw 2000, 141, 150.

670 *Hill*, BB 1997, 425, 426; *Ehlers*, DVBl 1997, 137, 138; *Rennert*, JZ 2003, 385, 393.

Mehreinnahmen dem Fachbereich ganz oder zumindest teilweise zur eigenverantwortlichen Verfügung belassen bleiben[671]. Zudem war die wirtschaftliche Betätigung in gewinnträchtigen Feldern für die Gemeinden immer auch ein Mittel zum Ausgleich der Defizite aus anderen notwendigen, aber unrentablen Tätigkeiten[672].

Im Rahmen einer Annäherung der Kommunalwirtschaft an die betriebswirtschaftlichen Maximen der Privatwirtschaft stößt man in räumlicher Hinsicht auf den strukturellen Gegensatz zwischen dem Gebietsbezug der Gemeinden und dem marktabhängigen Wettbewerb, an dem sie partizipieren wollen[673]. Der Gebietsbezug ist Ausdruck der besonderen demokratischen Legitimation der Gemeinde[674]. Wirtschaftliche Betätigung findet aber nicht innerhalb der Grenzen von Verwaltungseinheiten statt, sondern bestimmt sich nach dem jeweiligen Markt[675]. Die Grenzen eines Marktes bestimmen sich nach dessen Natur, d.h. sie umfassen jeweils den Raum, in dem ein ökonomisch sinnvolles Verhältnis von Angebot und Nachfrage besteht. Laut *Ehlers* ist deshalb der Teilnahme am Wirtschaftsleben eine Tendenz zur Expansion und Grenzüberschreitung immanent[676]. Im Rahmen der Wasserversorgung stellen sich dabei etwa Fragen nach der Wirtschaftlichkeit des Aufbaus und der Instandhaltung von Leitungsnetzen oder der Gewährleistung gesetzlich vorgegebener Wasserbewirtschaftungsziele. Ein Markt wird sich nur entwickeln, wenn die tatsächlichen und rechtlichen Rahmenbedingungen der Wasserversorgung einen Gewinn erwarten lassen. Diesen Konflikt zwischen Markt und Gemeindegebiet versuchen die Expansionsklauseln aufzulösen, indem sie den Handlungsspielraum der Gemeindewirtschaft von einem strengen Gebietsbezug ablösen und damit dem Raum annähern, in dem sich für ein bestimmtes kommunales Leistungsangebot ein Markt bilden kann[677].

---

[671] *Ehlers*, DVBl 1998, 497, 498 spricht in diesem Zusammenhang von einer entstehenden „Goldgräbermentalität" vieler Kommunen. Eine Folge der betriebswirtschaftlichen Anreize ist zudem, dass viele Gemeinden mit den Personalräten bzw. Gewerkschaften Vereinbarungen getroffen haben, dass es im Zuge der Reformen keine betriebsbedingten Kündigungen gibt. Damit entsteht aber ein weiterer Anreiz für die Intensivierung des gemeindewirtschaftlichen Engagements. Die alten Personalstrukturen bleiben aufgrund dieser Vereinbarungen bestehen und es kommt zu einem „Insourcing" von Aufgaben, um die personellen Ressourcen auch auszulasten, vgl. *Ehlers*, DVBl 1998, 497, 498; *Hill*, BB 1997, 425, 426.

[672] *Nagel*, Gemeindeordnung als Hürde?, S. 56.

[673] *Braun*, SächsVBl 1999, 25, 29.

[674] Vgl. § 7 A II.

[675] *Schwintowski* in FS-Baur, S. 339, 346; *Braun*, SächsVBl 1999, 25, 29. Für das Sparkassenrecht wurde das Missverhältnis von Hoheitsgebiet und „Marktgebiet" schon früher postuliert, vgl. etwa *Kirchhof*, DVBl 1983, 921; *Merten*, DVBl 1983, 1140.

[676] *Ehlers*, DVBl 1998, 497, 504.

[677] Der Fall, dass ein Markt kleiner als ein bestimmtes Gemeindegebiet sein kann, wird hier nicht behandelt. Die Expansionsklauseln zielen gerade auf Fälle ab, in denen ein Markt für das Leistungsangebot zumindest auch außerhalb des Gemeindegebiets vorhanden ist.

Wenn aber in dem Erfordernis eines öffentlichen Zwecks der gemeindewirtschaftlichen Tätigkeit der verfassungsrechtliche Gebietsbezug dieser Tätigkeit verankert ist, entsteht jedoch auf den ersten Blick ein Widerspruch innerhalb der Expansionsklauseln. Auf der einen Seite erlauben sie ihrem Wortlaut nach gerade die wirtschaftliche Tätigkeit außerhalb des Gemeindegebietes, auf der anderen Seite scheinen sie durch den Verweis auf den öffentlichen Zweck die kommunalen Unternehmen gerade an das Gemeindegebiet zu binden[678]. Auch wenn der Gebietsbezug keine strenge Begrenzung auf das Gemeindegebiet bedeutet, beschränkt die örtliche Radizierung doch in erheblicher Weise ein territoriales Ausgreifen, da die überörtliche Betätigung in den wenigsten Fällen dem Wohl der Gemeindeeinwohner dienen dürfte. So kommt etwa die Versorgung der Einwohner anderer Gemeinden mit Trinkwasser nicht den Einwohnern der sich betätigenden Gemeinde zugute. Das Gemeinwohl könnte durch eine überörtliche Wasserversorgung nicht gefördert werden. Damit wäre das erklärte Ziel der Landesgesetzgeber[679], den Kommunen mit den Expansionsklauseln eine zukunftsorientierte Positionierung am Markt zu ermöglichen, nicht verwirklicht. Die Annäherung an den Raum, in dem sich der Markt bildet, wäre gescheitert.

Damit also die Expansionsklauseln ihren Sinn der Absicherung der kommunalen Wirtschaft in der Wettbewerbssituation nicht verfehlen, müsste der öffentliche Zweck in einer Weise inhaltlich auffüllbar sein, die eine tatsächliche räumliche Erweiterung des gemeindlichen Handlungsspielraums zur Folge hat. Bei dieser Neubestimmung des öffentlichen Zwecks müsste man sich von dem Leitbild trennen, dass die wirtschaftliche Betätigung der Gemeinde den Gemeindeeinwohnern unmittelbar, d.h. etwa durch Anbieten und Verteilen von Gütern und Dienstleistungen, zugute kommt. Stattdessen muss sich das Wirtschaften selbst als Erfüllung eines öffentlichen Zwecks darstellen. Der Zweck des Wirtschaftens an sich liegt in der Erzielung von Einnahmen.

II. Die Erzielung von Einnahmen als ein überörtliche Wirtschaftstätigkeit gestattender Zweck

Angesichts des Widerspruchs zwischen dem marktorientierten Verhalten, das von den kommunalen Unternehmen zunehmend erwartet wird und ihrer verfassungsrechtlich vorgegebenen Gemeinwohlorientierung stellt sich die Frage, in welchem Umfang der öffentliche Zweck eine Wirtschaftstätigkeit zur Erzielung von Einnahmen zulässt. Die Benachteiligung im Wettbewerb gegenüber der Privatwirtschaft durch die Bindung an den öffentlichen Zweck ist soweit nicht gegeben wie wirtschaftliche Zielsetzungen geeignet sind, das Erfordernis eines öffentlichen Zwecks zu erfüllen[680]. Soweit Erwerbswirtschaft einen öffentlichen

[678] Vgl. *Scharpf*, NVwZ 2005, 148, 151; *Jarass*, NWVBl 2002, 335, 338.
[679] Vgl. die Gesetzesbegründungen unter § 3 C I.
[680] *Ehlers*, NWVBl 2000, 1, 6 stellt denn auch fest, dass das Herstellen, Anbieten und Verteilen von Gütern und Dienstleistungen außerhalb des Gemeindegebiets fast immer geschieht,

Zweck darstellt, ist sie aufgrund der Verknüpfung des Gemeinwohlbezugs mit der örtlichen Gemeinschaft auch eine „Angelegenheit der örtlichen Gemeinschaft" im Sinne von Art. 28 Abs. 2 Satz 1 GG. Wenn die Gewinnerzielung selbst aber eine Förderung des Gemeinwohls darstellt, muss die wirtschaftliche Betätigung nicht notwendigerweise im Gemeindegebiet stattfinden[681]. Die Anerkennung der Gewinnerzielungsabsicht als öffentlicher Zweck schafft auch eine Grundlage für das territoriale Ausgreifen der Kommunalwirtschaft. Denn trotz überörtlicher wirtschaftlicher Betätigung wäre deren erforderliche örtliche Radizierung gegeben. Die Gewinnerzielung auf fremdem Gebiet wäre dann die Förderung des Gemeinwohls der eigenen Einwohner. Im Fall der überörtlichen Wasserversorgung wäre dann nicht mehr danach zu fragen, ob die erbrachte Dienstleistung an anderen Gemeinden das Wohl der eigenen Einwohner fördert, sondern ob die mit der Erbringung dieser Dienstleistung verbundenen ökonomischen Zielsetzungen dem Wohl der Gemeindeeinwohner dienlich sind.

1. Primäre Gewinnerzielungsabsicht als unzulässiger öffentlicher Zweck

Schrifttum und Rechtsprechung vertreten in seltener Einmütigkeit die Ansicht, dass die bloße bzw. primäre Gewinnerzielungsabsicht keinen öffentlichen Zweck darstellt[682]. Teilweise ist dies auch in den Gemeindeordnungen ausdrücklich festgehalten[683]. Seine Grundlage findet diese Ansicht in der Gemeinwohlbindung allen staatlichen Handelns[684]. Diese Gemeinwohlbindung liegt dem

---

um Gewinne zu erzielen. *Ipsen* in FS-Rauschning, S. 645. 665 hält es sogar für „zwangsläufig", dass überörtliche Betätigung Erwerbswirtschaft ist.

[681] Zu dieser Intensivierung kommunaler Wirtschaftstätigkeit durch die Übernahme neuer Tätigkeiten vgl. nur OLG Hamm NJW 1998, 3504 (Gelsengrün); VGH Mannheim NVwZ 1999, 1243 (Überlassung von Müll); OLG Düsseldorf NVwZ 2000, 111 (Alt-Kfz-Verwertung); BGH NJW 2002, 2645 (Elektroarbeiten). Aus dem Schrifttum stellvertretend *Cronauge*, AfK 1999, 24; *Enkler*, ZG 1998, 328, 329; *Rennert*, DV 2002, 319, 333; *Schink*, NVwZ 2002, 129; *Held*, WiVerw 1998, 264; *Ehlers*, DVBl 1998, 497; *Hill*, BB 1997, 425 jeweils mit Beispielen aus der Praxis.

[682] Vgl. für die Rechtsprechung, BVerfGE 61, 82, 107; VerfGH RP NVwZ 2001, 801, 803; BVerwGE 39, 329, 334; OLG Hamm NJW 1998, 3504. Vgl. für das Schrifttum nur die umfassenden Ausführungen bei *Hidien*, Gemeindliche Betätigung rein erwerbswirtschaftlicher Art und „öffentlicher" Zweck kommunaler, wirtschaftlicher Unternehmen, S. 138 ff.; *Löwer*, VVDStRL 60 (2001), 416, 418 ff.; *Uhlenhut*, Wirtschaftliche Betätigung der Gemeinden außerhalb ihres Gebietes, S. 87 ff.; außerdem *Jarass*, DVBl 2006, 1, 4 f.; *Faßbender*, DÖV 2005, 89, 99; *Schmidt-Aßmann* in FS-Ulmer, S. 1015, 1018; *ders.* in Schmidt-Aßmann (Hrsg.), Besonderes Verwaltungsrecht, 1. Kapitel Rdnr. 120; *Rennert*, JZ 2003, 385, 390; *Sodan*, DÖV 2000, 361, 370; *Oebbecke*, ZHR 164 (2000), 375, 382; *Ehlers*, DVBl 1998, 497, 499; *Seewald* in Steiner (Hrsg.), Besonderes Verwaltungsrecht, Abschnitt I, Rdnr. 286; *Koehler*, VR 2000, 44; *Badura*, DÖV 1998, 818, 821; *Hösch*, GewA 2001, 1, 3; *Zacharias*, VR 2000, 271, 275; *Gundlach*, LKV 2002, 264, 265.

[683] Art. 87 Abs. 1 Satz 2 BayGO; § 116 Abs. 1 Satz 2 GO LSA.

[684] Zur Gemeinwohlbindung staatlicher Wirtschaftstätigkeit vgl. § 2 B III.

Begriff des öffentlichen Zwecks zugrunde[685]. Unter einer Förderung des Gemeinwohls ist aber nur die Förderung der Allgemeinheit oder der Individuen zu verstehen, nicht aber das Wohlergehen des Staates bzw. der Gemeinden selbst. Die Gemeinwohlorientierung rechtfertigt staatliches Handeln, in diesem Fall die wirtschaftliche Betätigung der Kommunen. Wenn sie aber die Existenz der kommunalen Unternehmen rechtfertigt, muss die Zielsetzung ihres Handelns außerhalb der Unternehmen zu finden sein[686].

a. Unzulässigkeit der mittelbaren Förderung des Gemeinwohls

Die Erzielung von Einnahmen führt zu einer verbesserten Finanzausstattung der Gemeinden. Damit ist dem Wohl der Einwohner unmittelbar nicht gedient. Jedoch können die zusätzlichen Einnahmen von der Gemeinde zur Finanzierung von unzweifelhaft gemeinwohlnützigen Einrichtungen und Projekten verwendet werden, so dass die Gewinnabsicht zumindest mittelbar den Einwohnern zugute kommt. Vereinzelt wird deshalb eine mittelbare Förderung des Gemeinwohls noch als Erfüllung eines öffentlichen Zwecks angesehen[687]. Von den Vertretern dieser Ansicht wird angeführt, dass wirtschaftliche Unternehmen nicht umhin könnten, sich an den Regeln des Marktes zu orientieren. Dabei würde sich Ertragsstreben mit öffentlicher Zweckerfüllung in einer Weise verbinden, die eine Differenzierung nach dem Kriterium einer primären Gewinnorientierung nicht mehr zuließe[688].

Das BVerfG hat die mittelbare Förderung des Gemeinwohls nicht als Erfüllung eines öffentlichen Zwecks akzeptiert und ausgeführt, dass „das Unternehmen unmittelbar durch seine Leistung, nicht nur mittelbar, durch seine Gewinne und Erträge dem Wohl der Gemeindebürger dienen" muss[689]. Eine Grundlage für den Ausschluss der primären Gewinnerzielungsabsicht lässt sich im Verfassungsrecht, aber auch schon in den Vorschriften der Gemeindeordnungen finden.

---

[685] Vgl. § 7 C II.

[686] *Grawert* in FS-Blümel. S. 119, 125 f.; *Hösch*, WiVerw 2000, 159, 169; *Uhlenhut*, Wirtschaftliche Betätigung der Gemeinden außerhalb ihres Gebietes, S. 93; *Henneke*, NdsVBl 1999, 1, 2 f.; *Löwer*, VVDStRL 60 (2001), 416, 418 f.; *Heilshorn*, Gebietsbezug der Kommunalwirtschaft, S. 147.

[687] Vgl. *Klein*, Die Teilnahme des Staates am wirtschaftlichen Wettbewerb, S. 144; *Dickersbach*, WiVerw 1983, 187, 199mwN; *Kühne*, RdE 1998, 41, 48. Andere Stimmen im Schrifttum behaupten, dass nur die einfachgesetzliche Rechtslage die Gewinnerzielungsabsicht ausschlösse und die Verfassung dem Gesetzgeber erlauben würde, den kommunalen Unternehmen eine rein erwerbswirtschaftliche Betätigung zu ermöglichen, vgl. *Britz*, NVwZ 2001, 380, 382; *Möstl*, BayVBl 1999, 547, 553.

[688] *Dickersbach*, WiVerw 1983, 187, 199 f.

[689] BVerfGE 61, 82, 107. Das BVerfG hat diese Aussage der Sasbach-Entscheidung jedoch den gemeindewirtschaftsrechtlichen Regelungen entnommen und nicht dem Grundgesetz.

b. Die historische Auslegung des öffentlichen Zwecks im Gemeindewirtschaftsrecht

Die historische Auslegung der gemeindewirtschaftsrechtlichen Regelungen ergibt deutliche Hinweise dafür, dass die bloße Gewinnerzielungsabsicht als öffentlichen Zweck ausgeschlossen sein sollte. Gemäß der Amtliche Begründung der Vorgängervorschrift des § 67 DGO sollten die Grundsätze des Preußischen Gemeindefinanzgesetzes vom 15.12.1933 übernommen werden[690]. In dessen Vorspruch hieß es bereits, dass es „nicht der Stellung der Gemeinden als Verwalter öffentlicher Angelegenheiten (entspricht), sich als Unternehmer schrankenlos zu betätigen und so mit der freien Wirtschaft in unnötigen Wettbewerb zu treten“[691]. Die Amtliche Begründung zu § 67 DGO besagte dementsprechend, dass es „einer Gemeinde nie erlaubt sein (kann), zu wirtschaften, wenn ihr einziges Ziel dabei das der Gewinnerzielung ist; vielmehr muss es sich bei der gemeindlichen Wirtschaft stets um Betätigungen handeln, die (...) eine im öffentlichen Interesse gebotene Versorgung der Einwohnerschaft zum Gegenstand haben. Demnach müssen Leistungen und Lieferungen des gemeindlichen Unternehmens selbst einem öffentlichen Zweck dienen“[692]. Es ist nicht ersichtlich, dass die Landesgesetzgeber den Nachfolgevorschriften zu § 67 DGO einen neuen Inhalt hinsichtlich des öffentlichen Zwecks geben wollten[693]. Würde man davon ausgehen, verlöre der Begriff auch jegliche Kontur[694]. Jede wirtschaftliche Betätigung der Gemeinden würde unter den öffentlichen Zweck fallen, da es wohl kaum einen Sachverhalt geben dürfte, in denen die Gemeinde sich die Erwirtschaftung von Verlusten als Aufgabe setzt. Letztlich würde die Kommunalwirtschaft damit für den Bereich ihres Wirtschaftens Privatautonomie erlangen[695]. Der Schritt von der Befugnis zur Privatrechtsförmigkeit der Verwaltung zur Privatautonomie der Verwaltung lässt sich aber aus der Verfassung nicht begründen[696]. Dieser Befund wird auch durch die Aussagen des BVerfG zu Steuern und gemeindlichem Eigentum unterstützt. Es hat betont, dass Steuereinnahmen der Staatsaufgabenfinanzierung, also dem gemeinen Wohl, zu dienen haben[697]. Es ist kein „Wagniskapital“[698] oder „Spielgeld“[699] für die Finanzierung

---

[690] *Burmeister* in Püttner (Hrsg.), Handbuch der kommunalen Wissenschaft und Praxis Bd. 5, S. 12.

[691] Abgedruckt bei *Burmeister* in Püttner (Hrsg.), Handbuch der kommunalen Wissenschaft und Praxis Bd. 5, S. 13.

[692] Abgedruckt bei *Surén/Loschelder*, Die Deutsche Gemeindeordnung Bd. 2, § 67 (S. 88 f.).

[693] *Hidien*, Gemeindliche Betätigungen rein erwerbswirtschaftlicher Art und „öffentlicher“ Zweck kommunaler, wirtschaftlicher Unternehmen, S. 180 f.

[694] *Pielow*, NWVBl 1999, 369, 377; *Ehlers*, Gutachten E zum 64. DJT, S. 72 f..

[695] *Löwer*, VVDStRL 60 (2001), 416, 420.

[696] *Burmeister* in Püttner (Hrsg.), Handbuch der kommunalen Wissenschaft und Praxis Bd. 5, S. 43.

[697] BVerfGE 44, 125, 143.

[698] *Löwer*, VVDStRL 60 (2001), 416, 421; *Gottschalk*, ThürVBl 2003, 25, 27.

[699] *Ehlers*, Gutachten E zum 64. DJT, S. 72.

kommunaler Unternehmen, die möglicherweise nur weitere Verluste für den Gemeindehaushalt erwirtschaften. In gleicher Weise hat das BVerfG für das kommunale Eigentum bestimmt, dass es „nicht der Funktion (dient), derentwegen es durch das Grundrecht geschützt ist, nämlich dem Eigentümer „als Grundlage privater Initiative und in eigenverantwortlichem privatem Interesse von Nutzen" zu sein"[700]. Auch das kommunale Eigentum ist demnach nur für Gemeinwohlzwecke einsetzbar und steht nicht wie die Steuereinnahmen nicht einer privatautonomen Entscheidung der Gemeinde zur Verfügung.

c. Die Systematik der Gemeindeordnungen

Ein weiteres Argument für den Ausschluss der Gewinnerzielungsabsicht ergibt sich aus der Systematik der Gemeindeordnungen. Den Regelungen zum öffentlichen Zweck stehen die Vorschriften gegenüber, die von den kommunalen Unternehmen fordern, einen Ertrag für den Haushalt abzuwerfen[701]. Das Ertragsstreben wird dort unter den Vorbehalt gestellt, dass dadurch die Erfüllung des öffentlichen Zwecks nicht beeinträchtigt wird bzw. das Ertragsstreben mit der Erfüllung des öffentlichen Zwecks in Einklang zu bringen ist[702]. Die Gemeindeordnungen, soweit sie die Gewinnerzielung nicht sogar ausdrücklich ausschließen, gehen also nicht von der Gewinnerzielung als öffentlichem Zweck aus, sondern sehen vielmehr ein Spannungsverhältnis zwischen öffentlichem Zweck und Ertragsstreben. Gleichzeitig wird damit klargestellt, dass es den Gemeinden nicht grundsätzlich verwehrt ist, ihre Wirtschaftstätigkeit mit Motiven der Gewinnerzielung zu betreiben[703]. Ausgeschlossen ist nur die bloße bzw. primäre Gewinnerzielungsabsicht, d.h. eine Betätigung, die allein um des Ertrages für den Gemeindehaushalt willen ausgeübt wird. Zulässig und sogar erwünscht ist aber das Ertragsstreben im Rahmen der Erfüllung eines öffentlichen Zwecks[704]. Das Gewinnstreben hat sich also der öffentlichen Zwecksetzung unterzuordnen[705].

---

[700] BVerfGE 52, 1, 30; 61, 82, 108.

[701] § 102 Abs. 2 GO BW; § 107 Satz 2 GO Bbg; § 127 Satz 2 HessGO; § 75 Abs. 1 Satz 2 ThürKO; § 114 Abs. 1 Satz 1 NdsGO; § 109 Abs. 1 Satz 2 GO NRW; § 85 Abs. 2 Satz 1 2. Hs. GO RP; § 97 Abs. 3 2. Hs. SächsGO; § 75 Abs. 1 ThürKO.

[702] Nur in § 75 Abs. 1 Satz 2 ThürKO findet sich eine solche Einschränkung nicht.

[703] *Jarass*, DVBl 2006, 1, 4 f.

[704] *Oster* in Gabler/Höhlein (Hrsg.), Kommunalverfassungsrecht RP, § 85 GemO Rdnr. 2.1; *Ehlers*, Gutachten E zum 64. DJT, S. 74; *Knemyer/Kempen* in Achterberg/Püttner/Würtenberger (Hrsg.), Besonderes Verwaltungsrecht Bd. II, § 17 Rdnr. 46; *Cronauge*, AfK 1999, 24, 34; *Pielow*, NWVBl 1999, 369, 377; *Mann*, JZ 2002, 819, 821; *Hösch*, GewA 2001, 1, 4; *Hidien*, Die positive Konkretisierung der öffentlichen Zweckbindung kommunaler Wirtschaftsunternehmen, S. 22.

[705] *Burmeister* in Püttner (Hrsg.), Handbuch der kommunalen Wissenschaft und Praxis Bd. 5, S. 41; *Cronauge/Westermann*, Kommunale Unternehmen, Rdnr. 247.

d. Der Ausschluss der primären Gewinnerzielungsabsicht durch die Finanzverfassung

Für den Ausschluss primär erwerbswirtschaftlicher Motive sprechen weiterhin finanzverfassungsrechtliche Gründe. Das BVerfG hat von der vorrangigen Finanzierung der Staatsaufgaben durch Steuern gesprochen[706]. Gewinneinkünfte sind den nach Art. 105 Abs. 1 GG vorgesehenen Finanzmonopolen vorbehalten[707]. Teilweise wird bestritten, dass sich ein Ausschluss gewinnorientierter Wirtschaftstätigkeit aus der Finanzverfassung ergebe[708]. Wie bereits gezeigt, ist das Ertragsstreben der kommunalen Unternehmen auch durchaus erwünscht. Der Ausschluss von Tätigkeiten mit primärer oder ausschließlicher Gewinnerzielungsabsicht ergibt sich aus den belastenden Folgen solcher Betätigungen für den Steuerstaat[709]. Eine massive erwerbswirtschaftliche Betätigung von Bund, Ländern und Kommunen hätte bei entsprechender Erwirtschaftung von Gewinnen für den Staatshaushalt nämlich eine dem Steuerertrag vergleichbare Wirkung ohne in die Formstrenge der Finanzverfassung eingebunden zu sein[710]. Die grundsätzliche Entscheidung für einen Steuerstaat würde unterlaufen, wenn der öffentlichen Hand grundsätzlich eine andere Form der Finanzierung gestattet wäre[711]. Außerdem widerspräche eine solche Form der Finanzierung der eindeutigen Entscheidung der Verfassung gegen eine privatautonome Freiheit der Gemeinden im wirtschaftlichen Bereich[712]. Dazu tritt die Tatsache, dass es bei erwerbswirtschaftlicher Betätigung zu einer Belastung einzelner privater Konkurrenten kommt, während die Steuer eine gleichmäßige Belastung der Allgemeinheit darstellt[713]. *Löwer* weist außerdem darauf hin, dass Steuern auf den Ertrag einer privaten Freiheitsbetätigung zugreifen, während die Erwerbswirtschaft in Konkurrenz zu einer Freiheitsbetätigung tritt und deshalb als die einschneidendere staatliche Maßnahme betrachtet werden muss[714]. Zudem wären die privaten

---

[706] BVerfGE 78, 249, 266 f.; 82, 159, 178; 93, 319, 342, so auch VerfGH RP NVwZ 2000, 801. Aus der überwiegend zustimmenden Literatur vgl. nur *Ehlers*, Gutachten E zum 64. DJT, S. 72; *Heilshorn*, Gebietsbezug der Kommunalwirtschaft, S. 147 mwN; *Löwer*, VVDStRL 60 (2001), 416, 421 ff; *Hösch*, GewA 2000, 1, 4; *Stober*, NJW 2002, 2357, 2362.

[707] *Heun* in Dreier (Hrsg.), GG Bd. III, Art. 105 Rdnr. 32; *Siekmann* in Sachs (Hrsg.), GG, Art. 105 Rdnr. 16.

[708] *Storr*, Der Staat als Unternehmer, S. 127 ff.; *Jarass*, DÖV 2002, 489, 490; *Klein*, Die Teilnahme des Staates am wirtschaftlichen Wettbewerb, S. 142 f.; *Otting*, DVBl 1997, 1258, 1260.

[709] *Gern*, Dt. Kommunalrecht, Rdnr. 727.

[710] *Hösch*, DÖV 2000, 393, 401; *Uhlenhut*, Wirtschaftliche Betätigung der Gemeinden außerhalb ihres Gebietes, S. 98.

[711] *Ehlers*, DVBl 1998, 497, 499; *Stober*, ZHR 145 (1981), 565, 587.

[712] *Stober*, ZHR 145 (1981), 565, 587.

[713] *Uhlenhut*, Wirtschaftliche Betätigung der Gemeinden außerhalb ihres Gebietes, S. 98.

[714] *Löwer*, VVDStRL 60 (2001), 416, 423.

Konkurrenten gezwungen, durch öffentliche Abgaben ihre öffentlichen Konkurrenten zu finanzieren[715].

Zuletzt ist dem Argument entgegenzutreten, dass sich aus der Gewährleistung der Grundlagen der finanziellen Eigenverantwortung in Art. 28 Abs. 2 Satz 3 GG eine Sonderstellung der Gemeinden ergibt, die ihnen die erwerbswirtschaftliche Betätigung erlaubt. Aus dieser Vorschrift ergibt sich ein Anspruch der Kommunen auf eine ausreichende Ausstattung mit finanziellen Mitteln[716]. *Otting* will daraus den weiteren Schluss ziehen, dass den Gemeinden eine wirtschaftliche Betätigung mit Gewinnerzielungsabsicht eröffnet sein muss, wenn ihnen Aufgaben in einem Umfang übertragen werden, die finanziell allein nicht mehr mit den Mitteln des Gemeindehaushalts zu bewältigen sind[717]. Jedoch ergibt sich aus Art. 28 Abs. 2 Satz 3 GG lediglich ein Anspruch gegenüber dem Staat auf eine genügende Ausstattung mit Finanzmitteln[718]. Er enthält keine Ermächtigung zum wirtschaftlichen Handeln. Wenn die Garantie staatsbezogen ist, kann sie sich aber nur auf öffentliche Einnahmequellen richten und nicht auf die Erschließung neuer Einnahmequellen[719]. Es ist also Aufgabe des Staates den Gemeinden die finanzielle Möglichkeit zur Wahrnehmung ihrer Aufgaben zu erhalten[720].

Eine kommunale wirtschaftliche Betätigung mit der bloßen oder primären Absicht der Gewinnerzielung scheidet also nicht bloß einfachgesetzlich, sondern auch aus verfassungsrechtlichen Gründen aus.

---

[715] *Berg*, WiVerw 2000, 141, 153.

[716] Zu diesem Anspruch *Volkmann*, DÖV 2001, 497.

[717] *Otting*, Neues Steuerungsmodell und rechtliche Betätigungsspielräume der Kommunen, S. 168 ff.; *Otting*, DVBl 1997, 1258, 1261 f. *Hellermann*, Örtliche Daseinsvorsorge und gemeindliche Selbstverwaltung, S. 208 f. sieht die „verfassungsgebotene Offenheit" des öffentlichen Zwecks in der gemeindlichen Finanzhoheit begründet. Er übersieht dabei, dass die Finanzhoheit die eigenverantwortliche Verwendung der Mittel gewährleistet, nicht aber die eigenverantwortliche Entscheidung darüber, wie sich die Kommunen finanziell ausstatten wollen, vgl. *Schink*, NVwZ 2002, 129, 134.

[718] VerfGH RP NVwZ 2000, 801, 803; *Ruffert*, VerwA 92 (2001), 27, 42; *Hösch*, DÖV 2000, 393, 405.

[719] *Gottschalk*, ThürVBl 2003, 25, 26; *Henneke*, NdsVBl 1998, 273, 280; *Stober* in NJW 2002, 2357, 2362: „Daher ist unternehmerische Motivation dem Abgabenstaat fremd." Vgl. auch *Uhlenhut*, Wirtschaftliche Betätigung der Gemeinden außerhalb ihres Gebietes, S. 103.

[720] Die Aushöhlung der finanziellen Grundlage der Selbstverwaltung kann dabei sowohl durch eine übermäßige Übertragung von Aufgaben auf die kommunale Ebene wie durch eine unzureichende finanzielle Ausstattung verursacht werden. Es ist nicht Gegenstand dieser Untersuchung, in welchem Umfang Bund und Länder für eine Finanzierung von Pflichtaufgaben einzustehen haben, in welchem Umfang die Gemeinde noch zur Erfüllung freiwilliger Selbstverwaltungsaufgaben in der Lage sein muss und ob ggf. ein Anspruch auf Rückführung der Aufgabenlast oder nur auf zusätzliche finanzielle Ausstattung besteht.

2. Randnutzungen als öffentlicher Zweck

Scheidet die gemeindliche Wirtschaftstätigkeit mit primärer Gewinnerzielungsabsicht als öffentlicher Zweck, so könnte es der Gemeinde dennoch möglich sein, überörtliche Erwerbswirtschaft in dem Maße zu betreiben, in dem das kommunale Wirtschaftsrecht das Ertragsstreben als Sekundärzweck zulässt. Zwar ist von einem grundsätzlichen Spannungsverhältnis zwischen Gewinnerzielungsabsicht und öffentlichem Zweck auszugehen. Dieses Spannungsverhältnis wird aber im Rahmen der Erfüllung eines öffentlichen Zwecks durch kommunale Wirtschaftstätigkeit durch die Forderung der Gemeindeordnungen aufgehoben, dass diese Betätigung einen Ertrag für den Gemeindehaushalt abwerfen soll[721]. Im Rahmen der Erfüllung eines öffentlichen Zwecks dürfen kommunale Unternehmen auch gewinnorientiert arbeiten. Es wären also Konstellationen denkbar, in denen eine kommunalwirtschaftliche Betätigung mit ökonomischer Zielsetzung dem Erfordernis des öffentlichen Zwecks genügt, wenn diese Betätigung einen Bezug zur unmittelbaren Förderung des Gemeinwohls der Gemeindeeinwohner aufweist. Davon wird insbesondere bei den Randnutzungen kommunaler Unternehmen ausgegangen[722].

a. Der Begriff der Randnutzungen

Das BVerwG hat ausgeführt, dass „mit dem Begriff der Randnutzung wird (...) die wirtschaftliche Betätigung bezeichnet, die die öffentliche Hand „bei Gelegenheit" der Erfüllung ihrer öffentlichen Aufgaben betreibt, um sonst brachliegendes Wirtschaftspotential, das im übrigen aber öffentlichen Zwecken dient, auszunutzen"[723]. Damit werden Fälle erfasst, in denen das kommunale Unternehmen zur Erfüllung seiner Aufgabe Ressourcen geschaffen hat, die bei Erfüllung der Aufgabe nicht vollständig genutzt werden. Die Erweiterung der Tätig-

---

[721] Vgl. § 7 C II 1.

[722] Die Zulässigkeit solcher Tätigkeiten wird im Schrifttum überwiegend befürwortet. Vgl. nur *Ehlers*, Gutachten E zum 64. DJT, S. 99; *ders*, NWVBl 2000, 1, 6; *ders*, DVBl 1998, 497, 501; *Scharpf*, DÖV 2006, 23; *Schmidt-Aßmann* in FS-Ulmer, S. 1015, 1018 f.; *Cronauge*, Der Gemeindehaushalt 1997, 265, 269; *Brüning*, DVBl 2004, 1451, 1453; *Faßbender*, DÖV 2005 89, 100; *Gottschalk*, ThürVBl 2003, 25, 27; *Schulz*, BayVBl 1998, 449, 452; *Leimkühler*, VergabeR 2001, 353, 367; *Becker*, DÖV 2000, 1032, 1036; *Püttner*, DÖV 2002, 731, 735 f.; *Teufel/Kempkes*, AbfallR 2005, 57, 59; *Ennuschat*, BB 1999, 494, 495; *Karst*, DÖV 2002, 809,815; *Uhlenhut*, Wirtschaftliche Betätigung der Gemeinden außerhalb ihres Gebietes, S. 116; *Zacharias*, VR 2000, 271, 276; *Köhler*, WRP 1999, 1205 1211; *ders.*, BayVBl 2000, 1, 4; *Schink*, NVwZ 2002, 129, 135; *Dolde*, ZHR 166 (2002), 515, 518; *Oster* in Gabler/Höhlein (Hrsg.), Kommunalverfassungsrecht RP, § 85 GemO, Rdnr. 2.1; *Tomerius*, Der Gemeindehaushalt 2004, 241, 242; *Dolde*, ZHR 166 (2002), 515, 518; *Gundlach*, LKV 2002, 264, 265; *Britz*, NVwZ 2001, 380, 384; *Grawert* in Reichard (Hrsg.), Kommunen am Markt, S. 9, 22; a.A. *Lux*, NWVBl 2000, 7, 10; *Henneke*, NdsVBl 1998, 273, 281. Kritisch zu Ausweitungstendenzen der Kommunalwirtschaft unter dem Deckmantel der Randnutzung und Annextätigkeit, *Grooterhorst/Törnig*, DÖV 2004, 685 ff.

[723] BVerwGE 82, 29, 34.

keit dient der Auslastung der ansonsten brachliegenden Kapazitäten[724]. Im Bereich der Wasserversorgung geht es dabei vor allem um die Vermarktung von Ressourcen, die nicht für die Versorgung der Gemeindeeinwohner benötigt werden. Solche Ressourcen treten aufgrund stagnierender und sogar rückläufiger Nachfrage in den vergangenen Jahren verstärkt auf[725]. Die Gründe für die überschüssigen Ressourcen des kommunalen Unternehmens können dabei verschiedener Art sein. Sie können gezielt geschaffen oder die ungewollte Folge einer Überdimensionierung der Einrichtung aufgrund von Planungsfehlern sein. Sind sie gezielt geschaffen worden, könnte damit einerseits eine Verbesserung der Rentabilität des Unternehmens aufgrund von Größenvorteilen (*economics of scale*) verfolgt werden oder andererseits könnte die Erfüllung der Aufgabe des Unternehmens nur dann möglich sein, wenn die Einrichtung eine bestimmte Größe aufweist, bei der zwangsläufig brachliegende Kapazitäten auftreten. Zuletzt können solche Überkapazitäten auch entstehen, wenn sich der Umfang der zu erledigenden Aufgabe verringert, die Gemeindeeinwohner also nicht mehr das bisherige Leistungsvolumen seitens der Gemeinde anfordern[726].

---

[724] *Faßbender*, DÖV 2005, 89, 100; *Jarass*, NWVBl 2002, 335, 338; *Britz*, NVwZ 2001, 380, 384. Um Wirtschaftspotential, das bei Gelegenheit der unternehmerischen Betätigung anfällt, handelt es sich auch bei der Vermarktung von Flächen zu Werbezwecken, vgl. BVerwGE 82, 29, 34; BGH NJW 2002, 1718, 1721; dazu *Heimlich*, NVwZ 2000, 747; *Scharpf*, DÖV 2006, 23 („schlichte Vermögensnutzung"). Klassische Beispiele waren die Werbung durch die Post und die Eisenbahn. Nachdem Post und Bahn privatisiert sind, dürfte das heutzutage bekannteste Beispiel die Werbung im öffentlichen Personennahverkehr, also an und in Bussen oder Straßenbahnen sowie an den Haltestellen sein. Die brachliegenden Kapazitäten bestehen hier nicht in ungenutzten Dienstleistungsressourcen, fallen aber ebenfalls im Rahmen der Erfüllung der öffentlichen Aufgabe an. Sie sind also nach denselben Grundsätzen zu rechtfertigen wie die Vermarktung ungenutzter Ressourcen. Für den Bereich der Wasserversorgung ist diese Form der Randnutzung unerheblich, da sich höchstens die Übersendung der Abrechnung an den Kunden zur Beifügung von Werbematerial anböte. Zu einer solchen Praxis ist es aber bisher nicht gekommen.

[725] *Sauer/Strecker*, ZögU 26 (2003), 259, 260; *Schmalz*, ZUR Sonderheft 2001, 152, 154.

[726] Dagegen sind Annextätigkeiten unselbständige Leistungsangebote seitens des kommunalen Unternehmens, die sich als Zusatz zur Hauptleistung darstellen. Im Gegensatz zu Randnutzungen handelt es sich bei Annextätigkeiten jedoch nicht um die Nutzung brachliegenden Unternehmenspotentials, sondern um eine kapazitätserweiternde Tätigkeit, vgl. *Britz*, NVwZ 2001, 380, 384; *Jarass*, NWVBl 2002, 335, 338; *Stober* in Wolff/Bachof/Stober (Hrsg.), Verwaltungsrecht Bd. 3, § 91 Rdnr. 101; *Scharpf*, DÖV 2006, 23, 25 ff. Das kommunale Unternehmen erweitert sein Dienstleistungsangebot und muss deshalb neue Kapazitäten schaffen. Damit stellen sich die Annextätigkeiten aber nicht als Problem der Überörtlichkeit dar. Erfüllen sie selber einen öffentlichen Zweck, sind sie letztendlich selbständige Leistungen und anhand der Expansionsklauseln zu prüfen. Wenn sie mit Gewinnerzielungsabsicht betrieben werden, ist zu differenzieren. Dienen sie der sachlichen Ergänzung der Hauptleistung werden sie von deren öffentlichem Zweck mitumfasst, da es den Gemeinden nicht verwehrt ist, angestammte Tätigkeitsfelder marktgerecht zu ergänzen, VerfGH RP NVwZ 2000, 801, 803. Entsprechend hängt die Zulässigkeit der überörtlichen Erbringung der Annextätigkeit von der Zulässigkeit der Hauptleistung ab. Werden mit der Annextätigkeit hingegen allein kommerzielle Zwecke erfüllt, ist sie wiederum als von der Hauptleistung unabhängig anzuse-

b. Die Rechtfertigung von Randnutzungen

Ausgangspunkt für die Rechtfertigung der Randnutzungen als öffentlicher Zweck ist der verfassungsrechtlich verankerte Wirtschaftlichkeitsgrundsatz, der alle staatlichen Stellen zu einem wirtschaftlichen Handeln verpflichtet[727]. Die darin enthaltenen Grundsätze des wirtschaftlich vernünftigen und sparsamen Handelns haben in den haushaltsrechtlichen Vorschriften der Gemeindeordnungen ihren Niederschlag gefunden[728]. Entsprechend sollen brachliegende Kapazitäten vermarktet werden, um die Rentabilität des Unternehmens zu steigern[729]. Dadurch soll ein angemessenes Verhältnis des eingebrachten Aufwandes mit den erbrachten Leistungen des Unternehmens gewährleistet bleiben[730]. Auf diesem Grundsatz beruht auch die Angemessenheitsklausel der kommunalwirtschaftlichen Schrankentrias. Die unwirtschaftliche Erfüllung eines öffentlichen Zwecks spricht dafür, dass ein unangemessenes Verhältnis zwischen der Leistungsfähigkeit der Gemeinde und der übernommenen Aufgabe besteht[731]. Die Begrenzung auf das angemessen Finanzierbare verbietet es der Gemeinde, ihre Unternehmen überzudimensionieren[732]. Die Gemeinden dürfen ihre Vermögenswerte nicht verschleudern[733]. Ist eine primäre Gewinnerzielungsabsicht ausgeschlossen, weil die finanzielle Ausstattung der Kommunen nicht ein frei einsetzbares „Wagniskapital" darstellt, so spricht dieses Argument gerade für die Berücksichtigung der Wirtschaftlichkeit als öffentlichem Zweck. Wird den Gemeinden kein „Wagniskapital" zur Verfügung gestellt, verpflichten sich die Gemeinden gerade dazu sicher und damit auch wirtschaftlich zu wirtschaften[734]. Um seine Position zu festigen darf das kommunale Unternehmen ergänzende,

---

hen. Gemäß dem unter § 8 D II 1 Ausgeführten liegt für die Annextätigkeit mit primärer Gewinnerzielungsabsicht schon kein zulässiger öffentlicher Zweck vor, vgl. auch die Gelsengrün-Entscheidung des OLG Hamm NJW 1998, 3504, 3505.

[727] Vgl. BVerwGE 82, 29, 34; *Stober*, NJW 2002, 2357, 2361; *Gottschalk*, ThürVBl 2003, 25, 27; *Rennert*, JZ 2003, 385, 392; *Köhler*, WRP 1999, 1205, 1210; *Heilshorn*, Gebietsbezug der Kommunalwirtschaft, S. 155; *Storr*, Der Staat als Unternehmer, S. 124.

[728] Vgl. nur § 102 Abs. 2 GO BW; § 92 Abs. 2 HessGO; § 82 Abs. 2 NdsGO; § 75 Abs. 2 GO NRW; § 93 Abs. 2 GO RP; § 72 Abs. 2 SächsGO; § 90 Abs. 2 GO LSA; § 53 Abs. 2 ThürKO.

[729] OLG Düsseldorf NVwZ 2000, 714, 715; *Schmidt-Aßmann* in FS-Ulmer, S 1015, 1019; *Köhler*, WRP 1999, 1205, 1210; *ders.*, BayVBl 2000, 1, 3; *Britz*, NVwZ 2001, 380, 386; a.A. OLG Hamm NJW 1998, 3504, 3505.

[730] *Cronauge*, Der Gemeindehaushalt 1997, 265, 269; *Köhler*, WRP 1999, 1205, 1210; *Rennert*, JZ 2003, 385, 392.

[731] Vgl. *Oebbecke*, ZHR 164 (2000), 375, 383.

[732] *Held*, WiVerw 1998, 264, 279; *Hösch*, DÖV 2000, 393, 402; *ders.*, GewA 2001, 223, 231; *Kühling*, NJW 2001, 177, 178.

[733] *Hösch*, GewA 2000, 1, 3. Vgl. auch BVerfGE 12, 354, 364, wonach für staatliche Stellen eine „aus dem Dienst am Gemeinwohl folgende, selbstverständliche Verpflichtung (besteht), bei einer Veräußerung öffentlichen Vermögens einen angemessenen Preis zu erstreben".

[734] *Gottschalk*, ThürVBl 2003, 25, 27.

auch überörtliche Geschäfte wahrnehmen[735]. Die Randnutzung ist also eine Ausprägung des Wirtschaftlichkeitsgrundsatzes[736].

Wenn die Randnutzungen aber nur dazu dienen, die Rentabilität eines kommunalen Unternehmens zu erhöhen, sind sie auf die Erzielung von Einnahmen gerichtet. Es ließe sich also dahingehend argumentieren, dass kein zulässiger öffentlicher Zweck vorliegt, da die Gewinnerzielungsabsicht den Bereich der Gemeinwohlbindung der kommunalen Wirtschaftstätigkeit verlässt. Im Unterschied zu den Tätigkeiten mit primärer Gewinnerzielungsabsicht fördern jedoch die Randnutzungen die wirtschaftliche Erfüllung des öffentlichen Zwecks der Hauptleistung. Das Gebot der Wirtschaftlichkeit kann also nicht für sich allein einen öffentlichen Zweck darstellen, sondern kommt zum Tragen, wenn eine Einrichtung bereits einen öffentlichen Zweck erfüllt[737]. In diesem Kontext stellt der Wirtschaftlichkeitsgrundsatz auch eine unmittelbare Förderung des Wohls der Gemeindeeinwohner dar. Die Gemeinden sind, wie eben ausgeführt, nicht nur verpflichtet, mit ihrer Wirtschaftstätigkeit dem Gemeinwohl zu dienen, sondern sie sind weiterhin darauf verpflichtet, dies in wirtschaftlicher Weise, also sparsam und effizient zu tun[738]. Soweit also bei Erfüllung der Hauptleistung der Einrichtung Kapazitäten ungenutzt bleiben, würde es einen Verstoß gegen die Gemeinwohlbindung der Kommune bedeuten, wenn sie diese brachliegen ließe[739]. Besonders deutlich ist das der Fall, wenn ohne die Randnutzungen die eigentliche Aufgabe der Einrichtung aufgegeben werden müsste[740]. Das Gebot der Wirtschaftlichkeit sichert die Erfüllung der gemeindlichen Aufgaben. Es stellt aber keinen öffentlichen Zweck dar, der für sich allein geeignet wäre die wirtschaftliche Betätigung einer Gemeinde zu tragen[741]. Die Wirtschaftlichkeit der Einrichtung stellt sich also im Rahmen der Erfüllung einer gemeindlichen Aufgabe als ein sekundärer öffentlicher Zweck dar, der geeignet ist, die Nutzung brachliegender Kapazitäten zu rechtfertigen. Das OLG Düsseldorf hat von einem fördernden Zusammenhang der grenzüberschreitenden Betätigung mit dem öffentlichen Zweck der Einrichtung gesprochen[742].

---

[735] *Püttner*, DÖV 2002, 731, 736.
[736] *Stober*, NJW 2002, 2357, 2362.
[737] Vgl. *Nagel*, Gemeindeordnung als Hürde?, S. 68; Britz, NVwZ 2001, 380, 384; *Hösch*, GewA 2000, 1, 4 nennt die Wirtschaftlichkeit eine Nebenbedingung der Zweckerfüllung.
[738] *Köhler*, BayVBl 2000, 1, 3.
[739] Vgl. *Uhlenhut*, Wirtschaftliche Betätigung der Gemeinden außerhalb ihres Gebietes, S. 112 f.
[740] *Ehlers*, Gutachten E zum 64. DJT, S. 99; *Löwer*, NWVBl 2000, 241, 245.
[741] *Zacharias*, VR 2000, 271, 276; *Nagel*, Gemeindeordnung als Hürde?, S. 68 f.; *Uhlenhut*, Wirtschaftliche Betätigung der Gemeinden außerhalb ihres Gebietes, S. 109; *Ehlers*, DVBl 1997, 137, 142 („erst in zweiter Linie (…) zulässig").
[742] OLG Düsseldorf NWVBl 2003, 192, 199. In dieser Entscheidung ging es um eine grenzüberschreitende Betätigung im Bereich der Abfallentsorgung, die in Nordrhein-Westfalen von § 107 Abs. 2 GO NRW als nicht-wirtschaftliche Tätigkeit eingestuft wird. Soweit man die Begrenzung des § 107 Abs. 3 GO NRW für solche Betätigungen nicht gelten lässt, greifen die

c. Wettbewerbssicherung und Arbeitsplatzsicherung als unzulässige Rechtfertigungsgründe von Randnutzungen

Als unzureichend zur Begründung der Vermarktung brachliegender Kapazitäten erweisen sich demgegenüber die gelegentlich von Gemeinden und ihren Unternehmen angeführten Gründe der Wettbewerbssicherung[743] oder der Arbeitsplatzsicherung[744]. Beide Gründe würden letztlich eine reine Erwerbswirtschaft der Kommunen erlauben, da sie nicht die für Randnutzungen erforderliche Verbindung mit dem Zweck der Hauptleistung aufweisen. Insbesondere das Argument der Wettbewerbssicherung wäre geeignet, jedes gewinnorientierte Wirtschaften zu rechtfertigen, da jede Wirtschaftstätigkeit der Kommunen den Wettbewerb auf einem bestimmten Markt fördern bzw. sichern würde. Zudem stellt sich bei überörtlicher Wirtschaftstätigkeit die Frage, weshalb eine Gemeinde für die Wettbewerbsstruktur außerhalb ihres Gebietes zuständig sein soll, inwiefern also diese Wettbewerbsstruktur örtlich radiziert ist[745]. Im Falle überörtlicher wirtschaftlicher Betätigung zur Sicherung von Arbeitsplätzen ist zu bedenken, dass eine verstärkte Aktivität durch kommunale Unternehmen wiederum zur Bedrohung von Arbeitsplätzen in den kommunalen Unternehmen der betroffenen Gemeinden oder der Privatwirtschaft führt[746].

3. Grenzen der Randnutzungen als öffentlicher Zweck

Die soeben skizzierte Begründung des öffentlichen Zwecks der Randnutzungen setzt der Vermarktung brachliegender Kapazitäten allerdings enge Grenzen. Zunächst einmal muss es sich bei der überörtlichen Wirtschaftstätigkeit tatsächlich noch um eine Randnutzung handeln. Sie darf die Tätigkeit des kommunalen Unternehmens nicht dominieren[747]. Ansonsten würde sich das Verhältnis des öffentlichen Zwecks dieses Unternehmens und der sekundären Anforderungen der Wirtschaftlichkeit in ihr Gegenteil verkehren. Die Wirtschaftlichkeit besteht innerhalb des öffentlichen Zwecks der Hauptleistung. Sie darf deshalb nicht über-

---

nachfolgenden Ausführungen zu den Grenzen von Randnutzungen nicht ein. Dazu kommt im Ergebnis eine Entscheidung des OVG Münster GewA 2005, 75 f. Zur Ablehnung einer solchen Privilegierung der nicht-wirtschaftlichen Betätigung bei überörtlicher Wirtschaftstätigkeit vgl. § 7 C IV.

743 Vgl. etwa *Köhler*, BayVBl 2000, 1, 6.

744 Vgl. etwa *Cronauge*, Der Gemeindehaushalt 1997, 265, 269.

745 *Gottschalk*, ThürVBl 2003, 25, 28.

746 OLG Düsseldorf NWVBl 2001, 443, 446; *Stober*, NJW 2002, 2357, 2361; *Schmidt-Aßmann* in FS-Ulmer, S. 1015, 1019; *Gottschalk*, ThürVBl 2003, 25, 28; *Zacharias*, VR 2000, 271, 275.

747 VerfGH RP NVwZ 2000, 801, 803; *Britz*, NVwZ 2001, 380, 386; *Ehlers*, DVBl 1998, 497, 501; *Schink*, NVwZ 2002, 129, 135; *Scharpf*, NVwZ 2005, 148, 150.

betont werden[748]. Insbesondere darf sie nicht selbst zum tragenden Prinzip der kommunalwirtschaftlichen Betätigung werden[749].

a. Grenzen der Auslastung brachliegender Kapazitäten durch die Nachrangigkeit des Wirtschaftlichkeitsgebots

Wenn das Wirtschaftlichkeitsgebot nicht losgelöst von einem anderen öffentlichen Zweck bestehen kann, ergibt sich daraus seine Nachrangigkeit[750]. In § 15 Abs. 1 Satz 2 KV M-V heißt es deshalb auch ausdrücklich, dass ein dringendes öffentliches Bedürfnis nicht ausschließlich durch die Erhöhung der Wirtschaftlichkeit einer Einrichtung begründet werden kann. Eine ökonomisch motivierte Neuinterpretation des öffentlichen Zwecks kehrt dieses Verhältnis um. Die Neubestimmung zielt darauf ab, Wirtschaftlichkeit und Effizienz in den Rang eines gleichwertigen öffentlichen Zwecks zu heben, wenn nicht sogar, ihn an erste Stelle zu setzen[751]. Die Wirtschaftlichkeit kann jedoch, wie gesagt, nicht für sich allein die Wahrnehmung einer bestimmten Aufgabe rechtfertigen. Sie hat eine aufgabenbeschränkende Funktion[752]. Soweit ein öffentlicher Zweck erfüllt wird, ist dieser wirtschaftlich zu erfüllen. Könnten sich die kommunalen Unternehmen bei der Verwertung ihrer Überkapazitäten allein am Wirtschaftlichkeitsgrundsatz ausrichten, wäre damit im Bereich der Randnutzungen eine primär gewinnorientierte Erwerbswirtschaft für zulässig erklärt. Damit würden aber die aus Gemeinwohlbindung und demokratischer Legitimation kommunalen Handelns gebildeten Koordinaten in unzulässiger Weise gelockert[753]. Es kann damit für die Randnutzungen nur bei einer dienenden Funktion für die wirtschaftliche Erfüllung des öffentlichen Zwecks des gemeindlichen Unternehmens bleiben.

Die Rechtsprechung hat sich dieser Lesart der Grenzen der Randnutzung zwar nicht ausdrücklich, wohl aber im Ergebnis weitgehend angeschlossen[754]. In diesem Sinne dürfte auch die Gelsengrün-Entscheidung des OLG Hamm zu verstehen sein, aus der verschiedentlich die generelle Unzulässigkeit von Randnutzungen herausgelesen wurde[755]. Das OLG lehnte die bessere Auslastung gemeindli-

---

[748] *Hösch*, GewA 2000, 1, 5; *ders.*, DÖV 2000, 393, 403; im Ergebnis auch OLG Düsseldorf NWVBl 2003, 192, 199.

[749] Vgl. *Gottschalk*, ThürVBl 2003, 25, 27; *Jarass*, DVBl 2006, 1, 8 („untergeordneter stellenwert").

[750] *Ehlers*, DVBl 1997, 137, 142; *Rennert*, JZ 2003, 385, 393; *Scharpf*, DÖV 2006, 23, 24.

[751] *Rennert*, JZ 2003, 385, 393.

[752] *Hösch*, DÖV 2000, 393, 403.

[753] Zu den verfassungsrechtlichen Vorgaben, die eine Tätigkeit mit primrer Gewinnerzielungsabsicht verbieten, vgl. § 7 D II 1.

[754] Zusammenfassend dazu etwa *Tomerius*, Der Gemeindehaushalt 2004, 241, 242; *Leimkühler*, VergabeR 2001, 353, 357 ff. Vgl. außerdem OLG Düsseldorf NWVBl 2003, 192. Von dieser Entscheidung ist OVG Münster GewA 2005, 75 ausdrücklich abgewichen.

[755] Vgl. etwa *Stober* in Wolff/Bachof/Stober (Hrsg.), Verwaltungsrecht Bd. 3, § 91 Rdnr. 100; *Scharpf*, DÖV 2006, 23, 24; *Badura*, DÖV 1998, 818, 821.

cher Einrichtungen durch zusätzliche wirtschaftliche Betätigung als rechtfertigenden öffentlichen Zweck ab[756]. Zu dieser Entscheidung kam es aber, weil sich nach seiner Ansicht das Bedürfnis nicht von außen ergeben habe, also kein Bedürfnis der örtlichen Gemeinschaft sei, sondern die Gemeinde sich den die Betätigung rechtfertigenden Zweck selbst geschaffen habe, indem sie ihre Einrichtung so dimensionierte, dass sie nur bei zusätzlicher wirtschaftlicher Betätigung wirtschaftlich arbeiten konnte[757]. Daraus muss aber der Schluss gezogen werden, dass die Vermarktung brachliegender Kapazitäten dann einen zulässigen öffentlichen Zweck darstellt, wenn die Dimensionierung der Einrichtung zur Erbringung der Leistung erforderlich ist[758]. Das wäre zum Beispiel der Fall, wenn die Kapazitäten aufgrund eines Rückgangs der Nachfrage vorübergehend brachliegen oder wenn eine Einrichtung zur ordnungsgemäßen Erfüllung ihres öffentlichen Zwecks ausschließlich so dimensioniert werden könnte, dass vor allem in kleineren Gemeinden in bestimmtem Umfang Überkapazitäten anfallen. Das OLG Celle hat unter ausdrücklicher Bezugnahme auf die Gelsengrün-Entscheidung die Nutzung gegenwärtiger Überkapazitäten bejaht, wenn die Dimensionierung der Einrichtung an einer denkbaren Entwicklung des Marktes oder einer denkbaren Kooperation ausgerichtet wäre[759]. Die Gemeinde darf bei der Dimensionierung ihrer Einrichtungen also zukünftige Entwicklungen berücksichtigen. Unzulässig wäre es aber, wenn die Gemeinde Kapazitäten schaffen würde, die im Hinblick auf den vorhandenen bzw. sich abzeichnenden Bedarf in einer Weise überdimensioniert sind, dass eine Auslastung der Einrichtung nur durch zusätzliche wirtschaftliche Aktivitäten erreicht werden kann[760]. Das hat das OLG Düsseldorf bestätigt für einen Fall, in dem eine Gemeinde die Kapazitäten für die Erfüllung eines neuen außergebietlichen Auftrags erst schaffen musste[761]. In diesem Fall läge in der Auslastung der Einrichtung keine Randnutzung mehr vor, sondern die ergänzenden Geschäfte der Gemeinde wären Ausdruck einer eigenständigen Wirtschaftspolitik. Von einem fördernden Zusammenhang könne nur gesprochen werden, wenn ohne die grenzüberschreitende Betätigung eine sinnvolle Durchführung auf dem eigenen Gemeindegebiet nicht oder kaum möglich ist oder wenn freie Kapazitäten oder sonst brachliegende Ressourcen auf diese Weise eingesetzt werden können[762].

---

[756] OLG Hamm NJW 1998, 3504, 3505.

[757] OLG Hamm NJW 1998, 3504, 3505; vgl. *Teufel/Kempkes*, AbfallR 2005, 57, 59.

[758] *Zacharias*, VR 2000, 271, 276; *Ennuschat*, BB 1999, 494, 495, *Grawert* in Reichard (Hrsg.), Kommunen am Markt, S. 9, 22.

[759] OLG Celle VergabeR 2001, 207.

[760] *Oster* in Gabler/Höhlein (Hrsg.), Kommunalverfassungsrecht RP, § 85 GemO, Rdnr. 2.1; *Scharpf*, NVwZ 2005, 148, 150.

[761] OLG Düsseldorf NWVBl 2003, 192, 199 f.

[762] OLG Düsseldorf NWVBl 2003, 192, 199.

b. Der Vorrang des Abbaus brachliegender Kapazitäten

Eine Folge des Nachrangs der Wirtschaftlichkeit ist das Prinzip, dass der Abbau brachliegender Kapazitäten Vorrang vor ihrer Erhaltung hat. In dieser Hinsicht äußert sich auch eine Bekanntmachung des Bayerischen Staatsministeriums des Inneren vom 3. März 2003: Die Verringerung von Kapazitäten kommt Vorrang vor der Ausweitung des Versorgungsgebietes zu[763]. Sowohl die Erhaltung dauerhaft brachliegender Kapazitäten wie auch die Schaffung neuer Kapazitäten können nicht mehr als Randnutzung im eigentlichen Sinne eingestuft werden[764]. In beiden Fällen werden die vorhandenen bzw. neu geschaffenen Kapazitäten nicht für die Erfüllung des eigentlichen öffentlichen Zwecks des Unternehmens benötigt. Sie würden somit nicht mehr der wirtschaftlichen Erfüllung der eigentlichen Aufgabe dienen. Das Wirtschaftlichkeitsargument hätte sich ansonsten verselbständigt und wäre das tragende Prinzip des Unternehmens geworden, weshalb in solchen Fällen eine reine Erwerbswirtschaft der Kommunen vorläge[765]. Die Gemeinden müssen sich also von dauerhaft brachliegenden Kapazitäten trennen und diese abbauen[766].

Dagegen kann auch nur in Ausnahmefällen angeführt werden, dass eine Einrichtung nur durch ergänzende Tätigkeiten überhaupt in der Lage ist, ihr Angebot weiterhin aufrecht zu erhalten. Damit wird für die Tätigkeit kommunaler Unternehmen eine betriebwirtschaftliche Sichtweise eingeführt, in der das Überleben am Markt unter Wettbewerbsbedingungen ein Ziel dieser Unternehmen sein soll[767]. Eine betriebswirtschaftliche Betrachtung des Erhalts bestehender Kapazitäten, gegebenenfalls sogar durch Schaffung zusätzlicher Kapazitäten, führt aber wiederum zu einer primär gewinnorientierten Kommunalwirtschaft. Aus der Subsidiaritätsklausel der gemeindewirtschaftlichen Schrankentrias ergibt sich jedoch, dass die Kommune sich dort nicht wirtschaftlich betätigt darf, wo ein Privater dieselbe Leistung wirtschaftlicher erbringen kann. Die Kommunen sollen also nicht in jedem Fall im Wettbewerb bestehen können[768]. Die Wettbewerbsteilnahme ist ihnen vielmehr nur bei gleichzeitiger Erfüllung eines öffentlichen Zwecks erlaubt. Erfüllt eine Leistung keinen öffentlichen Zweck hat das kommunale Unternehmen gerade keine Berechtigung zur Marktteilnahme[769].

---

763 Zitiert nach *Daiber*, GewA 2004, 107, 111.

764 Vgl. *Schmidt-Aßmann* in FS-Ulmer, S. 1015, 1019; *Tomerius*, Der Gemeindehaushalt 2004, 241, 242.

765 Vgl. *Oster* in Gabler/Höhlein (Hrsg.), Kommunalverfassungsrecht RP, § 85 GemO, Rdnr. 2.1; *Tettinger* in von Mangoldt/Klein/Starck, GG Bd. 2, Art. 28 Rdnr. 223; *Gundlach*, LKV 2002, 264, 265; *Ehlers*, NWVBl 2000, 1, 6.

766 Vgl. *Scharpf*, DÖV 2006, 23, 24; *ders.*, NVwZ 2005, 148, 150; *Cosson*, DVBl 1999, 891, 895; *Hösch*, DÖV 2000, 393, 402; *ders.*, GewA 2001, 223, 229; *Gottschalk*, ThürVBl 2003, 25, 27; *Ennuschat*, BB 1999, 494, 495.

767 In diese Richtung jedoch *Gottschalk*, ThürVBl 2003, 25, 29.

768 Vgl. *Zacharias*, VR 2000, 271, 275, die das Leitbild einer Kommune als „Dienstleistungszentrum" für seine Bürger als „reinen Fiskalzweck" ablehnt.

769 Vgl. *Schink*, NVwZ 2002, 129, 135.

Ausnahmen können nur dort bestehen, soweit für eine Leistung, auf die die Gemeindeeinwohner angewiesen sind, kein privater Anbieter bereitsteht und soweit diese Leistung nicht schon durch ihre Einstufung als nichtwirtschaftliche Tätigkeit von den Wirtschaftlichkeitserfordernissen des Gemeindewirtschaftsrechts freigestellt ist. Im Regelfall wird sich die Gemeinde also von den dauerhaft brachliegenden Kapazitäten trennen müssen und gegebenenfalls in diesem Bereich ihre Wirtschaftstätigkeit vollständig einstellen müssen.

Randnutzungen sind somit nur zulässig, wenn sie nicht dauerhaft auftreten[770]. Es muss sich dabei entweder um die Vermarktung vorübergehend brachliegender Kapazitäten handeln oder um Überkapazitäten, die im Rahmen der wirtschaftlichen Betätigung in diesem Bereich zwangsläufig bestehen. Ihre Berechtigung finden diese ergänzenden Geschäfte im Grundsatz des wirtschaftlichen und sparsamen Erfüllens der kommunalen Aufgaben. Damit verbieten sich alle Randnutzungen, die mit dem öffentlichen Zweck des kommunalen Unternehmens nicht in einer dienenden Funktion verbunden sind.

4. Zwischenergebnis

Das Einbeziehen ökonomischer Zielsetzungen in das Erfordernis des öffentlichen Zwecks ist nur in begrenzten Ausnahmenfällen zulässig. Die Gewinnerzielungsabsicht als primäre Motivation werden schon auf der Ebene des Gemeindewirtschaftsrechts ausgeschlossen, wobei sich dessen Vorgaben als einfachgesetzliche Ausprägungen verfassungsrechtlicher Wertungen darstellen. Zulässig sind ausschließlich Randnutzungen im Sinne der Auslastung bestehender Kapazitäten. Dabei ist aber zum einen darauf zu achten, dass es sich dabei nicht um neu geschaffene Kapazitäten handelt, die einer Steigerung der Rentabilität dienen und zum anderen, dass die brachliegenden bestehenden Kapazitäten nicht ohne Beeinträchtigung der Erfüllung des öffentlichen Zwecks abgebaut werden könnten. Andernfalls wären in den Randnutzungen ebenfalls primär gewinnorientierte und deshalb unzulässige Betätigungen zu sehen. Zulässig ist damit eine Auslastung von leerstehenden Kapazitäten nur, wenn diese bei Erfüllung des öffentlichen Zwecks zwangsläufig anfallen oder wenn die Aufgabe nur durch ein kommunales Unternehmen erfüllt werden kann, dessen Größe sich im Verhältnis zu den für die Erfüllung erforderlichen Kapazitäten als in gewissem Umfang überdimensioniert darstellt.

III. Neue Auslegung des öffentlichen Zwecks in den Expansionsklauseln

Wenn sich die Einnahmenerzielung nicht unter den öffentlichen Zweck subsumieren lässt, besteht eine weitere Möglichkeit den Widerspruch in den Expansionsklauseln aufzulösen darin, den öffentlichen Zweck in den Fällen der Überört-

[770] *Gundlach*, LKV 2002, 264, 265; *Ennuschat*, BB 1999, 494, 495.

lichkeit neu auszulegen. Entsprechend wird auch eine dynamische Auslegung des geltenden Gemeindewirtschaftsrechts gefordert, um den heutigen wirtschaftlichen Verhältnissen und den heutigen kommunalen Aufgabenstellungen gerecht zu werden[771]. Gefordert ist also die Anpassung an die von der Wettbewerbssituation geprägte Wirklichkeit der kommunalen Unternehmen. Erforderlich für eine Modernisierung des Gemeindewirtschaftsrechts sei „insbesondere die Anpassung des Subsidiaritäts- und Territorialitätsprinzips“[772].

1. Die Überwindung des Territorialitätsprinzips im Bereich der Energieversorgung

Für die Energieversorgung ist vereinzelt das Bestehen eines Territorialitätsprinzips überhaupt in Frage gestellt worden. Die Beteiligung an der überörtlichen Energieversorgung im Rahmen bundesweit verknüpfter Netze sei geradezu zu einem Strukturmerkmal der deutschen Energiewirtschaft geworden[773]. Es habe sich bei der Energieversorgung somit schon immer um eine überörtliche Angelegenheit gehandelt, nur habe dies vor der Liberalisierung des Energiemarktes aufgrund der üblichen Zuweisung bestimmter örtlicher Versorgungsgebiete keine praktische Bedeutung gehabt[774]. Diese Argumentation ist schon im Ansatz nicht auf die Wasserversorgung übertragbar. Im Bereich der Wasserversorgung besteht im Gegensatz zur Energiewirtschaft gerade kein bundes- oder auch nur landesweit verknüpftes Versorgungsnetz. Im Gegensatz zur Energieversorgung ist die Wasserversorgung durch die rechtliche Monopolstellung der Gemeinden nach § 131 Abs. 8 GWB i.V.m. § 103 GWB a.F. gerade nicht liberalisiert und dem freien bzw. regulierten Wettbewerb ausgesetzt worden[775]. Er zeichnet sich vielmehr durch die Kleinteiligkeit der einzelnen, in sich abgeschlossenen Versorgungsgebiete aus. Unabhängig von der Bewertung dieses Ansatzes für die verbundenen Netze kann die Überwindung des Territorialitätsprinzips im Bereich der Wasserversorgung nicht auf die grundlegend überörtliche Natur dieser Dienstleistung gestützt werden[776].

---

[771] *Cronauge/Westermann*, Kommunale Unternehmen, Rdnr. 400; *Cronauge*, Der Gemeindehaushalt 1997, 265, 269; *Karst*, DÖV 2002, 809, 814.

[772] Pressemitteilung des Verbands kommunaler Unternehmen (VKU) vom 22.1.1999, zitiert nach *Cosson*, DVBl 1999, 891, 897.

[773] *Kühne*, RdE 1998, 41, 48; *Schwintowski* in FS-Baur, S. 339, 345 f.

[774] *Schwintowski* in FS-Baur, S. 339, 346.

[775] Zu den Gebietsmonopolen in der Wasserversorgung vgl. § 6 A, B.

[776] Einer Einordnung der Strom- und Gasversorgung als überörtliche Angelegenheit widerspricht auch die Tatsache, dass diese in der Vergangenheit üblicherweise in örtlichen Versorgungsgebieten erfolgten. Nach der historischen Betrachtungsweise, die das BVerfG zur Feststellung der Angelegenheiten der örtlichen Gemeinschaft anwendet, spricht die geschichtlich gewachsene Erfüllung der Versorgungsaufgabe durch die Gemeinden gerade für eine Einordnung als örtliche Angelegenheit (vgl. § 2 C II 2). Daran ändert auch die bundesweite Vernet-

2. Die überörtliche Wirtschaftstätigkeit als Tätigkeit außerhalb der Selbstverwaltung

Ein anderer Ansatz besteht darin, die überörtliche Wirtschaftstätigkeit als eine Tätigkeit außerhalb des Garantiebereichs des Art. 28 Abs. 2 Satz 1 GG zu sehen. Der in Art. 28 Abs. 2 Satz 1 GG niedergelegte Gesetzesvorbehalt erlaubt es dem Landesgesetzgeber, den Gemeinden Aufgaben außerhalb des Selbstverwaltungsrechts einzuräumen[777]. Für die Begründung wird auf eine Passage der *Rastede*-Entscheidung des BVerfG Bezug genommen, die besagt, dass „der Gesetzgeber (...) in seiner Zuordnung frei ist, wenn die Aufgabe keinen oder keinen relevanten örtlichen Charakter besitzt; sie fällt dann aus dem Gewährleistungsbereich des Art. 28 Abs. 2 Satz 1 GG heraus“[778]. Mit der Einführung von Expansionsklauseln hätten die Landesgesetzgeber von dieser Befugnis Gebrauch gemacht[779]. Damit wäre der Weg frei für eine Neubestimmung des Verweises auf das Erfordernis des öffentlichen Zwecks in den Expansionsklauseln. Im Rahmen dieser Verweisung soll der im öffentlichen Zweck enthaltene Gebietsbezug nicht „mitgelesen“ werden. Die Annahme eines Gebietsbezugs würde nämlich den Zweck der Vorschrift negieren und ließe sie überflüssig werden[780].

Diese Neubestimmung vernachlässigt aber die verfassungsrechtliche Verankerung des Gebietsbezuges. Im Gebietsbezug des öffentlichen Zwecks findet sich die für die kommunale Ebene konkretisierte Gemeinwohlbindung staatlichen Handelns[781]. Mit der Loslösung des Gebietsbezugs vom öffentlichen Zweck bei überörtlicher Wirtschaftstätigkeit würde eine Loslösung von der Legitimation der Gemeinde zum wirtschaftlichen Handeln einhergehen[782]. Ein Tätigwerden außerhalb ihrer Verbandskompetenz ist den Gemeinden nicht erlaubt. Neben der Kompetenzbegründung enthält das Selbstverwaltungsrecht eine kompetenznegierende ne-ultra-vires-Regel im Sinne einer Beschränkung auf die Erledigung

---

zung der örtlichen Infrastrukturen nichts, da dennoch jede Gemeinde ausschließlich für die Versorgung ihrer Einwohner zuständig bleibt.

[777] *Kühling*, NJW 2001, 177, 179; *Papier*, DVBl 2003, 686, 688; *Jarass*, DVBl 2006, 1, 6; *Schink*, NVwZ 2002, 129, 136; *Brüning*, DVBl 2004, 1451, 1452; *Tomerius*, Der Gemeindehaushalt 2004, 241; *Britz*, NVwZ 2001, 380, 385; *Leimkühler*, VergabeR 2001, 353, 362 („Nach den Kommunalverfassungen von Bayern, Nordrhein-Westfalen, Sachsen-Anhalt und Thüringen kommt es nicht mehr darauf an, ob noch ein Bezug zur örtlichen Gemeinschaft vorliegt“).

[778] BVerfGE 79, 127, 152.

[779] Nach dieser Ansicht kommt also eine Erweiterung des räumlichen Wirkungskreises der Gemeinden nur bei ausdrücklicher gesetzlicher Erlaubnis in Betracht. In den Bundesländern ohne Expansionsklauseln verbleibt es somit bei den verfassungsrechtlichen Grenzen der Kommunalwirtschaft.

[780] *Kühling*, NJW 2001, 177, 181; *Becker*, DÖV 2000, 1032, 1036; *Jarass*, DVBl 2006, 1, 10; *ders.*, NWVBl 2002, 335, 338.

[781] Dazu § 8 C II.

[782] *Schmidt-Aßmann* in FS-Ulmer, S. 1015, 1023; *Tettinger*, Besonderes, Verwaltungsrecht, Rdnr. 53; *Lux*, NWVBl 2000, 7, 9; *Stober*, NJW 2002, 2357, 2365.

örtlicher Aufgaben[783]. Andernfalls verlässt das Handeln der Gemeinde seine Basis der demokratischen Legitimation durch das Gemeindevolk[784]. Die örtliche Gemeinschaft kann nur die Wahrnehmung von eigenen Aufgaben legitimieren. Jenseits der eigenen Aufgaben fehlt ihr die legitimatorische Kraft[785]. Entsprechend lag dem sachsen-anhaltinischen Gesetzesentwurf bei der Einführung der Expansionsklausel die Vorstellung von der Notwendigkeit einer Rückführung der überörtlichen Wirtschaftstätigkeit auf die örtlich radizierte Gemeinschaft zugrunde[786]. Jedoch stellt eine Erweiterung der Verbandskompetenz kein Problem dar, soweit sie dem Garantiegehalt des Art. 28 Abs. 2 Satz 1 GG nicht widerspricht[787]. Die Übertragung neuer Aufgaben durch Gesetz würde also insoweit die Einräumung einer Verbandskompetenz der Gemeinden darstellen, die über ihr Hoheitsgebiet hinausgeht[788]. Diese neue Kompetenz würde einen öffentlichen Zweck im Sinne des Gemeindewirtschaftsrechts setzen[789]. Ein Beispiel einer den Gebietsbezug berührenden Erweiterung der kommunalen Verbandskompetenz sind die Gesetze über die kommunale Zusammenarbeit und die Zweckverbände[790]. Dabei ist in diesem Kontext zu beachten, dass es sich dabei um Wege handelt, in denen mehrere Gemeinden kooperieren, um jeweils die Angelegenheiten ihrer örtlichen Gemeinschaft zu erfüllen. Diese Gesetze erweitern die Mittel der Erfüllung der Aufgaben im örtlichen Wirkungskreis und begründen keine neue Aufgabenzuständigkeit.

Die Kriterien einer Übertragung neuer Aufgaben wurden in der Rechtsprechung des BVerfG zwar für eine Hochzonung, also die Zuordnung einer bisher gemeindlichen Aufgabe auf eine höhere Verwaltungsebene, entwickelt. Sie gelten aber ebenso für den Fall der Querzonung, also die Zuordnung der Erledigung einer gemeindlichen Aufgabe zu einer anderen Gemeinde[791]. So ist die Verlagerung einer bisher kommunalen Aufgabe auf eine höhere Verwaltungsebene nur

---

[783] BVerfGE 8, 122, 134; *Nierhaus* in Sachs (Hrsg.), GG, Art. 28 Rdnr. 32; *Tettinger* in von Mangoldt/Klein/Starck (Hrsg.), GG Bd. 2, Art. 28 Rdnr. 173; *Oster* in Gabler/Höhlein (Hrsg.), Kommunalverfassungsrecht RP, Vorbem. §§ 85-92 GemO, Rdnr. 2.2.1.1; *Henneke*, NdsVBl 1998, 273, 278.

[784] *Ehlers*, Gutachten E zum 64. DJT, S. 101; *Löwer* in von Münch/Kunig (Hrsg.), GG Bd. 2, Art. 28 Rdnr. 37a; *Schmidt-Aßmann* in FS-Ulmer, S. 1015, 1023.

[785] *Oebbecke*, ZHR 164 (2000), 375, 389; *Löwer*, NWVBl 2000, 241, 244; *Britz*, NVwZ 2001, 380, 386.

[786] Dazu *Gundlach*, LKV 2002, 264; *Becker*, DÖV 2000, 1032, 1033.

[787] *Gern*, NJW 2002, 2593, 2595; *Pielow*, NWVBl 1999, 369, 373.

[788] *Schink*, NVwZ 2002, 129, 136; *Hösch*, GewA 2000, 1, 5. Ähnlich auch *Brüning*, DVBl 2004, 1451, 1453 Fn. 11, wenn er sagt, dass ein öffentlicher Zweck nicht notwendig im Gemeindegebiet zu erfüllen ist und ein ortsbezogener Zweck auch Grenzüberschreitungen decken kann.

[789] *Jarass*, NWVBl 2002, 335, 338; wohl auch *Gottschalk*, ThürVBl 2003, 25, 27.

[790] *Gern*, NJW 2002, 2593, 2595; *Ehlers*, DVBl 1998, 497, 504; *Schmidt-Aßmann* in FS-Ulmer, S. 1015, 1023; *Brüning*, DVBl 2004, 1451, 1453 Fn. 11.

[791] *Gern*, Dt. Kommunalrecht, Rdnr. 82 f.; *Tomerius*, Der Gemeindehaushalt 2004, 241; *Kühling*, NJW 2001, 177, 179; *Schink*, NVwZ 2002, 129, 136.

aus Gründen des Gemeininteresses möglich, insbesondere wenn ansonsten die ordnungsgemäße Aufgabenerfüllung nicht sicherzustellen wäre[792]. Darunter fallen nicht Gründe der Verwaltungsvereinfachung oder der Zuständigkeitskonzentration, ebensowenig wie Gründe der Wirtschaftlichkeit und Sparsamkeit der öffentlichen Verwaltung insgesamt[793]. Fraglich ist jedoch für welche Aufgabe die Zuständigkeit der Gemeinden durch die Expansionsklauseln begründet wird. Die Regelungen befassen sich ausschließlich mit wirtschaftlicher Betätigung, also mit einem Mittel zur Aufgabenerfüllung und nicht mit der Aufgabe selbst[794]. Sie eröffnen also keine neue Zuständigkeit, sondern erweitern lediglich den räumlichen Wirkungskreis des Instrumentariums zur Erfüllung der Angelegenheiten der örtlichen Gemeinschaft. Es liegt damit gar kein Fall der Querzonung vor, da sich die Expansionsklauseln gar nicht auf eine konkrete neue Aufgabe beziehen[795]. Sie beziehen sich nur auf die Erfüllung des bereits bestehenden Aufgabenbestandes. Das sich eine Gemeinde wirtschaftlich überörtlich betätigen darf, bedeutet nicht, dass ihr automatisch die Kompetenzen des Verwaltungsträgers zufallen, in dessen Gebiet sie durch ihre Tätigkeit eindringt. Jedes andere Verständnis der Expansionsklauseln erweist sich als unhaltbar. Sollte man tatsächlich die überörtliche Wirtschaftstätigkeit als Erweiterung der Verbandskompetenz begreifen, hätte dieses Verständnis zur Folge, dass es zu einer freien Konkurrenz zwischen den Gemeinden auf allen Gebieten käme, auf denen sich diese wirtschaftliche betätigen[796]. Der Aufgabenentzug würde nicht auf einem überwiegenden Gemeininteresse beruhen, sondern auf dem wirtschaftlichen Expansionsinteresse einer anderen Gemeinde. Ein solches Interesse ist aber bestenfalls als gleichrangig zu werten[797]. Ließe man dennoch die Querzonung zu, wäre die Abgrenzung der Zuständigkeitsbereiche in Bezug auf die Bereiche

[792] BVerfGE 79, 127, 153.
[793] BVerfGE 79, 127, 153.
[794] Vgl. auch *Uhlenhut*, Wirtschaftliche Betätigung der Gemeinden außerhalb ihres Gebietes, S. 195.
[795] *Kämper/Heßhaus*, NWVBl 2001, 377, 379.
[796] Die Erweiterung der Verbandskompetenz wird denn auch regelmäßig mit einem Eingriff in das Selbstverwaltungsrecht der betroffenen Gemeinde gleichgesetzt, vgl. *Stober*, NJW 2002, 2357, 2365; *Hösch*, GewA 2000, 1, 5; *Henneke*, NdsVBl 1998, 273, 278 f.; *Ehlers*, Gutachten E zum 64. DJT, S. 100; *Schink*, NVwZ 2002, 129, 136 („enge Grenzen"); im Ergebnis ebenso *Becker*, DÖV 2000, 1032, 1036 ff. *Gern*, NJW 2002, 2593, 2596 will berechtigte Interessen dann nicht anerkennen, wenn die Voraussetzungen, die das BVerfG für eine „Querzonung" aufgestellt hat, vorliegen. Damit wird aber nicht erklärt, weshalb eine Gemeinde sich überhaupt der Erfüllung der Angelegenheit einer *anderen* örtlichen Gemeinschaft widmen darf. In Gern, Dt. Kommunalrecht, Rdnr. 731 findet sich deshalb auch die Aussage, dass in den Expansionsklauseln „in der Regeln nicht sichtbar wird, welche überwiegenden öffentlichen Interessen die Gebietsüberschreitung rechtfertigen können."
[797] *Rennert*, DV 2002, 319, 340; *Gottschalk*, ThürVBl 2003, 25, 30. Die Nachrangigkeit von Wirtschaftlichkeitserwägungen sowohl im Rahmen des Aufgabenentzugs als auch im Rahmen des Erfordernisses eines öffentlichen Zwecks (vgl. § 7 D II 3) lassen selbst eine Einordnung als gleichrangig höchst fragwürdig erscheinen.

wirtschaftlicher Betätigung durch die wirtschaftlichen Interessen der Kommunen und ihrer Unternehmen überantwortet und damit praktisch aufgegeben[798].

Die verfassungsrechtlichen Vorgaben erlauben es nicht, in den Expansionsklauseln die Begründung neuer Zuständigkeiten für die Gemeinden zu sehen. Auch die überörtliche wirtschaftliche Betätigung dient ausschließlich der Erfüllung der eigenen Aufgaben. Deshalb wäre es unzulässig, in der Verweisung auf das Erfordernis des öffentlichen Zwecks den Gebietsbezug „nicht mitzulesen", da dieser Gebietsbezug sich aus den Vorgaben des Grundgesetzes für die Aufgabenerfüllung durch die Kommunen ergibt[799].

IV. Ergebnis: Keine Neubestimmung des öffentlichen Zwecks in den Expansionsklauseln

Der öffentliche Zweck kann in den Expansionsklauseln nicht neu bestimmt werden. Die klare Absage an wirtschaftliche Zielsetzungen sowohl auf der Ebene des Verfassungs- wie des Kommunalrechts lassen die Einbeziehung ökonomischer Zielsetzungen nur in dem engen Rahmen zu, der für die Randnutzungen kommunaler Unternehmen aufgezeigt wurde[800]. Die Vermarktung vorübergehend brachliegender Kapazitäten ist aber kein Instrument zum Führen eines kommunalen Unternehmens nach betriebswirtschaftlichen Grundsätzen. Diese Tätigkeit dient nur dazu die grundsätzliche Rentabilität des kommunalen Unternehmens abzusichern und damit die fortgesetzte Erfüllung des öffentlichen Zwecks des Unternehmens zu gewährleisten. Auch liegt in den Expansionsklauseln nicht die Überwindung des Gebietsbezugs, der etwa für die Energieversorgung schon ausgerufen wurde[801]. Die für diesen Bereich angenommene Fehlen des Gebietsbezugs fußt nicht auf der gesetzlichen Regelung im Gemeindewirtschaftsrecht, sondern auf der „schon immer überörtlichen"[802] Natur der vernetzten Infrastrukturen und ist auf den Bereich der Wasserversorgung mit seinen

---

[798] Zur Ablehnung der Ansicht, dass die staatsorganisationsrechtlichen Vorgaben des Grundgesetzes ohnehin nur für hoheitliches und nicht für wirtschaftliches Handeln der Kommunen gelten, vgl. § 7 A IV.

[799] *Held*, NWVBl 2000, 201, 206 rechnet den Gebietsbezug deshalb auch zum Wesensgehalt des kommunalen Selbstverwaltungsrechts. Nach *Enkler*, ZG 1998, 329 350 würde „die Nichtberücksichtigung des Örtlichkeitsprinzips (...) eine Änderung des verfassungsrechtlichen Rahmens selbst bedeuten".

[800] § 8 D II 3.

[801] Skeptisch bezüglich der besonderen Regelungen über die Versorgung mit Strom und Gas in den Expansionsklauseln *Ehlers*, NWVBl 2000, 1, 6 („Jedenfalls (§ 107 Abs. 3 Satz 2 GO NRW) muss (...) als verfassungswidrig angesehen werden."); *Lux*, NWVBl 2000, 7, 10 („§ 107 Abs. 3 Satz 2 GO NRW ist deshalb verfassungsrechtlich höchst problematisch"). Bedenken äußern auch *Becker*, DÖV 2000, 1032, 1039 und *Gundlach*, LKV 2002, 264, 266 für § 116 Abs. 3 Satz 2 GO LSA; nach *Gern*, NJW 2002, 2593, 2596 sind die Vorschriften verfassungskonform darauf zu reduzieren, dass sie nur den grenzüberschreitenden Wettbewerb nach EU-Recht erfassen.

[802] *Schwintowski* in FS-Baur, S. 339, 346.

kleinteiligen Versorgungsgebieten und getrennten Netzen nicht übertragbar. Soweit der Gebietsbezug in den Expansionsklauseln deshalb als aufgegeben betrachtet wird, weil den Gemeinden von den Landesgesetzgebern eine neue Zuständigkeit für überörtliche Wirtschaftstätigkeit zugeordnet wurde, beachtet diese Auffassung die verfassungsrechtlichen Grundlagen des Gebietsbezuges nicht in ausreichendem Maße.

E. Die Geltung des Gebietsbezugs in Bundesländern ohne Expansionsklausel

In den meisten Bundesländern fehlt es bisher an einer Expansionsklausel. Jedenfalls im Falle Sachsens handelt es sich dabei ausweislich der Gesetzesbegründung um einen bewussten Verzicht[803]. Hinsichtlich der räumlichen Reichweite kommunalen Wirtschaftens bringen die Expansionsklauseln jedoch keine Erweiterung des ohnehin bestehenden Spielraums. Der örtliche Wirkungskreis der Kommunalwirtschaft wird von verfassungsrechtlichen Vorgaben bestimmt, die natürlich ebenso in den Bundesländern ohne Expansionsklausel gelten.

Zum einen durch das Verständnis der Angelegenheiten der örtlichen Gemeinschaft bestimmt, für deren Erledigung die Gemeinden zuständig sind. Die Analyse dieses von Art. 28 Abs. 2 Satz 1 GG vorgegebenen Begriffs hat gezeigt, dass die Gemeinden ohnehin nicht im Sinne eines strengen Territorialitätsprinzips bei ihrer Tätigkeit auf das Gemeindegebiet beschränkt bleiben. Eine überörtliche Wirtschaftstätigkeit ist damit auch ohne das Vorliegen einer gesetzlichen Regelung möglich. Zugleich verlangt aber die Gemeinwohlbindung, dass sich die Erfüllung der kommunalen Aufgaben als Verwirklichung oder Förderung des Wohls der Gemeindeeinwohner erweist. Die überörtliche Wirtschaftstätigkeit kann also nicht zum Instrument der Sanierung kommunaler Haushalte eingesetzt werden. Es bleibt bei der Bindung an die einwohnernützige Erfüllung von Aufgaben, die in der örtlichen Gemeinschaft wurzeln bzw. auf sie einen spezifischen Bezug haben. Damit ist der räumliche Wirkungskreis der Gemeindewirtschaft weitgehend von verfassungsrechtlichen Vorgaben determiniert. Eine Verschiebung dieser Vorgaben findet durch die Expansionsklauseln nicht statt und ist ihnen auch nicht möglich. Die Geltung des Gebietsbezugs der Gemeindewirtschaft wird durch die Expansionsklauseln nicht beeinflusst. Davon ist allerdings die im folgenden zu untersuchende Frage zu unterscheiden, ob die Zulässigkeit überörtlicher kommunaler Wirtschaftstätigkeit durch die Expansionsklauseln in der Frage beeinflusst wird, ob sie gegebenenfalls eine verfassungsrechtliche Rechtfertigung für einen Eingriff in das kommunale Selbstverwaltungsrecht der von der überörtlichen Wirtschaftstätigkeit betroffenen Gemeinde darstellen können.

---

[803] Dazu *Sollondz*, LKV 2003, 297, 303 ff.; *Tintelnot/Pommer*, SächsVBl 2003, 205.

§ 8 Das Selbstverwaltungsrecht betroffener Gemeinden als Grenze einer überörtlichen kommunalen Wirtschaftstätigkeit

Die örtliche Radizierung erlaubt die Tätigkeit mehrerer Gemeinden in einem Gebiet, wobei es dazu kommen kann, dass die überörtlich tätige Gemeinde sowohl eine Angelegenheit der eigenen örtlichen Gemeinschaft als auch eine Angelegenheit der örtlichen Gemeinschaft der von der Expansion betroffenen Gemeinde erfüllen kann[804]. Im Bereich der öffentlichen Wasserversorgung tritt diese Konstellation vor allem bei der Randnutzung brachliegender Kapazitäten kommunaler Wasserversorgungsunternehmen auf[805]. Die Gemeinde will – unabhängig davon, ob ihr Wasserwerk im eigenen oder fremden Gemeindegebiet belegen ist – die Wasserversorgung einer anderen Gemeinde vollständig oder teilweise übernehmen. Dabei kann sie entweder als Konkurrent des einheimischen Versorgungsunternehmens oder, soweit die Wasserversorgung im fremden Gebiet nicht von der Gemeinde erbracht wird, ähnlich einem Privaten als kommerzieller Anbieter auftreten[806].

Es ist also zu prüfen, ob durch die kommunale Wirtschaftstätigkeit auf fremdem Gebiet in das Selbstverwaltungsrecht der betroffenen Gemeinde eingegriffen wird und ob das in den Expansionsklauseln enthaltene Erfordernis der Wahrung der berechtigen Interessen der betroffenen Gemeinde eine ausreichende Grundlage für die verfassungsrechtliche Rechtfertigung einer Beeinträchtigung darstellt. Eine Besonderheit stellt dabei die Regelung des § 108 Abs. 4 Nr. 2 SaarlKSVG, der nicht auf die Wahrung der berechtigten Interessen abstellt, sondern auf einen Widerspruch der betroffenen Gemeinde. Auf diese Besonderheit wird an entsprechender Stelle eingegangen.

A. Eingriff in den Schutzbereich der Selbstverwaltungsgarantie der betroffenen Gemeinde durch überörtliche Wirtschaftstätigkeit

I. Die Beeinträchtigung des Selbstverwaltungsrechts der betroffenen Gemeinde

Die überörtlich tätige Kommune bzw. ihre Unternehmen treten als Konkurrent oder anstelle der betroffenen Gemeinde auf. Letzteres kann sich sowohl daraus ergeben, dass diese Gemeinde freiwillig darauf verzichtet, die Wasserversorgung der eigenen Einwohner zu übernehmen als auch daraus, dass sie aus tat-

[804] Vgl. § 7 A II 3.

[805] Zu den Grenzen der Randnutzungen vgl. § 7 D II 3.

[806] Eine weitere Form der Gebietsüberschreitung ist das Betreiben eines Wasserwerkes auf fremdem Gemeindegebiet zur Versorgung der eigenen Einwohner. Hierbei kommt es aber nicht zu einem Konflikt der verschiedenen Selbstverwaltungsinteressen. Die expandierende Gemeinde greift nicht auf den Aufgabenbereich der betroffenen Gemeinde zu. Diese kann ihre Interessen über das Planungs- und Genehmigungsrecht schützen, vgl. § 5 C.

sächlichen oder rechtlichen Gründen dazu nicht in der Lage ist. Zunächst kann unabhängig von einer näheren Betrachtung dieser einzelnen Konstellationen festgestellt werden, dass die überörtliche Wirtschaftstätigkeit nicht zu einem Entzug der Aufgabe führt, da es der betroffenen Gemeinde unbenommen bleibt, sich der Wasserversorgung weiterhin zu widmen, sofern keine entsprechende Vereinbarung zwischen den Gemeinden abgeschlossen wurde[807]. Der Eingriff in das Selbstverwaltungsrecht erfolgt also nicht durch eine Schmälerung der Kompetenzen der betroffenen Gemeinde im Sinne einer „Querzonung" von Aufgaben. Er liegt in der Schmälerung der eigenverantwortlichen Wahrnehmung einer Angelegenheit der örtlichen Gemeinschaft[808]. Die konkurrierende Betätigung ist geeignet den Handlungsspielraum der betroffenen Gemeinde bei der Erfüllung der öffentlichen Wasserversorgung zu beeinträchtigen oder sogar die Fortsetzung dieser Tätigkeit so unwirtschaftlich werden zu lassen, dass die betroffene Gemeinde faktisch aus der Aufgabenerfüllung verdrängt wird. Die Tätigkeit anstelle der betroffenen Gemeinde wiederum führt dazu, dass sie keinerlei Einfluss mehr auf die Art und Weise der Aufgabenerfüllung nehmen kann. In beiden Fällen kommt es zu einer Verringerung bzw. zum Ausschluss der Möglichkeit der betroffenen Gemeinde, sich einer Angelegenheit der örtlichen Gemeinschaft zu widmen. Es wäre dann ein Eingriff in das Selbstverwaltungsrecht anzunehmen, wenn Art. 28 Abs. 2 Satz 1 GG den Kommunen die alleinige Wahrnehmung der Angelegenheiten der örtlichen Gemeinschaft auf ihrem Gemeindegebiet garantierte.

1. Die Beeinträchtigung der Aufgabenwahrnehmung als Beeinträchtigung des Selbstverwaltungsrechts der betroffenen Gemeinde

Für die Vertreter eines strengen Territorialitätsprinzips ist das Bejahen eines Eingriffs bei überörtlicher kommunaler Wirtschaftstätigkeit kein Problem. Das Territorialitätsprinzip beruht gerade auf der trennscharfen räumlichen Abgrenzung der Zuständigkeitsbereiche gemeindlicher Körperschaften[809]. Die alleinige Aufgabenwahrnehmung im Gemeindegebiet ist eine Folge der Gebietshoheit der Gemeinden. Die „ne ultra vires"-Regel der kommunalen Selbstverwaltung beschränkt die Verbandskompetenz jeder Gemeinde auf ihr eigenes Gebiet. Im Gegenschluss wird damit zugleich ein Ausschluss von Handlungsmöglichkeiten anderer Verwaltungsträger begründet[810]. Eine wirtschaftliche Betätigung auf fremdem Gebiet liegt somit außerhalb der eigenen Zuständigkeit und ist letztlich nichts anderes als die Usurpation einer fremden Verbandskompetenz. Entspre-

---

[807] Die Übertragung kommunaler Kompetenzen der betroffenen Gemeinde auf die expandierende Gemeinde durch die Expansionsklauseln ist abzulehnen, vgl. § 7 D III 2.

[808] *Kühling*, NJW 2001, 177, 179; *Heilshorn*, Gebietsbezug der Kommunalwirtschaft, S. 166; *Frenz*, ZHR 166 (2002), 307, 319: „Von daher bleibt der kommunale Aufgabenbereich erhalten, wenn auch nicht exklusiv".

[809] Näher zum Territorialitätsprinzip § 8 A I.

[810] *Heilshorn*, VerwA 96 (2005), 88, 95; *Scharpf*, NVwZ 2005, 148, 149 f.

chend bedarf es nach dieser Ansicht für jede Form der Gebietsüberschreitung einer gesetzlichen Grundlage wie sie etwa für die interkommunale Zusammenarbeit schon seit geraumer Zeit vorhanden ist[811].

Bestimmt man die Grenzen kommunaler Zuständigkeiten anhand der hier vertretenen Konzeption der örtlichen Radizierung können sie nicht einfach mit den territorialen Gemeindegrenzen gleichgesetzt werden. Diese erweisen sich in dieser Konzeption als grundsätzlich durchlässig, so dass mehrere Gemeinden in einem Gebiet tätig werden können[812]. Den Gemeinden ist also nicht die alleinige Aufgabenwahrnehmung *in ihrem Gebiet* gewährleistet. Entsprechend kann nicht bereits die Gebietsüberschreitung an sich einen Eingriff ausmachen, sondern sie muss zur Beeinträchtigung der Wahrnehmung kommunaler Aufgaben führen. Die Einordnung einer Beeinträchtigung der kommunalen Zuständigkeit bestimmt sich nicht territorial, sondern ergibt sich ebenso wie die Begründung der Zuständigkeit aus dem Einwohnerbezug. Es ist daher zu prüfen, ob die Verfassung mit der Begründung einer umfassenden gemeindlichen Aufgabenzuständigkeit in Art. 28 Abs. 2 Satz 1 GG auch eine alleinige Wahrnehmung der Aufgaben der Gemeinde *für ihre Einwohner* vorgesehen hat. Eine überörtliche Wirtschaftstätigkeit wäre in diesem Fall dann als Beeinträchtigung anzusehen, wenn durch sie ein solches Ziel des Verfassungsgebers gefährdet würde.

2. Die Beeinträchtigung der Aufgabenwahrnehmung als Beeinträchtigung des Selbstbestimmungsrechts der Gemeindeeinwohner

Hinter der Aufgabenzuweisung an die Gemeinden steht der Gedanke der Selbstbestimmung, nach dem die Einwohner die ihnen spezifischen Interessen selber wahrnehmen sollen[813]. Die umfassende Beschäftigungskompetenz knüpft an die besondere demokratische Legitimation durch ein „Gemeindevolk" an[814]. Für die horizontale Kompetenzerweiterung einer Gemeinde wurde festgestellt, dass sie notwendigerweise zu Lasten der Verbandskompetenz einer anderen Gemeinde geht[815]. Aber auch bei überörtlicher kommunaler Wirtschaftstätigkeit kann es dazu kommen, dass sie zwar zur Erledigung einer Angelegenheit der eigenen örtlichen Gemeinschaft erfolgt, die betroffene Gebietskörperschaft dadurch aber ihren Einfluss auf die Erfüllung einer örtlich radizierten Aufgabe verliert. Damit muss aber nicht notwendigerweise ein Eingriff in das Selbstverwaltungsrecht verbunden sein. Die Tätigkeit der auswärtigen Gemeinde kann sich auch als eine begrüßenswerte Erweiterung des Leistungsangebots für die Gemeindeeinwohner

---

[811] Vgl. *Pielow*, NWVBl 1999, 369, 373; *Heilshorn*, VerwA 96 (2005), 88, 99; *Gern*, Dt. Kommunalrecht, Rdnr. 731; *Ehlers*, NWVBl 2000, 1, 6; *Kühling*, NJW 2001, 177, 180; *Schink*, NVwZ 2002, 129, 136.

[812] Vgl. § 7 A II 3.

[813] Zum Demokratiegedanken im Rahmen der kommunalen Selbstverwaltung, vgl. § 2 C I.

[814] *Tomerius/Breitkreuz*, DVBl 2003, 426, 429; *von Arnim*, AöR 113 (1988),1, 15f.

[815] *Held*, WiVerw 1998, 264, 282; *Ehlers*, DVBl 1998, 497, 504.

handeln[816]. Von einem Eingriff kann erst an dem Punkt ausgegangen werden, an dem es durch die fremde Betätigung zu einer Beeinträchtigung des im Demokratieprinzip wurzelnden Selbstbestimmungsrechts der Gemeindeeinwohner kommt. Das Prinzip der Selbstbestimmung verlangt, dass dem Gemeindevolk die Möglichkeit der Einflussnahme auf die örtlich radizierten Aufgaben erhalten bleibt[817]. Die Wahrnehmung einer Angelegenheit der örtlichen Gemeinschaft durch die wirtschaftliche Betätigung einer anderen Gemeinde bzw. deren Unternehmen würde dieses Prinzip der Selbstbestimmung nicht in ausreichender Weise berücksichtigen, wenn sie die Partizipationsmöglichkeiten der Bürger an der Aufgabenerfüllung ausschließt oder verringert[818]. Ein Eingriff in das Selbstverwaltungsrecht der betroffenen Gemeinde muss also in den Fällen angenommen werden, in denen durch eine überörtliche kommunale Wirtschaftstätigkeit zugleich eine Angelegenheit der örtlichen Gemeinschaft der betroffenen Gemeinde wahrgenommen wird und diese dadurch in der eigenverantwortlichen Aufgabenwahrnehmung nicht unerheblich beeinträchtigt wird[819]. Unter diesen Gesichtspunkten sind die oben angesprochenen Konstellationen der überörtlichen kommunalen Wirtschaftstätigkeit, bei denen eine Leistung entweder anstelle eines eigenen Leistungsangebots der betroffenen Gemeinde oder in Konkurrenz zu einem bestehenden Leistungsangebot erbracht wird, zu betrachten.

3. Konstellationen der Beeinträchtigung des Selbstbestimmungsrechts

Eine konkurrierende Betätigung allein führt nicht zu einer wesentlichen Beeinträchtigung der eigenverantwortlichen Aufgabenwahrnehmung, da insoweit der kommunalpolitische Entscheidungsprozess der betroffenen Gemeinde nicht berührt wird[820]. Jedoch wird sich die konkurrierende Betätigung auf die Ertragssituation des Wasserversorgungsunternehmens der betroffenen Gemeinde auswirken. Eine Beeinträchtigung des Selbstverwaltungsrechts liegt dann vor, wenn diese Auswirkungen ein solches Ausmaß annehmen, dass die eigene Versorgungstätigkeit nur mit solchem Aufwand fortgeführt werden kann, dass sie entweder mangels der erforderlichen Verwaltungs- und Finanzkraft der Kommune aufgegeben werden muss oder die Erhaltung eine Umstrukturierung der öffentli-

---

[816] *Heilshorn*, Gebietsbezug der Kommunalwirtschaft, S. 143.
[817] Vgl. § 7 B II 2.
[818] *Löwer*, NWVBl 2000, 241, 244.
[819] Vgl. *Ehlers*, Gutachten E zum 64. DJT, S. 98; *Tomerius*, Gemeindehaushalt 2004, 241, 243; *Jarass*, DVBl 2006, 1, 4; *Kühling*, NJW 2001, 177, 180; *Becker*, DÖV 2000, 1032, 1036; *Gern*, NJW 2002, 2593, 2595; *Pielow*, NWVBl 1999, 369, 373; *Heilshorn*, Gebietsbezug der Kommunalwirtschaft, S. 143; *Koehler*, VR 2000, 44, 48.
[820] Der nordrhein-westfälische Gesetzgeber hat jedoch die eigene wirtschaftliche Betätigung der betroffenen Gemeinde ausdrücklich als ein in jedem Fall berechtigtes Interesse angesehen, LT-Drucks. Nordrhein-Westfalen 12/3730, S. 108.

chen Wasserversorgung voraussetzt[821]. Damit werden die Möglichkeiten der Einflussnahme der Gemeindeeinwohner bzw. der von ihnen demokratisch legitimierten Organe auf die Aufgabenerfüllung werden durch die überörtliche Wirtschaftstätigkeit verringert. Die Art und Weise der Versorgung der Einwohner wird nicht mehr durch einen eigenverantwortlichen kommunalen Entscheidungsprozess bestimmt[822].

Neben der Aufnahme der Tätigkeit ist auch deren Unterlassen die Folge eines kommunalpolitischen Entscheidungsprozesses. Der Gemeinde obliegt die Einschätzung, ob die Erfüllung einer bestimmten Aufgabe (durch kommunale Wirtschaftstätigkeit) das Wohl der Allgemeinheit fördert oder nicht[823]. Sie kann sich aus legitimen Gründen dazu entschließen, die öffentliche Wasserversorgung für ihre Einwohner nicht selber erbringen zu wollen. Diese legitimen Gründe können zu einem Interesse daran führen, andere Gebietskörperschaften von der Aufgabenerfüllung auszuschließen, insbesondere wenn die Wasserversorgung durch Unternehmen der Privatwirtschaft etwa der Mittelstandsförderung dient oder einen Impuls zur wirtschaftlichen Belebung der Gemeinde darstellen soll[824]. Diese Einschätzungsprärogative wird ihr durch die überörtliche Betätigung genommen[825].

Nimmt die betroffene Gemeinde eine bestimmte Aufgabe aber bisher deshalb nicht wahr, weil die Aufgabenerfüllung die Leistungsfähigkeit der Kommune übersteigen würde, spricht auf den ersten Blick nichts gegen eine Erfüllung dieser Aufgabe durch eine überörtlich aktiv werdende Gemeinde[826]. Es bestehen keine Selbstverwaltungsinteressen seitens der betroffenen Gemeinde. Hier nun scheint die Leistungserbringung durch eine Nachbargemeinde eine wünschenswerte Erweiterung der Angebotspalette für die Gemeindeeinwohner darzustellen. Dennoch kann es auch hier zu einer Beeinträchtigung des Selbstverwaltungsrechts der betroffenen Gemeinde kommen, wenn die betroffene Gemeinde

---

[821] *Uhlenhut*, Wirtschaftliche Betätigung der Gemeinden außerhalb ihres Gebietes, S. 167 will „jede spürbare Konkurrenz“ ohne Berücksichtigung der Beeinträchtigung des Marktanteils als Beeinträchtigung gelten lassen. Der Eingriff läge in der Beeinträchtigung der Zweckverfolgung durch die Kommune. Inwiefern der von der betroffenen Gemeinde verfolgte Zweck beeinträchtigt werden kann, wenn deren Unternehmen in ihrer Marktsituation nicht beeinflusst werden, bleibt aber unklar. Die betroffene Gemeinde kann ihre Kommunalpolitik schließlich ungestört weiterverfolgen. Der Vergleich *Uhlenhuts* mit dem Verzicht auf eigene wirtschaftliche Aktivitäten, bei dem es ebenfalls nicht auf eine Reduzierung des Marktanteils ankomme, ist insoweit verfehlt als in diesem Fall ja gerade jegliches kommunalwirtschaftliche Tätigwerden ausgeschlossen werden soll und die Zweckverfolgung deshalb nicht über das Marktverhalten der kommunalen Unternehmen erfolgt.

[822] *Rennert*, DV 2002, 319, 339; *Kühling*, NJW 2001, 177, 180.

[823] BVerwGE 39, 329, 334.

[824] Vgl. *Tomerius*, Der Gemeindehaushalt 2004, 241, 243.

[825] *Becker*, DÖV 2000, 1032, 1037; *Gottschalk*, ThürVBl 2003, 25, 30.

[826] *Becker*, DÖV 2000, 1032, 1037; *Heilshorn*, Gebietsbezug der Kommunalwirtschaft, S. 143.

sich nämlich zu einem späteren Zeitpunkt doch der Aufgabe widmen will und sich in die Lage versetzt sieht, ein angemessenes Verhältnis zwischen der Aufgabenerfüllung und ihrer eigenen Leistungsfähigkeit herzustellen. Auch in dieser Konstellation liegt eine Beeinträchtigung der politischen Teilhabe der Gemeindeeinwohner an der Erfüllung der örtlich radizierten Aufgaben vor, also ein Eingriff in die eigenverantwortliche Wahrnehmung der Aufgaben des örtlichen Wirkungskreises[827].

Eine Beeinträchtigung der kommunalen Selbstverwaltungsgarantie kommt also sowohl bei einer konkurrierenden Betätigung der expandierenden Gemeinde wie bei einem Handeln anstelle der betroffenen Gemeinde in Betracht[828]. Fraglich ist aber, ob ein Einverständnis der betroffenen Gemeinde mit dem Tätigwerden der expandierenden Gemeinde einen Eingriff in Art. 28 Abs. 2 Satz 1 GG nicht von vornherein ausschließt[829]. Es bedürfte bei Vorliegen eines Einverständnisses dann nicht mehr der Expansionsklauseln als gesetzlicher Grundlage für die Rechtfertigung des Eingriffs[830]. Im Bereich öffentlicher Wasserversorgung ist zu konstatieren, dass aufgrund des Fortbestands der Gebietsmonopole nach § 131 Abs. 8 GWB i.V.m. §§ 103, 103a GWB a.F. eine überörtliche Wasserversorgung ohne Zustimmung der betroffenen Gemeinde kaum möglich ist[831]. Eine Beeinträchtigung der Selbstverwaltungsinteressen erscheint gerade ausgeschlossen, wenn die betroffene Gemeinde einem auswärtigen Kommunalunternehmen Durchstichs- oder Durchleitungsrechte gewährt, ihm im Vergabeverfahren den Zuschlag erteilt oder mit ihm einen Konzessionsvertrag abschließt. Die Frage nach einem Ausschluss des Eingriffs durch die Zustimmung zur Fremdversorgung ist in der Wasserversorgung von erhöhter Relevanz. Verschiedentlich wird vorgebracht, dass Vorliegen des Einverständnisses allein würde den Vorgaben des Art. 28 Abs. 2 Satz 1 GG nicht Genüge tun[832]. Zuzustimmen ist dieser Ansicht, soweit sie besagt, dass die Zustimmung der betroffenen Gemeinde nicht die Bindung der wirtschaftlichen Betätigung der expandierenden Gemeinde an

---

[827] Vgl. *Gottschalk*, ThürVBl 2003, 25, 29 f.; *Becker*, DÖV 2000, 1032, 1037. Entsprechend sieht etwa die Gesetzesbegründung zu § 116 Abs. 3 GO LSA ausdrücklich vor, dass ein berechtigtes Interesse auch anzunehmen ist, wenn die Kommune die Tätigkeit zwar noch nicht ausübt, aber die Absicht hat, sich der Aufgabe zukünftig widmen zu wollen, LT-Drucks. Sachsen-Anhalt 3/3022, S. 25.

[828] So auch *Scharpf*, NVwZ 2005, 148, 151.

[829] So etwa OLG Düsseldorf, NVwZ 2000, 714, 715; *Schulz*, BayVBl 1998, 449, 452; *Klüber*, Das Gemeinderecht, S. 29; *Heilshorn*, Gebietsbezug der Kommunalwirtschaft, S. 142; *ders.*, VerwA 96 (2005), 88, 95; *Cronauge*, Der Gemeindehaushalt 1997, 265, 268.

[830] Zur Zustimmung im Rahmen der verfassungsrechtlichen Rechtfertigung, vgl. § 8 B I.

[831] *Köhler*, BayVBl 2000, 1, 9; *Gottschalk*, ThürVBl 2003, 25, 29 Fn. 63.

[832] *Heintzen*, NVwZ 2000, 743, 745; *Rennert*, DV 2002, 319, 341; *Dietlein*, NZBau 2003, 141, 142; *Gern*, Dt. Kommunalrecht, Rdnr. 731; zumindest konkludent wohl auch *Knemeyer/Kempen* in Achterberg/Püttner/Würtenberger (Hrsg.), Besonderes Verwaltungsrecht Bd. 2, § 17 Rdnr. 54 („...müssen die betroffenen Nachbargemeinden sich entsprechende Einflussmöglichkeiten sichern.").

einen öffentlichen Zweck ersetzen kann[833]. Eine solche Annahme würde nicht nur bereits gegen die ausdrücklichen Vorgaben des Gemeindewirtschaftsrechts, sondern auch gegen das zwingende Erfordernis einer örtlichen Radizierung der Kommunalwirtschaft verstoßen. Die Legitimation durch die örtliche Gemeinschaft umfasst nur die eigene Aufgabenwahrnehmung[834]. Eine andere Frage ist, ob Art. 28 Abs. 2 Satz 1 GG darüber hinaus entnommen werden kann, dass die Gemeinden nicht auf ihr Selbstverwaltungsrecht verzichten können. Begründet wird dieses Verbot mit einer sich aus dem demokratisch-partizipatorischen Gehalt der Selbstverwaltungsgarantie ergebenden Selbstverwaltungspflicht[835]. Die Bindung der kommunalen Wirtschaftstätigkeit an einen öffentlichen Zweck durch Art. 28 Abs. 2 Satz 1 GG würde es der betroffenen Gemeinde nicht gestatten, eine auswärtige Tätigkeit in ihrem Gebiet zu erlauben, soweit diese nicht durch eine organisatorische Verfestigung die Gewähr dafür bietet, dass ein kommunales Unternehmen den öffentlichen Zwecken aller betroffenen Kommunen dient[836]. Eine solche organisatorische Verfestigung würden aber nur die Formen kommunaler Zusammenarbeit gewährleisten[837]. Jedoch muss gemäß dem BVerfG zur Wahrung des Selbstverwaltungsrechts lediglich das Letztentscheidungsrecht des verantwortlichen Verwaltungsträgers gesichert sein[838]. Die Kommune kann sich also grundsätzlich auch für eine Fremdversorgung entscheiden. So hat der VGH Kassel entschieden, dass eine Wasserversorgung in Form einer öffentlichen Einrichtung nur dann notwendig sei, wenn der Bedarf der Einwohner nicht bereits auf andere Weise befriedigt wird[839]. Die Gemeinde muss dann lediglich dafür Sorge tragen, dass die Aufgabe durch das eingeschaltete Versorgungsunternehmen ordnungsgemäß erledigt wird und sie muss sicherstellen, dass die fortgesetzte Versorgung beim Ausfall des Versorgungsunternehmens gewährleistet bleibt[840]. Ob das eingeschaltete Versorgungsunternehmen der Privatwirtschaft entstammt oder es sich um ein auswärtiges kommunales Unternehmen handelt, ist dabei unerheblich. Festzuhalten bleibt damit aber auch, dass die Zustimmung nicht notwendigerweise die Eingriffsqualität der überörtlichen kommunalen Wirtschaftstätigkeit entfallen lässt. Es können sich aus dem Recht zur eigenverantwortlichen Wahrnehmung der kommunalen Aufgaben gegebenenfalls Gewährleistungspflichten ergeben, soweit die Gemeinde die Erfüllung einer bestimmten Aufgabe nicht einfach aufgeben darf.

---

[833] *Heintzen*, NVwZ 2000, 743, 745; *Gern*, Dt. Kommunalrecht, Rdnr, 731.
[834] *Löwer* in von Münch/Kunig (Hrsg.), GG Bd. 2, Art. 28 Rdnr. 37a; *Uhlenhut*, Wirtschaftliche Betätigung der Gemeinden außerhalb ihres Gebietes, S. 202.
[835] *Rennert*, DV 2002, 319, 341. Ausführlich zur Begründung einer Selbstverwaltungspflicht aus Art. 28 Abs. 2 Satz 1 GG, *Tomerius/Breitkreuz*, DVBl 2003, 426.
[836] *Heintzen*, NVwZ 2000, 743, 745.
[837] *Gern*, NJW 2002, 2593, 2597; *Heintzen*, NVwZ 2000, 743, 745; *Pielow*, NWVBl 1999, 369, 373.
[838] BVerfGE 93, 37, 70; VerfGH Berlin NVwZ 2000, 794.
[839] VGH Kassel RdE 1993, 143, 145.
[840] *Tomerius/Breitkreuz*, DVBl 2003, 426, 431.

Das gilt insbesondere für die Länder, in denen die öffentliche Wasserversorgung als kommunale Pflichtaufgabe ausgestaltet ist[841]. Gemeinden dieser Länder können sich ihren gesetzlichen Pflichten nicht durch die Zustimmung zur Fremdversorgung entziehen. In Bundesländern, in denen die öffentliche Wasserversorgung eine freiwillige Selbstverwaltungsaufgabe und deshalb einer materiellen Privatisierung zugänglich ist, haben die Gemeinden die Möglichkeit sich der Aufgabe gänzlich zu entledigen. Die Selbstverwaltungsgarantie enthält gerade keine Pflicht, eine konkrete Aufgabe wahrzunehmen. Entsprechend lässt die Zustimmung einer Kommune zur Fremdversorgung den Eingriff in das Selbstverwaltungsrecht dann entfallen, wenn es sich bei der Zustimmung um einen Akt materieller Privatisierung der Wasserversorgung handelt. Soweit die überörtliche Wirtschaftstätigkeit das Selbstverwaltungsrecht der betroffenen Gemeinde beeinträchtigt, bedarf es also einer gesetzlichen Grundlage, um einen solchen Eingriff zu rechtfertigen.

Der soeben dargestellte Eingriff in das Selbstverwaltungsrecht einer betroffenen Gemeinde durch überörtliche kommunale Wirtschaftstätigkeit setzt allerdings eine horizontale Schutzwirkung des Art. 28 Abs. 2 Satz 1 GG voraus, d.h. der Eingriff setzt ein Verständnis der Selbstverwaltungsgarantie als Abwehrrecht gegenüber den Aktivitäten einer anderen Gemeinden voraus. Das Vorliegen eines Eingriffs hängt also vom Bestehen einer interkommunalen Schutzwirkung der Selbstverwaltungsgarantie im Rahmen kommunaler Wirtschaftstätigkeit ab.

II. Interkommunale Schutzwirkung der Selbstverwaltungsgarantie

Den rechtlichen Anknüpfungspunkt für eine interkommunale Schutzwirkung bildet die Funktion der kommunalen Selbstverwaltungsgarantie als System der Zuständigkeitsverteilung im staatlichen Verwaltungsaufbau. Art. 28 Abs. 2 Satz 1 GG weist den Gemeinden darin den örtlichen Wirkungskreis als eigenverantwortlich wahrzunehmenden Wirkungskreis zu[842]. Da der Verwaltungsaufbau auf kommunaler Ebene durch ein gleichgeordnetes Nebeneinander der Gemeinden gekennzeichnet ist, ist ein effektiver Schutz der kommunalen Verbandskompetenz nur gewährleistet, wenn sich die Schutzrichtung des Art. 28 Abs. 2 Satz 1 GG nicht nur gegen den Gesetzgeber oder übergeordnete Verwaltungseinheiten richtet, sondern auch gegen die Übergriffe anderer Gemeinden[843]. Die Eigenverantwortlichkeit kann in einem System vertikaler und horizontaler Zuständigkeitstrennung nämlich auch durch jeden gleichrangigen Verwaltungsträger verletzt werden[844].

---

[841] Bayern, Hessen, Rheinland-Pfalz und die neuen Bundesländer.

[842] Vgl. *von Mutius* in FS-von Unruh, S. 227, 255; *Nierhaus* in Sachs (Hrsg.), GG, Art. 28 Rdnr. 32.

[843] *Kühling*, NJW 2001, 177, 179; *Jarass*, DVBl 2006, 1, 3; *Uhlenhut*, Wirtschaftliche Betätigung der Gemeinden außerhalb ihres Gebietes, S. 162 f.; *Held*, NWVBl 2000, 201, 202.

[844] *Von Mutius* in FS-von Unruh, S. 227, 255; *Schink*, NVwZ 2002, 129, 136.

Eine solche interkommunale Schutzwirkung der Selbstverwaltungsgarantie ist im Bereich des gemeindlichen Planungsrechts seit langem anerkannt. Nach der ständigen Rechtsprechung des Bundesverwaltungsgerichts umfasst die aus Art. 28 Abs. 2 Satz 1 GG abzuleitende Planungshoheit der Gemeinden das Recht auf Planung und Regelung der Bodennutzung in ihrem Gebiet. Entsprechend kann sich die Gemeinde sowohl gegen übergeordnete Fachplanungen als auch gegen die Bauleitplanung benachbarter Gemeinden wehren, soweit diese unmittelbare Auswirkungen gewichtiger Art auf ihre eigene Planung hat[845]. Dieser Aspekt der Planungshoheit hat im Baurecht seine einfachgesetzliche Ausprägung in § 2 Abs. 2 BauGB gefunden. Danach sind die Bauleitpläne benachbarter Gemeinden aufeinander abzustimmen. Diese Vorschrift wird dahingehend verstanden, dass sie der betroffenen Gemeinde einen Anspruch auf Abstimmung vermittelt, der auf Rücksichtnahme und Vermeidung unzumutbarer Auswirkungen auf die Nachbargemeinde unabhängig von einer dort bereits bestehenden Planung gerichtet ist[846]. Beim Abstimmungsvorgang ist dabei besonders das Gebot der sachgerechten Abwägung widerstreitender nachbarlicher Belange zu beachten und auf schutzwürdige Interessen der benachbarten Gemeinde Rücksicht zu nehmen[847]. Die Abwägung sei der „Kern der interkommunalen Abstimmungspflicht[848].

Diese Rechtsprechung ist weitgehend auf die wirtschaftliche Betätigung übertragen worden[849]. Dagegen wurde vorgebracht, dass bei wirtschaftlicher Betätigung zweier Gemeinden keine Hoheitsträger, sondern wirtschaftliche Konkurrenten aufeinander stoßen[850]. Zwar sind die Folgen, etwa Gewinneinbußen oder Verdrängung vom Markt mit denen identisch, die eintreten, wenn ein Privater

---

[845] Grundlegend BVerwGE 40, 323, 329 ff.; bestätigend nach dem Inkrafttreten des BauGB BVerwGE 84, 209, 214 ff. Vgl. auch *Uechtritz*, BauR 1999, 572, 574; *von Mutius* in FS-von Unruh, S. 227, 255; *Söfker* in Ernst/Zinkahn/Bielenberg (Hrsg.), BauGB Bd. 1, § 2 Rdnr. 96 ff..

[846] BVerwGE 40, 323, 330 f.; BVerwGE 84, 209, 215.

[847] BVerwGE 84, 209, 215 f.

[848] BVerwGE 84, 209, 218.

[849] Vgl. etwa *Koehler*, VR 2000, 44, 48 f.; *Kühling*, NJW 2001, 177, 179; *Heilshorn*, Gebietsbezug der Kommunalwirtschaft, S. 139; *Ehlers*, Gutachten E zum 64. DJT, S. 100; *Dreier* in Dreier (Hrsg.), GG Bd. 2, Art. 28 Rdnr. 99; *Lux*, NWVBl 2000, 7, 10; *Schink*, NVwZ 2002, 129, 136; *Nierhaus* in Sachs (Hrsg.), GG, Art. 28 Rdnr. 34; *Becker*, DÖV 2000, 1032, 1036; *Oster* in Gabler/Höhlein (Hrsg.), Kommunalverfassungsrecht RP, Vorbem. zu §§85-92 GemO, Rdnr. 2.2.1.2; *Stober*, NJW 2002, 2357, 2365.

[850] So aber *Sollondz*, LKV 2003, 299, 304; *Moraing*, WiVerw 1998, 233, 244 f.; *Schulz*, BayVBl 1998, 449, 452; *Britz*, NVwZ 2001, 380, 386; *Leimkühler*, VergabeR 2001, 353, 364 f.; *Hellermann*, Örtliche Daseinsvorsorge und gemeindliche Selbstverwaltung, S. 212 f. Position von Bayern und Thüringen im Bericht bei *Enkler*, ZG 1998, 328, 342; *Hellermann*, Örtliche Daseinsvorsorge und gemeindliche Selbstverwaltung, S. 213. Für die Vertreter der Ansicht, dass die kommunale Wirtschaftstätigkeit in ihrer Gesamtheit nicht unter Art. 28 Abs. 2 Satz 1 GG fällt, ist diese Schlussfolgerung eine Selbstverständlichkeit. Jedoch kann dieser Ansicht aus bereits dargelegten Gründen nicht gefolgt werden, vgl. § 7 A 4.

dem kommunalen Unternehmen Konkurrenz macht[851]. Nicht identisch und auch nicht vergleichbar sind aber die jeweiligen Konkurrenten. Während der Private frei wirtschaftet, ist die Legitimation wirtschaftlicher Konkurrenz an die Einhaltung der Kompetenzordnung gebunden[852]. Auch wenn eine Gemeinde in der Form eines privatrechtlich organisierten Unternehmens handelt, bleibt die Aufgabenverantwortung beim Verwaltungsträger[853]. Während sich der Private auf seine Grundrechte, insbesondere die Art. 2 Abs. 1, 12 Abs. 1 und 14 Abs. 1 GG, berufen kann, nimmt die expandierende Gemeinde nur eine Aufgabe ihres Wirkungskreises auf dem Gebiet einer anderen Gemeinde war[854]. Die Wahrnehmung von Aufgaben der Verwaltung erfolgt aber in einem durch die Kompetenzordnung abgegrenzten Nebeneinander und nicht im Wettbewerb[855]. Es geht bei der wirtschaftlichen Betätigung der Gemeinden gerade nicht um die Schaffung eines diskriminierungsfreien Wettbewerbs[856]. Art. 28 Abs. 2 Satz 1 G schützt die Wirtschaftstätigkeit als Mittel zur eigenverantwortlichen Aufgabenwahrnehmung. Ein „kommunaler Wettbewerb" bzw. die Begründung von Doppelzuständigkeiten ist demnach als rechtfertigungsbedürftiger Eingriff in die Selbstverwaltungsgarantie zu werten[857]. Denn es ist unbeachtlich, welches Mittel – hoheitlich oder wirtschaftlich – die ausgreifende Gemeinde bei ihrem Übergriff in die Verbandskompetenz der betroffenen Gemeinde einsetzt. Es ist auch nur konsequent, Art. 28 Abs. 2 Satz 1 GG eine horizontale Schutzwirkung zu entnehmen. Sein Ziel ist es, die politische Teilhabe der Bürger an der Erledigung ihrer öffentlichen Aufgaben sicherzustellen. Dieses Ziel wird aber durch die Expansionsbestrebungen der kommunalen Unternehmen einer anderen Gemeinde ebenso betroffen wie durch den Aufgabenentzug zugunsten eines höherrangigen Verwaltungsträgers[858].

In gleicher Weise geht das Argument fehl, es könne ein interkommunales Abwehrrecht gegen wirtschaftliche Betätigung nicht geben, weil es für das Ge-

---

[851] *Schulz*, BayVBl 1998, 449, 452; *Koehler*, VR 2000, 44, 48.

[852] *Faßbender*, DÖV 2005, 89, 98; *Gottschalk*, ThürVBl 2003, 25, 29; *Gern*, NJW 2002, 2593, 2595.

[853] *Kühling*, NJW 2001, 177, 180.

[854] *Koehler*, VR 2000, 44, 48; *Uhlenhut*, Wirtschaftliche Betätigung der Gemeinden außerhalb ihres Gebietes, S. 164. Da gegebenenfalls nicht nur das Selbstverwaltungsrecht einer Gemeinde, sondern auch die Grundrechte privater Konkurrenten betroffen sind, ist das Erfordernis eines Kompetenztitels auch für die überörtliche Wirtschaftstätigkeit schon aus dem Rechtsstaatsprinzip geboten. Die Vertreter der Ansicht, ein kommunales Unternehmen sei nichts anderes als ein weiterer Konkurrent, übersehen, dass die expandierende Gemeinde der privaten Konkurrenz gegenüber als ein Teil des Staates auftritt, auch wenn sie nicht im eigenen Gemeindegebiet agiert.

[855] *Held*, NWVBl 2000, 201, 202; *Oster* in Gabler/Höhlein (Hrsg.), Kommunalverfassungsrecht RP, Vorbem. zu §§ 85.92 GemO, Rdnr. 2.2.1.3; *Burmeister* in Püttner (Hrsg.), Handbuch der kommunalen Wissenschaft und Praxis Bd. 5, S. 42.

[856] So aber *Leimkühler*, VergabeR 2001, 353, 364.

[857] Vgl. *Ehlers*, Gutachten E zum 64. DJT, S. 101.

[858] *Schink*, NVwZ 2002, 129, 136; *Kühling*, NJW 2001, 177, 179.

meindewirtschaftsrecht an einer dem § 2 Abs. 2 BauGB entsprechenden einfachgesetzlichen Ausprägung der Abstimmungspflicht fehle[859]. Soweit die Länder bereits Expansionsklauseln eingeführt haben, wäre allerdings mit dem Erfordernis der Wahrung der berechtigten Interessen der betroffenen Gemeinde eine einfachgesetzliche Konkretisierung vorhanden. Die Abwägung im Rahmen des Gebots interkommunaler Rücksichtnahme ergibt sich bereits aus Art. 28 Abs. 2 Satz 1 GG. Als verfassungsrechtliche Vorgabe kommt sie auch in den Ländern zur Anwendung, die auf eine Expansionsklausel verzichtet haben oder sie bisher noch nicht eingeführt haben. Schon für das Planungsrecht wurde ausdrücklich auf die verfassungsrechtliche Planungshoheit rekurriert[860]. Die Planungshoheit ist aber ebenso dem Element der Eigenverantwortlichkeit in Art. 28 Abs. 2 Satz 1 GG zuzuschreiben wie die eigenständige Wahrnehmung von Aufgaben mit dem Mittel der wirtschaftlichen Betätigung. Es geht im Planungsrecht ebenso wie bei der Abwehr überörtlicher kommunaler Wirtschaftstätigkeit um das „Freihalten" der kommunalen Verbandskompetenz von den Aktivitäten anderer Verwaltungsträger. Die Kommunen sollen möglichst weitgehend in die Lage versetzt werden, ihre Entscheidungen eigenständig zu treffen. Das Abwehrrecht entstammt also Art. 28 Abs. 2 Satz 1 GG. Die einfachgesetzliche Ausprägung in § 2 Abs. 2 BauGB bezieht sich dagegen auf die Auflösung des Kompetenzkonflikts verschiedener Gebietskörperschaften. Das einfache Recht begründet also nicht den Anspruch, sondern behandelt die Rechtsfolgen, die sich aus der verfassungsrechtlichen Schutzposition ergeben. Es ist daher zu prüfen, welche Anforderungen die interkommunale Schutzwirkung des Art. 28 Abs. 2 Satz 1 GG im Rahmen der wirtschaftlichen Betätigung an die verfassungsrechtliche Rechtfertigung eines Eingriffs stellt und ob das Erfordernis der Wahrung berechtigter Interessen diesen Anforderungen Genüge tut.

B. Die Wahrung der berechtigten Interessen der betroffenen Gemeinde als verfassungsrechtliche Rechtfertigung

Die Expansionsklauseln fordern von den überörtlich tätigen Kommunen die Wahrung der berechtigten Interessen der betroffenen Gemeinde. Auf den ersten Blick scheinen die Expansionsklauseln den betroffenen Gemeinden damit bestenfalls nur ein gerichtlich durchsetzbares Recht auf Berücksichtigung ihrer Interessen zu geben[861]. Die Tätigkeit könnte gegebenenfalls auch ohne oder gegen den Willen der betroffenen Gemeinde auf deren Gebiet ausgeübt werden[862]. Es stellt sich aber die Frage, ob unter diesen Umständen das Erfordernis, die be-

---

[859] So etwa *Leimkühler*, VergabeR 2001, 353, 364 f.; *Sollondz*, LKV 2003, 297, 304 Fn. 35.

[860] BVerwGE 40, 323, 329 f.; BVerwGE 84, 209, 214 f.; *Söfker* in Ernst/Zinkahn/Bielenberg (Hrsg.), BauGB Bd. 1, § 2 Rdnr. 97.

[861] Die gerichtliche Nachprüfbarkeit wird auch von der Gesetzesbegründung des sachsen-anhaltinischen Gesetzesentwurfs erwähnt, LT-Drucks. Sachsen-Anhalt 3/3022, S. 25.

[862] *Scharpf*, NVwZ 2005, 148, 151.

rechtigten Interessen der betroffenen Gemeinde zu wahren, ausreichend für die verfassungsrechtliche Rechtfertigung des Eingriffs in das Selbstverwaltungsrecht ist.

I. Zustimmungserfordernis der betroffenen Gemeinde

Nach ihrem Wortlaut verlangen die Expansionsklauseln nicht die Zustimmung der betroffenen Gemeinde[863]. Die Kriterien für eine verfassungsrechtliche Rechtfertigung könnte jedoch deren Zustimmung erforderlich machen. Die interkommunale Schutzwirkung der Selbstverwaltungsgarantie würde sich als ein interkommunaler Abwehranspruch darstellen, der erst durch die Erteilung des Einverständnisses erlischt[864]. Zwar schließt in der Praxis schon die Erhaltung der geschlossenen Versorgungsgebiete durch § 131 Abs. 8 GWB i.V.m. §§ 103, 103a GWB a.F. eine auswärtige Versorgungstätigkeit ohne Zustimmung der betroffenen Gemeinde weitgehend aus[865]. Jedoch kann auch hier ein Handeln gegen den Willen der betroffenen Gemeinde in Betracht kommen, etwa wenn diese keine auswärtigen Kommunalunternehmen in ihrem Gebiet dulden will und deshalb die Einräumung von Durchleitungsrechten verweigert oder den Zuschlag in einem Ausschreibungswettbewerb selbst dann nicht erteilen bzw. einen Konzessionsvertrag abschließen will, wenn das Unternehmen der Nachbargemeinde das wirtschaftlichste Angebot vorlegt. Die Frage nach einem Zustimmungserfordernis hat also auch im Bereich der Wasserversorgung praktische Relevanz.

1. Das Erfordernis einer Zustimmung bei Annahme eines strengen Territorialitätsprinzips

Einige Landesgesetzgeber gehen davon aus, dass nur eine Zustimmung der betroffenen Gemeinde ausreicht, um deren berechtigte Interessen zu wahren. Der thüringische Gesetzgeber hat unter Berufung auf „das herrschende Verfassungsverständnis" bei der Neufassung des § 71 Abs. 4 ThürKO eine Wahrung berechtigter Interessen nur im Falle des Einverständnisses mit der überörtlichen Tätigkeit angenommen[866]. Dieses Einverständnis müsse regelmäßig durch einen Beschluss des Gemeinderats zum Ausdruck gebracht werden. § 108 Abs. 4 Nr. 2 SaarlKSVG verlangt einen ausdrücklichen Widerspruch der betroffenen Gemeinde, also eine ausdrückliche Ablehnung der Zustimmung. Daraus kann man ableiten, dass es für die Zulässigkeit der überörtlichen Betätigung zwar der Zustimmung bedarf, jedoch bereits das Nicht-Äußern des Widerspruchs als konkludente Zustimmung zu werten ist. Die Beschränkung grenzüberschreitender Wirtschaftsaktivitäten auf die Fälle, in denen eine Zustimmung der betroffenen

---

[863] *Jarass*, DVBl 2006, 1, 9; *Köhler*, BayVBl 2000, 1, 9; *Held*, NWVBl 2000, 201, 202.
[864] So ausdrücklich *Leimkühler*, VergabeR 2001, 353, 364; *Knauff*, VR 2005, 145, 147.
[865] Vgl. § 8 A I.
[866] LT-Drucks. Thüringen 3/333, S. 8.

Gemeinde vorliegt, wird auch im Schrifttum vielfach vertreten[867]. Diese Ansicht beruht allerdings auf der Annahme eines strengen Territorialitätsprinzips[868]. Kommunale Aufgabenerfüllung erfolgt nach dieser Ansicht nicht im Wettbewerb der Kommunen untereinander, sondern grundsätzlich auch dann im Nebeneinander abgegrenzter Zuständigkeitsbereiche, wenn sie in den Formen wirtschaftlicher Betätigung erfolgt[869]. Grundsätzlich wäre deshalb eine Gebietsüberschreitung außerhalb der interkommunalen Zusammenarbeit unzulässig[870]. Dennoch lässt sich innerhalb der Anhänger des strengen Territorialitätsprinzips kein herrschendes Verfassungsverständnis ausmachen. Es wird von Teilen des Schrifttums vertreten, der Gesetzgeber habe durch die Expansionsklauseln in zulässiger Weise die Aufgaben der Gemeinden erweitert[871]. Grundsätzlich ist er in der Lage – ebenso wie in den Fällen der interkommunalen Zusammenarbeit – den Gemeinden durch eine einfachgesetzliche Zuweisung weitere Kompetenztitel zu verschaffen[872]. Die dadurch übertragenen Aufgaben liegen außerhalb des Gewährleistungsbereichs des Art. 28 Abs. 2 Satz 1 GG [873]. Bei der Berücksichtigung der Interessen benachbarter Gemeinden habe der Gesetzgeber einen Spielraum und ist nicht darauf verpflichtet, ein Zustimmungserfordernis zu be-

---

[867] Vgl. etwa *Heilshorn*, VerwA 96 (2005), 88, 95; *Scharpf*, NVwZ 2005, 148, 152; *Oster* in Gabler/Höhlein (Hrsg.), Kommunalverfassungsrecht RP, Vorbem. zu §§85-92 GemO, Rdnr. 2.2.1.3; *Lux*, NWVBl 2000, 7, 10; *Grawert* in Reichard (Hrsg.), Kommunen am Markt, S. 9, 25; *Pielow*, NWVBl 1999, 369, 373; *Schulz*, BayVBl 1998, 449, 452; *Cronauge*, Kommunale Unternehmen, Rdnr. 397; *ders.*, Der Gemeindehaushalt 1997, 265, 268; *Koehler*, VR 2000, 44, 49 verlangt ein Zustimmungserfordernis nur bei der Zerstörung der wirtschaftlichen Grundlage einheimischer Kommunalunternehmen durch überörtliche kommunale Konkurrenz.

[868] So ausdrücklich LT-Drucks. Nordrhein-Westfalen 12/3730, S. 105; LT-Drucks. Thüringen 3/333, S. 7.; aus dem Schrifttum vgl. etwa *Schink*, NVwZ 2002, 129, 136; *Knemeyer/Kempen* in Achterberg/Püttner/Würtenberger (Hrsg.), Besonderes Verwaltungsrecht Bd. II, § 17 Rdnr. 54; *Knemeyer* in FS-von Unruh, S. 209, 222 ; *Stober* in Wolff/Bachof/Stober (Hrsg.), Verwaltungsrecht Bd. 3, § 91 Rdnr. 126; *Ehlers*, NWVBl 2000, 1, 6; *Held*, NWVBl 2000, 201, 206; *Heilshorn*, VerwA 96 (2005), 88, 96; *Grawert* in FS-Blümel, S. 119, 129.

[869] *Oster* in Gabler/Höhlein (Hrsg.), Kommunalverfassungsrecht RP, Vorbem. zu §§85-92 GemO, Rdnr. 2.2.1.3; *Tettinger*, Besonderes Verwaltungsrecht, Rdnr. 302; *Schink*, NVwZ 2002, 129, 136; *Burmeister* in Püttner (Hrsg.), Handbuch der kommunalen Wissenschaft und Praxis Bd. 5, S. 42; *Brüning*, DVBl 2004, 1451, 1452.

[870] *Mann*, JZ 2002, 819, 825; *Pielow*, NWVBl 1999, 369, 373.

[871] *Jarass*, NWVBl 2002, 335, 338; *Becker*, DÖV 2000, 1032, 1035; *Dietlein*, NZBau 2003, 141, 143; *Gern*, NJW 2002, 2593, 2595; *Kühling*, NJW 2001, 177, 180; *Held*, NWVBl 2000, 201, 206; *Heilshorn*, VerwA 96 (2005), 88, 96; *ders.*, Gebietsbezug der Kommunalwirtschaft, S. 164.

[872] *Brüning*, DVBl 2004, 1451, 1452; *Gundlach*, LKV 2002, 264; *Schmidt-Aßmann* in FS-Sendler, S.119, 131; *Schink*, NVwZ 2002, 129, 136; *Mann*, JZ 2002, 819, 825; *Jarass*, NWVBl 2002, 335, 338; *Gern*, Dt. Kommunalrecht, Rdnr. 731; *ders.*, NJW 2002, 2593, 2595; *Kühling*, NJW 2001, 177, 179.

[873] *Gern*, Dt. Kommunalrecht, Rdnr. 731; *Oster* in Gabler/Höhlein (Hrsg.), Kommunalverfassungsrecht RP, Vorbem. zu §§85-92 GemO, Rdnr. 2.2.1.1; *Becker*, DÖV 2000, 1032, 1036.

gründen[874]. Die Gemeinden könnten nicht mehr fordern als die Einhaltung der Voraussetzungen für einfachgesetzliche Eingriffe in ihr Selbstverwaltungsrecht[875]. Als „Kooperationsklauseln"[876] könnten die Expansionsklauseln nur verstanden werden, wenn man die Möglichkeit einer einseitigen horizontalen Aufgabenerweiterung grundsätzlich ablehnt. Dafür ergeben sich aus Art. 28 Abs. 2 Satz 1 GG keine Anhaltspunkte. Es gibt auch keinen Grund dafür, dass die Hochzonung einer Aufgabe möglich sein soll, nicht aber die Verleihung zusätzlicher Kompetenztitel auf interkommunaler Ebene, wenn bei dieser Aufgabenerweiterung die Anforderungen an Eingriffe in das Selbstverwaltungsrechts einer betroffenen Gemeinde gewahrt bleiben. Es kann für diesen Ausschluss auch nicht der Grundsatz gemeindefreundlichen Verhaltens ins Spiel gebracht werden. Er ist lediglich eine aus Art. 28 Abs. 2 GG abgeleitete Maxime, die allgemeine staatliche Rücksichtnahmepflichten auf gemeindliche Belange zum Inhalt hat und keine eigenständigen Pflichten begründet[877]. In Ländern, die keine Expansionsklausel eingeführt haben, würde die Zustimmung allein ohnehin nicht ausreichen, um eine Gebietsüberschreitung zu ermöglichen[878]. Somit ist schon nach der herrschenden Meinung vom strengen Territorialitätsprinzip ein Zustimmungserfordernis nicht zwingende Voraussetzung für eine verfassungsrechtliche Rechtfertigung des Eingriffs der Expansionsklauseln in das Selbstverwaltungsrecht der betroffenen Gemeinde.

2. Das Erfordernis einer Zustimmung bei der Annahme konkurrierender kommunalwirtschaftlicher Betätigung in einem Gemeindegebiet

Noch weniger ist die Notwendigkeit eines Einverständnisses ersichtlich, wenn man mit der hier vertretenen Ansicht davon ausgeht, dass die Expansionsklauseln gar keine Zuweisung eines weiteren Kompetenztitels darstellen, sondern die Überörtlichkeit eine schon nach geltendem Verfassungsrecht legitime Handlungsmöglichkeit der Kommunen darstellt. Die Expansionsklauseln sind dann keine Aufgabenerweiterung zu Lasten der betroffenen Gemeinde. Legt man die hier vertretene Ansicht konkurrierender kommunaler Zuständigkeiten statt dem herrschenden strengen Territorialitätsprinzip zugrunde tritt die Funktion der Expansionsklauseln als Kollisionsnormen deutlicher zutage. Sie dienen der Auflösung des Konflikts zwischen den Selbstverwaltungsrechten der beteiligten

---

874 *Schink*, NVwZ 2002, 129, 136; *Kühling*, NJW 2001, 177, 180; *Tettinger* in von Mangoldt/Klein/Starck (Hrsg.), GG Bd. 2, Art. 28 Rdnr. 226; *Schmidt-Aßmann* in Schmidt-Aßmann (Hrsg.), Besonderes Verwaltungsrecht, 1. Abschnitt Rdnr. 120.

875 *Gern*, NJW 2002, 2593, 2595.

876 *Grawert* in Reichard (Hrsg.), Kommunen am Markt, S. 9, 25.

877 Vgl. *Tettinger* in von Mangoldt/Klein/Starck (Hrsg.), GG Bd. 2, Art. 28 Rdnr. 198; *Nierhaus* in Sachs (Hrsg.), GG, Art. 28 Rdnr. 60.

878 Vgl. auf dem Boden des Territorialitätsprinzips *Heintzen*, NVwZ 2000, 743, 745; *Gern*, Dt. Kommunalrecht, Rdnr. 731; *Dietlein*, NZBau 2003, 141, 142. Vgl. für den hier verfolgten Ansatz § 9 A I.

Kommunen. Es handelt sich dabei um grundsätzlich gleichrangige Rechte, die einen Interessenausgleich im Einzelfall erforderlich machen. Die Zustimmung ist daher nicht erforderlich, wenn der Interessenausgleich ohnehin zugunsten der expandierenden Tätigkeit ausfallen würde[879]. Es liegt dann kein „Wildern im fremden Feldern“[880] und keine „feindliche Übernahme“[881] vor. Die Zustimmung ist allerdings dazu geeignet, die Rechtmäßigkeit der überörtlichen kommunalen Wirtschaftstätigkeit in den Fällen herzustellen, in denen die Abwägung zugunsten der betroffenen Gemeinde ausfällt. Die Entscheidung für eine Fremdversorgung durch einen anderen Verwaltungsträger ist das Ergebnis eines unbeeinflussten kommunalpolitischen Entscheidungsprozesses der betroffenen Kommune. Sie bringt damit zum Ausdruck, dass sie ihre Interessen als gewahrt ansieht[882].

Unabhängig davon, ob man dem Territorialitätsprinzip in seiner strengen Ausprägung folgt oder ob man einen einwohnerbezogenen Handlungsspielraum der Gemeinden annimmt, kommt man dazu, dass die berechtigten Interessen der betroffenen Gemeinde nicht durch die Herstellung eines Konsenses gewahrt werden, sondern das es eines Abwägungsvorganges bedarf. Die Kriterien, nach denen die Kollision der Selbstverwaltungsrechte der beteiligten Gemeinden aufgelöst werden muss, sind also näher zu beleuchten.

II. Methode des Interessenausgleichs

1. Die Auflösung kollidierender Selbstverwaltungsrechte als Abwägungsvorgang

Der Abwägungsvorgang zwischen den Interessen der beteiligten Gemeinden wird im Planungsrecht nach dem interkommunalen Abstimmungsgebot vorgenommen[883]. Die betroffene Gemeinde hat, soweit aufgrund der Planung unmittelbare Auswirkungen gewichtiger Art auf ihrem Gebiet auftreten, einen Anspruch auf Rücksichtnahme und Vermeidung unzumutbarer Auswirkungen[884]. Dabei ist besonders das Gebot der sachgerechten Abwägung widerstreitender nachbarlicher Belange zu beachten und auf schutzwürdige Interessen der benachbarten Gemeinde Rücksicht zu nehmen[885]. Die Ermittlung einheitlicher Kri-

---

879 Ähnlich *Uhlenhut*, Wirtschaftliche Tätigkeit der Gemeinden außerhalb ihres Gebietes, S. 171.
880 *Grawert* in Reichard (Hrsg.), Kommunen am Markt, S. 9, 25.
881 *Tettinger*, Besonderes Verwaltungsrecht, Rdnr. 302.
882 *Tomerius*, Der Gemeindehaushalt 2004, 241, 246.
883 Vgl. § 8 A II.
884 BVerwGE 40, 323, 330 f.; BVerwGE 84, 209, 215.
885 BVerwGE 84, 209, 215 f.; dazu auch *Söfker* in Ernst/Zinkahn/Bielenberg, BauGB Bd. 1, § 2 Rdnr. 110.

terien ist auch für das Planungsrecht bisher nicht erfolgt[886]. Als Grundsatz für planerische Entscheidungen wird festgehalten, dass je gewichtiger die dem eigenen Wirkungskreis entwachsenen Bedürfnisse sind, die zur Planung drängen, desto weniger muss die Planung zurückstehen; umgekehrt muss sie um so eher Einschränkungen hinnehmen, je weiter sie ihren Wirkungskreis verlässt und je nachhaltiger sie in einen fremden Wirkungskreis eindringt[887].

Es ist aber fraglich, ob diese Auflösung der widerstreitenden Interessen im Planungsrecht auf die gemeindliche Wirtschaftstätigkeit übertragen werden kann oder ob zwischen ihr und der gemeindlichen Planung nicht grundsätzliche Unterschiede bestehen[888]. Geht man von einem Verständnis der Expansionsklauseln als Regelungen zur Erweiterung des kommunalen Aufgabenfeldes aus, könnte man für diese Querzonung die Rechtsprechung des BVerfGs für die Hochzonung kommunaler Aufgaben auf höhere Verwaltungsträger analog anwenden[889]. Unzulässig sind danach zunächst Eingriffe in den Kernbereich bzw. den Wesensgehalt der kommunalen Selbstverwaltungsgarantie[890]. Darunter fallen alle Eingriffe oder Kompetenzzuweisungen auf Kosten der Gemeinde, die dieser Aufgabenbereiche entziehen, die für ihre Selbstverwaltung schlechthin konstituierend und prägend sind oder die die eigenständige organisatorische Gestaltungsfähigkeit der Gemeinde beseitigen[891]. Der Gesetzgeber darf die Selbstverwaltung nicht derart einschränken, dass sie innerlich ausgehöhlt wird, die Gelegenheit zu kraftvoller Betätigung verliert und nur noch ein Schattendasein führen kann[892]. Die Erlaubnis zur kommunalen Wirtschaftstätigkeit auf fremdem Gemeindegebiet lässt jedoch nicht das Essentielle und Strukturprägende der betroffenen Gemeinde entfallen. Von einer Aushöhlung des Selbstverwaltungsrechts kann nicht gesprochen werden[893]. Es liegt also nur ein Eingriff in den Randbereich bzw. das Vorfeld der Selbstverwaltung vor.

Der Aufgabenentzug außerhalb des Kernbereichs ist dagegen grundsätzlich möglich, wenn auch nur unter des vom BVerfG in der Rastede-Entscheidung postulierten materiellen Aufgabenverteilungsprinzips[894]. Der Gesetzgeber muss

---

[886] *Uechtritz*, BauR 1999, 572, 575.
[887] Vgl. etwa OVG Münster DÖV 1988, 842, 845; *Uechtritz*, BauR 1999, 842, 845.
[888] So etwa *Tomerius*, Der Gemeindehaushalt 2004, 241, 246.
[889] Vgl. etwa *Scharpf*, NVwZ 2005, 148, 151; *Kühling*, NJW 2001, 177, 180; *Schink*, NVwZ 2002, 129 136; *Gern*, NJW 2002, 2593, 2595; *Heilshorn*, Gebietsbezug der Kommunalwirtschaft, S. 167; offen gelassen bei *Becker*, DÖV 2000, 1032, 1036.
[890] BVerfGE 11, 266, 274; 23, 353, 365; 38, 258, 278.
[891] *Stern*, Staatsrecht Bd. I, S. 416 f.; *Tomerius*, Der Gemeindehaushalt 2004, 241, 243; *Schmidt-Aßmann* in FS-Sendler, S.119, 134.
[892] BVerfGE 1, 167, 175.
[893] *Heilshorn*, Gebietsbezug der Kommunalwirtschaft, S. 167. Offen gelassen bei *Gern*, NJW 2002, 2593, 2596; *Becker*, DÖV 2000, 1032, 1039.
[894] BVerfGE 79, 127, 150; 83, 363, 382; dazu etwa *Tettinger* in von Mangoldt/Klein/Starck (Hrsg.), GG Bd. 2, Art. 28 Rdnr. 195; *Löwer* in von Münch/Kunig (Hrsg.), GG Bd. 2, Art. 28 Rdnr. 50; *Heilshorn*, Gebietsbezug der Kommunalwirtschaft, S. 167 f.; *Schmidt-Aßmann* in

danach bei der Verteilung von Zuständigkeiten die grundsätzliche Entscheidung des Verfassungsgebers für eine dezentrale Aufgabenwahrnehmung auf Gemeindeebene berücksichtigen. Ein Aufgabenentzug ist dann nur aus Gründen des Gemeininteresses zulässig, insbesondere wenn ansonsten die ordnungsgemäße Aufgabenerfüllung nicht sicherzustellen wäre[895]. Darunter fallen nicht Gründe der Verwaltungsvereinfachung oder der Zuständigkeitskonzentration, ebensowenig wie Gründe der Wirtschaftlichkeit und Sparsamkeit der öffentlichen Verwaltung insgesamt[896]. Es muss zu einem unverhältnismäßigen Kostenanstieg kommen, wenn die Aufgabe bei der Gemeinde belassen wird[897]. Diese Konzeption des BVerfGs bürdet dem Gesetzgeber die Darlegungslast dafür auf, dass seine die Entscheidung tragenden Gründe das für die Gemeinden streitende Aufgabenverteilungsprinzip überwiegen[898]. Dagegen sollen bloße Beschränkungen der Eigenverantwortlichkeit, die der Gemeinde die Aufgabenwahrnehmung nicht entziehen, lediglich eines rechtfertigenden Gemeinwohlgrundes bedürfen, insbesondere im Hinblick auf eine ordnungsgemäße gemeindliche Aufgabenwahrnehmung, und sie müssen den Verhältnismäßigkeitsgrundsatz beachten[899]. Inhaltlich sei die Beeinträchtigung auf das zeitlich und sachlich Notwendige zu beschränken[900].

2. Die Anwendung des Abwägungsvorgangs auf überörtliche kommunale Wirtschaftstätigkeit

Die Anwendung dieser Grundsätze auf überörtliche kommunale Wirtschaftstätigkeit ist allerdings problematisch. Zunächst einmal hat das BVerfG die Anwendung des Verhältnismäßigkeitsgrundsatzes für Kompetenzabgrenzungen in der Rastede-Entscheidung nicht mehr angewendet[901]. In einer späteren Entscheidung hat es die Anwendung des Verhältnismäßigkeitsgrundsatzes auf Kompetenzabgrenzungen ausdrücklich abgelehnt[902]. Das Verhältnismäßigkeitsprinzip

---

FS-Sendler, S. 119, 135 f; *Hellermann*, Örtliche Daseinsvorsorge und gemeindliche Selbstverwaltung, S. 178.

[895] BVerfGE 79, 127, 153.

[896] BVerfGE 79, 127, 153.

[897] BVerfGE 79, 127, 153.

[898] *Schmidt-Aßmann* in Schmidt-Aßmann (Hrsg.), Besonderes Verwaltungsrecht, 1. Kapitel Rdnr. 22.

[899] *Tomerius*, Der Gemeindehaushalt 2004, 241, 243; *Gern*, NJW 2002, 2593, 2597 unter Berufung auf BVerfG NJW 1981, 1659; BVerfG NVwZ 1988, 47, 49; *Nierhaus* in Sachs (Hrsg.), GG, Art. 28 Rdnr. 56.

[900] *Gern*, NJW 2002, 2593, 2597.

[901] *Löwer* in von Münch(Kunig (Hrsg.), GG Bd. 2, Art. 28 Rdnr. 50; *Schmidt-Aßmann* in FS-Sendler, S.119, 135. Insbesondere *Gern*, NJW 2002, 2593, 2597 mit Fn. 48 stützt sich auf zwei Entscheidungen des BVerfGs, die vor dem Rastede-Urteil ergingen.

[902] BVerfGE 81, 310, 338. Zur Abkehr vom Verhältnismäßigkeitsgrundsatz vgl. *Hellermann*, Örtliche Daseinsvorsorge und gemeindliche Selbstverwaltung, S. 176 f. mwN.

diene dem Grundrechtsschutz und nicht dem Schutz staatlicher Funktionen[903]. Es kann nur für eindimensionale Beziehungen Maßstäbe vorgeben, nicht aber für die Beziehung von in gleicher Weise gemeinwohlgebundenen Hoheitsträgern[904]. Auch wird darauf hingewiesen, dass die Abgrenzung von Aufgabenentzug und Aufgabenwahrnehmung Schwierigkeiten aufwirft, da in vielen Fällen erst die Form der Wahrnehmung den Gemeinden überhaupt erst den Zugriff auf eine bestimmte Aufgabe ermöglicht[905]. Deshalb müssten alle Beschränkungen der Eigenverantwortlichkeit, die einen Zugriff unmöglich machen oder erschweren unter den erhöhten Rechtfertigungsanforderungen stehen, die in der Rastede-Entscheidung entwickelt worden sind[906]. Die Anwendung dieser Anforderungen als einheitlichem Prüfungsstandard ist jedoch wiederum problematisch. Die Voraussetzungen sind für den gesetzlichen Entzug einer Aufgabe entwickelt worden. Die Expansionsklauseln entziehen der betroffenen Gemeinde aber keine Aufgabe. Die betroffene Gemeinde ist nicht gehalten, ihre eigene Wirtschaftstätigkeit aufzugeben. Selbst bei Zugrundlegung der auf dem Territorialitätsprinzip beruhenden Ansicht, dass die Expansionsklauseln die Kompetenzen einer Gemeinde über den bisherigen Bestand hinaus erweitern, kommt damit bestenfalls ein faktischer Entzug der Aufgabe durch die überörtliche kommunale Wirtschaftstätigkeit in Betracht. Es besteht aber ein qualitativer Unterschied zwischen einem absoluten gesetzlichen Entzug einer Aufgabe und einer Beeinträchtigung, deren Auswirkungen möglicherweise zu einem faktischen Entzug der Aufgabe führen können. Die Voraussetzungen für eine gesetzliche Kompetenzänderung bestehen in einer Prüfung, ob ein überwiegendes Gemeinwohlinteresse für eine Abweichung vom Aufgabenverteilungsprinzip zugunsten der Gemeinden besteht, insbesondere ob es zu einem unverhältnismäßigen Kostenanstieg bei der betroffenen Gemeinde kommt[907]. Entsprechend skeptisch wird beurteilt, ob es Gemeinwohlgründe für ein Ausgreifen der kommunalen Unternehmen geben kann, die die eigenverantwortliche Aufgabenwahrnehmung durch die betroffene Kommune überwiegen können[908].

---

[903] BVerfGE 81, 310, 338.

[904] *Hellermann*, Örtliche Daseinsvorsorge und gemeindliche Selbstverwaltung, S. 176 f.; *Uhlenhut*, Wirtschaftliche Betätigung der Gemeinden außerhalb ihres Gebietes, S. 170; für das Planungsrecht *Brohm*, Öffentliches Baurecht, § 9 Rdnr. 15.

[905] *Hellermann*, Örtliche Daseinsvorsorge und gemeindliche Selbstverwaltung, S. 180.

[906] *Hellermann*, Örtliche Daseinsvorsorge und gemeindliche Selbstverwaltung, S. 180 f.; *Schmidt-Aßmann* in FS-Sendler, S. 199, 136 f.; *Löwer* in von Münch/Kunig (Hrsg.), GG Bd. 2, Art. 28 Rdnr. 50.

[907] *Kühling*, NJW 2001, 177, 179 f.; *Tomerius*, Der Gemeindehaushalt 2004, 241, 244.

[908] *Kühling*, NJW 2001, 177, 180; *Heilshorn*, VerwA 96 (2005), 88, 96; *Heintzen*, NVwZ 2000, 741, 746; *Ehlers*, NWVBl 2000, 1, 6; *Koehler*, VR 2000, 48 f.; *Schink*, NVwZ 2002, 129, 137; *Löwer*, NWVBl 2000, 241, 245 hält die Kooperation in jedem Fall für eine zuständigkeitsschonendere Alternative. *Held*, WiVerw 1998, 264, 282; *Grawert* in Reichard (Hrsg.), Kommunen am Markt, S. 9, 25 halten eine Rechtfertigung für gänzlich ausgeschlossen. *Tomerius*, Der Gemeindehaushalt 2004, 241, 244 geht bei jedem faktischen Entzug von der Unzulässigkeit aus.

Damit wird aber der Unterschied zwischen einem absoluten Aufgabenentzug und einer Aufgabenerweiterung, deren Auswirkungen im Einzelfall zu einem faktischen Aufgabenentzug bei der betroffenen Gemeinde führen können, nicht in ausreichendem Maße berücksichtigt. Die strengen Anforderungen des BVerfGs an die Gemeinwohlgründe und die Darlegung eines unverhältnismäßigen Kostenanstiegs sind nicht für eine Bewertung der Rechtfertigung von Beeinträchtigungen der eigenverantwortlichen Aufgabenwahrnehmung unterhalb des faktischen Aufgabenentzugs entwickelt worden[909]. Schon die fehlende qualitative Vergleichbarkeit mit dem gesetzlichen Aufgabenentzug spricht für die Anwendung der Grundsätze des interkommunalen Abwägungsgebots[910]. Außerdem ist es die Konsequenz des Territorialitätsprinzips die überörtliche Kommunalwirtschaft außerhalb des Gewährleistungsbereichs von Art. 28 Abs. 2 Satz 1 GG zu verorten. Damit stehen sich nach dieser Ansicht keine grundsätzlich gleichwertigen Interessen gegenüber, da das Selbstverwaltungsrecht der betroffenen Gemeinde grundsätzlich gegenüber einem vornehmlich ökonomisch motivierten Ausgreifen der Gemeindewirtschaft überwiegt[911]. Wie bereits dargestellt, führt die einwohnerbezogene Bestimmung des kommunalen Handlungsspielraums dazu, dass auch eine Tätigkeit auf fremdem Gemeindegebiet noch in den Gewährleistungsbereich des Art. 28 Abs. 2 Satz 1 GG fallen kann, so dass sich die beteiligten Gemeinden jeweils auf ihr Selbstverwaltungsrecht berufen können[912]. Für eine solche Kompetenzkollision bedarf es aber eines anderen Maßstabs als für die Bewertung einer Kompetenzverschiebung. Dafür bietet sich wieder eine Orientierung am Abstimmungsvorgang des Planungsrechts an[913]. Die materielle Abwägung im Planungsrecht soll ebenfalls die Frage klären, wessen Kompetenz im Kollisionsfalle vorgeht[914]. In diesem Zusammenhang gilt im Planungsrecht der Grundsatz der kompetentiellen Rücksichtnahme, der nach einem optimalen Ausgleich zwischen den kollidierenden Selbstverwaltungsrechten verlangt[915]. Da es sich im Falle kommunaler Wirtschaftstätigkeit wie im Planungsrecht vor allem um die Bewertung faktischer Auswirkungen handelt, kann die Wahrung der berechtigten Interessen nach den Grundsätzen des interkommunalen Abwägungsgebots erfolgen. Die Auflösung der kollidierenden Selbstverwaltungsrechte erfolgt also nach dem Prinzip des optimalen Ausgleichs im Wege einer Güterabwägung[916]. Die berechtigten Interessen sind demnach nicht gewahrt, wenn die Abwägung zugunsten des Selbstverwaltungsrechts der betroffenen Gemeinde

---

[909] Vgl. *Gottschalk*, ThürVBl 2003, 25, 30; *Frenz*, ZHR 166 (2002), 307, 321.

[910] *Uhlenhut*, Wirtschaftliche Betätigung der Gemeinden außerhalb ihres Gebietes, S. 170.

[911] Die Skepsis der Vertreter des Territorialitätsprinzips, ob die Expansionsklauseln zu einer tatsächlichen Erweiterung des Aufgabenfeldes der Gemeinden führen, ist also nur konsequent.

[912] § 8 A II 3.

[913] So auch *Uhlenhut*, Wirtschaftliche Betätigung der Gemeinden außerhalb ihres Gebietes, S. 170.

[914] *Brohm*, Öffentliches Baurecht, § 9 Rdnr. 14.

[915] *Brohm*, Öffentliches Baurecht, § 12 Rdnr. 21.

[916] *Gottschalk*, ThürVBl 2003, 25, 29.

ausfällt. Entsprechend dem Planungsrecht hat diese dann einen gerichtlich durchsetzbaren Abwehranspruch gegen die ausgreifende Kommune[917].

3. Regelungen zum Abwägungsvorgang bei überörtlicher kommunaler Wirtschaftstätigkeit im Gemeindewirtschaftsrecht

Für diese Lösung spricht auch die Regelung des § 101 Abs. 2 Satz 4 GO S-H, demgemäß die Kommunalaufsichtsbehörde zu unterrichten ist, wenn es nicht zu einem Einvernehmen zwischen den beteiligten Gemeinden gekommen ist. Die Formulierung des „Einvernehmens" bedeutet aber, dass es zwischen den beteiligten Gemeinden zu einem Prozess kommt, bei dem ein Einvernehmen, d.h. eine für beide verträgliche Lösung der kollidierenden Interessen, gefunden wird. Des weiteren sprechen dafür die Regelungen der § 116 Abs. 3 Satz 3 GO LSA und § 101 Abs. 2 Satz 3 GO S-H. Danach ist die betroffene Gemeinde so rechtzeitig vor der Aufnahme der überörtlichen Betätigung zu informieren, dass sie ihre berechtigten Interessen geltend machen kann. Einer solchen Geltendmachung bedarf es aber vor allem dann, wenn die geltend gemachten Interessen Teil eines Abwägungsvorgangs werden. Bestünde im Falle berechtigter Interessen in jedem Fall ein Abwehranspruch der betroffenen Gemeinde wäre eine solche Regelung zu ihrem Schutz unnötig. Sie könnte im Fall der Aufnahme einer überörtlichen Betätigung ihren Anspruch durchsetzen und die expandierende Gemeinde in ihren Aktivitäten stoppen. Das Unterlassen des Informierens würde also nur für die expandierende Gemeinde ein Risiko bergen, nicht aber für die betroffene Gemeinde. In einem Abwägungsvorgang hingegen ist es der betroffenen Gemeinde möglich frühzeitig ihre Interessen geltend zu machen; sie werden bei einer kommunalen Abstimmung eventuell durch die expandierende Gemeinde sogar in größerem Umfang gewahrt als dies ihre gesetzliche Pflicht wäre. Zugleich dient die Informationspflicht auch dem Schutz der expandierenden Gemeinde, da sie vor Aufnahme einer überörtlichen Betätigung schon von berechtigten Interessen Kenntnis nehmen kann, die gegebenenfalls die Aufnahme der Tätigkeit ausschließen. Es wäre ihr Schaden, wenn sie diese Kenntnis erst zu einem späteren Zeitpunkt, etwa nach der Tätigung erster Investitionen, erlangen würde. Einzig die Regelung des § 108 Abs. 1 Nr. 2 SaarlKSVG ethält nicht den Gedanken der Abwägung. Soweit nach dieser Regelung die betroffene Gemeinde aus berechtigten Interessen heraus widerspricht, kommt es nicht mehr zu einem Abstimmungsvorgang zwischen den beteiligten Gemeinden. Hier besteht in jedem Fall geltend gemachter berechtigter Interessen ein Abwehranspruch der betroffenen Gemeinde. Diese Regelung stellt aber eine Ausnahme innerhalb der verschiedenen Expansionsklauseln dar.

---

[917] *Lux*, NWVBl 2000, 7, 10; *Kühling*, NJW 2001, 177, 180; *Schink*, NVwZ 2002, 129, 136; *Heintzen*, NVwZ 2000, 741, 746; *Löwer*, NWVBl 2000, 241, 244; *Ehlers*, NWVBl 2000, 1, 6 Fn. 44.

Begreift man die Wahrung der berechtigten Interessen als Abwägungsvorgang ist diese Voraussetzung der Expansionsklauseln dazu geeignet, einen Eingriff in das Selbstverwaltungsrecht der betroffenen Gemeinde zu rechtfertigen. Die Expansionsklauseln sind also verfassungsmäßige Ausgestaltungen der kommunalen Selbstverwaltungsgarantie[918].

III. Die Abwägung der kollidierenden Selbstverwaltungsrechte im Bereich der Wasserversorgung

Es stellt sich somit die Frage, ob eine Gemeinde im Bereich der Wasserversorgung Abwehrrechte gegen die konkurrierende Betätigung auswärtiger kommunaler Versorgungsunternehmen hat oder sich aufgrund ihrer Abwehrrechte rechtmäßig weigern darf, einem auswärtigen kommunalen Versorgungsunternehmen den Zuschlag im Vergabeverfahren zu erteilen bzw. mit ihm einen Konzessionsvertrag abzuschließen, selbst wenn dieses Unternehmen das wirtschaftlichste Angebot vorlegt. Es muss entsprechend geprüft werden, ob die Abwägung zwischen den kollidierenden Selbstverwaltungsinteressen regelmäßig zu Lasten entweder der ausgreifenden oder der betroffenen Gemeinde ausfällt. Selbstverständlich können solche Überlegungen nur einen vorläufigen Charakter haben, da die besonderen Umstände des Einzelfalls die Abwägung jeweils in die andere Richtung beeinflussen können. Auch sollen hier Verfahrensfragen über die Art und Weise der Geltendmachung der berechtigten Interessen durch die betroffene Gemeinde bei der expandierenden Gemeinde ausgeblendet werden[919]. Aufgrund der Gebietsmonopole in der Wasserversorgung ist die Aufnahme einer Versorgungstätigkeit in einem fremden Gemeindegebiet ohne vorherige Ver-

---

[918] A.A. etwa *Grawert* in Reichard (Hrsg.), Kommunen am Markt, S. 9, 25; zweifelnd *Löwer* in von Münch/Kunig (Hrsg.), GG Bd. 2, Art. 28 Rdnr. 37a; Stober, NJW 2002, 2357, 2365 hält die Regelungen für zweifelhaft. Weitgehend bezweifelt wird allerdings die Verfassungsmäßigkeit der Regelungen, nach denen bei der Versorgung mit Strom und Gas nur die Interessen als berechtigt gelten, die nach den Vorschriften des Energiewirtschaftsgesetzes eine Einschränkung des Wettbewerbs zulassen, d.h. Art. 87 Abs. 2 Satz 2 BayGO; § 107 Abs. 3 Satz 2 GO NRW; § 71 Abs. 4 Satz 2 ThürKO, vgl. *Ehlers*, Gutachten E zum 64. DJT, S. 101.; *Heilshorn*, VerwA 96 (2005), 88, 96; *Lux*, NWVBl 2000, 7, 10; *Schink*, NVwZ 2002, 129, 136 f.; *Kühling*, NJW 2001, 177, 18; *Gern*, NJW 2002, 2593, 2596 halten eine verfassungskonforme Auslegung für möglich. Diese Regelungen beziehen sich jedoch nicht auf die öffentliche Wasserversorgung und sollen deshalb nicht näher behandelt werden. Noch problematischer ist die Ausweitung der Beschränkung in § 116 Abs. 3 Satz 2 GO LSA, nach der bei allen im Wettbewerb wahrgenommenen Aufgaben Interessen nur insoweit als berechtigt gelten, wie der jeweilige Ordnungsrahmen eine Einschränkung des Wettbewerbs zulässt, vgl. dazu *Becker*, DÖV 2000, 1032, 1038; *Gundlach*, LKV 2002, 264, 265 f. Die Wasserversorgung ist aber gerade kein für den Wettbewerb zwischen Gemeinde und Privaten geöffneter Versorgungsbereich.

[919] Dazu etwa *Tomerius*, Der Gemeindehaushalt 2004, 241, 245 ff; knapp auch *Lux*, NWVBl 2000, 7, 10. § 116 Abs. 3 Satz 3 GO LSA verlangt ausdrücklich eine rechtzeitige Information der betroffenen Gemeinde, so dass diese ihre berechtigten Interessen geltend machen kann.

ständigung mit der betroffenen Gemeinde kaum denkbar, so dass es zwangsläufig zu einer Beteiligung dieser Kommune am Entscheidungsverfahren kommt. Aus demselben Grund werden die Fälle, in denen sich eine expandierende Gemeinde ihre Tätigkeit trotz des entgegenstehenden Willens der betroffenen Gemeinde ausüben will, auf Ausnahmen beschränkt bleiben.

Die Aufnahme einer überörtlichen Wasserversorgung gegen den Willen der betroffenen Gemeinde erscheint besonders wahrscheinlich, wenn das kommunale Versorgungsunternehmen im Wege der Einräumung von Durchstich- oder Durchleitungsrechten in Konkurrenz zum einheimischen Versorgungsunternehmen treten will. Damit ist der Weg für einen faktischen Aufgabenentzug durch einen Verdrängungswettbewerb eröffnet[920]. Auch kann die Versorgung einzelner Großkunden im Gemeindegebiet durch einen auswärtigen Versorger dazu führen, dass nur noch die Versorgung weniger lukrativer Kunden bei der betroffenen Gemeinde verbleibt. Die Folge eines solchen „Rosinenpickens"[921] kann zu einem unverhältnismäßigen Kostenanstieg für die Versorgungsleistung führen, der den Einwohnern als unzumutbar hohe Wassergebühren weitergereicht werden muss, wenn die Versorgung nicht gänzlich eingestellt werden soll. Deshalb scheint schon die Möglichkeit des Anschluss- und Benutzungszwangs für ein Überwiegen der Interessen der betroffenen Gemeinden zu sprechen, da dieser gerade auch der Kostendeckung der öffentlichen Wasserversorgung durch die Einbindung einer größtmöglichen Nutzerzahl dient[922]. Die gesetzliche Einführung von Durchstichs- und Durchleitungsrechten als Elemente eines Wettbewerbs im Markt bedingt aber gerade, dass Ausnahmen von Anschluss- und Benutzungszwang anerkannt werden, so dass er nicht zugleich als Argument gegen solche Wettbewerbselemente angeführt werden kann. Im Falle eines Verdrängungswettbewerbs durch konkurrierende Betätigung hilft aber die im Planungsrecht geltende Maxime, dass eine Planung um so eher Einschränkungen hinnehmen muss, je weiter sie ihren Wirkungskreis verlässt und je nachhaltiger sie in einen fremden Wirkungskreis eindringt[923]. Ein faktischer Aufgabenentzug lässt die demokratische Teilhabe der Bürger in erheblichem Maße ausfallen, da die eigenverantwortliche Aufgabenwahrnehmung entweder unmöglich gemacht oder unzumutbar erschwert wird[924]. Das Expansionsinteresse liegt dagegen in der Steigerung der Rentabilität durch die Nutzung brachliegender Kapazitäten[925]. Randnutzungen haben nur eine dienende Funktion für die wirtschaftliche Erfüllung des öffentlichen Zwecks des gemeindlichen Unternehmens[926]. Es handelt sich um ein nachrangiges Interesse und kann sich somit gegenüber der Er-

---

920 *Gottschalk*, ThürVBl 2003, 25, 30.
921 *Köhler*, BayVBl 2000, 1, 9.
922 Vgl. etwa *Frenz*, ZHR 166 (2002), 307, 312.
923 OVG Münster DÖV 1988, 843, 845. Vgl. auch schon bei § 9 B II.
924 *Gottschalk*, ThürVBl 2003, 25, 30.
925 § 8 D II 2.
926 § 8 D II 3.

haltung der demokratischen Teilhabe der Gemeindeeinwohner nicht durchsetzen[927]. Das gilt allerdings nicht in solchen Fällen, in denen die Partizipationskomponente der eigenverantwortlichen Aufgabenwahrnehmung nicht in diesem erhöhten Maß betroffen ist. Darunter fällt die „belebende" Konkurrenz im Gemeindegebiet, die das einheimische Versorgungsunternehmen nicht verdrängt, sondern nur zu einer Verbesserung der eigenen Wirtschaftlichkeit zwingt[928]. Damit stünde nämlich auch auf Seiten der betroffenen Gemeinde lediglich ein wirtschaftlich motiviertes Interesse in der Abwägung. Eine andere Konstellation, die allerdings in der öffentlichen Wasserversorgung kaum vorstellbar ist, wäre eine Kollision der Randnutzung mit einer Randnutzung oder Annextätigkeit der betroffenen Gemeinde[929]. Bei einer bloß beeinträchtigenden Konkurrenz verbleibt es bei einer echten Einzelfallabwägung, die sich am Ausfall der Einflussmöglichkeiten der betroffenen Gemeinde durch die Fremdversorgung von Teilen ihrer Einwohnerschaft zu orientieren hat.

Die Zulassung gebietsfremder Unternehmen auf dem Gemeindegebiet im Wege des Vergabeverfahrens oder des Konzessionsvertrags ist nach demselben Kriterium des Ausfalls eigenverantwortlicher Aufgabenwahrnehmung zu beurteilen. Ein grundsätzliches Überwiegen der Interessen der betroffenen Gemeinde kommt wiederum in Betracht, wenn die Fremdversorgung durch ein auswärtiges Kommunalunternehmen kommunalpolitische Entscheidungen der betroffenen Gemeinde konterkariert. Zwar ist die Öffnung des einheimischen Versorgungsgebiets für einen Wettbewerb um den Markt bereits eine eigenverantwortliche Entscheidung der Gemeinde, solange das Gemeinschaftsrecht und der nationale Gesetzgeber keine entsprechende Pflicht statuieren. Das bedeutet aber nicht, dass der Gemeinde gleichgültig sein muss, ob ein anderes Kommunalunternehmen oder ein privates Versorgungsunternehmen künftig die öffentliche Wasserversorgung übernehmen. Die Entscheidung für den Wettbewerb kann zugleich eine Entscheidung für das Freihalten der Versorgungsaufgabe für die Privatwirtschaft sein[930]. Damit kann eine gezielte Mittelstandsförderung beabsichtigt sein oder die allgemeine Schaffung von Anreizen für privatwirtschaftliches Engagement[931]. Eine solche grundlegende strukturpolitische Entscheidung zur Gestaltung eines bestimmten Lebensbereichs dürfte im Regelfall das Interesse an der

---

927 Ähnlich *Köhler*, BayVBl 2000, 1, 9.

928 A.A. *Becker*, DÖV 2000, 1032, 1037 f., wobei er allerdings nicht von kollidierenden Selbstverwaltungsrechten, sondern von einer einfachgesetzlichen Aufgabenerweiterung des Handlungsspielraums der expandierenden Gemeinde außerhalb des Gewährleistungsbereichs von Art. 28 Abs. 2 Satz 1 GG ausgeht.

929 Dazu *Uhlenhut*, Wirtschaftliche Betätigung der Gemeinden außerhalb ihres Gebietes, S. 185.

930 Auf die Bedeutung der kommunalpolitischen Entscheidung, eine bestimmte Aufgabe gerade nicht durch ein kommunales Unternehmen zu erfüllen, weisen z.B. hin *Becker*, DÖV 2000, 1032, 1037 f.; *Gottschalk*, ThürVBl 2003, 25, 30.

931 *Becker*, DÖV 2000, 1032, 1037; *Tomerius*, Der Gemeindehaushalt 2004, 241, 243.

Rentabilitätssteigerung überwiegen[932]. Zumindest beim Abschluss von Konzessionsverträgen dürfte dies nur selten ein Problem darstellen, da die Gemeinde weitgehend frei in ihrer Entscheidung ist, welches Unternehmen die „Eintrittskarte"[933] ins Gemeindegebiet gelöst bekommt. Anders sieht die Lage aus, wenn der Wettbewerb um den Markt folgende der fehlenden Leistungsfähigkeit der betroffenen Gemeinde ist. Die kommunalpolitische Entscheidung will nicht den Lebensbereich in bestimmter Weise gestalten, sondern reagiert auf eine Zwangslage, da keine Gemeinde auf die Erledigung der Wasserversorgung verzichten kann. Das berechtigte Interesse beschränkt sich hier auf die Gewährleistung einer wirtschaftlichen und ordnungsgemäßen Versorgung der Einwohner. Dann sind aber keine Gründe für den Ausschluss auswärtiger kommunaler Unternehmen ersichtlich, sofern diese die Gewähr für die ordnungsgemäße Erfüllung der Wasserversorgung bieten[934]. Zwar wird die Kooperation als eine zuständigkeitsschonendere Alternative angeführt[935]. Die Expansionsklauseln sehen aber keinen Vorrang der Kooperation vor und kommen auch gerade bei fehlender Kooperation zur Geltung[936]. Auch wird dieser Vorrang der Kooperation auf der Grundlage des Territorialitätsprinzips vorgebracht, nach dem die expandierenden Gemeinden keine Selbstverwaltungsinteressen verfolgen. Ordnet man die Randnutzungen in den Gewährleistungsbereichs des Art. 28 Abs. 2 Satz 1 GG ein, spricht nichts gegen eine dem Planungsrecht vergleichbare Abwägung die gegebenenfalls auch zu Einschränkungen des Selbstverwaltungsrechts der betroffenen Gemeinde führt. Schließlich hat die betroffene Gemeinde im Rahmen der Ausschreibung oder der Vertragsanbahnung genügend Möglichkeiten ihre berechtigten Interessen zu wahren. Eines grundsätzlichen Abwehrrechts bedarf es nicht.

IV. Zwischenergebnis

Das Erfordernis, die berechtigten Interessen der betroffenen Gemeinde zu wahren, genügt den verfassungsrechtlichen Anforderungen an die Rechtfertigung des Eingriffs in Art. 28 Abs. 2 Satz 1 GG. Gewahrt werden diese Interessen durch einen Abwägungsvorgang, der Parallelen zum interkommunalen Abstimmungsgebot des Planungsrechts aufweist. Es bestehen dabei mehrere Möglichkeiten, in denen eine Abwägung zugunsten der expandierenden Gemeinde ausfallen kann und zwar sowohl bei konkurrierender Betätigung wie bei einer Betä-

---

932 *Gottschalk*, ThürVBl 2003, 25, 30; *Tomerius*, Der Gemeindehaushalt 2004, 241, 243; *Becker*, DÖV 2000, 1032, 1038 f., wobei diese Aussage im Widerspruch zu der Behauptung auf S. 1037 zu stehen scheint, dass hier die Abwehrklausel nicht greifen soll, damit die Expansionsklauseln nicht völlig leerlaufen.

933 *Heintzen*, NVwZ 2000, 741, 746.

934 Zu demselben Ergebnis kommt *Tomerius*, Der Gemeindehaushalt 2004, 241,243.

935 *Gottschalk*, ThürVBl 2003, 25, 30; *Becker*, DÖV 2000, 1032, 1038; allgemein *Löwer*, NWVBl 2000, 241, 245.

936 Vgl. dazu § 6 D.

tigung anstelle der betroffenen Gemeinde. Relevant dürften vor allem die Konkurrenzfälle werden, in denen eine Gemeinde gegen den Willen der betroffenen Gemeinde auf deren Gebiet tätig werden will und dazu Durchstichs- oder Durchleitungsansprüche geltend macht[937]. Im Vergabeverfahren oder bei der Vertragsanbahnung für einen Konzessionsvertrag ist dagegen wohl regelmäßig von einem Einverständnis der betroffenen Gemeinde mit der Tätigkeit der ausgreifenden Gemeinde auszugehen, so dass eine Abwägung entfällt. Andernfalls kann die Abwägung dann zugunsten der betroffenen Gemeinde ausfallen, wenn die Fremdversorgung durch ein anderes Kommunalunternehmen strukturpolitische Entscheidungen der betroffenen Gemeinde zuwiderläuft.

§ 9 Zusammenfassung: Die Zulässigkeit überörtlicher kommunaler Wirtschaftstätigkeit nach dem Gemeindewirtschaftsrecht

Fasst man die Untersuchung der Grenzen überörtlicher kommunaler Wirtschaftstätigkeit zusammen, so stellt man fest, dass die Einführung von Expansionsklauseln keine wesentliche Erweiterung des kommunalen Handlungsspielraums zur Folge hat. Die Ursachen für diese deklaratorische Bedeutung der Expansionsklauseln finden sich in der weitgehenden Anbindung der territorialen Reichweite der Gemeindewirtschaft an die verfassungsrechtlichen Vorgaben der kommunalen Selbstverwaltungsgarantie und dem einwohnerbezogenen Verständnis der Angelegenheiten der örtlichen Gemeinschaft in Art. 28 Abs. 2 Satz 1 GG. Dieser gilt auch für die Kommunalwirtschaft. Eine andere Sichtweise vernachlässigt die Gemeinwohlbindung jeglichen staatlichen Handelns und übersieht, dass die kommunale Wirtschaftstätigkeit keine Aufgabe der Gemeinde ist, sondern eine Form der Aufgabenwahrnehmung. Damit bleibt es bei den verfassungsrechtlichen Bindungen, denen sich die Gemeinde nicht durch die Wahl einer bestimmten Modalität der Aufgabenerfüllung entziehen kann.

Die räumliche Komponente des Art. 28 Abs. 2 Satz 1 GG besteht entgegen der herrschenden Meinung nicht in der Festlegung kartografischer Grenzen. Es wurde stattdessen dargelegt, dass der territoriale Handlungsspielraum der Gemeinden in der Funktion der Gemeinde als „örtliche Gemeinschaft“ enthalten ist. Der Gebietsbezug der Kommunalwirtschaft ergibt sich nach der hier vertretenen Ansicht dementsprechend aus der Festlegung der territorialen Reichweite der Angelegenheiten dieser örtlichen Gemeinschaft. Das vom BVerfG entwickelte Kriterium der örtlichen Radizierung gibt also nicht nur den inhaltlichen, sondern auch den räumlichen Umfang der gemeindlichen Aufgaben vor. Ein Gebietsbezug ist dann noch gegeben, wenn die Gemeinde im Rahmen der Erfüllung einer ihr zustehenden Aufgabe die Gemeindegrenzen überschreitet, soweit die spezifisch auf die örtliche Gemeinschaft bezogenen oder in ihr wurzelnden Bedürfnisse und Interessen dafür eine Grundlage bieten. Es wurde deshalb der soziolo-

---

[937] Zum Bestehen solcher Ansprüche vgl. § 6 D II.

gisch-politische Gehalt der örtlichen Gemeinschaft herausgearbeitet, der geeignet ist, die Reichweite der kommunalen Aufgaben näher zu bestimmen. Nur solche Aufgaben an deren Erfüllung die Gemeindeeinwohner ein auf einem Gefühl nachbarschaftlicher Verbundenheit beruhendes Interesse haben, sind den Gemeindeeinwohner als solche gemeinsam, betreffen ihr Zusammenleben und -wohnen in der Gemeinde. Ein auf diese Weise bestimmtes konkretes Interesse kann auch die Tätigkeit außerhalb des eigenen Gemeindegebiets erfordern. Die Kommunalwirtschaft ist also nicht an das Gemeindegebiet, wohl aber an die Erfüllung örtlich radizierter Interessen der Gemeindeeinwohner gebunden. Die hier vorgenommene Bestimmung des Gebietsbezugs hat die Konsequenz, dass es zu einer Kollision von Selbstverwaltungsrechten möglich ist, wenn mehrere Gemeinden auf demselben Territorium tätig werden und ihre Betätigung jeweils noch örtlich radiziert ist. Die landesverfassungsrechtlichen Garantien der kommunalen Selbstverwaltung gewinnen in diesem Zusammenhang keine eigenständige Bedeutung.

Der Gebietsbezug des Art. 28 Abs. 2 Satz 1 GG hat in den Gemeindeordnungen der Länder seinen Niederschlag gefunden. Zunächst bezieht sich die allgemeine Aufgabenbeschreibung der Gemeindeordnungen auf die Angelegenheiten der örtlichen Gemeinschaft. An diese Aufgabenbestimmung ist auch die Kommunalwirtschaft gebunden. Entsprechend bezieht sich die Gemeinwohlbindung, die sich im Erfordernis des öffentlichen Zwecks des Gemeindewirtschaftsrechts findet, konkret auf das Gemeinwohl der Gemeindeeinwohner. An dieser Bindung nimmt auch die überörtliche kommunale Wirtschaftstätigkeit teil, da die Expansionsklauseln auf die kommunalwirtschaftsrechtliche Schrankentrias verweisen und ebenfalls die Erfüllung eines öffentlichen Zwecks voraussetzen. Das gilt auch für die privilegierten nichtwirtschaftlichen Betätigungen, die mehrere Gemeindeordnungen noch vorsehen. Sie erfüllen stets einen öffentlichen Zweck und sind deshalb von der Prüfung der Schrankentrias weitgehend freigestellt. Im Falle der überörtlichen Betätigung muss diese Prüfung zumindest für den öffentlichen Zweck wieder aufleben, da es kommunalen Unternehmen und Einrichtungen sonst aufgrund der Fiktion der Nichtwirtschaftlichkeit möglich wäre, die verfassungsrechtliche Gemeinwohlbindung an die Gemeindeeinwohner abzuschütteln.

Bestrebungen in Teilen des Schrifttums, den öffentlichen Zweck durch eine Neubestimmung vom Gebietsbezug zu lösen, können vor dem Hintergrund der hier vertretenen Ansicht zur verfassungsrechtlichen Grundlage des Gebietsbezugs nicht überzeugen. Wirtschaftliche Erwägungen können die Überörtlichkeit nur in sehr eingeschränktem Maße begründen. Die bloße Gewinnerzielungsabsicht verletzt grundsätzlich das verfassungsrechtliche Gebot der Unmittelbarkeit der Gemeinwohlförderung durch die kommunalwirtschaftliche Betätigung sowie den Vorrang der Abgabenfinanzierung. Zulässig ist die Erzielung von Einnahmen nur als sekundärer Zweck, nämlich zur Steigerung der Rentabilität eines Unternehmens, welches einen öffentlichen Zweck erfüllt. Auch hier darf das Element der Gewinnerzielung und der Wirtschaftlichkeit nicht überbetont werden. Ungenutzte Kapazitäten dürfen zur Rentabilitätssteigerung nur dann eingesetzt werden, wenn sie das kommunale Unternehmen aufgrund ihres Umfangs nicht beherrschen und die Überkapazitäten nicht planmäßig herbeigeführt wurden. Überkapazitäten sollen außerdem vorrangig abgebaut werden, es sei denn, es handelt sich um voraussichtlich nur vorübergehend brachliegende Kapazitäten oder der Abbau würde die Erfüllung des öffentlichen Zwecks des kommunalen Unternehmens insgesamt gefährden.

Die Expansionsklauseln sind auch keine Erweiterungen des gemeindlichen Handlungsspielraums jenseits des Gewährleistungsbereichs des Art. 28 Abs. 2 Satz 1 GG. Dazu müssten sie den Gemeinden neue Aufgaben übertragen. Zwar wäre dies grundsätzlich möglich, es wird durch die Expansionsklausel aber keine bestimmte Aufgabe übertragen, sondern bestenfalls die räumliche Reichweite eines Mittels zur Aufgabenerfüllung erweitert. Es werden also keine neue Zuständigkeiten geschaffen, sondern nur ein Mittel zur Wahrnehmung der bereits bestehenden Zuständigkeiten modifiziert.

Die überörtliche kommunale Wirtschaftstätigkeit greift in die eigenverantwortliche Aufgabenwahrnehmung der Gemeinden ein, in deren Gebiet sie stattfindet. Dadurch entfällt die demokratische Teilhabe der Gemeindeeinwohner an der Wahrnehmung der sie selbst betreffenden Aufgaben. Es liegt damit in der überörtlichen kommunalen Wirtschaftstätigkeit ein Eingriff in das Selbstverwaltungsrecht der betroffenen Gemeinden.

Art. 28 Abs. 2 Satz 1 GG wirkt auch interkommunal und kann einen Abwehranspruch gegen die expandierende Gemeinde begründen. Die Gemeinden sind gegenüber Eingriffen in ihr Selbstverwaltungsrecht durch einen gleichrangigen Verwaltungsträger ebenso schutzwürdig wie gegenüber horizontalen Eingriffen durch den Gesetzgeber oder übergeordnete Verwaltungsträger. Die wirtschaftliche Betätigung stellt auch hoheitliches Handeln der Kommunen dar und nicht Wahrnehmung einer grundrechtsähnlichen Freiheit.

Die Auflösung der Kollision der widerstreitenden Selbstverwaltungsinteressen findet durch eine Abwägung nach den Grundsätzen des für das Planungsrecht entwickelten interkommunalen Abwägungsgebots statt. Soweit man die Kriterien des BVerfGs für eine Hochzonung anlegen will, werden die Unterschiede zwischen dem Aufgabenentzug durch den Gesetzgeber und der Aufgabenbeeinträchtigung durch eine gleichrangige Kommune nicht ausreichend berücksichtigt. Im Bereich Wasserversorgung wird eine solche Abwägung dann zugunsten der betroffenen Gemeinde ausfallen, wenn die konkurrierende Betätigung bzw. die Betätigung anstelle der Gemeinde zu einem erheblichen Ausfall der demokratischen Teilhabe der Gemeindeeinwohner an der Ausgestaltung des Bereichs Wasserversorgung führt. Das kann bei einem Verdrängungswettbewerb im Rahmen konkurrierender Betätigung oder bei einem kommunalpolitisch gewünschten Freihalten der Wasserversorgung für die Privatwirtschaft der Fall sein.

Die räumliche Reichweite des kommunalen Handlungsspielraums wird durch die Expansionsklauseln also nicht erweitert, wenn man die bisher vorherrschende territoriale Bindung an das Gemeindegebiet durch eine einwohnerbezogene Festlegung des Handlungsspielraums ersetzt. Die Expansionsklauseln ermöglichen aber die Auflösung von Kollisionen mit dem Selbstverwaltungsrecht betroffener Gemeinden, die ohne eine gesetzliche Ausgestaltung nicht möglich ist. In Ländern ohne Expansionsklausel wären wirtschaftliche Aktivitäten der Kommunen, die zu einer Kollision führen, nicht grundsätzlich nicht zulässig, so dass insoweit doch von einer Erweiterung des Handlungsspielraums gesprochen werden könnte. Die Expansionsklauseln stellen sich also nicht als Aufgabenerweiterungen der Gemeindewirtschaft dar, sondern als Kollisionsnormen für die Auflösung von Konflikten einer grundsätzlich ohnehin nicht territorial gebundenen Kommunalwirtschaft.

§ 10 Das Ortsnäheprinzip des Wasserhaushaltsrechts als Grenze der überörtlichen kommunalen Wirtschaftstätigkeit

Neben dem Gebietsbezug des Gemeindewirtschaftsrechts besteht also für die kommunale Wasserversorgung ein spezifisch wasserhaushaltsrechtlicher Gebietsbezug. Diese für die öffentliche Wasserversorgung spezifische Grenze kommunalwirtschaftlicher Aktivitäten ist das Ortsnäheprinzip, dass auch der Grundsatz der ortsnahen Wasserversorgung genannt wird. Nach diesem Grundsatz soll bei der öffentlichen Wasserversorgung vorrangig auf ortsnahe Wasservorkommen zugegriffen werden[938]. Die räumliche Distanz zwischen Wassererzeuger und Wasserverbraucher soll aus vorwiegend umweltpolitischen Gründen möglichst gering gehalten werden[939]. Es ist also zu untersuchen, ob eine Gemeinde diesen räumlichen Zusammenhang verlässt, wenn sie die Wasservorkommen in ihrem Gemeindegebiet auch zur Versorgung anderer Gemeinden oder einzelner Verbraucher in anderen Gemeindegebieten nutzen möchte.

A. Das Ortsnäheprinzip im Wasserrecht des Bundes und der Länder

Mit dem Siebten Gesetz zur Änderung des Wasserhaushaltsgesetzes vom 18.6.2002[940] ist der Grundsatz der ortsnahen Wasserversorgung ein bundesweit verbindliches Ziel für die Bewirtschaftung der Gewässer geworden. Dieses Ge-

[938] Begründung zum Änderungsantrag der Fraktionen SPD und BÜNDNIS 90/DIE GRÜNEN zum 7. WHG-Änderungsgesetz, BT-Drucks. 14/8668, S. 7.
[939] *Hendler/Grewing*, ZUR Sonderheft 2001, 146, 148; *Fischer/Zwetkow*, NVwZ 2003, 281, 288.
[940] BGBl I 2002, Nr. 37, S. 1914, ber. 2711.

setz sollte die gemeinschaftsrechtliche Wasserrahmenrichtlinie[941] „1:1"[942] umsetzen. Die Richtlinie enthält jedoch keine Vorgaben hinsichtlich der Einführung des Ortsnäheprinzips[943]. Allerdings wurden in Art. 26 lit. a der Sektorenrichtlinie[944] Aufträge zu Wasserbeschaffung gerade aufgrund der Erwägung ausgenommen, dass für Auftraggeber, die ein Versorgungsnetz betreiben oder Wasser in ein solches Netz einspeisen, die Notwendigkeit besteht, sich aus in der Nähe des Verwendungsortes gelegenen Quellen zu versorgen[945]. Das Ortsnäheprinzip war auch im Regierungsentwurf des Siebten Änderungsgesetzes[946] nicht enthalten und wurde erst nach der Beschlussempfehlung des Ausschusses für Umwelt, Naturschutz und Reaktorsicherheit[947] durch einen Änderungsantrag der Regierungsfraktionen in die Novelle aufgenommen[948]. § 1a Abs. 3 WHG schreibt vor, dass durch Landesrecht zu bestimmen ist, dass der Wasserbedarf der öffentlichen Wasserversorgung vorrangig aus ortsnahen Wasservorkommen zu decken ist, soweit überwiegende Gründe des Wohls der Allgemeinheit nicht entgegenstehen. Nach § 42 Abs. 1 WHG hatten die Länder diesem Regelungsauftrag bis zum 22.12.2003 nachzukommen.

Das Ortsnäheprinzip war bereits vor Einführung des § 1a Abs. 3 WHG in den Landeswassergesetzen mehrerer Bundesländer enthalten. So soll nach § 56 HessWG und § 45 Abs. 1 WG M-V die öffentliche Wasserversorgung vorrangig aus den örtlichen, in Hessen zusätzlich aus den regionalen Wasservorkommen gesichert werden[949]. § 37a Abs. 4 Satz 1 BerlWG bestimmt, dass das für die öffentliche Wasserversorgung Berlins erforderliche Wasser im Gebiet des Landes Berlin zu gewinnen ist. In § 59 Abs. 1 SächsWG wird der örtlichen Wassergewinnung zum Zwecke der öffentlichen Wasserversorgung Vorrang eingeräumt gegenüber dem Bezug von Wasser aus anderen Gewinnungsgebieten. Ein solcher Vorrang ergibt sich in § 63 ThürWG konkludent aus der nur ausnahmsweise unter bestimmten Bedingungen Zulässigkeit des Bezugs von Wassers aus anderen Gewinnungsgebieten. Die wesentlichen Unterschiede dieser Vorschriften

---

[941] Richtlinie 2000/60/EG des Europäischen Parlaments und des Rates vom 23.10.2000 zur Schaffung eines Ordnungsrahmens für Maßnahmen der Gemeinschaft im Bereich der Wasserpolitik, ABl. EG Nr. L 327, S. 1.

[942] Bericht des Ausschusses für Umwelt, Naturschutz und Reaktorsicherheit, BT-Drucks. 14/8668, S. 1; Beschlussempfehlung des Ausschusses für Umwelt, Naturschutz und Reaktorsicherheit, BT-Drucks. 14/8621, S. 1.

[943] *Schulz*, KA Wasser Abwasser Abfall 2002, 1258; *Berendes*, ZfW 2002, 197, 217; *Reinhardt/Czychowski*, WHG, § 1a Rdnr. 25a.

[944] RL 2004/17/EG des Europäischen Parlaments und des Rates vom 31.3.2004 zur Koordinierung der Zuschlagserteilung durch Auftraggeber im Bereich der Wasser-, Energie- und Verkehrsversorgung sowie der Postdienste, ABl. EU Nr. L 134/1.

[945] 26. Begründungserwägung der Sektorenrichtlinie, vgl. auch *Koenig/Haratsch*, DVBl 2004, 1387, 1389; *Geiger/Freund*, EuZW 2003, 490, 491 für den Entwurf der SKR.

[946] BT-Drucks. 14/7755, S. 1 ff.

[947] BT-Drucks. 14/8621, S. 4.

[948] BT-Drucks. 14/8668, S. 7.

[949] So auch § 43 WG BW a.F.

fanden sich in den Regelungen über die Möglichkeiten der Fernwasserversorgung. Während eine solche Regelung in Hessen mittlerweile entfallen ist[950], machte § 43 Abs. 1 Satz 2 WG BW a.F. eine Fernwasserversorgung davon abhängig, dass Gründe des Wohls der Allgemeinheit diese erforderten[951]. §§ 45 Abs. 2 WG M-V, 59 Abs. 1 SächsWG und 63 ThürWG hingegen enthalten dagegen Kataloge von Ausnahmetatbeständen. Ihnen können im Wesentlichen zwei Gründe für eine Fernwasserversorgung entnommen werden. Sie ist danach zum einen zulässig, wenn örtliche Wasservorkommen nicht ausreichend vorhanden sind oder aufgrund natürlicher Gegebenheiten für eine Nutzung nicht in Betracht kommen; zum anderen ist eine Fernwasserversorgung zulässig, wenn sie Teil einer regionalen Verbundversorgung ist, die der sicheren regionalen Wasserversorgung der der regionalen ökologischen Ausgeglichenheit dient[952]. Zwischen den einzelnen Landeswassergesetzen bestehen aber inhaltliche Abweichungen. So nennen § 59 Abs. 1 Nr. 1 SächsWG und § 63 Nr. 1 ThürWG neben den natürlichen Gegebenheiten und der erheblichen Beeinträchtigung des Natur- oder Wasserhaushalts auch unzumutbare bzw. unverhältnismäßig hohe Kosten der Nutzung örtlicher Wasservorkommen als Ausnahmetatbestand für eine zulässige Fernwasserversorgung. Darüber hinaus kann nach § 59 Abs. 1 Nr. 1 SächsWG eine Nutzung örtlicher Vorkommen auch durch die gegenwärtige Flächennutzung oder verbindliche Bauleitpläne ausgeschlossen werden.

Mittlerweile wurde der in § 1a Abs. 3 WHG enthaltene Grundsatz der ortsnahen Wasserversorgung fast wortgleich in mehrere Landeswassergesetze übernommen oder es wurden bestehende Vorschriften novelliert. So bestimmen § 43 Abs. 1 Satz 1 BW WG n.F., Art. 36a BayWG, § 45 Abs. 2 Satz 1 WG RP, § 2 Abs. 2 Satz 2 SaarlWG und § 29 Abs. 2 WG S-H, dass der Wasserbedarf der öffentlichen Wasserversorgung vorrangig aus ortsnahen Wasservorkommen zu decken ist, soweit überwiegende Gründe des Wohls der Allgemeinheit nicht entgegenstehen. § 45 Abs. 2 Satz 2 WG RP und § 43 Abs. 1 Satz 3 WG BW spezifizieren die Zulässigkeitstatbestände für eine Versorgung aus ortsfernen Gewinnungsgebieten genauer und greifen dabei auf den Wortlaut der Begründung des Änderungsantrags zum Siebenten Änderungsgesetzes zurück[953]. So stehen Allgemeinwohlgründe nach § 45 Abs. 2 Satz 2 WG RP insbesondere entgegen, wenn aufgrund von Menge und Beschaffenheit der ortsnahen Wasservorkommen eine dauerhaft gesicherte Trinkwasserversorgung nicht gewährleistet werden kann (Nr. 1), der finanzielle Aufwand für eine ortsnahe Wasserversor-

---

[950] § 56 Abs. 2 HessWG a.F. enthielt die Ausnahmetatbestände unter denen eine Fernwasserversorgung möglich war. Diese Regelung ist ersatzlos entfallen.

[951] Dazu ausführlich *Kibele*, VBlBW 1997, 121, 124 f.

[952] Auf Abweichungen im Wortlaut der Vorschriften soll hier nicht eingegangen werden. So muss die Verbundlösung nach § 59 Abs. 1 Nr. 2 SächsWG der regionalen ökologischen Ausgeglichenheit „dienen“ und nach §§ 45 Abs. 2 Nr. 2 WG M-V, 63 Nr.2 ThürWG „im Interesse“ der Ausgeglichenheit „sinnvoll sein“.

[953] Vgl. BT-Drucks. 14/8668, S. 7.

gung wirtschaftlich nicht zumutbar ist (Nr. 2) oder die Erreichung der Bewirtschaftungsziele des § 33a Abs. 1 WHG gefährdet werden (Nr. 3). In derselben Weise lässt § 43 Abs. 1 Satz 3 1. Hs. WG BW eine Bedarfsdeckung aus ortsfernen Gewinnungsgebieten zu, wenn der Bedarf aus ortsnahen Vorkommen infolge der Anforderungen an Menge oder Güte nicht oder nur mit unverhältnismäßigem Aufwand sichergestellt werden kann. Die Nutzung ortsnaher Vorkommen kann aber nach § 43 Abs. 1 Satz 2 WG BW auch im Rahmen kleinräumiger Verbundlösungen (Kooperationen oder Gruppenwasserversorgung) erfolgen und ist ebenfalls gegenüber der Fernwasserversorgung vorrangig.

Eine Zusammenschau der Vorschriften, die schon vor Einführung des § 1a Abs. 3 WHG bestanden und denjenigen, die aufgrund des Regelungsauftrags dieser Vorschrift eingeführt oder geändert wurden, ergibt drei wesentliche Allgemeinwohlgründe, die eine Fernwasserversorgung rechtfertigen können. Sie kann ausnahmsweise zulässig sein, wenn die ortsnahen Wasservorkommen den Bedarf der öffentlichen Wasserversorgung nicht decken können, weil sie unter qualitativen oder quantitativen Defiziten leiden oder weil eine Bedarfsdeckung aus ortsnahen Vorkommen finanziell unzumutbar ist[954]. Diese Ausnahmetatbestände bestehen auch in den Landesvorschriften, die keinen ausdrücklichen Katalog von Allgemeinwohlgründen enthalten. Da sie sich aus der Begründung des Änderungsantrags ergeben, mit dem § 1a Abs. 3 WHG in das 7. WHG-Änderungsgesetz eingeführt wurde, entsprechen sie den Intentionen der Landesgesetzgeber, wenn dieser die Vorgaben des § 1a Abs. 3 WHG wortgleich in das Landeswassergesetz übernommen hat.

Das Ortsnäheprinzip richtet sich zunächst an die wasserbewirtschaftenden Stellen[955]. Sie haben sicherzustellen, dass den landesgesetzlichen Vorschriften bei der Entnahme von Wasser Folge geleistet wird. § 45 Abs. 2 Satz 1 WG RP und § 29 Abs. 2 WG S-H stellen ausdrücklich darauf ab, dass dieser Vorrang bei der Erteilung von Bewilligungen und Erlaubnissen gilt. Umstritten ist in diesem Zusammenhang noch, ob das Ortsnäheprinzip das Bewirtschaftungsermessen der Wasserbehörden einschränkt oder ob es sich auf der Tatbestandsseite als Konkretisierung des Allgemeinwohls nach § 6 Abs. 1 WHG niederschlägt[956]. Die Einordnung hat Auswirkungen auf die gerichtliche Kontrolldichte[957]. Sie ist aber

---

[954] *Bulling/Finkenbeiner/Eckardt/Kibele*, Wassergesetz BW, § 43 Rdnr. 18; *Breuer*, Öffentliches und privates Wasserrecht, Rdnr. 168; *Schulz*, KA Wasser, Abwasser, Abfall 2002, 1258, 1259.

[955] *Kotulla*, NVwZ 2002, 1409, 1410; *Hendler/Grewing*, ZuR Sonderheft 2001, 146, 149. Vgl. auch BT-Drucks. 14/8668, S. 7.

[956] Für eine Ermessensregelung *Sparwasser/Engel/Voßkuhle*, Umweltrecht, § 8 Rdnr. 89; *Kotulla*, NVwZ 2002, 1409, 1410; für eine Konkretisierung des Allgemeinwohls *Reinhardt/Czychowski*, WHG, § 1a Rdnr. 25c; *Reinhardt*, NuR 2004, 82, 87. Für Art. 36a Satz 2 BayWG hat der Landesgesetzgeber in seiner Begründung ausdrücklich die Einschränkung des Ermessens der Wasserbehörden festgestellt, LT-Drucks. Bayern 14/12034, S. 15.

[957] *Reinhardt*, NuR 2004, 82, 87.

für die hier in Rede stehende Problematik zunächst von geringem Interesse, zumal bereits bestehende Erlaubnisse und Bewilligungen von den landesrechtlichen Vorschriften unberührt bleiben[958]. Im Zusammenhang mit der überörtlichen kommunalen Wirtschaftstätigkeit ist vielmehr der Einfluss des Ortsnäheprinzips auf die Entscheidungsfreiheit einer Gemeinde bei der Ausgestaltung ihrer Wasserversorgung relevant[959]. Der Vorrang ortsnaher Versorgung soll das Eigeninteresse der Gemeinden stärker am Grundwasserschutz verstärken[960]. Die nachteiligen Folgen von Entscheidungen, die zu Grundwasserbelastungen führen, sollen auch von der Gemeinde und deren Einwohner getragen werden[961]. In Baden-Württemberg war die Einführung des Ortsnäheprinzips die Folge der Feststellung, dass insbesondere in Ballungsgebieten die Interessen der Grundwasserpflege zugunsten von Industrie und Gewerbe zurückgestellt wurden und auf eine Fernwasserversorgung aus ländlichen Gebieten zurückgegriffen wurde. Durch die dafür erforderliche Ausweisung von Wasserschutzgebieten wurden diese Gebiete in ihrer Attraktivität für gewerbliche Ansiedlungen beeinträchtigt[962]. Eine ähnliche Entwicklung wurde auch bei Einführung des § 1a Abs. 3 WHG konstatiert[963]. Ein solches räumliches Ausweichen in kostengünstigere Gewinnungsgebiete führt jedoch zu einer entsprechend stärkeren Nutzung dieser Gebiete[964]. Bei der Übernutzung von Grundwasservorkommen kann es zu Verunreinigungen kommen, die die Trinkwasserqualität beeinträchtigen, wenn Grundwasser aus jüngeren Schichten nachströmt[965]. Durch das Ortsnäheprinzip sollen die Gemeinden zu einem bewussteren Umgang mit der Ressource Wasser angehalten werden[966]. Die Nähe von Verbraucher und Erzeuger führt zu einer „Selbstdisziplinierung aus Selbstinteresse“[967]. Die Gefahr der Übernutzung wird verringert, wenn sich die Gemeinden und ihre Einwohner den langfristigen Folgen einer Übernutzung nicht mehr durch die räumliche Verlagerung der Gewinnungsgebiete entziehen können. Die Gemeinden sind also in ihrer Funktion als Träger der öffentlichen Wasserversorgung neben den Wasserbehörden ebenfalls

---

958 Vgl. § 43 Abs. 1 Satz 3 2. Hs. WG BW; vgl. für Art. 36a Satz 2 BayWG, *Gößl* in Sieder/Zeitler/Dahme, Bayerisches Wassergesetz, Art. 36a Rdnr. 18.

959 *Hendler/Grewing*, ZUR Sonderheft 2001, 146, 149; *Reinhardt/Czychowski*, WHG, § 1a Rdnr. 25b; *Kibele*, VBlBW 1997, 121, 124 für § 43 WG BW a.F.

960 LT-Drucks. Bayern 14/12034, S. 16; *Kotulla*, WHG, § 1a Rdnr. 33; *Schulz*, KA Wasser, Abwasser, Abfall 2002, 1258, 1259.

961 *Gößl* in Sieder/Zeitler/Dahme, Bayerisches Wassergesetz, Art. 36a Rdnr. 17; *Hendler/Grewing*, ZUR Sonderheft 2001, 146, 149.

962 *Bulling/Finkenbeiner/Eckardt/Kibele*, Wassergesetz BW, § 43 Rdnr. 8; *Kibele*, VBlBW 1997, 121, 123.

963 Bericht des Ausschusses für Umwelt, Naturschutz und Reaktorsicherheit, BT-Drucks. 14/8668, S. 4.

964 *Schmalz*, ZUR Sonderheft 2001, 152, 154; *Bulling/Finkenbeiner/Eckardt/Kibele*, Wassergesetz BW, § 43 Rdnr. 7.

965 *Hendler/Grewing*, ZUR Sonderheft 2001, 146, 148.

966 *Fischer/Zwetkow*, NVwZ 2003, 281, 288; *Kloepfer*, Umweltrecht, § 13 Rdnr. 47.

967 *Hendler/Grewing*, ZUR Sonderheft 2001, 146, 148.

Adressaten des Ortsnäheprinzips[968]. Diese Einbindung ist auch erforderlich, um dem Ortsnäheprinzip effektive Geltung zu verschaffen. Ansonsten könnten die Gemeinden auf eine Wasserversorgung aus einem andere Bundesland oder dem Ausland ausweichen, da diese nicht durch die Landeswasserbehörden geprüft und gegebenenfalls unterbunden werden kann[969].

Der Grundsatz der ortsnahen Versorgung richtet sich an die Gemeinde, die ihre Wasserversorgung gestalten will, aber nicht an denjenigen, der die Wasserversorgung im zu gestaltenden Gebiet übernehmen will. Während dem Erfordernis der Wahrung der berechtigten Interessen der betroffenen Gemeinde durch deren Zustimmung Genüge getan werden kann, ist es der betroffenen Gemeinde aber verwehrt, eine Entscheidung über die Gestaltung ihrer Wasserversorgung zu treffen, die dem Vorrang der ortsnahen Versorgung widerspricht. Es handelt sich nicht um einen Abwägungsvorgang zwischen widerstreitenden Interessen, sondern um eine absolute Grenze für die überörtliche kommunale Wirtschaftstätigkeit. Im Folgenden ist nun zu untersuchen, wann eine überörtliche kommunale Wirtschaftstätigkeit durch das Ortsnäheprinzip ausgeschlossen wird, d.h. wann eine Gemeinde sich bei der organisatorischen Ausgestaltung ihrer Wasserversorgung aufgrund des Ortsnäheprinzips gegen die Versorgung durch das kommunale Wasserversorgungsunternehmen einer anderen Gemeinde zu entscheiden hat.

B. Auswirkungen des Ortsnäheprinzips auf eine überörtliche Wasserversorgung

Die Einbeziehung einer auswärtigen Kommune in die Wasserversorgung kann grundsätzlich auf zwei verschiedene Arten erfolgen[970]. Entweder übernimmt sie die ihr übertragenen Aufgaben für das gesamte Versorgungsgebiet oder sie bekommt die notwendigen Rechte eingeräumt, um die Versorgung einzelner Großabnehmer oder von Teilen des Versorgungsgebiets übernehmen zu können. Im ersten Fall ist zwischen Dienstleistungen für die betroffene Gemeinde etwa im Rahmen eines Betreiber- oder Betriebsführungsmodells und zwischen der Übernahme der Verantwortung für die Wasserversorgung im Rahmen eines Konzessionsvertrags zu unterscheiden[971]. Im zweiten Fall geht es vor allem um die Möglichkeit von Stichleitungen; es sollen aber auch die Durchleitungsrechte berücksichtigt werden[972]. Fraglich ist, ob bestimmte grundsätzlich zulässige Mög-

---

[968] Vgl. für § 43 WG BW, *Bulling/Finkenbeiner/Eckardt/Kibele*, Wassergesetz BW, § 43 Rdnr. 10; für Art. 36a BayWG vgl. *Gößl* in Sieder/Zeitler/Dahme, Bayerisches Wassergesetz, Art. 36a Rdnr. 19.

[969] *Gößl* in Sieder/Zeitler/Dahme, Bayerisches Wassergesetz, Art. 36a Rdnr. 19.

[970] Vgl. § 6 D.

[971] Vgl. dazu § 7 C I.

[972] Zur Problematik der Begründung von auf § 19 Abs. 4 Nr. 4 GWB beruhenden Durchleitungsansprüchen, vgl. § 6 C II.

lichkeiten der überörtlichen kommunalen Wasserversorgung bereits aufgrund des Ortsnäheprinzips von der betroffenen Gemeinde abgewehrt werden müssen. Es sollen dabei drei Fälle betrachtet werden. Zum ersten kann die Wasserversorgung durch die expandierende Gemeinde durch Nutzung eines Wasservorkommens im Gebiet der betroffenen Gemeinde erfolgen. Zum zweiten sind für den Fall der Versorgung aus einem außerhalb des Gemeindegebiets liegenden Wasservorkommens die Kriterien der Ortsnähe zu entwickeln und zum dritten sind die Ausnahmetatbestände einer zulässigen Fernwasserversorgung zu betrachten.

I. Versorgung aus einem Wasservorkommen im Gebiet der betroffenen Gemeinde

Der wasserrechtliche Begriff der Ortsnähe ist nach allgemeiner Ansicht nicht mit dem im Kommunalrecht verwendeten Begriff des Örtlichen gleichzusetzen[973]. Die Ortsnähe ist weiter gefasst als die Grenzen des Gemeindegebiets; ein ortsnahes Wasservorkommen kann auch außerhalb des Gemeindegebiets belegen sein[974]. Den engeren Begriff des Örtlichen wählen nur die Wassergesetze von Mecklenburg-Vorpommern und Hessen. Hier ist der Vorrang der ortsnahen Versorgung auf eine vorrangige Nutzung der gemeindeeigenen Wasservorkommen konkretisiert, wobei Hessen diese Konkretisierung dadurch auflockert, dass auch eine Versorgung aus regionalen Vorkommen als grundsätzlich zulässig angesehen wird. Selbst nach der strengsten landesrechtlichen Regelung bestehen also keine Schranken aus dem Ortsnäheprinzip für eine Versorgung aus den örtlichen Wasservorkommen.

Wasserrechtlich ist deshalb in jedem Fall eine überörtliche Wasserversorgung zulässig, bei der die expandierende Gemeinde das Wasser für ihre Versorgungsleistungen aus Wasservorkommen im Gebiet der betroffenen Gemeinde entnimmt. Das liegt in allen Fällen vor, in denen die auswärtige Kommune das Wasserwerk der betroffenen Gemeinde übernimmt. Darunter fallen insbesondere die Betreiber- und Betriebsführungsmodelle der funktionalen Privatisierung, bei denen das beauftragte Versorgungsunternehmen Dienstleistungen für die betroffene Gemeinde erbringt und dabei die bestehende Infrastruktur und die Anlagen der betroffenen Gemeinde in Anspruch nimmt. In gleicher Weise kann der auswärtigen Kommune durch einen Konzessionsvertrag die Nutzung an den Wassergewinnungsanlagen der betroffenen Gemeinde eingeräumt werden. Das Ortsnäheprinzip steht einer Fremdversorgung ebenfalls nicht entgegen, wenn eine

---

[973] BT-Drucks. 14/8668, S. 7; zu § 43 WG BW LT-Drucks. Baden-Württemberg 12/4199, S. 47; *Knopp* in Sieder/Zeitler/Dahme, WHG, § 1a Rdnr. 22a; Reinhardt/Czychowski, WHG, § 1a Rdnr. 25c; *Bulling/Finkenbeiner/Eckardt/Kibele*, Wassergesetz BW, § 43 Rdnr. 15; *Kotulla*, WHG, § 1a Rdnr. 34; *Reinhardt*, NuR 2004, 82, 88; *Kotulla*, NVwZ 2002, 1409, 1410; *Schulz*, KA Wasserwirtschaft, Abwasser, Abfall 2002, S. 1258, 1259.

[974] *Hendler/Grewing*, ZUR Sonderheft 2001, 146, 149; *Fischer/Zwetkow*, NVwZ 2003, 281, 288; *Kotulla*, WHG, § 1a Rdnr. 34.

Kommune ihr Wasserwerk im Gebiet einer anderen Gemeinde betreibt und aufgrund brachliegender Kapazitäten die Versorgung des Gebiets übernimmt, in dem das Wasserwerk belegen ist. In diesem Fall wird die Versorgung über Stichleitungen oder Durchleitung durch das bestehende Leitungsnetz der betroffenen Gemeinde erfolgen. Eine Änderung in der Person des Nutzers eines örtlichen Wasservorkommens berührt das umweltrechtliche Bewirtschaftungsregime des Wasserhaushaltsrechts nicht[975]. Die lenkende Wirkung des Ortsnäheprinzips ist bei Wasserentnahmen innerhalb des Gemeindegebiets nicht berührt[976]. Es bleibt bei den allgemeinen Bewirtschaftungserwägungen.

II. Kriterien der Ortsnähe bei der Versorgung aus einem Wasservorkommen außerhalb des Gebiets der betroffenen Gemeinde

Die Prüfung der Ortsnähe wird erst relevant, sobald die Entnahme des Wassers für die öffentliche Wasserversorgung aus einem nicht innerhalb der Gemeindegrenzen belegenen Gewinnungsgebiet erfolgen soll. Zwar wird Ortsnähe in einem weiteren Sinne verstanden als „örtlich"; der Wortlaut des § 1a Abs. 3 WHG oder seine Begründung liefern aber keine Hinweise darauf wie Ortsnähe nun zu verstehen ist. Es bleibt bei der Aussage des Gesetzgebers, dass unter dem Ortsnäheprinzip der Zusammenschluss benachbarter Gemeinden beispielsweise zu einem Zweckverband weiterhin sinnvoll bleiben kann[977]. Ein solcher Zusammenschluss stellt aber, wie ausgeführt wurde, gerade keine überörtliche kommunale Wirtschaftstätigkeit dar und bleibt deshalb hier außer Betracht[978]. Die Ortsnähe ist damit zunächst ein räumliches Kriterium[979]. Der Hinweis auf benachbarte Gemeinde könnte so interpretiert werden, dass eine Versorgung ortsnah ist, soweit das Wasser aus dem Gebiet einer unmittelbar angrenzenden Gemeinde stammt[980]. Eine andere, vergleichbare Vorgehensweise könnte es als Anhaltspunkt für Ortsnähe werten, wenn es der betroffenen Gemeinde auch möglich wäre, sich mit der Gemeinde, in deren Gebiet das Wasser entnommen werden soll, zu einem Zweckverband zusammenzuschließen. Abgesehen einmal von den Unwägbarkeiten des zuletzt genannten Ansatzes ist diesen beiden Möglichkeiten gemein, dass sie einer wasserhaushaltsrechtlichen Fragstellung eine kommunalrechtlichte Betrachtungsweise überstülpen wollen. Die Ortsnähe will sich aber gerade nicht an kommunalrechtlichen Kriterien orientieren wie schon die Unterscheidung vom kommunalrechtlichen Örtlichkeitsbegriff deutlich

---

[975] *Masing*, VerwA 95 (2004), 151, 157.
[976] Für Art. 36a Satz 2 BayWG, *Gößl* in Sieder/Zeitler/Dahme, Bayerisches Wassergesetz, Art. 36a Rdnr. 18.
[977] BT-Drucks. 14/8668, S. 7.
[978] Vgl. zu interkommunalen Zusammenarbeit § 6 D.
[979] *Kibele*, VBlBW 1997, 121, 124; *Bulling/Finkenbeiner/Eckardt/Kibele*, Wassergesetz BW, § 43 Rdnr. 15.
[980] *Kotulla*, WHG, § 1a Rdnr. 34.

macht[981]. Eine solche Betrachtung entlang von Gemeindegrenzen widerspräche auch dem grundsätzlich von Verwaltungsgrenzen losgelösten Ansatz der Wasserrahmenrichtlinie zur Wasserbewirtschaftung[982]. Der Vorrang der ortsnahen Versorgung soll wesentlich zum vorsorgenden und flächendeckenden Grundwasserschutz beitragen[983]. Er unterstützt damit das Ziel flächendeckenden Grundwasserschutzes aus Art. 4 Abs. 1 lit. b der Wasserrahmenrichtlinie, das durch das 7. WHG-Änderungsgesetz in § 33a Abs. 1 WHG aufgenommen wurde[984]. Eine Fernwasserversorgung erschwert das Erreichen dieses Zieles. Zum einen ist Wasser nicht ohne größere Transportverluste über beliebig lange Strecken transportierbar[985]. Zum anderen kann der Transport über längere Strecken eine verstärkte Desinfektion des Wassers etwa durch Zugabe von Chlor erfordern[986]. Neben dem räumlichen Kriterium der Ortsnähe muss der Begriff deshalb auch ein wasserwirtschaftliches Kriterium enthalten[987]. Die Ortsnähe wird also auch durch die Gegebenheiten der Grundwasservorkommen bestimmt[988]. So ist es ein Indiz für die Ortsnähe, wenn die Entnahme aus demselben Vorkommen wie in der betroffenen Gemeinde selbst erfolgen soll; wird ein anderer Grundwasserleiter benutzt, spricht dies entsprechend für die „Ortsferne", so dass nur ein Ausnahmetatbestand die Entnahme rechtfertigen könnte[989].

III. Die Ausnahmetatbestände zulässiger Fernwasserversorgung

Die Rechtfertigung durch einen Ausnahmetatbestand kann etwa beim Übergang von Nutzungsrechten auf ein anderes Versorgungsunternehmen erforderlich werden. Die Bezugsrechte für Fernwasser sind zwar in ihrem bisherigen Bestand geschützt[990]. § 1a Abs. 3 WHG soll vor allem in die Zukunft wirken[991]. Es besteht aber kein Bestandsschutz aller bereits bezogenen, aber bislang ungenutzten

---

[981] Vgl. auch *Reinhardt*, NuR 2004, 82, 88.

[982] Vgl. zum integrativen Ansatz der Wasserrahmenrichtlinie, *Sparwasser/Engel/Voßkuhle*, Umweltrecht, § 8 Rdnr. 54 f.; *Breuer*, Öffentliches und privates Wasserrecht, Rdnr. 82 ff.

[983] BT-Drucks. 14/8668, S. 7.

[984] Vgl. dazu *Reinhardt/Czychowski*, WHG, § 33a Rdnr. 1; *Reinhardt*, NuR 2004, 82, 87.

[985] *Hendler/Grewing*, ZUR Sonderheft 2001, 146, 148; *Fischer/Zwetkow*, NVwZ 2003, 281, 288; vgl. auch zu den Erfahrungen in England, Umweltgutachten 2002 des Rates von Sachverständigen für Umweltfragen, BT-Drucks. 14/8792, S. 302.

[986] Umweltgutachten 2002 des Rates von Sachverständigen für Umweltfragen, BT-Drucks. 14/8792, S. 301 f.; *Hendler/Grewing*, ZUR Sonderheft 2001, 146, 148, *Schmalz*, ZUR Sonderheft 2001, 152, 154; *Reinhardt/Czychowski*, WHG, § 1a Rdnr. 25a.

[987] *Reinhardt*, NuR 2004, 82, 88; *Gößl* in Sieder/Zeitler/Dahme, Bayerisches Wassergesetz, Art. 36a Rdnr. 17.

[988] Vgl. für § 43 WG BW LT-Drucks. Baden-Württemberg 12/4199, S. 47.

[989] Vgl. *Gößl* in Sieder/Zeitler/Dahme, Bayerisches Wassergesetz, Art. 36a Rdnr. 17.

[990] *Bulling/Finkenbeiner/Eckardt/Kibele*, Wassergesetz BW, § 43 Rdnr. 25.

[991] Bericht des Ausschusses für Umwelt, Naturschutz und Reaktorsicherheit, BT-Drucks. 14/8668, S. 4.

Bezugsrechte für Fernwasser[992]. Denn hier kann der Anteil an der Fernwasserversorgung zukünftig geändert werden ohne dass es einer Änderung der wasserrechtlichen Erlaubnisse und Bewilligungen bedarf[993]. Da die Gemeinden als Träger der Wasserversorgung Adressaten des Ortsnäheprinzips sind, haben sie es auch bei Sachverhalten zu berücksichtigen, die der Prüfung durch die Wasserbehörden entzogen sind. Tritt also ein Versorgungsunternehmen aus wirtschaftlichen Erwägungen ein nicht benötigtes Bezugsrecht für Fernwasser an eine auswärtige Kommune ab und soll dieses Vorkommen künftig für eine Fernwasserversorgung genutzt werden, so ist eine Prüfung durchzuführen, ob ein überwiegender Grund des Wohls der Allgemeinheit diese Versorgung rechtfertigt[994].

Eine detaillierte Betrachtung der Tatbestände, die eine Fernwasserversorgung zulassen, ist an dieser Stelle entbehrlich. Die Frage der Zulässigkeit der überörtlichen kommunalen Wirtschaftstätigkeit ist bei der Versorgung aus ortsfernen Gebieten im Einzelfall zu prüfen. Bedeutsam ist, dass allein die unzumutbar hohe Kostenbelastung bei einer ortsnahen Wasserversorgung den Gemeinden einen wirtschaftlichen Grund für ein Ausweichen auf die Fernwasserversorgung eröffnet. Es können damit mehr als nur wasserwirtschaftliche Belange bei der Entscheidung über die Ausgestaltung der Wasserversorgung berücksichtigt werden[995]. Die primär ökologische Zielsetzung des § 1a Abs.3 WHG und der landesrechtlichen Vorschriften verlangt aber, dass ökonomische Interessen erst in zweiter Linie berücksichtigt werden[996]. Ebenso wie „Komfort-Defizite" im Härtegrad des Wassers kein qualitatives Defizit begründen kann, das eine ortsferne Versorgung rechtfertigt[997], kann ein „Komfort-Defizit" im wirtschaftlichen Bereich wie höhere Kosten bei der Erschließung oder Aufbereitung ortsnaher Grundwasservorkommen, einen überwiegenden Grund des allgemeinen Wohls darstellen. Die Gemeinde hat höhere Kosten und die Einwohner haben gegebenenfalls höhere Wasserpreise im Interesse des Grundwasserschutzes bis zur Grenze der Unzumutbarkeit hinzunehmen[998]. Die Gemeinde hat sich vor dem Rückgriff auf die Fernwasserversorgung darum zu bemühen, auf sonstige Weise eine qualitativ und quantitativ angemessene und dauerhaft abgesicherte Wasserversorgung herzustellen. Das schließt insbesondere ein, dass sie sich nicht durch eigene Entscheidungen zugunsten von Industrie, Landwirtschaft und Gewerbe oder durch ein „Herunterwirtschaften" ihrer Anlagen und ihrer Infrastruktur in eine Lage manövriert, die eine Fernwasserversorgung erforderlich macht. An-

---

992 *Kibele*, VBlBW 1997, 121. 125.
993 Vgl. *Gößl* in Sieder/Zeitler/Dahme, Bayerisches Wassergesetz, Art. 36a Rdnr. 19.
994 *Kibele*, VBlBW 1997, 121, 125.
995 *Reinhardt*, NuR 2004, 82, 88; *Gößl* in Sieder/Zeitler/Dahme, Bayerisches Wassergesetz, Art. 36a Rdnr. 24; anders *Kotulla*, WHG, §1a Rdnr. 35.
996 *Reinhardt/Czychowski*, WHG, § 1a Rdnr. 25c.
997 *Kibele*, VBlBW 1997, 121, 124.
998 *Kibele*, VBlBW 1997, 121, 125; *Bulling/Finkenbeiner/Eckardt/Kibele*, Wassergesetz BW, § 43 Rdnr. 22.

dernfalls würde die „edukatorische Funktion“[999] des Ortsnäheprinzips unterlaufen. Die Kommune sollen gerade an die nachteiligen Folgen ihrer Entscheidungen zum Grundwasserschutz gebunden werden. Das gilt in gleicher Weise, wenn Entscheidungen der Gemeinde zu einem temporären quantitativen Defizit in der Wasserversorgung führen, etwa wenn die Erschließung neuer Baugebiete schneller voranschreitet als die Erschließung der dafür erforderlichen ortsnahen Wasservorkommen[1000]. Bis zu einem Grad, an dem eine gesicherte Versorgung der Gemeindeeinwohner nicht mehr gewährleistet werden kann, wird man von einem überwiegenden Grund des Wohls der Allgemeinheit nicht ausgehen können.

Die überwiegenden Gründe des Wohls der Allgemeinheit sind also streng restriktiv auszulegen. Eine enge Begrenzung ergibt sich auch für den Begriff der Ortsnähe aus der Kombination des räumlichen Kriteriums mit dem wasserwirtschaftlichen Kriterium einer Versorgung aus einem mit dem Wasservorkommen der betroffenen Gemeinde zusammenhängenden Grundwasservorkommen. Damit dürfte die Anzahl potentieller Bieter in einer Ausschreibung oder der Versorgungsunternehmen, die für Durchstichs- oder Durchleitungsrechte in Betracht kommen, erheblich eingeschränkt sein[1001]. Dennoch bleibt festzuhalten, dass der Grundsatz der ortsnahen Versorgung keine Absage an eine Liberalisierung des deutschen Wassermarktes darstellt und damit auch kein grundsätzliches Argument gegen die Zulässigkeit überörtlicher kommunaler Wirtschaftstätigkeit im Bereich der Wasserversorgung ist[1002]. Das Ortsnäheprinzip kann von den Gemeinden jedoch als Schutz vor Liberalisierung empfunden werden, da es die Durchsetzung eines offenen Wassermarktes faktisch erschwert[1003]. Gleichzeitig ist damit aber ihre Entscheidungsfreiheit bei der Gestaltung der Wasserversorgung erheblich eingeschränkt. Soweit dadurch die kommunale Selbstverwaltungsgarantie berührt ist, stellt sich die Frage nach der Verfassungsmäßigkeit der gesetzlichen Regelungen des Ortsnäheprinzips.

C. Verfassungsmäßigkeit des Ortsnäheprinzips

I. § 1a Abs. 3 WHG als Rahmenregelung

§ 1a Abs. 3 WHG hat keine bindende Wirkung für die Gemeinden, sondern enthält nur einen Regelungsauftrag an den Landesgesetzgeber. Für den Wasserhaushalt hat der Bundesgesetzgeber aber nur eine Rahmengesetzgebungskompe-

---

[999] *Hendler/Grewing*, ZUR Sonderheft 2001, 146 ,148.
[1000] *Kibele*, VBlBW 1997, 121, 125.
[1001] Vgl. auch *Koch*, ZögU 26 (2003), 241, 245.
[1002] Vgl. *Hendler/Grewing*, ZUR Sonderheft 2001, 146, 150; *Reinhardt/Czychowski*, WHG, § 1a Rdnr. 25d.
[1003] *Hendler/Grewing*, ZUR Sonderheft 2001, 146, 151.

tenz nach Art. 75 Abs. 1 Satz 1 Nr. 4 GG. Im Rahmen der Beratung zum 7. WHG-Änderungsgesetz hat die Fraktion der CDU/CSU Zweifel daran geäußert, ob der eingeführte Vorrang der Deckung der örtlichen Wasserversorgung aus ortsnahen Vorkommen noch eine Rahmenregelung darstellt[1004]. Nach Art. 75 Abs. 2 GG darf ein Rahmengesetz des Bundes nur in Ausnahmefällen in Einzelheiten gehende oder unmittelbar geltende Regelungen enthalten. § 1a Abs. 3 WHG könnte eine solche in die Einzelheiten gehende Regelung sein, da die Länder ihre Pflicht schon durch die Übernahme des Wortlauts des § 1a Abs. 3 WHG erfüllen können[1005].

1. § 1a Abs. 3 WHG als punktuelle Vollregelung

Rahmengesetzgebung ist nicht bloße Richtliniengesetzgebung[1006]. Sie darf mehr als bloß einen Orientierungsrahmen für den Landesgesetzgeber setzen und schafft auch einen verbindlichen, das Rechtsverhältnis zum Bürger regelnden Begrenzungsrahmen für die landesrechtliche Gesetzgebung[1007]. Sie soll aber ausweislich des grundsätzlichen Ausschlusses von Detailregelungen und unmittelbar geltenden Vorschriften in Art. 75 Abs. 2 GG kein den Bürger bindendes Recht sein[1008]. Eine in die Einzelheiten geltende Regelung nach Art. 75 Abs. 2 GG liegt dann vor, wenn für ihren Anwendungsbereich keiner prägenden Ausfüllung durch den Landesgesetzgeber mehr offen sind, d.h. wenn das Bundesgesetz weder ausfüllungsbedürftig noch ausfüllungsfähig ist[1009]. Das Gesetz muss auf eine Ausfüllung durch den Landesgesetzgeber angelegt sein; dessen Kompetenz wird nur im Interesse des Gesamtwohls vom Bund Grenzen gesetzt[1010]. Der Landesgesetzgeber hat einen Anspruch auf Raum für Willensentscheidungen in der sachlichen Rechtsgestaltung, er darf nicht auf die Auswahl zwischen engen vorgegebenen rechtlichen Möglichkeiten beschränkt werden[1011].

Die Rahmenkompetenz für den Wasserhaushalt in Art. 75 Abs. 1 Satz 1 Nr. 4 GG umfasst gemäß dem BVerfG die Regeln für „die haushälterische Bewirtschaftung des in der Natur vorhandenen Wassers nach Menge und Güte“[1012]. Die Materie Wasser soll „in ihrer Bedeutung für das menschliche Leben, die Wirt-

[1004] Bericht des Ausschusses für Umwelt, Naturschutz und Reaktorsicherheit, BT-Drucks. 14/8668, S. 4.
[1005] *Reinhardt*, NuR 2004, 81, 87. Vgl. auch die wörtliche Umsetzung in §§ § 43 Abs. 1 Satz 1 BW WG n.F., , § 45 Abs. 2 Satz 1 WG RP, § 2 Abs. 2 Satz 2 SaarlWG und § 29 Abs. 2 SchlHWG sowie Art. 36a Satz 2 BayWG.
[1006] *Stettner* in Dreier (Hrsg.), GG Bd. 2, Art. 75 Rdnr. 10.
[1007] *Degenhart* in Sachs (Hrsg.), GG, Art. 75 Rdnr. 2.
[1008] BVerfG NJW 2004, 2803, 2804.
[1009] BVerfG NJW 2004, 2803, 2804; BVerfGE 4, 115, 129; *Jarass*, NVwZ 2000, 1089, 1094.
[1010] BVerfG NJW 2004, 2803; BVerfGE 4, 115, 129.
[1011] BVerfG NJW 2004, 2803, 2804; BVerfGE 5, 115, 129 f.
[1012] BVerfGE 15, 1, 15.

schaft und die Industrie, also als Wasserspender und Vorfluter"[1013] geregelt werden. § 1a WHG regelt als programmatische Leitnorm die tragenden Grundsätze der Wasserwirtschaft[1014]. Die Einführung eines bundesweiten Grundsatzes der ortsnahen Versorgung führt nicht bereits zu einer verbindlichen rechtlichen Vorgabe, welche die Länder nur noch im Rahmen ihrer eigenen Gesetzgebung nachzuvollziehen hätten. Laut Gesetzesbegründung bleibt den Ländern im Rahmen von § 1a Abs. 3 WHG ein ausreichender Gestaltungsspielraum, vor allem aufgrund der Möglichkeit des Abweichens vom Grundsatz der ortsnahen Wasserversorgung aus überwiegenden Gründen des Wohls der Allgemeinheit[1015]. Die Fraktion BÜNDNIS 90/ DIE GRÜNEN hatte als Reaktion auf die bereits referierte Kritik der Fraktion der CDU/CSU festgestellt, die Länder seien zudem aufgerufen, den unterschiedlichen Situationen angepasste Regelungen zu treffen[1016]. Die Literatur hat diese Einschätzung des Gesetzgebers weitgehend ohne nähere Begründung übernommen[1017]. Dem ist grundsätzlich zuzustimmen. Wie bereits dargelegt wurde, sind die Möglichkeiten für Abweichungen vom Ortsnäheprinzip aus Gründen des Wohls der Allgemeinheit zwar eng auszulegen, inhaltlich aber nicht auf bestimmte vorgegebene Auswahlmöglichkeiten beschränkt. Die Übernahme des Wortlauts von § 1a Abs. 3 WHG ist also nicht bloß Nachvollzug einer bundesgesetzlichen Vorgabe, sondern die autonome Entscheidung der jeweiligen Landesgesetzgeber die Gründe für eine Fernwasserversorgung möglichst weit zu fassen und sich nicht auf einen bestimmten Katalog von Ausnahmetatbeständen festzulegen. Andere Länder wie etwa Rheinland-Pfalz und Baden-Württemberg haben denn auch solche Kataloge geschaffen, während mehrere Bundesländer, die bereits vor Einführung des § 1a Abs. 3 WHG ein Ortsnäheprinzip in ihre Landeswassergesetze aufgenommen hatten, ihre bisherigen Ausnahmetatbestände beibehalten oder in einzelnen Punkten modifiziert haben[1018]. Die Länder können also differenzierte Regelungen im Hinblick auf das Ortsnäheprinzip schaffen. Die Definition der Gründe des Wohls der Allgemeinheit eröffnet den Ländern also Raum für autonome rechtliche Gestaltung. Es ist zu prüfen, ob den Ländern durch diesen Gestaltungsspielraum die Möglichkeit zur prägenden Ausfüllung des Grundsatzes ortsnaher Versorgung eröffnet wird. Andernfalls wäre § 1a Abs. 3 WHG am Maßstab des Art. 75 Abs. 2 GG zu rechtfertigen.

In seiner Entscheidung zur sogenannten „Juniorprofessur" in §§ 44 bis 48 der Neufassung des Hochschulrahmengesetzes hat das BVerfG die Unvereinbarkeit

---

1013 BVerfGE 21, 312, 325.

1014 *Breuer*, Öffentliches und privates Wasserrecht, Rdnr. 159.

1015 BT-Drucks. 14/8668, S. 7.

1016 Bericht des Ausschusses für Umwelt, Naturschutz und Reaktorsicherheit, BT-Drucks. 14/8668, S. 4.

1017 Vgl. *Reinhardt/Czychowski*, WHG, § 1a Rdnr. 25b; *Knopp* in Sieder/Zeitler/Dahme, WHG, § 1a Rdnr. 22a.

1018 Vgl. § 10 A.

dieser Regelungen mit Art. 75 Abs. 1 GG damit begründet, dass das Rahmengesetz dem Landesgesetzgeber nur einen marginalen Spielraum für eigene Entscheidungen überlasse[1019]. Die Bundesvorschriften wären eine abschließende, alle wesentlichen Elemente erfassende Vollregelung, die dem Landesgesetzgeber allenfalls Raum für geringfügige Ergänzungen, nicht aber für eigene Regelungsmöglichkeiten von substanziellem Gewicht belasse[1020]. Zur Begründung berief sich das BVerfG darauf, dass es das Ziel des Gesetzgebers gewesen ist, die Habilitation zu entwerten, damit sie ihre bisherige Funktion verliert; zu diesem Zweck sei der in diesem Zusammenhag entscheidende § 44 HRG als „Regel-Voraussetzung" und „Soll-Vorschrift" ausgestaltet worden[1021]. Der Landesgesetzgeber könne ohne Verstoß gegen das Rahmengesetz keinen anderen Weg zur Professur als den in § 44 HRG vorgegebenen festlegen[1022]. In gleicher Weise lässt sich für § 1a Abs. 3 WHG argumentieren, dass die Einführung des Grundsatzes der ortsnahen Versorgung in gleicher Weise eine „Regel-Voraussetzung" und „Soll-Vorschrift" darstellt, die den Landesgesetzgebern im Bereich der Ausnahmetatbestände nur einen marginalen Spielraum für eigenständige Entscheidungen belässt. § 1a Abs. 3 WHG bezweckt ebenfalls die Entwertung der Fernwasserversorgung, die ihre bisherige Funktion als grundsätzlich gleichwertige Alternative zur Versorgung aus ortsnahen Wasservorkommen verlieren soll. Dem Landesgesetzgeber verbleibt dabei nur die Möglichkeit, das vom Bund vorgegebene Regel-Ausnahme-Modell auf Landesebene nachzuzeichnen, da § 1a Abs. 3 WHG mit dem Vorrang der ortsnahen Versorgung sowie den Gründen, die diesen Vorrang aufheben, bereits alle wesentlichen Elemente der Regelung des örtlichen Zugriffs auf Wasservorkommen enthält. Demnach würde es sich bei § 1a Abs. 3 WHG um eine punktuelle Vollregelung handeln, die nach Art. 75 Abs. 2 GG zu rechtfertigen wäre. Verschiedentlich wird aufgrund der eindeutigen Vorgaben sogar von einer unmittelbar geltenden Vorschrift ausgegangen[1023]. Das würde allerdings voraussetzen, dass die Vorschrift Pflichten für den Bürger bzw. die Gemeinden auslöst und keine Pflichten des Landesgesetzgebers. Auch eine erschöpfende Regelung durch den Bundesgesetzgeber ist des-

---

[1019] BVerfG NJW 2004, 2803, 2807.

[1020] Die bundesrechtliche Regelung gab die Zugangsvoraussetzungen für Professoren umfassend und abschließend vor. Den Ländern blieb die Möglichkeit vorbehalten, die Einstellungsvoraussetzungen für das wissenschaftliche Hochschulpersonal zu konkretisieren und die dienstrechtlichen Verhältnisse näher auszugestalten. Es bleibe ihnen etwa überlassen, über die Einführung von Hausberufungen, die Regelung der Ausschreibung von Stellen, die Lehrdeputate, die finanzielle und sachliche Ausstattung der Juniorprofessur und deren Verhältnis zur Lebenszeitprofessur selbst zu entscheiden.

[1021] BVerfG NJW 2004, 2803, 2807.

[1022] BVerfG NJW 2004, 2803, 2808.

[1023] Vgl. *Sparwasser/Engel/Voßkuhle*, Umweltrecht, § 8 Rdnr. 60, die § 1a Abs. 3 WHG konkret benennen; für alle Grundsätze des § 1a WHG, *Reinhardt/Czychowski*, WHG, § 1a Rdnr. 1.

halb als punktuelle Vollregelung anzusehen, solange sie sich an den Landesgesetzgeber richtet[1024].

2. Rechtfertigung der punktuellen Vollregelung des § 1a Abs. 3 WHG

§ 1a Abs. 3 WHG könnte, obwohl es sich um eine punktuelle Vollregelung handelt, als zulässige Rahmenregelung im Sinne von Art. 75 Abs. 1 WHG angesehen werden, wenn die oben dargelegten Gestaltungsspielräume bei der Festlegung von Gründen des Wohls der Allgemeinheit als Regelungsmöglichkeit von substanziellem Gewicht angesehen werden kann. Einer Rechtfertigung nach Art. 75 Abs. 2 GG bedürfte es dann nicht. Im abweichenden Votum der Richterinnen Osterloh und Lübbe-Wolff und des Richters Gerhardt zur „Juniorprofessur" stellten diese fest, der Bund könne durch Rahmengesetzgebung politische Gestaltung ausüben, indem er grundlegende Entscheidungen für das zu ordnende Sachgebiet trifft[1025]. Eine detaillierte Reglung der Einstellungsvoraussetzungen für Professoren war zur Wahrung der Wirtschaftseinheit im gesamtstaatlichen Interesse erforderlich, um Nachteile für die Berufssituation bei ungleichen Zugangsmöglichkeiten abzuwenden[1026]. In derselben Weise kann die Novellierung der Grundsätze der Wasserbewirtschaftung zur Schaffung eines einheitlichen, flächendeckenden Gewässerschutzes als zulässige Rahmenregelung angesehen werden. Eine Rahmenregelung durch den Bund kann aufgrund der detaillierten Vorgaben der Wasserrahmenrichtlinie für die Wasserbewirtschaftung als erforderlich angesehen werden[1027]. Je höher das Maß vorgegebener rechtlicher Regelungen ist, desto eher darf und muss der Bund im Rahmen des Art. 75 Abs. 1 GG detaillierte Regelungen zur politischen Gestaltung treffen[1028]. Zu beachten ist dann, dass der Begriff des Wohls der Allgemeinheit im WHG im einzelnen nicht definiert wird, da er an regionale und örtliche Unterschiede angepasst werde muss[1029]. Der Begriff zielt also darauf ab, dass die Landesgesetzgeber den Begriff konkretisieren. Das Ortsnäheprinzip bekäme dadurch eine spezifisch landesrechtliche Prägung. Man könnte also argumentieren, dass seine Ausgestaltung durch die Landesgesetzgeber eine Regelungsmöglichkeit von substanziellem Gewicht im Rahmen des § 1a Abs. 3 WHG darstellt. Gegen eine solche Betrachtungsweise spricht allerdings, dass die Kompetenz des Rahmengesetzgebers zur politischen Gestaltung nicht unvereinbar ist mit dem Erfordernis, eine

---

[1024] *Jarass*, NVwZ 2000, 1089, 1093 zieht insoweit eine Parallele zu EG-Richtlinien. Das wirft die Frage auf, ob in Einzelheiten gehende Regelungen nach Ablauf der gemäß Art. 75 Abs. 3 GG zu bestimmenden Umsetzungsfrist unmittelbare Wirkung entfalten können. Dieser Frage kann in diesem Zusammenhang nicht nachgegangen werden.

[1025] BVerfG (abw. Votum) NJW 2004, 2803, 2811.

[1026] BVerfG (abw. Votum) NJW 2004, 2803, 2812.

[1027] Vgl. zu den Vorgaben der Wasserrahmenrichtlinie *Kotulla*, NVwZ 2002, 1409 ff.; *Sparwasser/Engel/Voßkuhle*, Umweltrecht, § 8 Rdnr. 53 ff.

[1028] Vgl. BVerfG (abw. Votum) NJW 2004, 2803, 2812; *Jarass*, NVwZ 2000, 1089, 1094.

[1029] *Hoppe/Beckmann/Kauch*, Umweltrecht, § 18 Rdnr. 67.

Gestaltungsentscheidung anhand des Art. 75 Abs. 2 GG rechtfertigen zu müssen[1030]. Wenn die Materie aufgrund ihrer bestehenden Regelungsdichte detaillierte Vorgaben für die Einführung neuer Grundsätze erfordert, so sollte dies nicht durch eine Ausweitung des Begriffs der Rahmengesetzgebung erreicht werden, sondern ist bei der Frage zu berücksichtigen, welche Kriterien für eine Rechtfertigung nach Art. 75 Abs. 2 GG anzulegen sind.

Bis zur Einführung des Art. 75 Abs. 2 GG im Jahre 1994 konnte der Bund eine punktuelle Vollregelung dann treffen, „wenn an der einheitlichen Regelung dieser Frage ein besonders starkes und legitimes Interesse besteht, sofern die Einzelregelung im Zusammenhang eines Gesetzeswerkes steht, das – als Ganzes gesehen – dem Landesgesetzgeber noch Spielraum lässt und darauf angelegt ist, von ihm aufgrund eigener Entschließung noch ausgefüllt zu werden“[1031]. Ein solches besonders starkes und legitimes Interesse konnte in der Bedeutung des Gewässerschutzes gesehen werden, welches die Einführung bundeseinheitlicher Grundsätze für die Wasserbewirtschaftung erforderlich machte[1032]. Das Kriterium des besonders starken und legitimen Interesses jedoch wurde in der Entscheidung zur „Juniorprofessur“ nicht mehr als allein ausreichend betrachtet, um eine punktuelle Vollregelung zu rechtfertigen[1033]. In dieser Entscheidung wurde für eine Rechtfertigung verlangt, dass „ die Rahmenvorschriften ohne die in Einzelheiten gehenden oder unmittelbar geltenden Regelungen verständigerweise nicht erlassen werden könnten, diese also schlechthin unerlässlich sind“[1034]. Die erforderliche Regelungsdichte ist dabei für jeden Kompetenztitel einzeln zu bestimmen[1035].

Die Grundsätze des Gewässerschutzes sind seit dem Erlass der Wasserrahmenrichtlinie weitgehend gemeinschaftsrechtlich vorgegeben sind[1036]. Dem Bund müssen aufgrund der detaillierten gemeinschaftsrechtlichen Vorgaben auch entsprechend weitreichende Kompetenzen im Wasserhaushaltsrecht für in Einzel-

---

[1030] Vgl. insofern auch die ergänzenden Ausführungen zu Art. 75 Abs. 2 GG bei BVerfG (abw. Votum) NJW 2004, 2803, 2812 f.

[1031] BVerfGE 4, 115, 128 f.; 66, 270, 285.

[1032] *Rengeling*, DVBl 1998, 997, 1006; *Reinhardt/Czychowski*, WHG, Einl. Rdnr. 32.

[1033] Zur Entwicklung der verfassungsgerichtlichen Rechtsprechung, vgl. *Rozek* in v. Mangoldt/Klein/Starck (Hrsg.), GG Bd. 2, Art. 75 Rdnr. 18 f.

[1034] BVerfG NJW 2004, 2803, 2805.

[1035] *Kunig* in von Münch/Kunig (Hrsg.), GG Bd. 3, Art. 75 Rdnr. 42; *Degenhart* in Sachs (Hrsg.), GG, Art. 75 Rdnr. 12a.

[1036] *Sparwasser/Engel/Voßkuhle*, Umweltrecht, § 8 Rdnr. 62; *Reinhardt/Czychowski*, WHG, § 1a Rdnr. 1; für eine generelle Zulässigkeit von in Einzelheiten gehenden Regelungen, wenn der Bereich gemeinschaftsrechtlich geprägt ist, *Kunig* in von Münch/Kunig (Hrsg.), GG Bd. 3, Art. 75 Rdnr. 42; *Jarass*, NVwZ 2000, 1089, 1095. Deshalb wurde auch – wenn auch vergeblich - versucht, im Rahmen der Vorbereitung eines Umweltgesetzbuches den Wasserhaushalt in die konkurrierende Gesetzgebung zu überführen, *Sparwasser/Engel/Voßkuhle*, Umweltrecht, § 8 Rdnr. 62; *Kloepfer*, Umweltrecht, § 13 Rdnr. 20; *Berendes*, ZfW 2002, 197, 202 ff.

heiten gehende Regelungen zum Erreichen und Absichern dieser Ziele zugestanden werden[1037]. Um die flächendeckende Wirksamkeit dieser Grundsätze zu erreichen, müssen sie bundesweit einheitlich in ihren wesentlichen Elementen vorgegeben werden[1038]. Der Bundesgesetzgeber hat die Grundsätze des Gewässerschutzes also aufgrund seiner gemeinschaftsrechtlichen Verpflichtung so weitgehend geprägt, so dass er den Landesgesetzgebern in wesentlichen Fragen kaum noch eigener Entscheidungsspielraum mehr geblieben ist[1039]. Dabei hat er eine Einschätzungsprärogative, ob der Grundsatz der ortsnahen Versorgung ein geeignetes Mittel zum flächendeckenden Grundwasserschutz darstellt[1040]. Soweit er also berechtigt ist, einen solchen Grundsatz festzulegen, ist zu fragen, ob er ihn als punktuelle Vollregelung einführen kann. Würde das Verhältnis von ortsnaher Versorgung und Fernwasserversorgung nicht als Regel-Ausnahme-Verhältnis ausgestaltet werden, bliebe das Ortsnäheprinzip inhaltsleer und wäre letztlich bloß eine gesetzgeberische Empfehlung an die Länder. Es ist also unerlässlich, dass seine wesentlichen Elemente vom WHG vorgegeben werden. Zudem verbleiben den Ländern wie gesehen noch Ausgestaltungsspielräume im Rahmen des Ortsnäheprinzips, so dass auch das Prinzip der kooperativen Rechtsetzung gewahrt bleibt[1041]. Es handelt sich somit nicht um eine unzulässige erschöpfende Vollregelung der Materie[1042]. § 1a Abs. 3 WHG ist als in Einzelheiten gehende Vorschrift nach Art. 75 Abs. 2 GG gerechtfertigt[1043].

II. Die Regelungen der Landeswassergesetze als Eingriff in die kommunale Selbstverwaltungsgarantie

Obwohl § 1a Abs. 3 WHG detaillierte Regelungen über das Ortsnäheprinzip enthält, stellt er lediglich einen Auftrag an den Landesgesetzgeber dar. Erst durch die landesgesetzlichen Vorschriften entstehen Pflichten für die Gemeinden, so dass eine Verletzung ihrer kommunalen Selbstverwaltungsgarantie am Landesrecht und damit an den Selbstverwaltungsgarantien der Landesverfassungen zu prüfen ist. Da die kommunale Selbstverwaltungsgarantie in den Landesverfassungen inhaltlich mit Art. 28 Abs. 2 Satz 1 GG weitgehend überein-

---

1037 Vgl. *Reinhardt/Czychowski*, WHG, Einl. Rdnr. 26.

1038 *Rengeling*, DVBl 1998, 997, 1006; *Reinhardt/Czychowski*, WHG, Einl. Rdnr. 32.

1039 *Hoppe/Beckmann/Kauch*, Umweltrecht, § 18 Rdnr. 4; *Kloepfer*, Umweltrecht, § 13 Rdnr. 20; *Berendes*, ZfW 2002, 197, 204.

1040 Zur Einschätzungsprärogative bei Rahmengesetzgebung, vgl. *Kunig* in von Münch/Kunig (Hrsg.), GG Bd. 3, Art. 75 Rdnr. 42; *Rozek* in von Mangoldt/Klein/Starck (Hrsg.), GG Bd. 2, Art. 75 Rdnr. 11.

1041 Vgl. dazu BVerfG NJW 2004, 2803, 2804 f.; *Rozek* in von Mangoldt/Klein/Starck (Hrsg.), GG Bd. 2, Art. 75 Rdnr. 18.

1042 Vgl. *Degenhart* in Sachs (Hrsg.), GG, Art. 75 Rdnr. 13.

1043 *Sparwasser/Engel/Voßkuhle*, Umweltrecht, § 8 Rdnr. 60; *Reinhardt/Czychowski*, WHG, § 1a Rdnr. 1; allgemein für die punktuellen Vollregelungen auch bei Umsetzung der Wasserrahmenrichtlinie im 7. WHG-Änderungsgesetz, *Kloepfer*, Umweltrecht, § 13 Rdnr. 20.

stimmt[1044] und auch die Regelungen der Landeswassergesetze inhaltlich den Vorgaben des § 1a Abs. 3 WHG und dessen Gesetzesbegründung folgen, soll die Prüfung dennoch anhand des Bundesrechts erfolgen. Es bestehen keine substantiellen Abweichungen im Landesrecht, die eine Einzelprüfung des jeweiligen Landesrechts erforderlich machte.

1. Der Eingriff in die kommunale Selbstverwaltungsgarantie

Art. 28 Abs. 2 Satz 1 GG gewährleistet den Gemeinden das Recht zur eigenverantwortlichen Führung der Geschäfte im Rahmen der Angelegenheiten der örtlichen Gemeinschaft[1045]. Eigenverantwortlichkeit bedeutet in diesem Zusammenhang die Freiheit von staatlicher Einflussnahme und Bevormundung, so dass die Erfüllung der Aufgabe dem Gestaltungswillen der Gemeinde entspricht[1046]. Dazu gehört insbesondere das Recht sich für eine bestimmte Art und Weise der Aufgabenerfüllung zu entscheiden[1047]. Die Gemeinden müssen also das rechtliche wie faktische Möglichkeit haben zwischen verschiedenen Möglichkeiten der Deckung des Wasserbedarfs der öffentlichen Wasserversorgung frei zu entscheiden[1048]. Das Ortsnäheprinzip beeinträchtigt diese Entscheidung der Gemeinden. Es zielt sogar gerade darauf, ab, die Gemeinden durch den Vorrang der ortsnahen Versorgung zu einem bewussteren Umgang mit der Ressource Wasser zu veranlassen[1049]. Durch die Einführung einer Regelvermutung zugunsten der Nutzung ortsnaher Wasservorkommen, schränkt das Landesrecht die Möglichkeiten der Gemeinden ein, sich für eine Fernwasserversorgung zu entscheiden[1050]. Zu prüfen ist nur, ob eine solche Einschränkung der kommunalen Selbstverwaltungsgarantie durch den Gesetzesvorbehalt des Art. 28 Abs. 2 Satz 1 GG ermöglicht wird. Dieser Gesetzesvorbehalt betrifft sowohl das Gewährleistungselement der Allzuständigkeit wie das der Eigenverantwortlichkeit[1051].

Der Kernbereich der kommunalen Selbstverwaltungsgarantie wird durch das Ortsnäheprinzip nicht betroffen[1052]. Das Ortsnäheprinzip ändert nicht das Essen-

---

[1044] Dazu näher § 2 D.

[1045] BVerfGE 79, 127, 143; 91, 228, 236.

[1046] VerfGH RP, DÖV 1983, 113.

[1047] *Nierhaus* in Sachs, GG, Art. 28 Rdnr. 43. Vgl. dazu auch § 2 C IV 3.

[1048] *Salzwedel* in Institut für das Recht der Wasser- und Entsorgungswirtschaft (Hrsg.), Staat, Selbstverwaltung und Private in der Wasser- und Entsorgungswirtschaft, S. 57, 59.

[1049] Vgl. § 10 A.

[1050] *Reinhardt/Czychowski*, WHG, § 1a Rdnr. 25b; *Hendler/Grewing*, ZUR Sonderheft 2001, 146, 151.

[1051] BVerfGE 79, 127, 143; *Tettinger* in von Mangoldt/Klein/Starck (Hrsg.), GG Bd. 2, Art. 28 Rdnr. 187.

[1052] Vgl. zum Begriff des Kernbereichs und den bestehenden Definitionsproblemen *Nierhaus* in Sachs (Hrsg.), GG, Art. 28 Rdnr. 49 ff.; *Tettinger* in von Mangoldt/Klein/Starck (Hrsg.), GG Bd. 2, Art. 28 Rdnr. 191 ff.

tiale der Selbstverwaltung; es belässt den Gemeinden auch nicht bloß ein „Schattendasein" und nimmt ihnen die Möglichkeiten zur kraftvollen Betätigung[1053]. Außerhalb des Kernbereichs ist ein Eingriff verfassungsrechtlich gerechtfertigt, wenn das grundgesetzliche Aufgabenverteilungsprinzip und das Verhältnismäßigkeitsgebot gewahrt bleiben. Die Ausgestaltung der kommunalen Selbstverwaltung ist dem Gesetzgeber überantwortet[1054]. Der Gesetzgeber darf bei inhaltlichen Vorgaben an die gemeindliche Aufgabenwahrnehmung nicht über das hinausgehen, „was der Gesetzgeber zur Wahrung des jeweiligen Gemeinwohlbelangs für erforderlich halten kann"[1055]. Da eine Umverteilung der Aufgaben durch das Ortsnäheprinzip nicht stattfindet, kommt es also im wesentlichen darauf an, ob der Eingriff durch das Ortsnäheprinzip durch ein überwiegendes Gemeinwohlinteresse gerechtfertigt ist[1056].

2. Die Rechtfertigung des Eingriffs durch das überwiegende Gemeinwohlinteresse des Grundwasserschutzes

Die Bedeutung einer geordneten Wasserbewirtschaftung zur Sicherstellung der öffentlichen Wasserversorgung für die Bevölkerung und für die Gesamtwirtschaft hat die Rechtsprechung regelmäßig betont. Schon das BVerfG bezeichnete im Nassauskiesungsbeschluss die Wasserbewirtschaftung als eine lebensnotwendige Aufgabe[1057]. In einer späteren Entscheidung hat es diese Formulierung wiederholt und von einer grundsätzlichen verfassungsrechtlichen Unbedenklichkeit von Regelungen zur geordneten Wasserbewirtschaftung gesprochen[1058]. Auch das Bundesverwaltungsgericht nannte den Erhalt und Schutz des Wasser, des Oberflächenwasser wie des Grundwassers, einen bedeutsamen Gemeinwohlbelang[1059]. Der Gewässerschutz ist somit eine Gemeinwohlfrage allerersten Ranges[1060]. Es ist deshalb Aufgabe des Gesetzgebers, den Wasserhaushalt so zu ordnen, dass Wasser stets und überall in ausreichender Güte und Menge zur Verfügung steht[1061]. Ein wesentlicher Beitrag ist in diesem Zusammenhang die Vermeidung von Belastungen des Grundwassers[1062]. Die belastenden Nutzungen sind deshalb nach dem Grundsatz der „Gemeinwohlverträglichkeit" zu begren-

---

[1053] Vgl. BVerfGE 38, 259, 279; 79, 127, 155; *Schmidt-Aßmann* in FS-Sendler, S. 121, 134.
[1054] *Nierhaus* in Sachs (Hrsg.), GG, Art. 28 Rdnr. 46.
[1055] BVerfGE 83, 363, 382.
[1056] *Nierhaus* in Sachs (Hrsg.), GG, Art. 28 Rdnr. 48.
[1057] BVerfGE 58, 300, 341. Vgl. auch eine frühere Entscheidung zum Verhältnis von Wasserwirtschaft und Bergbau, BVerfGE 10, 89, 113.
[1058] BVerfGE 93, 319, 339.
[1059] BVerwGE 106, 64, 77. Vgl. auch BGH NJW 1971, 133 f.
[1060] *Kloepfer*, Umweltrecht, § 8 Rdnr. 4; *Reinhardt/Czychowski*, WHG, § 1a Rdnr. 1.
[1061] BVerfGE 10, 89, 113; *Bulling/Finkenheimer/Eckardt/Kibele*, WG BW, § 43 Rdnr. 6a; *Sparwasser/Engel/Voßkuhle*, Umweltrecht, § 8 Rdnr. 4.
[1062] Vgl. Begründung zum 5. WHG-Änderungsgesetz, BT-Drucks. 10/3973, S. 9.

zen[1063]. Dabei hat der Gesetzgeber aber zu beachten, dass eine geordnete Wasserwirtschaft das Ziel verfolgt, die vielfältigen und teilweise miteinander konkurrierenden Nutzungsinteressen so zu reglementieren, dass das Interesse der Allgemeinheit gewahrt bleibt[1064]. Es kann also nicht von einem quasi automatischen Vorrang des Gewässerschutzes ausgegangen werden. Es müssen gewichtige Gründe bestehen, die gerade zu einem Überwiegen des Grundwasserschutzes durch den Vorrang der ortsnahen Versorgung gegenüber der Entscheidungsfreiheit der Kommunen führen.

Anhaltspunkte für ein Überwiegen des Grundwasserschutzes ergeben sich aus den umweltbezogenen Vorschriften des Grundgesetzes. Art. 20a GG verpflichtet den Staat zum Schutz der natürlichen Lebensgrundlagen. Die Staatsorgane werden dazu verpflichtet, die Integrität der Lebensgrundlagen vor Beeinträchtigung zu bewahren, die nicht auf menschlichem Hervorbringen beruhen[1065]. Wenn Art. 20a GG auch keine ausschließlich anthropozentrische Ausrichtung hat, so steht doch der Schutz der Lebensgrundlagen des Menschen im Mittelpunkt des Schutzes der natürlichen Lebensgrundlagen[1066]. Gewässerschutz erfolgt nach Maßgabe des Art. 20a GG also nicht allein aus Gesichtspunkten des Umweltschutzes, also des Erhaltes der Natur um ihrer selbst willen, sondern er hat auch gerade die Erhaltung des Wassers als Grundlage menschlichen Lebens zu bezwecken[1067]. Das Grundwasser wird als der beste Rohstoff für die Trinkwasserversorgung angesehen, weil es die geringste Schadstoffbelastung aufweist[1068]. Insgesamt werden etwa 78 % des Trinkwasserbedarfs durch die Entnahme von Grundwasser gedeckt[1069]. Das „Staatsziel Umweltschutz" verleiht dem Gesetzgeber also eine Befugnis zum Gewässerschutz[1070]. Diese Befugnis beinhaltet jedoch keine Verpflichtung jedwede Beeinträchtigung abzuwehren. Die Staatszielbestimmung gibt nur ein Ziel vor, bei dessen Verwirklichung dem Gesetzgeber ein weiter Gestaltungsspielraum zur Verfügung steht[1071]. Erst wenn die Qualität des Trinkwassers unter einen bestimmten Standard sinkt, können sich staatliche Schutzpflichten für das Leben und die Gesundheit der Bevölkerung aus

---

[1063] BVerwG NVwZ 2002, 1239, 1240; BVerfGE 58, 300, 344.
[1064] BVerwG NVwZ 2002, 1239, 1240; BVerfGE 58, 300, 340 f.
[1065] Vgl. *Murswiek* in Sachs (Hrsg.), GG, Art. 20a Rdnr. 28.
[1066] *Murswiek* in Sachs (Hrsg.), GG, Art. 20a Rdnr. 23.
[1067] *Kloepfer*, Umweltrecht, § 3 Rdnr. 14. Zur Frage des Schutzniveaus vgl. etwa *Murswiek* in Sachs (Hrsg.), GG, Art. 20a Rdnr. 39 ff.; *Schulze-Fielitz* in Dreier (Hrsg.), GG Bd. 2, Art. 20a Rdnr. 39 ff.; *Epiney* in von Mangoldt/Klein/Starck (Hrsg.), GG Bd. 2, Art. 20a Rdnr. 60 ff.
[1068] BVerfGE 58, 300, 342.
[1069] Vgl. *Sparwasser/Engel/Voßkuhle*, Umweltrecht, § 8 Rdnr. 10.
[1070] *Frenz*, ZHR 166 (2002), 307, 318; *Hendler/Grewing*, ZUR Sonderheft 2001, 146, 151.
[1071] BVerfGE 79, 174, 202; 85, 191, 212; *Kloepfer*, Umweltrecht, § 3 Rdnr. 22; *Sparwasser/Engel/Voßkuhle*, Umweltrecht, § 8 Rdnr. 154; *Murswiek* in Sachs (Hrsg.), GG, Art. 20a Rdnr. 17.

Art. 2 Abs. 2 GG ergeben[1072]. Angesichts der anerkannt hohen Qualität der deutschen Wasserversorgung ist die Frage grundrechtlicher Schutzpflichten von eher untergeordneter Bedeutung. Die Verfassung weist jedenfalls dem Grundwasserschutz eine zentrale Bedeutung zu.

Letztlich ergibt sich das Überwiegen des Gemeinwohlbelangs Grundwasserschutz aus der besonderen Funktion des Wassers als nicht ersetzbare Lebensgrundlage. Eine geordnete Wasserwirtschaft setzt deshalb die weitgehende Vermeidung von Belastungen des Grundwassers zwingend voraus. Eine übermäßige Inanspruchnahme von Grundwasservorkommen führt zur Gefährdung einer geordneten Wasserversorgung[1073]. Eine dezentrale Versorgung aus ortsnahen Vorkommen stärkt die Versorgungssicherheit, in dem sie die Abhängigkeit von wenigen großen Wasservorkommen verhindert[1074]. Der Grundsatz der ortsnahen Versorgung zielt darauf ab, zum einen die Übernutzung von Grundwasservorkommen, zum anderen die hygienischen Probleme der Fernwasserversorgung auszuschließen oder zumindest zu verringern[1075]. Er soll gerade das Ziel eines guten mengenmäßigen und chemischen Zustands des Grundwassers erreichen wie ihn Art. 4 Abs. 1 lit. b der Wasserrahmenrichtlinie fordert, der durch § 33 Abs. 1 WHG umgesetzt wurde. Das Ortsnäheprinzip leistet also einen Beitrag zum vorsorgenden und flächendeckenden Grundwasserschutz[1076]. Damit verfolgt er den dauerhaften Erhalt und die Sicherung einer lebensnotwendigen, nicht ersetzbaren Ressource. Die Beschränkung der kommunalen Selbstverwaltung fällt dagegen eher gering aus, zumal der Weg zu einer Fernwasserversorgung nicht vollständig versperrt wird. Außerdem verwendeten die Wasserversorgungsunternehmen schon vor Einführung des § 1a Abs. 3 WHG und der landesrechtlichen Vorschriften in der Regel ortsnahe Grundwasservorkommen für die öffentliche Wasserversorgung[1077].

Der Grundwasserschutz stellt sich also als ein die Entscheidungsfreiheit der Gemeinden überwiegendes Gemeinwohlinteresse dar. Es ist deshalb zulässig, wenn der Gesetzgeber zur Förderung dieses Gemeinwohlbelangs das kommunale Selbstverwaltungsrecht der Gemeinden beschränkt. Die Verhältnismäßigkeit der Regelung wird durch die Ausnahmetatbestände sichergestellt, die Einbußen in der Qualität der Wasserversorgung einzelner Kommunen bei Beachtung des

---

1072 *Laskowski*, ZUR 2003, 1, 6; vgl. auch *Sparwasser/Engel/Voßkuhle*, Umweltrecht, § 8 Rdnr. 157 ff.; *Reinhardt/Czychowski*, WHG, Einl. Rdnr. 6; *Kloepfer*, Umweltrecht, § 3 Rdnr. 43.

1073 BVerfGE 58, 300, 342.

1074 *Bulling/Finkenheimer/Eckardt/Kibele*, WG BW, § 43 Rdnr. 7; vgl. auch unter § 11 B.

1075 *Reinhardt*, NuR 2004, 81, 87; *Knopp* in Sieder/Zeitler/Dahme, WHG, § 1a Rdnr. 22a.Vgl. auch unter § 11 B.

1076 BT-Drucks. 14/8668, S. 7.

1077 UBA (Hrsg.), Nachhaltige Wasserversorgung in Deutschland, S. 59.

Ortsnäheprinzips verhindern[1078]. § 1a Abs. 3 WHG und das rahmenausfüllende Landesrecht sind verfassungsmäßige Eingriffe in die kommunale Selbstverwaltung.

[1078] Vgl. *Hendler/Grewing*, ZUR Sonderheft 2001, 146, 151; *Bulling/Finkenheimer /Eckardt / Kibele*, WG BW, § 43 Rdnr. 6a.

4. Kapitel: Zulässigkeit der überörtlichen kommunalen Wasserversorgung nach Gemeinschaftsrecht

Das nationale Recht eröffnet nur einen begrenzten Spielraum für eine überörtliche wirtschaftliche Betätigung der Gemeinden im Bereich der Wasserversorgung. Die Kommunalwirtschaft steht aber nicht mehr als isoliert nationale Rechtsmaterie da, sondern ist auch vom Standpunkt des Europarechts aus zu betrachten. Der EuGH hat in seiner Entscheidung in der Rechtssache Costa/ENEL den Anwendungsvorrang des Gemeinschaftsrechts begründet[1079]; das BVerfG hat ihn in der „Solange"- bzw. „Maastricht"-Rechtsprechung bestätigt[1080]. Die Bindung des Gesetzgebers an das europäische Primär- und Sekundärrecht beschränkt seine Steuerungsmacht. Er kann sie nur im gemeinschaftsrechtlich vorgegebenen Rahmen verwirklichen[1081]. Es ist also zu prüfen, ob die gesetzlichen Beschränkungen der überörtlichen Wasserversorgung durch kommunale Unternehmen im nationalen Rech gemeinschaftsrechtskonform ausgestaltet sind.

Zunächst wird die Gemeinschaftsrechtskonformität der nationalen Kompetenzbeschränkungen für die Kommunalwirtschaft untersucht. Dabei wird geprüft, ob der Gebietsbezug des Gemeindewirtschaftsrechts den Kommunalunternehmen eine europarechtlich eingeräumte Teilnahme am Wettbewerb untersagt, insbesondere ob er einem gemeinschaftsrechtlichen Anspruch auf Chancengleichheit der kommunalen Unternehmen entgegensteht. Danach werden die für die Wasserversorgung bestehenden rechtlichen Besonderheiten der Zulässigkeit von Gebietsmonopolen und des Ortsnäheprinzips betrachtet.

§ 11 Die Vereinbarkeit des Gebietsbezugs im Kommunalwirtschaftsrecht mit dem Gemeinschaftsrecht

Die Erbringung von Leistungen der Wasserversorgung ist eine wirtschaftliche Betätigung[1082]. Bei dieser Tätigkeit werden die kommunalen Unternehmen durch den Gebietsbezug des Kommunalwirtschaftsrechts räumlich begrenzt. Solchen nationalen Beschränkungsregeln könnte nun die Verpflichtung der Mitgliedstaaten auf einen freien Wettbewerb entgegenstehen. Das setzt aber zum einen voraus, dass wirtschaftliche Tätigkeiten kommunaler Unternehmen als Teilnahme am Wettbewerb im Binnenmarkt angesehen werden; zum anderen setzt eine solche Bewertung voraus, dass den kommunalen Unternehmen im EGV Rechte gegenüber dem Mitgliedsstaat eingeräumt werden, von dessen Körperschaften sie eingerichtet wurden.

[1079] EuGH, Rs. *Costa/ENEL*, Slg. 1964, 1251, 1269 f.; vgl. BVerfGE 73, 339, 375.
[1080] BVerfGE 31, 271, 279 ff. (Solange I); BVerfGE 73, 339, 366 ff. (Solange II); BVerfGE 89, 155, 190 (Maastricht); vgl. auch BVerfGE 75, 223, 235 ff. (Kloppenburg) und BVerfGE 102, 147 (Bananen-Beschluss). Vgl. auch *Papier*, DVBl 2003, 686, 691.
[1081] *Storr*, Der Staat als Unternehmer, S. 256.
[1082] Zum Begriff der wirtschaftlichen Tätigkeit vgl. § 2 B I.

A. Die kommunalen Unternehmen als Teilnehmer im freien Wettbewerb

Die Tätigkeit der Mitgliedstaaten und der Gemeinschaft nach Art. 2 EGV ist gemäß Art. 4 Abs. 1 EGV dem Grundsatz einer offenen Marktwirtschaft mit freiem Wettbewerb verpflichtet. Nach Art. 2 EGV ist es die Aufgabe der Europäischen Gemeinschaft einen Gemeinsamen Markt zu errichten, der „auf die Beseitigung aller Hemmnisse im innergemeinschaftlichen Handel mit dem Ziel der Verschmelzung der nationalen Märkte zu einem einheitlichen Markt, dessen Bedingungen denjenigen eines Binnenmarktes möglichst nahe kommen“[1083]. Dieser Markt setzt die wirtschaftlichen Freiheitsgrundrechte der Berufsfreiheit, der Vertragsfreiheit und der Wettbewerbsfreiheit voraus[1084]. Damit sind die Voraussetzungen für die Tätigkeit im Binnenmarkt nach Art. 3 Abs. 1 lit. c EGV geschaffen, die durch die Beseitigung der Hindernisse für den freien Waren-, Personen-, Dienstleistungs- und Kapitalverkehr zwischen den Mitgliedstaaten gekennzeichnet ist. Im Zuge der Verwirklichung dieses Ziels sind sowohl die Vorschriften des Kommunalwirtschaftsrechts wie des Verwaltungsrechts heute zum ganz überwiegenden Teil durch das Gemeinschaftsrecht geprägt bzw. durch gemeinschaftsrechtliche Rechtsakte veranlasst[1085]. Dabei wurden aufgrund europäischer Vorgaben Bereiche der Daseinsvorsorge dem Wettbewerb geöffnet, in denen der Staat und die Kommunen sowie deren Unternehmen bisher über Monopolstellungen verfügten[1086]. Für die Wasserversorgung ist von einer solchen Liberalisierung bisher abgesehen worden[1087]. Der Wettbewerb innerhalb des Binnenmarktes wird gemäß Art. 3 Abs. 1 lit. g EGV durch die Mitgliedstaaten

---

[1083] EuGH, Rs. 15/81 *Schul*, Slg. 1982, 1409 Rdnr. 33; EuGH, Rs. 299/86 *Drexl*, Slg. 1988, 1213 Rdnr. 24.

[1084] *Streinz* in Streinz (Hrsg.), EUV/EGV, Art. 2 EGV Rdnr. 32; *Ukrow* in Calliess/Ruffert (Hrsg.), EUV/EGV, Art. 2 EGV Rdnr. 26.

[1085] Zur Europäisierung des kommunalen Wirtschafts- und des Verwaltungsrechts vgl. *Schmahl*, DÖV 1999, 852; *Groß*, DVBl 2002, 1182, 1186 ff.; *Scheuing*, DV 34 (2001), 107; *Schoch*, JZ 1995, 109. Bereits in einer Rede am 4.7.1988 vor dem Europäischen Parlament hat J. Delors konstatiert, dass etwa 80 % aller Vorschriften im Bereich des Wirtschaftsrechts durch Gemeinschaftsrecht determiniert sind und nahezu 50 % aller deutschen Gesetze durch das Gemeinschaftsrecht veranlasst sind, Bulletin EG 1988, Nr. 7/8, S. 124.

[1086] *Scharpf*, EuZW 2005, 295; *Moraing*, WiVerw 1998, 233, 235; *Weiß*, DVBl 2003, 564, 565; *Nagel*, ZögU 23 (2000), 428. Einen Überblick über die Liberalisierungsrichtlinien findet sich bei *Pöchterstörfer*, ZUR Sonderheft 2003, 184, 187.

[1087] Zur europäischen Diskussion über die Liberalisierung der Wasserversorgung vgl. *Pöchterstorfer*, ZUR Sonderheft 2003, 184, 189; *Laskowski*, ZUR 2003, 1; *Fries*, NWVBl 2004, 341, 342; *Geiger/Freund*, EuZW 2003, 490, 493. Zum internationalen Kontext der Wasserversorgung vgl. Bericht bei *Daiber*, GewA 2004, 107. Auch wurde auf dem G8-Weltwirtschaftsgipfel 2003, der angemessenerweise in Evian stattfand, ein „Aktionsplan Wasser“ zur Stärkung des Wettbewerbs im Bereich der Wasserversorgung beschlossen, vgl. *Koenig/Haratsch*, DVBl 2004, 1387. In Bezug auf den Wassersektor heißt es in der Binnenmarktstrategie 2003 – 2006 vom 7.5.2003: „Während die europäische Politik bezüglich der Frage (…) der Wasserversorgung bei ihrer neutralen Haltung bleibt, werden die Dienststellen der Kommission die rechtliche und administrative Situation im Wasser- und Abwassersektor prüfen (…). Es werden alle Möglichkeiten geprüft, auch gesetzgeberische Maßnahmen.“

und die Gemeinschaft vor Verfälschungen geschützt. Es wird ein unauflöslicher Funktionszusammenhang zwischen Wettbewerbsfreiheit, Marktfreiheit und Marktgleichheit gesehen[1088]. Fraglich ist wie die kommunalen Unternehmen in diesem Funktionszusammenhang verortet sind.

Art. 86 Abs. 1 EGV besagt, dass die Mitgliedstaaten in Bezug auf öffentliche Unternehmen keine dem EGV widersprechenden Maßnahmen treffen oder beibehalten dürfen. Damit wird die Existenz nationaler Unternehmen der öffentlichen Hand gemeinschaftsrechtlich anerkannt[1089]. Ein wirtschaftliches Handeln der Mitgliedstaaten wird nicht per se als Störung des Funktionszusammenhangs angesehen. Der Grundsatz des unverfälschten Wettbewerbs ist also kein staatsfreier Wettbewerb, sondern duldet die Teilnehme der Mitgliedstaaten in Gestalt öffentlicher Unternehmen[1090]. Art. 86 EGV ist eine grundsätzliche Entscheidung für eine Teilnahme öffentlicher Unternehmen am freien Wettbewerb im Binnenmarkt[1091]. Die Erbringung von Leistungen der Wasserversorgung stellt eine Teilnahme am Wettbewerb dar.

Es müsste sich bei den kommunalen Unternehmen um öffentliche Unternehmen im Sinne des Art. 86 Abs. 1 EGV handeln. Ein Unternehmen im Sinne dieser Vorschrift ist nach der Rechtsprechung des EuGH „jede eine wirtschaftliche Tätigkeit ausübende Einheit, unabhängig von ihrer Rechtsform und Finanzierung“[1092], wobei hoheitlich handelnde Einheiten ausgeschlossen sind. Es bedarf also keiner rechtlichen Trennung vom Staat oder eigener Rechtspersönlichkeit[1093]. Öffentlich ist eine solche Einheit nach Art. 2 Abs. 1 lit. b der Transparenzrichtlinie[1094], wenn die öffentliche Hand aufgrund Eigentums, finanzieller Beteiligungen, Satzung oder sonstiger Bestimmungen, die die Tätigkeit des Unternehmens regeln, unmittelbar oder mittelbar einen beherrschenden Einfluss

---

1088 *Ukrow* in Calliess/Ruffert (Hrsg.), EUV/EGV, Art. 2 EGV Rdnr. 26.

1089 *Schneider*, DVBl 2000, 1250, 1253; *Uhlenhut*, Wirtschaftliche Betätigung der Gemeinden außerhalb ihres Gebietes, S. 25; *Britz*, NVwZ 2001, 380, 381 Fn. 14; *Storr*, Der Staat als Unternehmer, S. 269. Zur Abgrenzung von wirtschaftlicher und hoheitlicher Betätigung der öffentlichen Hand, vgl. *Schwarze*, EuZW 2000, 613, 614 ff.; *Pernice/Wernicke* in Grabitz/Hilf (Hrsg.), EUV/EGV Bd. II, Art. 86 Rdnr. 15 ff.

1090 *Storr*, Der Staat als Unternehmer, S. 269.

1091 *Ehlers*, Gutachten E zum 64. DJT, S. 33.

1092 EuGH, Rs. C-41/90 *Höfner und Elser*, Slg. 1991, I-1979 Rdnr. 21; EuGH, verb. Rs. C-159 und C-160/91 *Poucet et Pistre*, Slg. 1993, I-673 Rdnr. 17; EuGH, Rs. C-364/92 *SAT/Eurocontrol*, Slg. 1994, I-43 Rdnr. 18; EuGH, Rs. Rs. C-55/96 *Job Centre*, Slg. 1997, I-7119 Rdnr. 21; EuGH, verb. Rs. C-180 bis C-184/98 *Pavel Pavlov*, Slg. 2000, I-6451 Rdnr. 74; EuGH, Rs. C-309/99 *Wouters*, Slg. 2002, I-1577 Rdnr. 46.

1093 *Jung* in Calliess/Ruffert (Hrsg.), EUV/EGV, Art. 86 EGV Rdnr. 11.

1094 RL 80/723/EWG der Kommission vom 25.6.1980 über die Transparenz der finanziellen Beziehungen zwischen den Mitgliedstaaten und den öffentlichen Unternehmen, ABl. EG Nr. L 195 vom 29.7.1980, S. 35, geändert durch die RL 85/413/EWG der Kommission vom 24.7.1985, ABl. EG Nr. L 229 vom 28.8.1980, S. 20, durch die RL 93/84/EWG der Kommission vom 30.9.1993, ABl. EG Nr. L 254 vom 12.10.1993, S 16, in der Fassung der RL 2000/52/EG der Kommission vom 26.7.2000, ABl. EG Nr. L 193 vom 29.7.2000, S. 75.

ausüben kann[1095]. Es werden durch diese Definition alle gängigen Formen kommunaler Versorgungsunternehmen erfasst, sowohl die Eigen- und Regiebetriebe als auch die Anstalten des öffentlichen Rechts und die privatwirtschaftlich organisierten Unternehmen[1096].

Soweit die kommunalen Unternehmen also Teilnehmer am freien Wettbewerb im Binnenmarkt sind, stellt sich damit die Frage, welche Rechte sie aus dem EGV aufgrund ihrer Stellung als Wettbewerbsteilnehmer ableiten können.

B. Anspruch der kommunalen Unternehmen auf Gleichbehandlung im Wettbewerb nach Gemeinschaftsrecht

I. Der Gebietsbezug als Verstoß gegen die Grundfreiheiten

Vorweg kann eine Verletzung von Grundfreiheiten privater Unternehmen durch den Gebietsbezug des Gemeindewirtschaftsrechts ausgeschlossen werden. Wenn EG-ausländische Unternehmen in Deutschland Waren verkaufen und Dienstleistungen erbringen, ist der Gebietsbezug für sie ohne Bedeutung[1097]. Sie sind nicht Adressat dieser Beschränkung. Es kommt auch nicht zu einer einschränkenden Auswirkung auf ihren Kundenkreis durch den Gebietsbezug, da die Kommunen durch die räumliche Beschränkung ihrer eigenen Tätigkeit nicht daran gehindert werden, Waren oder Dienstleistungen von EG-Ausländern zu beziehen[1098]. Der Gebietsbezug ist gerade nicht der klassische Fall einer Gebietsabschottung, um fremde Unternehmen von der Teilnahme am Wettbewerb auszuschließen, sondern hält vielmehr das im Gebiet agierende kommunale Unternehmen von der Wettbewerbsteilnahme außerhalb dieses Gebiets ab. Verbote derartiger Beschränkungen der eigenen Unternehmen durch einen Mitgliedsstaat sind etwa in Art. 29 EGV oder Art. 49 EGV geregelt.

Die öffentlichen Unternehmen im Sinne des Art. 86 Abs. 1 EGV können sich im Rahmen ihrer wirtschaftlichen Betätigung auf die Grundfreiheiten des EGV berufen[1099]. Dafür sprechen schon Art. 48 Abs. 2, 55 EGV, die die Dienstleitungs- und Niederlassungsfreiheit für juristische Personen des öffentlichen Rechts re-

---

[1095] Die Transparenzrichtlinie ist auf der Grundlage des heutigen Art. 86 Abs. 3 EGV erlassen worden und präzisiert den Anwendungsbereich des Art. 86 EGV, vgl. EuGH Rs. 188-190/80 *Transparenzrichtlinie*, Slg. 1982, 2545 Rdnr. 26.

[1096] *Burgi*, VerwA 93 (2002), 255, 257; *ders.*, EuR 1997, 261, 266; *Ehlers*, Gutachten E zum 64. DJT, S. 37; *Frenz*, GewA 2006, 100, 104; *Hösch*, WiVerw 2000, 159, 181; *Uhlenhut*, Wirtschaftliche Betätigung der Kommunen außerhalb ihres Gebiets, S. 24.

[1097] *Burmeister/Staebe*, EuR 2004, 810, 812 f.

[1098] *Weiß*, DVBl 2003, 564, 566 Fn. 14. Vgl. ferner *Kühling*, NJW 2001, 177, 178 und bei § 5 B.

[1099] *Knauff*, VR 2005, 145, 148; *Burgi*, EuR 1997, 261, 287; *Badura*, ZGR 1997, 291, 299; *Scharpf*, EuZW 2005, 295; *Frenz*, GewA 2006, 100, 104; *Weiß*, DVBl 2003, 565, 567.

geln[1100]. Dabei ist zwischen der Stellung der Unternehmen als Berechtigter der Grundfreiheiten und ihrer Bindung an die Grundfreiheiten wegen ihrer Stellung als Teil des Mitgliedstaates zu unterscheiden. Die Berechtigung aus den Grundfreiheiten ist ein speziell vom Gemeinschaftsrecht vorgesehener Freiraum gegenüber den staatlichen Stellen; die Verpflichtung der öffentlichen Unternehmen aus den Grundfreiheiten besteht gegenüber Privaten[1101]. Im Gemeinschaftsrecht greift also nicht das Konfusionsargument, welches im nationalen Recht eine Stellung als gleichzeitig Grundrechtsberechtigter und Grundrechtsverpflichteter ausschließt[1102]. Die Frage der Grundrechtsbindung im Verhältnis zu Unionsbürgern oder privaten Unternehmen spielt für die Frage der Berechtigung im Verhältnis zu den Mitgliedstaaten und der Gemeinschaft keine Rolle[1103]. Vereinzelt wird aber darauf abgestellt, dass sich die öffentlichen Unternehmen nur gegenüber den Europäischen Gemeinschaften und anderen Mitgliedstaaten auf die Grundfreiheiten berufen könnten[1104]. Soweit aber darauf abgestellt wird, dass die Berufung auf die Grundfreiheiten gegenüber dem eigenen Mitgliedstaat in dessen Entscheidungsfreiheit eingreife[1105], stellt sich die Frage, ob die Grundfreiheiten den öffentlichen Unternehmen ein Marktaustrittsrecht verschaffen oder der Mitgliedstaat im Rahmen seiner Organisationshoheit den Markt für die öffentlichen Unternehmen definieren darf[1106]. Diese Frage wird im Zusammenhang mit der Frage des Marktaustrittsrechts aufgrund eines Anspruchs auf Gleichbehandlung abgehandelt[1107]. Es handelt sich dabei, wie sogleich zu begründen ist, letztlich weniger um eine Frage der Geltung der Grundfreiheiten als vielmehr um eine Frage der aus der Geltung erwachsenden Rechte. Zunächst soll grundsätzlich die Möglichkeit einer Verletzung von Grundfreiheiten untersucht werden.

Wasser ist eine Ware[1108]. Gemeindewirtschaftsrechtliche Beschränkungen der überörtlichen Betätigung könnten im Bereich der Wasserversorgung deshalb

---

[1100] *Ehlers*, Gutachten E zum 64. DJT, S. 42; *Storr*, Der Staat als Unternehmer, S. 263; *Uhlenhut*, Wirtschaftliche Betätigung der Gemeinden außerhalb ihres Gebietes, S. 66.

[1101] *Frenz*, Handbuch Europarecht Bd. 1, Rdnr. 240; *Weiß*, DVBl 2003, 565, 568.

[1102] *Frenz*, Handbuch Europarecht Bd. 1, Rdnr. 240, 335; *Weiß*, DVBl 2003, 565, 567; *Storr*, Der Staat als Unternehmer, S. 298.

[1103] *Burgi*, EuR 1997, 261, 284.

[1104] *Storr*, Der Staat als Unternehmer, S. 300; *Uhlenhut*, Wirtschaftliche Betätigung der Gemeinden außerhalb ihres Gebiets, S. 66.

[1105] Ausdrücklich *Uhlenhut*, Wirtschaftliche Betätigung der Gemeinden außerhalb ihres Gebiets, S. 66. Für *Storr*, Der Staat als Unternehmer, S. 270 ff. ergibt sich diese Begründung aus dem von ihm vertretenen funktionalen Verständnis der öffentlichen Unternehmen.

[1106] Vgl. *Scharpf*, EuZW 2005, 295; *Hösch*, WiVerw 2000, 159, 183; *Weiß*, DVBl 2003, 565, 568 f.

[1107] Vgl. § 11 B II.

[1108] *Müller-Graff* in von der Groeben/Schwarze (Hrsg.), EUV/EGV Bd. 1, Art. 28 Rdnr. 276; *Frenz*, Handbuch Europarecht Bd. 1, Rdnr. 670; *Kluth* in Calliess/Ruffert (Hrsg.), EUV/EGV, Art. 50 EGV Rdnr. 15. Die Einordnung von Wasser als Ware beruht auf der Einordnung von Elektrizität als Ware durch den EuGH, Rs.C-393/92 *Almelo*, Slg. 1994, I-1477 Rdnr. 28;

eine Verletzung der Warenverkehrsfreiheit darstellen[1109]. Art. 29 EGV verbietet es den Mitgliedstaaten mengenmäßige Ausfuhrbeschränkungen sowie Maßnahmen gleicher Wirkung. Damit ist nach der sogenannten Dassonville-Formel, die grundsätzlich den ersten Anknüpfungspunkt für die Feststellung einer Ausfuhrbeschränkung bietet, jede staatliche Regelung erfasst, „die geeignet ist, den innergemeinschaftlichen Handel unmittelbar oder mittelbar, tatsächlich oder potentiell zu behindern"[1110]. Art. 29 EGV knüpft also wie alle Grundfreiheiten an einen grenzüberschreitenden Sachverhalt an[1111]. Die Tätigkeit der Gemeindeunternehmen im Ausland wird in dieser Arbeit aber nicht behandelt[1112]. Die der Betrachtung des Gebietsbezugs zugrunde gelegten Sachverhalte fallen somit gar nicht in den Anwendungsbereich des Art. 29 EGV. Dieser beschäftigt sich nur mit der Grenzüberschreitung von Waren in das EG-Ausland[1113]. Die Inländerdiskriminierung, d.h. Beschränkungen des Warenverkehrs innerhalb eines Mitgliedstaates, die nur für dessen einheimische Unternehmen gilt, ist den Mitgliedstaaten erlaubt[1114]. Allerdings ist den kommunalen Wasserversorgungsunternehmen eine grenzüberschreitende wirtschaftliche Betätigung im EG-Ausland durch den Gebietsbezug nicht grundsätzlich verwehrt[1115]. Er ist ein Tatbestandsmerkmal in der Zulässigkeitsprüfung und kein Ausschlusstatbestand. Soweit das Gemeindewirtschaftsrecht für die Erbringung einer Versorgungsleistung im EG-Ausland einen Bezug zur Aufgabenerfüllung für die örtliche Gemeinschaft erfordert, ist eine solche Beschränkung geeignet gegen Art. 29 EGV zu verstoßen[1116]. Es lohnt sich, der Frage nachzugehen, ob der Gebietsbezug ei-

---

EuGH, Rs. C-158/94 *Kom./Italien*, Slg. 1997, I-5789 Rdnr. 14 ff., weil Strom zwar kein körperlicher Gegenstand, aber als leitungsgebundenes Handelsgut beherrschbar und begrenzt sei. Die Begrenztheit leitungsgebundener Handelsgüter macht sie für den Warenaustausch mess- und wertbar.

[1109] Für eine Verletzung von Grundfreiheiten durch die Beschränkungen der Gemeindeordnungen vgl. *Schwintowski*, NVwZ 2001, 607, 610; *Schwintowski* in FS-Baur, S. 339, 348.

[1110] EuGH, Rs. 8/74 *Dassonville*, Slg. 1974, 837 Rdnr. 5; für die Anwendbarkeit dieser für Art. 28 EGV entwickelten Formel auf Art. 29 EGV vgl. EuGH, Rs. 53/76 *Bouhelier*, Slg. 1977, 197, Rdnr. 16.

[1111] Art. 28 EGV („zwischen den Mitgliedstaaten"), Art. 43 Abs.1 EGV („eines anderen Mitgliedsstaats"), Art. 49 Abs.1 EGV („in einem anderen Mitgliedstaat der Gemeinschaft").

[1112] Vgl. § 5 C I.

[1113] *Schroeder* in Streinz (Hrsg.), EUV/EGV, Art. 29 EGV Rdnr. 2; *Weiß*, DVBl 2003, 565, 567.

[1114] Es ist zu differenzieren. Ausfuhrbeschränkungen sind stets eine Inländerdiskriminierung, da gerade nur inländische Waren von ihnen betroffen sind. Eine gemeinschaftsrechtlich zulässige Inländerdiskriminierung ist eine Regelung, die sich ausschließlich auf den Handel mit inländischen Waren im Inland bezieht, also weder Import noch Export betrifft. Vgl. zur Inländerdiskriminierung, die sie in „umgekehrte Diskriminierung" umbenennen will, *Epiney* in Calliess/Ruffert, EUV/EGV, Art. 12 EGV Rdnr. 24 ff. mit zahlreichen Nachweisen aus der Rechtsprechung des EuGH. Dort auch zur teilweise im Schrifttum geäußerten Kritik an dieser Rechtsprechung. Vgl. auch *Frenz*, Handbuch Europarecht Bd. 1, Rdnr. 260 ff.

[1115] Vgl. zur Gebietsüberschreitung ins Ausland § 5 C I.

[1116] Vgl. *Schwarze*, EuZW 2000, 613, 625.

ne Inländerdiskriminierung oder einen Verstoß gegen Art. 29 EGV darstellt, der sich auf gemeinschaftsrechtlicher Ebene rechtfertigen lässt.

Die „Dassonville"-Formel ist aber für den Bereich der Maßnahmen gleicher Wirkung wie mengenmäßige Ausfuhrbeschränkungen vom EuGH eingeschränkt worden. Die Folge ihrer unumschränkten Geltung wäre, dass fast jede Vorschrift, welche die Produktion und den Vertrieb von Waren regelt und dabei mit Kosten verbunden ist, zumindest die Eignung zur Verringerung der Ausfuhrströme besitzt[1117]. Nach der Rechtsprechung des EuGH sind nationale Maßnahmen nur dann Maßnahmen gleicher Wirkung im Sinne von Art. 29 EGV, wenn sie „spezifische Beschränkungen der Ausfuhrströme bezwecken oder bewirken und damit unterschiedliche Bedingungen für den Binnenhandel innerhalb eines Mitgliedstaats und seinen Außenhandel schaffen", wodurch „die nationale Produktion (...) zum Nachteil der Produktion oder des Handels anderer Mitgliedstaaten einen besonderen Vorteil erlangt"[1118]. Schon diese Formulierung zeigt, dass der Gebietsbezug keine Maßnahme gleicher Wirkung darstellt. Art. 29 EGV beschränkt sich auf ein Verbot diskriminierender Ausfuhrverbote[1119]. Er sieht nur solche Maßnahmen als Maßnahmen gleicher Wirkung an, die den Absatz im Inland gegenüber dem Absatz im EG-Ausland bevorzugen[1120]. Der Gebietsbezug wird von den kommunalen Unternehmen gerade nicht als besonderer Vorteil, sondern als ihnen spezifischer Nachteil verstanden[1121]. Er unterscheidet nicht zwischen der Erfüllung einer kommunalen Aufgabe im Inland und im Ausland, sondern betrifft den inländischen Warenverkehr im selben Maß wie die Warenausfuhr[1122]. Weder zielt er auf eine Beschränkung des Exports kommunaler Unternehmen ab noch bewirkt er sie in einem gegenüber dem inländischen Absatz diskriminierender Weise. Nach dieser Ansicht liegt keine Verletzung der Grundfreiheiten vor. Auf die Frage, ob sich die öffentlichen Unternehmen gegenüber ihrem Mitgliedstaat auf die Warenverkehrsfreiheit berufen könnten, käme es nicht mehr an.

Im Schrifttum wird jedoch zunehmend darauf verwiesen, dass Art. 29 EGV ebenso wie Art. 28 EGV der Sicherung des Marktzugangs diene und der Warenexport auch durch unterschiedslos anwendbare Maßnahmen behindert werden

---

1117 *Leible* in Grabitz/Hilf (Hrsg.), EUV/EGV Bd. I, Art. 29 EGV Rdnr. 3; *Epiney* in Calliess/Ruffert (Hrsg.), EUV/EGV, Art. 29 EGV Rdnr. 18; *Schroeder* in Streinz (Hrsg.), EUV/EGV, Art. 29 EGV Rdnr. 4.

1118 EuGH, Rs. 15/79 *Groenveld*, Slg. 1979, 3409 Rdnr. 7; EuGH, Rs. C-47/90 *Delhaize*, Slg. 1992, I-3669 Rdnr. 12 ff.; EuGH, Rs. C-350/97 *Monsees*, Slg. 1999, I-2921 Rdnr. 24.

1119 *Lux* in Lenz/Borchardt (Hrsg.), EUV/EGV, Art. 29 EGV Rdnr. 1; *Geiger*, EUV/EGV, Art. 29 Rdnr. 2.

1120 *Epiney* in Calliess/Ruffert (Hrsg.), EUV/EGV, Art. 29 EGV Rdnr. 21.

1121 Zur deutlich ablehnenden Haltung der Kommunalwirtschaft gegenüber einem Territorialitätsprinzip vgl. die Berichte zum 64. DJT bei *Henneke*, LKV 2002, 644; *Burgi*, Der Landkreis 2003, 26.

1122 *Burmeister/Staebe*, EuR 2004, 810, 813.

kann[1123]. Jedoch bleiben auch nach dieser Meinung solche Regelungen verschont, mit denen die Mitgliedstaaten den Rahmen für die Produktion und den Vertrieb von Waren setzen[1124]. Der EGV geht von der Koexistenz materiell unterschiedlich ausgestalteter Rechtsordnungen aus, weshalb auch verschiedene Belastungen für die Unternehmen innerhalb des Gemeinsamen Marktes in Kauf genommen werden[1125]. Die Anwendung der Dassonville-Formel würde wie bereits gesagt den dadurch eröffneten Spielraum für eine Inländerdiskriminierung praktisch aufheben. Deshalb bedarf es einer spezifischen Ausfuhrbenachteiligung durch die Maßnahme gleicher Wirkung[1126]. Als Beispiele werden etwa die Bindung an inländische Qualitätsstandards bei ausfuhrbestimmten Waren oder besondere Formalitäten bei der Ausfuhr[1127]. Der Gebietsbezug lässt sich nicht mit solchen Bestimmungen vergleichen; er wäre höchstens eine atypische, den öffentlichen Unternehmen spezifische Ausfuhrbeschränkung. Eine Anwendung von Art. 29 EGV lässt sich aber erwägen, wenn man das Verbot von Ausfuhrbeschränkungen und Maßnahmen gleicher Wirkung nicht ausschließlich als Vermeidung von Protektion durch die Mitgliedstaaten auffasst. Die Verwirklichung des Binnenmarktes zielt auf eine möglichst weitgehende Gewährleistung grenzüberschreitender wirtschaftlicher Handlungsfreiheit ab[1128]. Er soll nicht zu einem Wettbewerb der Rechtssysteme, sondern zu einem Wettbewerb der Unternehmen führen[1129]. Dann ist der Gebietsbezug geeignet, die Mobilität der kommunalen Unternehmen zu beeinträchtigen und zielt auch gerade auf eine solche Beeinträchtigung ab[1130]. Es käme dann auf die oben aufgeworfene Frage eines Marktaustrittsrechts der kommunalen Unternehmen gegenüber ihrem Mitgliedstaat an, um eine Verletzung von Art. 29 EGV bejahen zu können. Die Organisationshoheit des Mitgliedstaats wäre dann eine Rechtfertigung dieser Beschränkung gemäß der sogenannten Cassis-Rechtsprechung des EuGH[1131]. Für

---

1123 *Frenz*, GewA 2006, 100, 103; *Schroeder* in Streinz (Hrsg.), EUV/EGV, Art. 29 EGV Rdnr. 5; *Becker* in Schwarze (Hrsg.), EU-Kommentar, Art. 29 EGV Rdnr. 7; *Leible* in Grabitz/Hilf (Hrsg.), EUV/EGV Bd. I, Art. 29 EGV Rdnr. 4.

1124 *Leible* in Grabitz/Hilf (Hrsg.), EUV/EGV Bd. I, Art. 29 Rdnr. 4; *Burmeister/Staebe*, EuR 2004, 810, 813.

1125 *Epiney* in Calliess/Ruffert (Hrsg.), EUV/EGV, Art. 29 EGV Rdnr. 18.

1126 *Müller-Graff* in von der Groeben/Schwarze (Hrsg.), EUV/EGV Bd. 1, Art. 29 EGV Rdnr. 15.

1127 Vgl. die Übersicht bei *Müller-Graff* in von der Groeben/Schwarze (Hrsg.), EUV/EGV Bd. 1, Art. 29 EGV Rdnr. 25 ff.

1128 *Müller-Graff* in von der Groeben/Schwarze (Hrsg.), EUV/EGV Bd. 1, Art. 29 EGV Rdnr. 22.

1129 *Leible* in Grabitz/Hilf (Hrsg.), EUV/EGV Bd. I, Art. 29 EGV Rdnr. 4; *Müller-Graff* in von der Groeben/Schwarze (Hrsg.), EUV/EGV Bd. 1, Art. 29 EGV Rdnr. 22.

1130 Vgl. *Weiß*, DVBl 2003, 565, 570 f. Zu den Rechtfertigungsgründen, die erstmals in der Entscheidung *Cassis de Dijon* entwickelt wurden, vgl. *Schroeder* in Streinz (Hrsg.), EUV/EGV, Art. 28 EGV Rdnr. 71; *Epiney* in Calliess/Ruffert, EUV/EGV, Art. 28 EGV Rdnr. 20 ff.

1131 In diese Richtung auch *Weiß*, DVBl 2003, 565, 571; *Schwintowski*, NVwZ 2001, 607, 610, der ohne nähere Begründung eine solche Rechtfertigung ausschließt.

eine endgültige Klärung der Frage nach dem Verstoß gegen die Grundfreiheiten bedarf es also der Prüfung eines Marktaustrittsrechts der kommunalen Unternehmen.

II. Marktaustrittsrecht der kommunalen Unternehmen aufgrund eines Anspruchs auf Gleichbehandlung mit privaten Unternehmen

Ein Marktaustrittsrecht der kommunalen Unternehmen beruht notwendigerweise auf einem gemeinschaftsrechtlichen Anspruch auf Gleichbehandlung mit den privaten Unternehmen. Während das Gemeinschaftsrecht nämlich einen unverfälschten Wettbewerb aller Teilnehmer anstrebt, behandelt das nationale Recht die öffentlichen Unternehmen anders als die Privaten. Das Öffentliche Wirtschaftsrecht ist ein Sonderrecht, das über die Regelung des Marktverhaltens hinaus auch die Existenz von Unternehmen der öffentlichen Hand begründet[1132]. Der Staat definiert den Umfang der Rechte seiner Unternehmen. Es kann deshalb nach nationalem Recht kein Marktaustrittsrecht der öffentlichen Unternehmen gegenüber ihren Trägern geben, weil die öffentlichen Unternehmen nur auf dem Markt agieren dürfen, denen das nationale Recht ihnen eröffnet. Ein Anspruch auf Gleichbehandlung setzt also voraus, dass diese Definitionsmacht des nationalen Rechts durch das Gemeinschaftsrecht zumindest teilweise aufgehoben wird. Nur wenn sich eine mitgliedstaatliche Festlegung des Umfangs der Wettbewerbsteilnahme öffentlicher Unternehmen als gemeinschaftsrechtswidrig erweisen kann, können Rechte entstehen, auf deren Einhaltung sich die Unternehmen gegenüber ihren Mitgliedstaaten berufen können. Die kommunalen Unternehmen könnten sich also dann auf die Gemeinschaftsrechtswidrigkeit des Gebietsbezugs berufen, wenn das Gemeinschaftsrecht den Mitgliedstaaten nicht erlaubte, den Handlungsspielraum ihrer Unternehmen am Markt festzulegen.

Art. 86 Abs. 1 EGV schließt nach allgemeiner Ansicht eine Vorzugsbehandlung der öffentlichen Unternehmen gegenüber privaten Unternehmen aus, um eine staatliche Beeinflussung des Wettbewerbs zu verhindern[1133]. Art. 86 Abs. 1 EGV wird deshalb als Gebot der Gleichbehandlung der öffentlichen mit den privaten Unternehmen zusammengefasst[1134]. So führten im Streit um die Rechtmäßigkeit der Transparenzrichtlinie die französische und die italienische Regierung dieses Gebot gegen eine Schlechterstellung der öffentlichen Unternehmen durch Richtlinienbestimmungen an[1135]. Zwar kann sich das Gebot der Gleichbehand-

---

[1132] *Scharpf*, NVwZ 2005, 148, 153.

[1133] Vgl. nur *Scharpf*, EuZW 2005, 295; *Mann*, JZ 2002, 819, 820; *Storr*, Der Staat als Unternehmer, S. 259 f.; vgl. die Beispiele aus der europäischen Rechtsprechung bei *Geiger*, EUV/EGV, Art. 86 Rdnr. 6.

[1134] *Pernice/Wernicke* in Grabitz/Hilf (Hrsg.), EUV/EGV Bd. II, Art. 86 EGV Rdnr. 5; *Weiß*, DVBl 2003, 565, 566; *Nagel*, Gemeindeordnung als Hürde?, S. 47; *Badura*, ZGR 1997, 291, 299; *Burgi*, EuR 1997, 261, 271.

[1135] Vgl. EuGH, Verb. Rs. 188 bis 190/80 *Transparenzrichtlinie*, Slg. 1982, 2545 Rdnr. 20.

lung auch zum Vorteil der öffentlichen Unternehmen auswirken[1136]. Der EuGH hat Vorschriften des Sekundärrechts auf eine Diskriminierung zu Lasten öffentlicher Unternehmen überprüft[1137]. Jedoch lässt sich ein Anspruch auf Gleichbehandlung nicht unmittelbar aus Art. 86 Abs. 1 EGV gewinnen. Er verpflichtet die Mitgliedstaaten zur Einhaltung der Vorschriften des EGV in ihren Beziehungen zu öffentlichen Unternehmen[1138]. Art. 86 Abs. 1 EGV ist „primär eine Verweisungsnorm“[1139]. Das Gebot der Gleichbehandlung wird deshalb aus Art. 86 Abs. 1 EGV i.V.m. Art. 3 Abs. 2 EGV entnommen[1140]. Der Grundsatz der Gleichbehandlung war schon vor Einführung des Art. 3 Abs. 2 EGV durch die Regierungskonferenz von Amsterdam ein ungeschriebener gemeinschaftsrechtlicher Grundsatz[1141]. Er liegt auch den Entscheidungen des EuGH zur Diskriminierung öffentlicher Unternehmen zugrunde, so dass die direkte Ableitung der Gleichbehandlung aus Art. 86 Abs. 1 EGV verkürzt ist[1142]. Nunmehr verlangt Art. 3 Abs. 2 EGV ausdrücklich die Beseitigung von Ungleichheiten im Rahmen der in Art. 3 Abs. 1 EGV genannten Politikfelder. Das allgemeine Wettbewerbsprinzip des Art. 3 Abs. 1 lit. g EGV muss also auch zwischen privaten und öffentlichen Unternehmen gewahrt werden[1143]. Nach dieser Ansicht liegt in einem Örtlichkeitsprinzip der Gemeindewirtschaft eine Diskriminierung der kommunalen Unternehmen vor, da die Marktbeschränkung es ihnen untersagt, Wettbewerbsverluste im eigenen Gemeindegebiet durch die Akquisition neuer Kunden außerhalb des Gemeindegebiets auszugleichen[1144]. Es wäre den Mitgliedstaaten also nicht mehr erlaubt, nationale Beschränkungen für die Teilnahme ihrer Unternehmen am Markt zu treffen. Soweit sie gegen diese Verpflichtung verstoßen, können sich die öffentlichen Unternehmen auf ein Marktaustrittsrecht berufen.

[1136] *Pernice/Wernicke* in Grabitz/Hilf (Hrsg.), EUV/EGV Bd. II, Art. 86 Rdnr. 7. Nach anderer Ansicht handelt es sich bei Art. 86 Abs. 1 EGV nur um ein Verbot der Besserstellung öffentlicher Unternehmen, vgl. *Weiß*, DVBl 2003, 565, 566; *Koenig/Kühling* in Streinz (Hrsg.), EUV/EGV, Art. 86 EGV Rdnr. 2.

[1137] Vgl. EuGH, Verb. Rs. 188 bis 190/80 *Transparenzrichtlinie*, Slg. 1982, 2545 Rdnr. 21; EuGH, Rs. C-63/89 *Assurances de Crédit*, Slg. 1991, I-1799 Rdnr. 14 ff.

[1138] EuGH, Verb. Rs. 188 bis 190/80 *Transparenzrichtlinie*, Slg. 1982, 2545 Rdnr. 12.

[1139] *Burgi*, EuR 1997, 261, 279.

[1140] *Nagel*, ZögU 23 (2000), 428, 437; *ders.*, NVwZ 2000, 758, 761; *ders.*, Gemeindeordnung als Hürde?, S. 47 ff., 53 f., 71 f. Für die Gas- und Energieversorgung wird für das Gebot der Gleichbehandlung auf die jeweiligen Art. 3 Abs. 1 der RL 96/92/EG, Abl.EG Nr. L 27, S. 20 und RL 98/30/EG, Abl.EG Nr. L 204, S. 1 zurückgegriffen. Beide ordnen an, „dass hinsichtlich der Rechte und Pflichten allen Unternehmen die gleiche Behandlung zuteil wird“. Vgl. dazu *Sollondz*, LKV 2003, 297, 304; *Nagel*, ZögU 23 (2000), 428, 437 f.

[1141] *Nagel*, ZögU 23 (2000), 428, 437.

[1142] *Weiß*, DVBl 2003, 565, 567. Vgl. EuGH, Rs. C-63/89 *Assurances de Crédit*, Slg. 1991, I-1799 Rdnr. 14, 23.

[1143] *Nagel*, ZögU 23 (2000), 428, 436; *Badura*, ZGR 1997, 291, 298.

[1144] *Sollondz*, LKV 2003, 297, 304.

Diese Ansicht berücksichtigt aber nicht in ausreichender Weise das Prinzip der Neutralität[1145] des Gemeinschaftsrechts gegenüber den staatlichen Eigentumsordnungen aus Art. 295 EGV. Der Gleichheitsgrundsatz kann nämlich zwischen öffentlichen und privaten Unternehmen nur Anwendung finden, wenn sich diese in einer vergleichbaren Lage befinden[1146]. Art. 295 EGV lässt die Eigentumsordnung der Mitgliedstaaten unberührt. Der Mitgliedsstaat kann also frei zwischen einer Zuordnung von Eigentum zum öffentlichen oder privaten Sektor entscheiden und die privatwirtschaftliche Ordnung mit einer öffentlichen Wirtschaftstätigkeit verbinden[1147]. Damit ist der EGV zwar bezüglich der Eigentumszuordnung gegenüber neutral; diese Neutralität erstreckt sich aber nicht auf die Art und Weise einer Teilnahme der Unternehmen am Wettbewerb[1148]. Damit verbleibt es aber bei der Zuständigkeit der Mitgliedstaaten, den Umfang öffentlicher Wirtschaftstätigkeit in ihrer Eigentumsordnung zu bestimmen[1149]. Da die öffentlichen Unternehmen und ihr Mitgliedstaat von der Gemeinschaft als Einheit betrachtet werden, ist eine Beschränkung des Umfangs der Wettbewerbsteilnahme öffentlicher Unternehmen eine Selbstbeschränkung[1150]. Der Mitgliedstaat kann sich im Rahmen seiner Teilnahme am Wettbewerb freiwillig Schranken auferlegen so wie dies auch ein privates Unternehmen tun könnte[1151]. Es ist also legitim, wenn er seine Unternehmen an die Verfolgung von Gemeinwohlzielen bindet, die Unternehmen also zweckgebundene öffentliche Aufgaben zu erfüllen haben[1152]. Er bestimmt dadurch die Tätigkeitsfelder seiner Unternehmen[1153]. Der Gebietsbezug ist nur der räumliche Ausdruck der Festlegung kommunaler Unternehmen auf das Gemeinwohlinteresse der örtlichen Gemeinschaft. Die Regelung des einem kommunalen Unternehmen eröffneten Marktes, d.h. sein territorialer Handlungsspielraum, ist also Teil der von Art. 295 EGV anerkannten mitgliedstaatlichen Verwaltungshoheit[1154]. Es stünde dem Prinzip der Neutralität entgegen, wenn das Gemeinschaftsrecht den öffentlichen Unternehmen neue Aufgabenfelder eröffnen würde[1155]. Die Regelungen eines Mit-

---

1145 *Badura*, ZGR 1997, 291, 295; *Heilshorn*, Gebietsbezug der Kommunalwirtschaft, S. 181; *Koenig/Kühling* in Streinz (Hrsg.), EUV/EGV, Art. 295 EGV Rdnr. 1; *Borchardt*, Referat O zum 64. DJT, S. 10.

1146 Vgl. EuGH, Verb. Rs. 188 bis 190/80 *Transparenzrichtlinie*, Slg. 1982, 2545 Rdnr. 21.

1147 *Mann*, JZ 2002, 819, 820; *Kingreen* in Calliess/Ruffert (Hrsg.), EUV/EGV, Art. 295 EGV Rdnr. 11; *Brinker* in Schwarze (Hrsg.), EU-Kommentar, Art. 295 EGV Rdnr. 1.

1148 *Storr*, Der Staat als Unternehmer, S. 301; *Badura*, ZGR 1997, 291, 296.

1149 *Kingreen* in Calliess/Ruffert (Hrsg.), EUV/EGV, Art. 295 EGV Rdnr. 11; *Badura*, ZGR 1997, 291, 296; *Borchardt*, Referat O zum 64. DJT, S. 9.

1150 Vgl. *Ehlers*, Gutachten E zum 64. DJT, S. 42; *Grawert* in Reichard (Hrsg.), Kommunen am Markt, S. 9, 13.

1151 *Ehlers*, Gutachten E zum 64. DJT, S. 42; vgl. auch *Knauff*, VR 2005, 145, 150.

1152 EuGH, Verb. Rs. 188 bis 190/80 *Transparenzrichtlinie*, Slg. 1982, 2545 Rdnr. 21; *Hösch*, WiVerw 2000, 159, 183; *Heilshorn*, Gebietsbezug der Kommunalwirtschaft, S. 182.

1153 *Weiß*, DVBl 2003, 565, 569; *Scharpf*, EuZW 2005, 295, 296.

1154 *Scharpf*, EuZW 2005, 295, 296; *ders.*, NVwZ 2005, 148, 153.

1155 *Uhlenhut*, Wirtschaftliche Betätigung der Gemeinden außerhalb ihres Gebietes, S. 68.

gliedstaates zum Umfang der Wettbewerbsteilnahme seiner Unternehmen sind von der Prüfung am Maßstab des EGV freigestellt[1156]. Der europäische Gleichbehandlungsgrundsatz und die Grundfreiheiten kommen als Prüfungsmaßstab erst dann in Betracht, wenn ein öffentliches Unternehmen sich innerhalb seiner Zuständigkeitsgrenzen am Markt bewegt[1157]. Das Gemeinschaftsrecht ist also nur für die öffentlichen Unternehmen einschlägig, die sich nach nationalem Recht auf einem bestimmten Markt betätigen dürfen[1158]. Die sachliche Differenzierung, die den Gleichheitsgrundsatz ausschließt, ist also die von Art. 295 EGV anerkannte beschränkte Legitimation kommunaler Unternehmen zur Wettbewerbsteilnahme[1159]. Somit ist eine unterschiedliche Behandlung von kommunalen und privaten Unternehmen gerechtfertigt. Die kommunalen Unternehmen können sich deshalb nicht in derselben Weise wie private Unternehmen auf ein Marktaustrittsrecht gegenüber ihren Mitgliedstaaten berufen[1160].

Speziell für den Bereich der Wasserversorgung lässt sich noch ein weiterer Differenzierungsgrund anführen. Bei der Anwendung des Gleichbehandlungsgrundsatzes wird regelmäßig davon ausgegangen, dass das Gemeinschaftsrecht schon deswegen die Gleichbehandlung öffentlicher und privater Unternehmen gebiete, um die Nachteile auszugleichen, welche den öffentlichen Unternehmen durch die Öffnung bisher monopolistisch wahrgenommener Daseinsvorsorgebereiche für den Wettbewerb entstanden sind[1161]. Der deutsche Wassermarkt zeichnet sich aber gerade dadurch aus, dass er bisher nicht liberalisiert worden ist. § 131 Abs. 8 GWB i.V.m. §§ 103, 103a, 105 GWB zielt auf die Fortgeltung der bisherigen örtlichen Versorgungsmonopole ab[1162]. Die Öffnung für den Wettbewerb, insbesondere der Abschluss eines ausschließlichen Konzessionsvertrags, erfolgt nur mit dem Willen der jeweiligen Gemeinde[1163]. Das Argument des Ausgleichs von Wettbewerbsnachteilen kann also für einen Anspruch auf Gleichbehandlung in der Wasserversorgung gerade nicht angeführt werden. Eine sachliche Differenzierung ergibt sich schon daraus, dass die Beschränkung der Wettbewerbsteilnahme durch das nationale Recht mit einem Ausschluss des Wettbewerbs auf dem entsprechenden Markt einhergeht. Diese sektorale Besonderheit zeigt, dass eine schematische Gleichbehandlung von privaten und kommunalen Unternehmen hinsichtlich des Umfangs der Wettbewerbsteilnahme

---

[1156] *Heilshorn*, Gebietsbezug der Kommunalwirtschaft, S. 182.

[1157] *Scharpf*, EuZW 2005, 295, 296.

[1158] *Hösch*, DÖV 2000, 393, 406; *Hösch*, WiVerw 2000, 159. 183; *Uhlenhut*, Wirtschaftliche Betätigung der Gemeinden außerhalb ihres Gebietes, S. 67.

[1159] *Weiß*, DVBl 2003, 565, 572; *Scharpf*, EuZW 2005, 295, 296; *Knauff*, VR 2005, 145, 150.

[1160] *Ehlers*, Gutachten E zum 64. DJT, S. 42.

[1161] Vgl. *Sollondz*, LKV 2003, 297, 304; *Nagel*, NVwZ 2001, 758, 761; *ders.*, ZögU 23 (2000), 428, 434 ff. Zur Unvereinbarkeit von räumlichen Einschränkungen auf einem deregulierten Markt vgl. auch *Hellermann*, Örtliche Daseinsvorsorge und gemeindliche Selbstverwaltung, S. 212.

[1162] Zur Wasserversorgung als rechtlichem Monopol vgl. § 6 B.

[1163] Zu den Wettbewerbsmöglichkeiten in der Wasserversorgung vgl. § 6 C.

nicht geboten ist. Ein Marktaustrittsrecht der kommunalen Wasserversorgungsunternehmen ist deshalb nicht anzunehmen.

Im Ergebnis kommt es somit nicht darauf an, ob man bereits eine Verletzung von Art. 29 EGV durch den Gebietsbezug des Gemeindewirtschaftsrechts ablehnt. Die Warenverkehrsfreiheit würde zu einem Recht des Unternehmens auf Erschließung neuer Geschäftsfelder führen, wenn sich ein öffentliches Unternehmen auf sie beruft und sich gegen die Regelungen wendet, welche den Umfang seiner Wettbewerbsteilnahme festlegen. Während privaten Unternehmen ein Marktaustrittsrecht fraglos zusteht, besteht in der Anerkenntnis der mitgliedstaatlichen Organisationshoheit durch Art. 295 EGV ein sachlicher Differenzierungsgrund für die unterschiedliche Behandlung öffentlicher Unternehmen hinsichtlich der Vorschriften, die ihre Tätigkeit legitimieren. Durch diese Vorschriften legt der Mitgliedstaat den Umfang der Wettbewerbsteilnahme und damit den Bereich fest, in dem sich öffentliche Unternehmen auf die Grundfreiheiten berufen können. Der Gebietsbezug des Gemeindewirtschaftsrechts ist mit dem Gemeinschaftsrecht konform.

§ 12 Die Vereinbarkeit der rechtlichen Besonderheiten in der Wasserversorgung mit dem Gemeinschaftsrecht

Im Bereich der Wasserversorgung bestehen zwei rechtliche Besonderheiten gegenüber anderen Bereichen kommunaler Daseinsvorsorgeleistungen; zum einen die Regelung zur Zulässigkeit rechtlicher Gebietsmonopole in § 131 Abs. 8 GWB i.V.m. § 103 GWB a.F., zum anderen das Ortsnäheprinzip des § 1a Abs. 3 WHG und den auf dieser Grundlage ergangenen landesrechtlichen Vorschriften. Beide Regelungen enthalten gemeinschaftsrechtliches Konfliktpotential. Ein Gebietsmonopol schließt einen Wettbewerb in dem davon betroffenen Versorgungsgebiet aus und könnte deshalb den Wettbewerbsregeln des EGV widersprechen. Der regelmäßige Ausschluss einer Fernwasserversorgung könnte eine Verletzung der Grundfreiheiten darstellen, wenn dadurch private Unternehmen der Fernwasserversorgung von der Wasserversorgung in einem bestimmten Gebiet ausgeschlossen werden.

A. Die Vereinbarkeit der Gebietsmonopole in der Wasserversorgung mit dem Gemeinschaftsrecht

I. Die wettbewerbsrechtliche Problematik der geschlossenen kommunalen Versorgungsgebiete

§ 131 Abs. 8 GWB i.V.m. § 103 GWB a.F. erlaubt den Kommunen die Begründung geschlossener kommunaler Wasserversorgungsgebiete, indem sie ausschließliche Konzessionsverträge zwischen Kommunen und Wasserversorgungsunternehmen gestattet; zudem findet die Durchleitungsverpflichtung des § 19 Abs. 4 Nr. 4 GWB im Bereich der Wasserversorgung keine Anwendung[1164]. Die Gemeinden können die Versorgung ihrer Einwohner durch ein eigenes Unternehmen selber vornehmen oder sie durch den Konzessionsvertrag exklusiv einem auswärtigen Unternehmen übertragen[1165]. Wenn sich eine Kommune für eine dieser beiden Möglichkeiten entscheidet, schließt sie damit einen Wettbewerb im Markt, d.h. konkurrierende Angebote mehrerer Versorgungsunternehmen auf ihrem Gemeindegebiet, aus. Durch die Einrichtung des Anschluss- und Benutzungszwangs zugunsten des Versorgungsunternehmens durch die Gemeinde verleiht sie dem Unternehmen ausschließliche Rechte im Sinne des Art. 86 Abs. 1 EGV[1166]. Dieses kartellrechtlich zulässige Gebietmonopol widerspricht der in Art. 3 Abs. 1 lit. g EGV ausgesprochenen Verpflichtung der Gemeinschaft zur Schaffung eines unverfälschten Wettbewerbs im Binnenmarkt. Der EuGH hat festgestellt, dass eine ausschließliche Abnahmeklausel in einem Vertrag mit einem lokalen Versorgungsunternehmen wettbewerbsbeschränkende Wirkung hat und gemäß den Kriterien der sogenannten Bündeltheorie, die Vielzahl gleichartiger Verträge aufgrund ihrer kumulativen Wirkung den Handel zwischen den Mitgliedstaaten beeinträchtigt[1167]. Das vergleichbar flächendeckende System von Demarkations- und Konzessionsverträgen in Deutschland nach §§ 103, 103a GWB a.F. wird deshalb als Verstoß gegen das Verbot wettbewerbsbeschränkender Vereinbarungen im Sinne von Art. 81 EGV angesehen[1168]. Die Kommission ist im Bereich der Energieversorgung in mehreren Vertragsverletzungsverfahren gegen die nationalen Ein- und Ausfuhrmonopole verschiedener Mitgliedstaaten vorgegangen[1169]. Die zum damaligen Zeitpunkt bestehenden lokalen Energieversorgungsmonopole in Deutschland, die ebenfalls auf §§ 103, 103a GWB a.F. beruhten, weder Gegenstand einer der Klagen der

---

[1164] Vgl. § 6 C I zu den Konzessionsverträgen und § 6 C II zu den Durchleitungsrechten konkurrierender Unternehmen.

[1165] Der Abschluss mehrerer nicht-ausschließlicher Konzessionsverträge ist den Gemeinden ohne weiteres möglich; § 103 GWB a.F. gibt die geschlossenen Versorgungsgebiete nicht als bindendes Modell vor, sondern erweitert durch die Zulässigkeit ausschließlicher Konzessionsverträge nur die kommunalen Handlungsmöglichkeiten.

[1166] *Scharpf*, EuZW 2005, 295, 296; *Pernice/Wernicke* in Grabitz/Hilf (Hrsg.), EUV/EGV Bd. II, Art. 86 EGV Rdnr. 30.

[1167] EuGH, Rs. 373/92 *Almelo*, Slg. 1994, I-1477 Rdnr. 34 ff.; zur Bündeltheorie EuGH Rs. C-234/89 *Delimitis*, Slg. 1991, I-935.

[1168] *Schink*, DVBl 2005, 861, 867; *Thiessen*, EWS 1998, 10, 12; *Jestaedt* in Langen/Bunte (Hrsg.), Kartellrecht Bd.1, Art. 81 EGV – Sonderbereiche Rdnr. 168; *Ehlermann*, RdE 1993, 41, 44 f.; vgl. auch die Anfrage des BGH EuZW 1997, 381, 383 f. an den EuGH hinsichtlich der Wettbewerbswidrigkeit von Gasversorgungsmonopolen. Auch das Bundeskartellamt geht von einer Verletzung des Art. 81 EGV durch die Konzessionsverträge aus, vgl. den Bericht bei *Markert*, RdE 1993, 134 f.; zweifelnd *Koch*, ZögU 26 (2003), 241, 251.

[1169] EuGH, Rs. C-157/94 *Kommission/Niederlande*, Slg. 1997, I-5699; EuGH, Rs. C-158/94 *Kommission/Italien*, Slg. 1997, I-5789; EuGH, Rs. C-159/94 *Kommission/Frankreich*, Slg. 1997, I-5815; EuGH, Rs. C-160/94 *Kommission/Spanien*, Slg. 1997, I-5851.

Kommission noch zuvor Bestandteil der Vertragsverletzungsverfahren waren[1170]. In der Folge der Liberalisierung des Energiemarktes durch die Elektrizitäts- und Erdgasbinnenmarktrichtlinien[1171] wurde der Privilegierungstatbestand der §§ 103, 103a GWB a.F. im Rahmen der 6. Novelle des GWB für den Bereich der Versorgung mit Strom und Gas aufgehoben[1172]. Daher stellt sich die Frage, ob die geschlossenen Versorgungsgebiete der Wasserversorgung von der Geltung der gemeinschaftsrechtlichen Wettbewerbsvorschriften ausgenommen sind. Die gemeinschaftsrechtliche Zulässigkeit der geschlossenen Versorgungsgebiete der Wasserversorgung könnte sich aus Art. 86 Abs. 2 Satz 1 EGV ergeben. Diese Vorschrift ist ein Rechtfertigungsgrund sowohl gegenüber den Wettbewerbsvorschriften wie auch gegenüber den Grundfreiheiten[1173].

II. Die Voraussetzungen des Art. 86 Abs. 2 Satz 1 EGV für eine Freistellung von den Wettbewerbsvorschriften des EGV

1. Wasserversorgung als Dienstleistung von allgemeinem wirtschaftlichem Interesse

Nach Art. 86 Abs. 2 Satz 1 EGV gelten für Unternehmen, die mit Dienstleistungen von allgemeinem wirtschaftlichem Interesse betraut sind oder den Charakter eines Finanzmonopols haben, die Vorschriften des EGV, insbesondere die Wettbewerbsregeln, soweit die Anwendung dieser Vorschriften nicht die Erfüllung der ihnen übertragenen besonderen Aufgabe rechtlich oder tatsächlich verhindert. Eine Unterscheidung zwischen öffentlichen und privaten Unternehmen findet dabei nicht statt[1174]. Um zur Anwendung dieser Vorschrift zu gelangen müssten die Wasserversorgungsunternehmen Dienstleistungen von allgemeinem

---

1170 *Hellermann*, Örtliche Daseinsvorsorge und gemeindliche Selbstverwaltung, S. 288; *Lecheler/Gundel*, RdE 1998, 92.

1171 RL 96/92/EG des Europäischen Parlaments und des Rates vom 19.12.1996 betreffend gemeinsame Vorschriften für den Elektrizitätsbinnenmarkt, ABl. 1997, Nr. L 27, S. 20; RL 98/30/EG des Europäischen Parlaments und des Rates vom 22.6.1998 betreffend gemeinsameVorschriften für den Erdgasbinnenmarkt, ABl. 1998, Nr. L 204, S. 1. Diese ursprünglichen Richtlinien wurden ersetzt durch die RL 2003/54/EG des Europäischen Parlaments und des Rates vom 26.6.2003 über gemeinsameVorschriften für den Elektrizitätsbinnenmarkt und zur Aufhebung der Richtlinie 96/92/EG, ABl. 2003, Nr. L 176, S. 37 und RL 2003/55/EG des Europäischen Parlaments und des Rates vom 26.6.2003 über gemeinsame Vorschriften für den Erdgasbinnenmarkt und zur Aufhebung der RL 98/30/EG, ABl. 2003, Nr. L 176, S. 57.

1172 *Klaue* in Immenga/Mestmäcker (Hrsg.), GWB, § 131 Rdnr. 8; *Jestaedt* in Langen/Bunte (Hrsg.), Kartellrecht Bd. 1, Art. 81 – Sonderbereiche Rdnr. 162.

1173 *Badura*, ZGR 1997, 291, 300; *Pernice/Wernicke* in Grabitz/Hilf (Hrsg.), EUV/EGV Bd. II, Art. 86 EGV Rdnr. 53; vgl. zur Anwendung des Art. 86 Abs. 2 EGV als Rechtfertigungsgrund im Bereich der Grundfreiheiten EuGH, Rs. C-157/94 *Kommission/Niederlande*, Slg. 1997, I-5699 Rdnr. 32; EuGH, Rs. C-266/96 *Corsica Ferries*, Slg. 1998, I-3949 Rdnr. 59.

1174 *Ehricke*, EuZW 1993, 211, 214; *Badura*, ZGR 1997, 291, 300; *Emmerich* in Dauses (Hrsg.), Handbuch des EU-Wirtschaftsrechts Bd. 2, H II Rdnr. 147.

wirtschaftlichem Interesse erbringen. Der Begriff der Dienstleistung ist dabei weiter gefasst als der Dienstleistungsbegriff des Art. 50 EGV[1175]. So werden auch Warenlieferungen erfasst[1176]. Der Anhang II der Mitteilung der Kommission zu „Leistungen der Daseinsvorsorge" aus dem Jahr 2000 enthält eine Begriffsbestimmung, wonach der Begriff „marktbezogene Tätigkeiten, die im Interesse der Allgemeinheit erbracht und daher von den Mitgliedstaaten mit besonderen Gemeinwohlverpflichtungen verbunden werden"[1177] erfasst. Das Grünbuch der Kommission zu Dienstleistungen von allgemeinem Interesse aus dem Jahr 2003 legt diese Definition ebenfalls zugrunde[1178]. Der EuGH hat für die Einordnung unter die Dienstleistung von allgemeinem wirtschaftlichem Interesse an das öffentliche Interesse der Mitgliedstaaten angeknüpft. So liegt eine Dienstleistung von allgemeinem wirtschaftlichem Interesse vor, wenn die Leistung „ohne Rücksicht auf die besondere Situation oder die Wirtschaftlichkeit des konkreten Einsatzes flächendeckend und zu jeder Zeit, zu einheitlichen Benutzungsentgelten und bei gleicher Qualität sicherzustellen"[1179] ist. Bei der Bereitstellung von flächendeckenden, gegebenenfalls auch unrentablen Leistungsangeboten spricht man von Universaldienstleistungen[1180]. Letzten Endes bleibt den Mitgliedstaaten die Gestaltungsfreiheit darüber, welche Dienste im öffentlichen Interesse erbracht werden[1181]. Es muss sich dabei nicht um ein öffentliches Interesse des gesamten Mitgliedstaates an der Leistung handeln; es genügt auch das Interesse einer Gemeinde[1182]. Bei Zugrundelegung dieser Umschreibungen ist

---

[1175] *Mann*, ZögU 28 (2005), 174, 180; *Pernice/Wernicke* in Grabitz/Hilf, EUV/EGV Bd. II, Art. 86 EGV Rdnr. 32; *Koenig/Kühling* in Streinz (Hrsg.), EUV/EGV, Art. 86 EGV Rdnr. 44; *Emmerich* in Dauses (Hrsg.), Handbuch des EU-Wirtschaftsrechts Bd. 2, H II Rdnr. 148.

[1176] *Koenig/Kühling* in Streinz (Hrsg.), EUV/EGV, Art. 86 EGV Rdnr. 44; *Jung* in Calliess/Ruffert (Hrsg.), EUV/EGV, Art. 86 EGV Rdnr. 36; *Hochbaum/Klotz* in von der Groeben/Schwarze (Hrsg.), EUV/EGV Bd. 2, Art. 86 EGV Rdnr. 58; *Pernice/Wernicke* in Grabitz/Hilf, EUV/EGV Bd. II, Art. 86 EGV Rdnr. 32.

[1177] Mitteilung der Kommission der Europäischen Gemeinschaften, Leistungen der Daseinsvorsorge, KOM (2000), 580endg., ABl. EG Nr. C 17, S.4 Anhang II.

[1178] Kommission der Europäischen Gemeinschaften, Grünbuch zu Dienstleistungen von allgemeinem Interesse, KOM (2003), 270endg., Rdnr. 17.

[1179] EuGH, Rs. C-475-99 *Ambulanz Glöckner*, Slg. 2001, I-8989 Rdnr. 55; EuGH, Rs. 66/86 *Ahmed Saeed*, Slg. 1989, 803 Rdnr. 55; EuGH, Rs. C-320/93 *Corbeau*, Slg. 1993, 2533 Rdnr. 15.

[1180] *Emmerich* in Dauses (Hrsg.), Handbuch des EU-Wirtschaftsrechts Bd. 2, H II Rdnr. 155; *Koenig/Kühling* in Streinz (Hrsg.), EUV/EGV, Art. 86 EGV Rdnr. 45.

[1181] EuGH, Rs. 159/94 *Kommission/Frankreich*, Slg. 1997, I-5815 Rdnr. 55 f.; *Papier*, DVBl 2003, 686, 693; *von Burchard* in Schwarze (Hrsg.), EU-Kommentar, Art. 86 EGV Rdnr. 63; *Koenig/Kühling* in Streinz (Hrsg.), EUV/EGV, Art. 86 EGV Rdnr. 47; *Lecheler/Gundel*, RdE 1998, 92, 93. Zu den Grenzen der Gestaltungsfreiheit vgl. *Nettesheim*, EWS 2002, 253, 254 f.; *Pernice/Wernicke* in Grabitz/Hilf (Hrsg.), EUV/EGV Bd. II, Art. 86 EGV Rdnr. 38 f.

[1182] *Grill* in Lenz/Borchardt (Hrsg.), EUV/EGV, Art. 86 Rdnr. 24.

die Wasserversorgung nach allgemeiner Ansicht eine Dienstleistung von allgemeinem wirtschaftlichem Interesse[1183].

2. Der Konzessionsvertrag als Betrauungsakt

Die Wasserversorgungsunternehmen müssten weiterhin mit dieser besonderen Aufgabe betraut worden sein. Der Betrauungsakt setzt voraus, dass dem Unternehmen kraft eines Hoheitsaktes der öffentlichen Gewalt eine Dienstleistung von allgemeinem wirtschaftlichem Interesse übertragen wurde[1184]. Der EuGH hat entschieden, dass öffentlich-rechtliche Konzessionen einen Betrauungsakt darstellen[1185]. Umstritten bleibt hingegen, ob ein privatrechtlich gestalteter Konzessionsvertrag für ein Betrauen ausreicht, wenn dieser Vertrag durch gesetzliche Regelungen etwa zum Anschluss- und Benutzungszwang ergänzt wird. Im Bereich der Energieversorgung ist unter der Geltung der §§ 103, 103a GWB a.F. verschiedentlich bestritten worden, dass es sich bei den Konzessionsverträgen zwischen den Gemeinden und den Versorgungsunternehmen um Betrauungsakte handele[1186]. Diese Verträge unterlägen vielmehr vollständig dem europäischen Wettbewerbsrecht[1187]. Es handele sich bei Verträgen nicht um eine hoheitliche Übertragung einer besonderen Aufgabe[1188]. Diese Ansicht stellt aber auf ein formales Kriterium ab, auf das es dem Gemeinschaftsrecht gar nicht ankommt[1189]. Der Betrauungsakt muss keine Rechtsvorschrift sein[1190]. Die Kommission hat in ihrer Mitteilung zu Leistungen der Daseinsvorsorge aus dem Jahr 2000 Verträge für eine Betrauung ausreichen lassen[1191]. In der Entscheidung

---

1183 *Pöchterstörfer*, ZUR Sonderheft 2003, 184, 189; *Burmeister/Staebe*, EuR 2004, 810, 821; *Badura*, ZGR 1997, 291, 300; *Laskowski*, ZUR 2003, 1, 9; *Geiger*, EUV/EGV, Art. 86 EGV Rdnr. 9; *Grill* in Lenz/Borchardt (hrsg.), EUV/EGV, Art. 86 EGV Rdnr. 26; *Pernice/Wernicke* in Grabitz/Hilf (Hrsg.), EUV/EGV Bd. II, Art. 86 EGV Rdnr. 40; *Hochbaum/Klotz* in von der Groeben/Schwarze (Hrsg.), EUV/EGV Bd. 2, Art. 86 EGV Rdnr. 58; Stellungnahme des Wissenschaftlichen Beirats der Gesellschaft für öffentliche Wirtschaft, ZögU 27 (2004), 187, 188; vgl. auch Entscheidung der Kommission vom 25. 11.1999, Stadtgebiet Venedig, ABl. 2000 Nr. L 150, S. 50 Rdnr. 92.

1184 EuGH, Rs. 127/73 *BRT*, Slg. 1974, 313 Rdnr. 19/22; EuGH, Rs. 66/86 *Ahmed Saeed*, Slg. 89, 803 Rdnr. 55; EuGH, Rs. 172/80 *Züchner*, Slg. 1981, 2021 Rdnr. 7; EuGH, Rs. 159/94 *Kommission/Frankreich*, Slg. 1997, I-5815 Rdnr. 65.

1185 EuGH, Rs. 159/94 *Kommission/Frankreich*, Slg. 1997, I-5815 Rdnr. 66; EuGH, Rs. 393/92 *Almelo*, Slg. 1994, I-1477 Rdnr. 47.

1186 Vgl. etwa *Ehricke*, EuZW 1998, 741, 745; *Thiessen*, EWS 1998, 10, 16 f.; *Hochbaum/Klotz* in von der Groeben/Schwarze (Hrsg.), EUV/EGV Bd. 2, Art. 86 EGV Rdnr. 156; anderer Ansicht *Rapp-Jung*, EuZW 1994, 464, 465.

1187 *Hochbaum/Klotz* in von der Groeben/Schwarze (Hrsg.), EUV/EGV Bd. 2, Art. 86 EGV Rdnr. 158.

1188 *Emmerich* in Dauses (Hrsg.), Handbuch des EU-Wirtschaftsrechts Bd. 2, H II Rdnr. 157.

1189 *Rapp-Jung*, RdE 1994, 165, 168.

1190 EuGH, Rs. C-159/94 *Kommission/Frankreich*, Slg. 1997, I-5815 Rdnr. 66.

1191 Mitteilung der Kommission der Europäischen Gemeinschaften, Leistungen der Daseinsvorsorge, KOM (2000), 580endg., ABl. EG Nr. C 17, S.4 Rdnr. 22.

„Jahrhundertvertrag" hat sie die Anwendung des Art. 86 Abs. 2 Satz 1 EGV auf die deutschen Energieversorgungsunternehmen ohne weiteres bejaht[1192]. Auch in der Konzessionsmitteilung war sie von der Anwendbarkeit des Art. 86 Abs. 2 EGV auf Konzessionen ausgegangen[1193]. Es ist auch nicht ersichtlich, weshalb es für das Betrauen auf die Art und Weise ankommen soll, in dem im jeweiligen Mitgliedsstaat die besondere Aufgabe übertragen wird[1194]. Das würde die Geltung des Art. 86 Abs. 2 EGV von der Ausgestaltung der Übertragung in den Mitgliedstaaten abhängig machen. Entscheidend ist, ob der Träger öffentlicher Gewalt durch den Betrauensakt das Unternehmen individualisiert und die übertragene Aufgabe klar und zweifelsfrei bestimmt[1195]. Durch einen Konzessionsvertrag wird ein Beschluss des Gemeinderats über die Wahl des Konzessionärs in eine privatrechtliche Vereinbarung umgesetzt[1196]. Die Gemeinde handelt also sowohl als Hoheitsträger, insoweit sie die Verantwortung für die Aufgabe Wasserversorgung delegiert, wie auch als öffentliches Unternehmen[1197]. Diese Form der Betrauung erscheint schon deshalb als ausreichend, weil sich ein allgemeines Modell der „Konzession" im Gemeinschaftsrecht herausbildet[1198]. Der Konzessionsvertrag verpflichtet das Versorgungsunternehmen gerade zur flächendeckenden Erbringung seiner Leistungen zu einheitlichen Preisen und in gleichmäßiger Qualität wie es die Rechtsprechung des EuGH zu den Universaldienstleistungen verlangt[1199]. Es bestehen also gerade die aus Gründen der Rechtssicherheit und Transparenz von Art. 86 Abs. 2 EGV geforderten klaren und eindeutigen Vorgaben bei der Aufgabenübertragung[1200]. Zudem wird der Konzessionsvertrag durch die Satzung zum Anschluss- und Benutzungszwang, also einen hoheitlichen Akt, ergänzt[1201], so dass auch insoweit eine eindeutige Abgrenzung des Ausnahmebereichs des Art. 86 Abs. 2 EGV gewährleistet bleibt. Damit ist ein Konzessionsvertrag ein zulässiger Betrauensakt.

1192 Entscheidung der Kommission vom 22.12.1992 *Jahrhundertvertrag*, ABl. 1993, Nr. L 50, S. 14 Rdnr. 28.

1193 Mitteilung der Kommission zu Auslegungsfragen im Bereich Konzessionen im Gemeinschaftsrecht, ABl. 2000, Nr. C 121, S. 2, 9.

1194 *Burgi*, EuR 1997, 261, 276; *Wieland/Hellermann*, DVBl 1996, 401, 404; *Schwarze*, EuZW 2000, 613, 624; *Storr*, Der Staat als Unternehmer, S. 226 f.

1195 *Rapp-Jung*, EuZW 1994, 464, 465; *Frenz*, EuR 2000, 901, 907.

1196 *Hellermann*, Örtliche Daseinsvorsorge und gemeindliche Selbstverwaltung, S. 293 f.; *Rapp-Jung*, RdE 1994, 165, 169.

1197 *Rapp-Jung*, EuZW 1994, 464, 465.

1198 *Pernice/Wernicke* in Grabitz/Hilf (Hrsg.), EUV/EGV Bd. II, Art. 86 EGV Rdnr. 42.

1199 *Hellermann*, Örtliche Daseinsvorsorge und gemeindliche Selbstverwaltung, S. 294.

1200 *Koenig/Kühling*, ZHR 166 (2002), 657, 673.

1201 Für diesen Fall bejahen *Ehricke*, EuZW 1998, 741, 745 und *Hochbaum/Klotz* in von der Groeben/Schwarze (Hrsg.), EUV/EGV Bd. 2, Art. 86 EGV Rdnr. 63 ein Betrauen.

3. Die Erforderlichkeit der Befreiung von den Wettbewerbsvorschriften

Art. 86 Abs. 2 Satz 1 EGV lässt eine Ausnahme von den Wettbewerbsvorschriften allerdings nur zu, soweit durch die Geltung der Vorschriften die Erfüllung der besonderen Aufgabe rechtlich oder tatsächlich verhindert würde. Grundsätzlich ist diese Ausnahme eng auszulegen[1202]. Eine bloße Erschwerung oder Behinderung der Aufgabenerfüllung reicht nicht aus[1203]. Eine Verhinderung liegt allerdings nicht erst dann vor, wenn dem Unternehmen die Erfüllung der Aufgabe gänzlich unmöglich ist. Seit der Entscheidung „Corbeau" hat der EuGH Einschränkungen des Wettbewerbs auf der Grundlage des Art. 86 Abs. 2 EGV für erforderlich erachtet, sofern dem Unternehmen die Verpflichtung auferlegt ist, die besondere Aufgabe flächendeckend und zu gleichen Preisen und Konditionen auch dann zu erfüllen, wenn die Leistung unrentabel ist und von privaten Konkurrenten nicht erbracht werden würde und der Wettbewerbsausschluss dem Unternehmen die Erfüllung der besonderen Aufgabe unter wirtschaftlich tragbaren Bedingungen ermöglicht[1204]. Eine Verhinderung liegt bei solchen Diensten auch dann schon vor, wenn die Anwendung der Vorschriften des EGV „die Erfüllung der besonderen Verpflichtungen die diesen Unternehmen obliegen, rechtlich oder sachlich gefährden würde"[1205]. Es muss nicht das Überleben des Unternehmens bedroht sein[1206]. Die geschlossenen Versorgungsgebiete müssten also erforderlich sein, damit die Versorgungsunternehmen die besondere Aufgabe der Wasserversorgung wahrnehmen können. Zur Herstellung wirtschaftlich tragbarer Bedingungen gehört vor allem die Möglichkeit eines Verlustausgleich zwischen den rentablen und den unrentablen Diensten zu ermöglichen[1207]. Dadurch soll ein „Rosinenpicken" privater Konkurrenten verhindert werden, die im Gegensatz zu dem betrauten Unternehmen wirtschaftlich nicht zur Vornahme eines Ausgleichs zwischen den Gewinnen der rentablen und den Verlusten der

---

[1202] EuGH, Rs. 127/73 *BRT*, Slg. 1974, 313 Rdnr. 19/22; EuGH, Rs. C-340/99 *TNT Traco*, Slg. 2001, I-4109 Rdnr. 56.

[1203] EuGH, Rs. 155/73 *Sacchi*, Slg. 1974, 409 Rdnr. 15; EuGH, Rs. C-41/90 *Höfner*, Slg. 1991, I-1979 Rdnr. 24.

[1204] EuGH, Rs. C-320/91 *Corbeau*, Slg. 1993, I-2533 Rdnr. 16. EuGH, Rs. 66/86 *Ahmed Saeed*, Slg. 1989, 803 Rdnr. 55; EuGH, Rs. 393/92 *Almelo*, Slg. 1994, I-1477 Rdnr. 49; EuGH,Rs. C-340/99 *TNT Traco*, Slg. 2001, I-4109 Rdnr. 54; EuGH, Rs. C-67/96 *Albany*, Slg. 1999, I-5751 Rdnr. 107.

[1205] EuGH, Rs. C-157/94 *Kommission/Spanien*, Slg. 1997, I-5699 Rdnr. 43; EuGH, Rs. C-159/94 *Kommission/Frankreich*, Slg. 1997, I-5815 Rdnr. 59; EuGH, verb. Rs. C-147/97 und 148/97 *Deutsche Post*, Slg. 2000, I-825 Rdnr. 50; EuGH,Rs. C-340/99 *TNT Traco*, Slg. 2001, I-4109 Rdnr. 54.

[1206] EuGH, Rs. C-159/94 *Kommission/Frankreich*, Slg. 1997, I-5815 Rdnr. 59; EuGH,Rs. C-340/99 *TNT Traco*, Slg. 2001, I-4109 Rdnr. 54.

[1207] EuGH, Rs. C-320/91 *Corbeau*, Slg. 1993, I-2533 Rdnr. 17; EuGH, Rs. C-340/99 *TNT Traco*, Slg. 2001, I-4109 Rdnr. 55; EuGH, Rs. verb. Rs. C-147/97 und 148/97 *Deutsche Post*, Slg. 2000, I-825 Rdnr. 49; EuGH, Rs. C-475/99 *Ambulanz Glöckner*, Slg. 2001, I-8089 Rdnr. 57.

unrentablen Bereiche gezwungen sind[1208]. In Übereinstimmung mit dieser Rechtsprechung hat der EuGH festgestellt, dass öffentliche Zuschüsse an Unternehmen, die im Wettbewerb Daseinsvorsorgeleistungen erbringen, keine verbotene Beihilfe im Sinne von Art. 87 Abs. 1 EGV darstellen, wenn diese Zuschüsse lediglich einen Ausgleich für die Erbringung der gemeinwirtschaftlichen Dienstleistung darstellen[1209]. Die Quersubventionierung soll gerade der Gewährleistung des Universaldienstes, also der ununterbrochenen Versorgung eines bestimmten Gebietes zu einheitlichen Preisen und Konditionen dienen[1210]. Das ausschließliche Recht des Art. 86 Abs. 1 EGV stellt die Erfüllung der besonderen Gemeinwohlverpflichtung im Sinne des Art. 86 Abs. 2 Satz 1 EGV sicher. Die geschlossenen kommunalen Versorgungsgebiete der Wasserwirtschaft könnten also unter diesem Gesichtspunkt erforderlich sein, um die ununterbrochene und flächendeckende Versorgung der Gemeindeeinwohner zu gewährleisten[1211].

Die Reichweite dieser Freistellung von den Wettbewerbsvorschriften aus wirtschaftlichen Gesichtspunkten heraus ist aber nicht unbegrenzt. Zum einen muss es sich bei den rentablen und unrentablen Bereichen um einheitliche oder zumindest eng verbundene Märkte handeln[1212]. Bei den rentablen und unrentablen Bereichen in der Wasserversorgung handelt es sich nicht um verschiedenartige Leistungen, welche das Versorgungsunternehmen erbringt; die Rentabilität ergibt sich vielmehr aus räumlichen Gesichtspunkten, nämlich Regionen innerhalb der Versorgungsgebiete, in denen die Versorgungsleistung mehr oder weniger aufwendig und entsprechend gewinnträchtig erbracht werden kann. Die Feststellung des relevanten Marktes muss sich also an räumlichen Merkmalen orientieren. Bei der Begründung geschlossener Wasserversorgungsgebiete bietet sich für die Markteinteilung die Orientierung an den jeweiligen Gemeindegebieten an[1213]. Im Gegensatz zu den Energieversorgungsmärkten, die im Zusammenhang mit den Gebietsmonopolen im Mittelpunkt des Interesses standen, besteht auf dem deutschen Wassermarkt kein flächendeckendes Leitungsnetz[1214]. Die historisch gewachsenen kommunalen Versorgungsgebiete stellen vielmehr natürliche

---

[1208] EuGH, Rs. C-320/91 *Corbeau*, Slg. 1993, I-2533 Rdnr. 18; *Schink*, DVBl 2005, 861, 867; *Badura*, ZGR 1997, 291, 302; *Emmerich* in Dauses (Hrsg.), Handbuch des EU-Wirtschaftsrechts Bd. 2, H II Rdnr. 162; *Storr*, DÖV 2002, 357, 360.

[1209] EuGH, Rs. C-53/00 *Ferring*, Slg. 2001, I-9067 Rdnr. 33; EuGH, Rs. C-280/00 *Altmark Trans*, Slg. 2003, I-7747 Rdnr. 117.

[1210] *Hellermann*, Örtliche Daseinsvorsorge und gemeindliche Selbstverwaltung, S.295; *Rapp-Jung*, EuZW 1994, 464, 465.

[1211] So auch *Schink*, DVBl 2005, 861, 867; *Koch*, ZögU 26 (2003), 241, 252; *Laskowski*, ZUR 2003, 1, 9; *Frenz*, ZHR 166 (2002), 307, 316; a.A. ohne Begründung *Koenig/Haratsch*, DVBl 2004, 1387, 1391.

[1212] *Pernice/Wernicke* in Grabitz/Hilf (Hrsg.), EUV/EGV Bd. II, Art. 86 EGV Rdnr. 56; *Koenig/Kühling* in Streinz (Hrsg.), EUV/EGV, Art. 86 EGV Rdnr. 59.

[1213] *Lehr*, DÖV 2005, 542, 548 für den ÖPNV.

[1214] *Pöchterstörfer*, ZUR Sonderheft 2003, 184, 188; *Michaelis*, ZögU 24 (2001), 432, 440.

Monopole dar[1215]. In den geschlossenen kommunalen Versorgungsgebieten liegt also ein räumlich einheitlicher Markt vor. Eine Quersubventionierung durch den gleichmäßigen Wettbewerbsausschluss in den rentablen und den unrentablen Bereichen der geschlossenen Versorgungsgebiete ist nach diesen Kriterien zulässig.

Darüber hinaus hat der EuGH in der Entscheidung „Almelo" Beschränkungen des Wettbewerbs nicht nur unter wirtschaftlichen Voraussetzungen zugelassen, sondern auch unter Berücksichtigung der insbesondere umweltrechtlichen Vorschriften, die das Unternehmen bei Erfüllung der besonderen Aufgabe zu beachten hat[1216]. Die Kommission hat in ihrer Mitteilung zu Leistungen der Daseinsvorsorge aus dem Jahr 1996 den Umweltschutz als Grund für die Begründung von Sonderrechten aufgeführt[1217]. Es können also auch umweltschützende Gesichtspunkte als öffentliches Interesse des Mitgliedstaates zur Einschränkung des Wettbewerbs angeführt werden[1218]. Die konkrete Ausgestaltung der besonderen Aufgabe wird durch die Kommission und den EuGH nur auf offenkundige Fehler überprüft[1219]. In der Wasserversorgung ist die Versorgung also am Maßstab des Gewässerschutzrechts, vornehmlich dem Grundsatz der vorsorgenden und nachhaltigen Bewirtschaftung der Wasserressourcen zu überprüfen[1220]. Diesem Grundsatz ist besondere Beachtung zu schenken, da Wasser neben Luft die einzige für das menschliche Leben in keiner Weise ersetzbare Ressource ist[1221]. Gegenwärtig besteht ein besonders hoher Standard in der Qualität der Wasserversorgung in Deutschland[1222]. Auch die Kommission hat in ihrer Mitteilungen zu Leistungen der Daseinsvorsorge aus dem Jahr 2000 die Qualität der bestehenden Versorgungsstruktur festgestellt[1223]. Ob dieser Standard ohne die Begründung geschlossener Versorgungsgebiete, also ohne Einschränkung der Geltung der gemeinschaftsrechtlichen Wettbewerbsvorschriften, gehalten werden kann, erscheint fraglich[1224]. So wäre zu befürchten, dass private Wettbewerber zur Vergrößerung ihrer Gewinnspannen kostenintensive Maßnahmen zur Ge-

---

[1215] Vgl. § 6 A.

[1216] EuGH, Rs. C-393/92 *Almelo*, Slg. 1994, I-1477 Rdnr. 49.

[1217] Mitteilung der Kommission der Europäischen Gemeinschaften, Leistungen der Daseinsvorsorge, KOM (1996), 443endg, ABl. 1996, Nr. C 281, S. 3, 4.

[1218] *Hellermann*, Örtliche Daseinsvorsorge und gemeindliche Selbstverwaltung, S. 295; *Badura*, ZGR 1997, 291, 300; *von Burchard* in Schwarze (Hrsg.), EU-Kommentar, Art. 86 EGV Rdnr. 72; mit Einschränkungen *Frenz*, EuR 2000, 901, 909 f.

[1219] *Jung* in Calliess/Ruffert (Hrsg.), EUV/EGV, Art. 86 EGV Rdnr. 37.

[1220] *Sauer/Strecker*, ZögU 26 (2003), 259, 261; *Laskowski*, ZUR Sonderheft 2003, 1, 9.

[1221] Vgl. Umweltgutachten 2002 des Rates von Sachverständigen für Umweltfragen, BT-Drucks. 14/8792, S. 295; *Michaelis*, ZögU 24 (2001), 432, 433;

[1222] BMWi (Hrsg.), Optionen, Chancen und Rahmenbedingungen einer Marktöffnung für eine nachhaltige Wasserversorgung, 2001 (BMWi-Foschungsvorhaben 11/00), S. 3; *Laskowski*, ZUR Sonderheft 2003, 1, 6; *Frenz*, ZHR 166 (2002), 307, 315.

[1223] Mitteilung der Kommission der Europäischen Gemeinschaften, Leistungen der Daseinsvorsorge, KOM (2000), 580endg., ABl. EG Nr. C 17, S.4 Rdnr. 52 f.

[1224] *Laskowski*, ZUR Sonderheft 2003, 1, 9.

währleistung des Gesundheitsschutzes in der Wasserversorgung zugunsten des preiswerteren Zusatzes von Chlor vernachlässigen[1225]. Zudem könnten private Wasserversorger weitere Einsparpotenziale im Bereich der Instandhaltung der Leitungsnetze nutzen wie dies im Anschluss an die Privatisierung der Wasserwirtschaft in Großbritannien geschehen ist[1226]. Ein Rückgang von Investitionen in die Versorgungsinfrastruktur führt allerdings zu Leitungsverlusten beim Transport von Wasser der dem Grundsatz der vorsorgenden und nachhaltigen Gewässerbewirtschaftung widerspricht. Außerdem bringt er gesundheitliche Risiken mit sich, da aufgrund von Druckschwankungen in defekten Rohren belastetes Grundwasser in das Leitungsnetz eindringen kann[1227]. Das Interesse an einer Gewährleistung einer qualitativ hochwertigen flächendeckenden Wasserversorgung spricht für die Einschränkung der gemeinschaftsrechtlichen Wettbewerbsvorschriften durch die Bildung geschlossener kommunaler Versorgungsgebiete.

4. Der Vorbehalt der Beeinträchtigung des Handelsverkehrs in Art. 86 Abs. 2 Satz 2 EGV

Art. 86 Abs. 2 Satz 2 EGV enthält eine Verhältnismäßigkeitsprüfung der Freistellung von den Wettbewerbsvorschriften[1228]. Eine Abweichung von den Vorschriften des EGV kommt nur insoweit in Betracht, als die Entwicklung des Handelsverkehrs nicht in einem Ausmaß beeinträchtigt wird, das dem Interesse der Gemeinschaft zuwiderläuft. Dem liegt eine Abwägung zwischen den Gemeinschaftsinteressen mit den entgegenstehenden nationalen Interessen an der besonderen Aufgabe zugrunde[1229]. Das Interesse der Gemeinschaft ergibt sich aus den Zielen und Grundsätzen des Vertrages, also den Vorschriften des Ersten Teils des EGV[1230]. Die Definition der Gemeinschaftsinteressen kann jedoch auch im Sekundärrecht erfolgen, wenn es die Interessen der Gemeinschaft für

---

[1225] Umweltbundesamt (Hrsg.), Liberalisierung der deutschen Wasserversorgung – Auswirkungen auf den Gesundheits- und Umweltschutz, Texte 2/2000, S. 57; Umweltgutachten 2002 des Rates von Sachverständigen für Umweltfragen, BT-Drucks. 14/8792, S. 302.

[1226] Umweltgutachten 2002 des Rates von Sachverständigen für Umweltfragen, BT-Drucks. 14/8792, S. 302; *Michaelis*, ZögU 24 (2001), 432, 445.

[1227] Umweltgutachten 2002 des Rates von Sachverständigen für Umweltfragen, BT-Drucks. 14/8792, S. 302; Umweltbundesamt (Hrsg.), Liberalisierung der deutschen Wasserversorgung – Auswirkungen auf den Gesundheits- und Umweltschutz, Texte 2/2000, S. 58.

[1228] *Pernice/Wernicke* in Grabitz/Hilf (Hrsg.), EUV/EGV Bd. II, Art. 86 EGV Rdnr. 54; *Grill* in Lenz/Borchardt (Hrsg.), EUV/EGV, Art. 86 EGV Rdnr. 29; *Kämmerer*, NVwZ 2004, 28, 29; *Mann*, JZ 2002, 819, 823; *Pöchterstörfer*, ZUR Sonderheft 2003, 184, 185.

[1229] *Storr*, DÖV 2002, 357, 360; *Jung* in Calliess/Ruffert (Hrsg.), EUV/EGV, Art. 86 EGV Rdnr. 53; *Schmidt*, Der Staat 2003, 225, 235 f.

[1230] *Von Burchard* in Schwarze (Hrsg.), EU-Kommentar, Art. 86 EGV Rdnr. 77; *Ehricke*, EuZW 1998, 741, 746.

bestimmte Bereiche konkretisiert[1231]. Insbesondere ist nach Art. 86 Abs. 3 EGV die Kommission zur Definition der Gemeinschaftsinteressen berufen[1232]. Insoweit kann für die Wasserversorgung auf den Ersten Erwägungsgrund der Wasserrahmenrichtlinie zurückgegriffen werden, wonach „Wasser (...) keine übliche Handelsware, sondern ein ererbtes Gut (ist), das geschützt, verteidigt und entsprechend behandelt werden muss“[1233]. Ein besonderer Schutz des Wassers ist also ein Interesse der Gemeinschaft. Jedoch wird die Wasserversorgung im Grünbuch der Kommission zu Dienstleistungen von allgemeinem Interesse ohne weitere Qualifikation als Handelsgut betrachtet[1234]. Es kann demnach nicht davon ausgegangen werden, dass durch die besondere Stellung des Wassers ohne weiteres das Interesse der Gemeinschaft an der Vertragseinhaltung und der Herstellung des Binnenmarktes hinter den Gewässerschutz zurücktritt[1235]. Auf der anderen Seite fehlt es aber an einer eindeutigen Festlegung, dass im Bereich der Wasserversorgung das Gemeinschaftsinteresse eine Erfüllung dieser besonderen Aufgabe im Wettbewerb verlangt. In seiner Entscheidung zur Strom- und Gasversorgung hat der EuGH eine eindeutige Definition des Gemeinschaftsinteresses durch die Kommission für erforderlich erachtet, da der Umfang des zwischenstaatlichen Handelsverkehrs trotz bestehender Ausschließlichkeitsrechte zunehme[1236]. Für die Wasserversorgung fehlt aber eine den Binnenrichtlinien für Elektrizität und Erdgas vergleichbare Festlegung. Derzeit wird die Frage einer Öffnung des Wassermarktes für den Wettbewerb durch die Kommission noch geprüft[1237].

1231 *Ehricke*, EuZW 1998, 741, 746; *Pernice/Wernicke* in Grabitz/Hilf (Hrsg.), EUV/EGV Bd. II, Art. 86 EGV Rdnr. 61; *Schmidt*, Der Staat, 2003, 225, 236; *Jung* in Calliess/Ruffert (Hrsg.), EUV/EGV, Art. 86 EGV Rdnr. 52.

1232 EuGH, Rs. C-159/94 *Kommission/Frankreich*, Slg. 1997, I-5815 Rdnr. 113.

1233 RL 2000/60/EG des Europäischen Parlaments und des Rates vom 23.10.2000 zur Schaffung eines Ordnungsrahmens für Maßnahmen der Gemeinschaft im Bereich der Wasserpolitik, ABl. EG Nr. L 327, S. 1.

1234 Kommission der Europäischen Gemeinschaften, Grünbuch zu Dienstleistungen von allgemeinem Interesse, KOM (2003), 270endg.

1235 Zur Haltung der Kommission vgl. *Daiber*, GewA 2004, 107 f.

1236 EuGH, Rs. C-159/94 *Kommission/Frankreich*, Slg. 1997, I-5815 Rdnr. 113 f.

1237 Vgl. die Berichte zum Stand der europäischen Überlegungen über eine Liberalisierung des Wassermarktes bei *Daiber*, Gewa 2004, 107, 108 („Die Kommission hat bereits mit Ermittlungen begonnen.“); *Geiger/Freund*, EuZW 2003, 490493 („Politik der kleinen Schritte“).; *Pöchterstörfer*, ZUR Sonderheft 2003, 184, 190 („nicht zu erwarten“). Vgl. auch die ablehnende Haltung des Europäischen Parlaments zu einer Liberalisierung des Wassermarktes, Nr. 47 der Resolution des Europäischen Parlaments vom 14.1.2004 zu dem Grünbuch der Kommission zu Dienstleistungen von allgemeinem wirtschaftlichem Interesse; Nr. 10 der Resolution des Europäischen Parlaments vom 10.3.2004 zu der Mitteilung der Kommission: Binnenmarktstrategie – Vorrangige Aufgaben 2003 – 2006.

Im Rahmen der Abwägung ist auch die Bedeutung des Art. 16 EGV zu beachten. Danach haben die Dienste von allgemeinem wirtschaftlichem Interesse[1238] einen besonderen Stellenwert innerhalb der gemeinsamen Werte der Union. Die Gemeinschaft und die Mitgliedstaaten tragen im Rahmen ihrer jeweiligen Befugnisse im Anwendungsbereich des EGV dafür Sorge, dass die Grundsätze und Bedingungen für das Funktionieren dieser Dienste so gestaltet sind, dass sie ihren Aufgaben nachkommen können. Diese Formulierung findet sich auch in Art. III-122 der EU-Verfassung[1239]. Er stellt eine Art Querschnittsklausel dar[1240], welche die Gemeinschaft und die Mitgliedstaaten bei ihren Aktivitäten dazu verpflichtet, diese Aktivitäten so zu gestalten, dass das Funktionieren der Dienste von allgemeinem wirtschaftlichem Interesse gewährleistet bleiben[1241]. Art. 16 EGV bedeutet also eine Bestandsgarantie für diese Dienste[1242]. Die in Art. 86 Abs. 2 Satz 2 EGV enthaltene Regel-Ausnahme-Struktur wird dadurch zugunsten der Dienstleistungen von allgemeinem wirtschaftlichem Interesse verschoben[1243]. Das Konzept der gemeinwohlorientierten Daseinsvorsorge wird im Gemeinschaftsrecht nicht mehr als Ausnahme, sondern als eine Alternative zur wettbewerbsorientierten Marktwirtschaft begriffen[1244]. Dieser Ansatz wird noch von Art. 36 der Grundrechte-Charta der EU unterstrichen, der die Organe der Gemeinschaft verpflichtet, den Zugang der Unionsbürger zu den Dienstleistungen von allgemeinem wirtschaftlichem Interesse entsprechend der Rechtslage in den einzelnen Mitgliedstaaten anzuerkennen[1245]. Es handelt sich bei der Aufwertung der Dienste von allgemeinem wirtschaftlichem Interesse um „eine grundlegende Wertentscheidung des Gemeinschaftsrechts“[1246].

Die Aussage des EuGH zur Erforderlichkeit der Definition des Gemeinschaftsinteresses muss im Lichte der Aufwertung der Dienste von allgemeinem wirtschaftlichem Interesse dahingehend verstanden werden, dass die Kommission

---

[1238] Trotz der Wortlautdifferenzen decken sich die Dienste von allgemeinem wirtschaftlichem Interesse des Art. 16 EGV und die Dienstleistungen von allgemeinem wirtschaftlichem Interesse des Art. 86 Abs. 2 Satz 1 EGV, *Lenz* in Grill/Borchardt (Hrsg.), EUV/EGV, Art. 16 EGV Rdnr. 8; *Jung* in Calliess/Ruffert (Hrsg.), EUV/EGV, Art. 16 EGV Rdnr. 8.

[1239] Vertrag über eine Verfassung für Europa, ABl. EG 2004, Nr. C 310, S. 1.

[1240] *Schmidt*, Der Staat 2003, 225, 238 („Gemeinschaftsstrukturprinzip“).

[1241] *Storr*, DÖV 2002, 357, 361; *Frenz*, EuR 2000, 901, 905.

[1242] *Schmidt*, Der Staat 2003, 225, 239.

[1243] *Koch*, ZögU 26 (2003), 241, 252; *Schwarze*, EuZW 2001, 334, 336; *Storr*, DÖV 2002, 357, 361; ähnlich *Stober*, NJW 2002, 2357, 2361; zurückhaltender in der Bewertung des Art. 16 EGV *Kämmerer*, NVwZ 2002, 1041, 1042 („scheint (…) am status quo nur wenig zu ändern“); .

[1244] *Jung* in Calliess/Ruffert (Hrsg.), EUV/EGV, Art. 16 EGV Rdnr. 6; *Schwarze*, EuZW 2001, 334, 336.

[1245] *Jung* in Calliess/Ruffert (Hrsg.), EUV/EGV, Art. 16 EGV Rdnr. 16; *Schwarze*, EuZW 2001, 334, 336; dazu ausführlich *Mann*, ZögU 28 (2005), 174.

[1246] Schlussantrag des GA Alber, EuGH, Rs. C-340/99 *TNT Traco*, Slg. 2001, I-4109 Rdnr. 94; Schlussantrag des GA Jacobs, EuGH, Rs. C-475/99 *Ambulanz Glöckner*, Slg. Slg. 2001, I-8089 Rdnr. 175.

ein eindeutiges Gemeinschaftsinteresse feststellen muss, das die Aufhebung der bestehenden Wettbewerbsbeschränkungen verlangt, obwohl die mitgliedstaatliche Ausgestaltung dieser Dienste ihr Funktionieren gewährleistet. Die Kommission selbst hat im Weißbuch zu Dienstleistungen von allgemeinem Interesse die essenzielle Rolle der Qualität und Versorgungssicherheit bei der Erbringung der Dienstleistungen betont[1247]. Dabei hat sie auch die Bedeutung regionaler und lokaler Behörden bei der Gewährleistung der Aufgabenerfüllung herausgestellt[1248]. Die Ausgestaltung der Dienste durch die Mitgliedstaaten wird deshalb solange zu respektieren sein wie es an einer Konkretisierung des Gemeinschaftsinteresses durch Sekundärrechtsakte fehlt. Die Kommission prüft zwar eine Öffnung der Wasserwirtschaft für den Wettbewerb; sie ist bisher jedoch nicht zu eindeutigen Ergebnissen gelangt[1249]. Da sie im Rahmen der Öffnung der Strom- und Gasmärkte die ebenfalls auf §§ 103, 103a GWB a.F. beruhenden geschlossenen kommunalen Versorgungsgebiete nicht im Wege des Vertragsverletzungsverfahrens angegriffen hat, kann man auch nicht bereits aus den vorbereitenden Arbeiten für eine Liberalisierung des Wassermarktes auf eine entgegenstehendes Interesse der Gemeinschaft schließen[1250]. Die Kommission hat im Weißbuch zu den Dienstleistungen von allgemeinem Interesse auch deutlich gemacht, dass den Dienstleistungen, die im direkten Bezug zum Bereich Umwelt stehen, wie etwa Wasser, Rechnung zu tragen ist[1251]. Als hochsensibles Gut muss Wasser im Interesse des Bürgers einem besonderen Schutz und besonderen Qualitätskontrollen unterliegen[1252]. Der Vorbehalt des Art. 86 Abs. 2 Satz 2 EGV steht den Einschränkungen des Wettbewerbs in der Wasserversorgung nach § 131 Abs. 8 GWB i.V.m. § 103 GWB a.F. somit nicht entgegen.

1247 Kommission der Europäischen Gemeinschaften, Weißbuch zu Dienstleistungen von allgemeinem Interesse vom 12.5.2004, KOM (2004), 374endg., S. 10.

1248 Kommission der Europäischen Gemeinschaften, Weißbuch zu Dienstleistungen von allgemeinem Interesse vom 12.5.2004, KOM (2004), 374endg., S. 8.

1249 Die im 10-Punkte-Plan der Kommission zur Binnenmarktstrategie – Vorrangige Aufgaben 2003 – 2006 angekündigte Maßnahme zur Herstellung eines Binnenmarktes im Wassersektor bis Dezember 2004 ist nicht eingeführt worden. Die Dienstleistungsrichtlinie, die einen Rahmen für den Wettbewerb im Bereich der Dienstleistungen von allgemeinem wirtschaftlichem Interesse setzen soll, soll nach dem Beschluss der Konferenz der Staats- und Regierungschefs vom 21./22.3.2005 nicht umgesetzt, sondern grundlegend überarbeitet werden. Art. III-119 Satz 2 der EU-Verfassung enthält zwar eine Ermächtigungsgrundlage zum Erlass von Europäischen Gesetzen im Bereich der Dienste von allgemeinem wirtschaftlichem Interesse, aber von der vollständigen Ratifikation der Verfassung abhängig. Auf europäischer Ebene spricht derzeit nichts für eine Liberalisierung des Wassermarktes.

1250 *Frenz*, ZHR 166 (2002), 307, 316 f. weist zu recht darauf hin, dass nach den europäischen Vorgaben weder eine Bestandsgarantie für den Verbleib der Wasserversorgung in öffentlicher Hand noch ein Liberalisierungs- oder Privatisierungszwang besteht.

1251 Kommission der Europäischen Gemeinschaften, Weißbuch zu Dienstleistungen von allgemeinem Interesse vom 12.5.2004, KOM (2004), 374endg., S. 10.

1252 *Geiger/Freund*, EuZW 2003, 490, 491.

Die geschlossenen kommunalen Versorgungsgebiete der Wasserwirtschaft sind vor dem Gemeinschaftsrecht zu rechtfertigen, um im Interesse aller Nutzer in diesem Gebiet eine ununterbrochene Wasserversorgung zu einheitlichen Preisen und mit einheitlicher Qualität zu gewährleisten[1253].

III. Die Vereinbarkeit mit Art. 31 EGV

Art. 31 EGV regelt die staatliche Teilnahme am Wirtschaftsverkehr in Form von Handelsmonopolen. Damit sind staatliche Einrichtungen gemeint, die über ein ausschließliches Ein- und Ausfuhrrecht für Waren verfügen[1254]. Die staatlichen Behörden müssen in der Lage sein, den Handel zwischen den Mitgliedstaaten zu kontrollieren oder zu lenken oder ihn über eine zu diesem Zweck geschaffene Einrichtung oder ein auf andere Rechtsträger übertragenes Monopol merklich zu beeinflussen[1255]. Solche Handelsmonopole lagen den Entscheidungen des EuGH zur Strom- und Gasversorgung in den Niederlanden, Frankreich, Spanien und Italien zugrunde[1256]. Der EuGH hat im Rahmen dieser Entscheidungen eine Berufung auf Art. 86 Abs. 2 EGV zur Rechtfertigung von Verstößen gegen Art. 31 EGV ausdrücklich zugelassen[1257]. Frühere Erwägungen des EuGH, die für eine Unanwendbarkeit des Art. 86 Abs. 2 EGV auf die Grundfreiheiten sprachen, sind damit überholt[1258]. In der Rechtssache „Almelo“ hatte der EuGH ein Handelsmonopol eines lokalen Stromversorgungsunternehmens noch deswegen ausgeschlossen, weil keine ausschließliche Konzession vorlag[1259]. Da der Abschluss ausschließlicher Konzessionsverträge in der deutschen Wasserversorgung durch Art. 86 Abs. 2 EGV gerechtfertigt ist, kann die Frage, ob diese Konzessionsverträge ein Handelsmonopol begründen, dahinstehen[1260]. Grundsätzlich erfasst Art. 31 EGV auch die Ausübung des Monopols durch die Gebietskörperschaften eines Mitgliedsstaates[1261]. Art. 86 Abs. 2 EGV ist jedoch insofern lex specialis zu Art. 31 EGV[1262].

1253 Vgl. auch *Salzwedel* in GfU (Hrsg.), Umweltrecht im Wandel, S. 613, 622.

1254 *Emmerich* in Dauses (Hrsg.), Handbuch des EU-Wirtschaftsrechts Bd. 2, H II Rdnr. 5.

1255 EuGH, Rs. 30/87 *Bodson*, Slg. 1988, 2479 Rdnr. 13.

1256 EuGH, Rs. C-157/94 *Kommission/Niederlande*, Slg. 1997, I-5699; EuGH, Rs. C-158/94 *Kommission/Italien*, Slg. 1997, I-5789; EuGH, Rs. C-159/94 *Kommission/Frankreich*, Slg. 1997, I-5815; EuGH, Rs. C-160/94 *Kommission/Spanien*, Slg. 1997, I-5851.

1257 Vgl. EuGH, Rs. C-159/94 *Kommission/Frankreich*, Slg. 1997, I-5815 Rdnr. 47 ff.; EuGH, Rs. C-158/94 *Kommission/Italien*, Slg. 1997, I-5789 Rdnr. 41 ff.; zur Bewertung dieser Entscheidungen *Ehricke*, EuZW 1998, 741, 743 f.; *Lecheler/Gundel*, RdE 1998, 92; *Hochbaum/Berg* in von der Groeben/Schwarze (Hrsg.), EUV/EGV Bd. 1, Art. 31 EGV Rdnr. 95.

1258 *Lecheler/Gundel*, RdE 1998, 92 f. mit Nachweisen für die Literatur, die sich auf die Ausführungen in EuGH, Rs. *Campus Oil*, Slg. 1984, 2727 Rdnr. 19 stützten.

1259 EuGH, Rs. C-393/92 *Almelo*, Slg. 1994, I-1477 Rdnr. 31.

1260 Ablehnend *Hellermann*, Örtliche Daseinsvorsorge und gemeindliche Selbstverwaltung, S. 291 f.

1261 *Leible* in Grabitz/Hilf (Hrsg.), EUV/EGV Bd. II, Art. 31 RGV Rdnr. 9. In Deutschland sind als Handelsmonopole nur das frühere Zündwarenmonopol und das Branntweinmonopol

B. Die Vereinbarkeit des Ortsnäheprinzips in der Wasserversorgung mit dem Gemeinschaftsrecht

I. Das Ortsnäheprinzip als Beeinträchtigung der Warenverkehrsfreiheit

Der Grundsatz der ortsnahen Versorgung, wie er in § 1a Abs. 3 WHG und in den einschlägigen Landeswassergesetzen enthalten ist, erlauben es der Gemeinde nicht, eine Fernwasserversorgung für ihr Gemeindegebiet einzurichten, wenn sie nicht ausnahmsweise durch überwiegende Gründe des Wohls der Allgemeinheit gerechtfertigt ist[1263]. Er richtet sich also an die wasserbewirtschaftenden Stellen und die Gemeinden bei ihrer Entscheidung über die Ausgestaltung ihrer Wasserversorgung[1264]. Deren Entscheidungen haben allerdings Auswirkungen auf diejenigen Versorgungsunternehmen, die die Fernwasserversorgung eines bestimmten Gebietes übernehmen möchten, obwohl keine zwingenden Gründe des Wohls der Allgemeinheit vorliegen. Da Wasser eine Ware im Sinne der Vorschriften des EGV zur Warenverkehrsfreiheit ist[1265], ist das Ortsnäheprinzip grundsätzlich dazu geeignet, den zwischenstaatlichen Warenverkehr zu beeinträchtigen. Art. 28 EGV verbietet mengenmäßige Ein- und Ausfuhrbeschränkungen sowie Maßnahmen gleicher Wirkung zwischen den Mitgliedstaaten. Zwar begrenzt das Ortsnäheprinzip nicht das Volumen des eingeführten Wassers, jedoch geht Art. 28 EGV über ein bloßes Diskriminierungsverbot hinaus und ist durch die Rechtsprechung des EuGH zu einem allgemeinen Beschränkungsverbot ausgeweitet worden[1266]. Nach der Dassonville-Formel ist „jede Handelsregelung der Mitgliedstaaten, die geeignet ist, den innergemeinschaftlichen Handel unmittelbar oder mittelbar, tatsächlich oder potenziell zu behindern“[1267] eine Maßnahme mit gleicher Wirkung wie eine mengenmäßige Einfuhrbeschränkung. Im Ortsnäheprinzip liegt zumindest eine potenzielle Behinderung des innergemeinschaftlichen Handels, da Unternehmen der Fernwasserversorgung ihr Wasser in alle Gemeindegebiete nicht liefern können, in de-

---

eingestuft, vgl. *Emmerich* in Dauses (Hrsg.), Handbuch des EU-Wirtschaftsrechts Bd. 2, H II Rdnr. 5; *Leible* in Grabitz/Hilf (Hrsg.), EUV/EGV Bd. II, Art. 31 RGV Rdnr. 12.

[1262] *Lux* in Lenz/Borchardt (Hrsg.), EUV/EGV, Art. 31 Rdnr. 3; vgl. auch *Hochbaum/Berg* in von der Groeben/Schwarze (Hrsg.), EUV/EGV Bd. 2, Art. 31 EGV Rdnr. 5 („Werden allerdings solche staatlichen Maßnahmen in bezug auf öffentliche oder begünstigte Unternehmen getroffen und gefährden sie die Erfüllung der besonderen Verpflichtung dieser Unternehmen, so greift Artikel 86 (ex-Artikel 90) Absatz 2 ein“.). *Epiney* in Calliess/Ruffert (Hrsg.), EUV/EGV, Art. 31 Rdnr. 13 sieht Art. 31 EGV als lex specialis zu Art. 86 EGV, beruft sich allerdings auf ältere Rechtsprechung des EuGH.

[1263] Vgl. zu den Auswirkungen des Ortsnäheprinzips auf die Entscheidungsfreiheit einer Gemeinde bei der Ausgestaltung ihrer Wasserversorgung § 11 B.

[1264] Vgl. § 10 A.

[1265] Vgl. § 11 B I.

[1266] *Streinz*, Europarecht, Rdnr. 731; *Epiney* in Calliess/Ruffert (Hrsg.), EUV/EGV, Art. 28 EGV Rdnr. 15.

[1267] Erstmals EuGH, Rs. 8/74 *Dassonville*, Slg. 1974, 837 Rdnr. 5.

nen nicht die gesetzlichen Voraussetzungen für eine Fernwasserversorgung vorliegen. Es ist der Gemeinde dann durch das nationale Recht untersagt, ein solches Unternehmen mit der Wasserversorgung zu beauftragen.

Die Regelungen des § 1a Abs. 3 WHG und der Landeswassergesetze treffen in ihren Auswirkungen unterschiedslos die inländischen wie die EG-ausländischen Unternehmen. Der zwischenstaatliche Bezug, den die Warenverkehrsfreiheit erfordert, lässt jedoch in diesem Fall nicht zu, dass sich die deutschen Wasserversorgungsunternehmen auf einen Verstoß gegen Art. 28 EGV berufen[1268]. Die Warenverkehrsfreiheit ist kein Hindernis für eine sogenannte Inländerdiskriminierung, d.h. die Schlechterstellung von Inländern in Folge der Unanwendbarkeit nationaler Vorschriften auf EG-Ausländer wegen eines Verstoßes dieser Vorschriften gegen Gemeinschaftsrecht[1269]. Selbst wenn das Ortsnäheprinzip gegen Art. 28 EGV verstieße, würde es dennoch in Sachverhalten Anwendung finden, in denen deutsche Wasserversorgungsunternehmen die Versorgung einer Gemeinde übernehmen wollten[1270]. Damit bleibt zu prüfen, ob das Ortsnäheprinzip gemeinschaftsrechtswidrig ist, weil es EG-ausländische Unternehmen der Fernwasserversorgung in ihrer grenzüberschreitenden Betätigung beeinträchtigt. Diese Frage ist zwar aufgrund fehlender verbundener Leitungsnetze aktuell von nur begrenzter Bedeutung, gewinnt aber vor dem Hintergrund der Diskussion um mögliche Durchleitungsrechte aus dem GWB oder der Zulässigkeit von Stichleitungen zu einzelnen Großabnehmern zunehmend Relevanz[1271].

II. Rechtfertigung der Beeinträchtigung

1. Rechtfertigung nach Art. 30 EGV

Nach Art. 30 EGV ist eine Beeinträchtigung gerechtfertigt, wenn die Ein- und Ausfuhrbeschränkung dem Schutz eines der dort aufgezählten Rechtsgüter dient und keine offene Diskriminierung oder verschleierte Beschränkung des Handelsverkehrs ist. Dieser Rechtfertigungsgrund wird trotz seines Wortlauts auch

---

[1268] Vgl. *Streinz*, Europarecht, Rdnr. 683.

[1269] Dazu *Streinz*, Europarecht, Rdnr. 682 ff.; *Frenz*, Handbuch Europarecht Bd. 1, Rdnr. 772; *Müller-Graff* in von der Groeben/Schwarze (Hrsg.), EUV/EGV Bd. 1, Art. 28 EGV Rdnr. 319 ff.

[1270] Sofern die deutschen Versorgungsunternehmen ihre Tätigkeit im EG-Ausland aufnehmen wollen, steht das Ortsnäheprinzip ebenfalls nicht entgegen, da es nicht die Tätigkeit der Unternehmen regelt, sondern die Ausgestaltung der Versorgungsstruktur durch die (deutschen) Kommunen, vgl. § 10 A.

[1271] Zu den Möglichkeiten, die ein Tätigwerden auch EG-ausländischer Unternehmen auf dem deutschen Wassermarkt erlauben, vgl. § 6 C.

auf Maßnahmen gleicher Wirkung angewendet[1272]. Vorab kann festgestellt werden, dass keine versteckte Diskriminierung EG-ausländischer Versorgungsunternehmen im Sinne des Art. 30 Satz 2 EGV vorliegt. In Gebieten, in denen eine Versorgung aus ortsnahen Wasservorkommen möglich ist, werden die inländischen Unternehmen in selben Umfang ausgeschlossen wie die EG-ausländischen Unternehmen. Es spricht auch nichts dafür, dass eine größere Anzahl deutscher Versorgungsunternehmen Zugang zu ortsnahen Wasservorkommen hat. Entweder übernehmen die Versorgungsunternehmen die Entnahmerechte an ortsnahen Wasservorkommen der Gemeinde, deren Einwohner sie versorgen soll; dann ist die Herkunft des Unternehmens von vornherein unwesentlich. Andernfalls wird das Unternehmen das für die Versorgung benötigte Wasser aus einem Vorkommen entnehmen, an dem es bereits Entnahmerechte erworben hat; die Möglichkeit des Erwerbs von Wasserentnahmerechten steht ebenfalls sowohl inländischen wie EG-ausländischen Unternehmen offen, zudem steht das Ortsnäheprinzip nicht der Deckung des Wasserbedarfs für die Versorgung aus grenznahen ausländischen Wasservorkommen entgegen[1273].

Als einschlägiges Rechtsgut im Sinne von Art. 30 S. 1 EGV kommt der Schutz der Gesundheit und des Lebens von Menschen in Betracht. Die hygienischen Bedenken, die unter anderem Anlass für die Einführung des Ortsnäheprinzips waren, sind bereits erörtert worden[1274]. Art. 30 S. 1 EGV erlaubt auch präventiven Schutz, jedoch müssen die von der Ware ausgehenden Gesundheitsgefahren wissenschaftlich belegt sein[1275]. Jedoch muss die Gesundheitsgefahr durch die Maßnahme unmittelbar verringert oder ausgeschlossen werden. Wirkt eine Maßnahme gleicher Wirkung lediglich mittelbar Gefährdungen der Gesundheit entgegen, so ist nicht der Gesundheitsschutz, sondern der ungeschriebene Rechtfertigungsgrund des Umweltschutzes einschlägig[1276]. Er ist Teil der zwingenden Erfordernisse, die als ungeschriebener Rechtfertigungsgrund neben Art. 30 EGV bestehen[1277]. Die sogenannte „Cassis de Dijon"-Rechtsprechung des EuGH lässt

---

[1272] EuGH, Rs. 178/84, *Reinheitsgebot für Bier*, Slg. 1987, 1227 Rdnr. 40; *Epiney* in Calliess/Ruffert (Hrsg.), EUV/EGV, Art. 30 EGV Rdnr. 9; *Lux* in Lenz/Borchardt (Hrsg.), EUV/EGV, Art. 30 Rdnr. 1; *Frenz*, Handbuch Europarecht Bd. 1, Rdnr. 929.

[1273] Die Versorgungswirtschaft ist also weniger von Entscheidungen der Gemeinden als von Zulassungen der Wasserbehörde abhängig. Bei der Zulassungsentscheidung wird aber keine Unterscheidung zwischen den Trägern der Versorgung getroffen, sondern nur ein Bewirtschaftungsermessen hinsichtlich mengen- und gütewirtschaftlicher Ziele ausgeübt, vgl. *Salzwedel*, N&R 2004, 36.

[1274] Vgl. § 10 A.

[1275] EuGH, Rs. 178/84, *Reinheitsgebot für Bier*, Slg. 1987, 1227 Rdnr. 48 ff.

[1276] *Frenz*, Handbuch Europarecht Bd. 1, Rdnr. 962; *Epiney* in Calliess/Ruffert (Hrsg.), EUV/EGV, Art. 30 EGV Rdnr. 36.

[1277] EuGH, Rs. 302/86 *Kommission/Dänemark*, Slg. 1988, 4607 Rdnr. 7-9.; EuGH, Rs. C-2/90 *Kommission/Belgien*, Slg. 1992, I-4431 Rdnr. 29-33. Das Verhältnis in dem Art. 30 EGV und der ungeschriebene Rechtfertigungsgrund der zwingenden Erfordernisse stehen, ist gerade für die Frage des Gesundheitsschutzesstehen, nicht eindeutig geklärt, vgl. *Herdegen*, Europarecht, Rdnr. 298; *Müller-Graff* in von der Groeben/Schwarze (Hrsg.), EUV/EGV Bd. 1, Art.

im Falle formal unterschiedslos angewandter nationaler Regelungen eine Rechtfertigung von Maßnahmen gleicher Wirkung zu, wenn sie auf zwingenden Gründen des Allgemeininteresses beruhen und verhältnismäßig sind[1278]. In der Entscheidung „PreussenElektra“ hat der EuGH eine staatliche Maßnahme zugleich aus Gründen des Gesundheitsschutzes wie des Umweltschutzes für gerechtfertigt erklärt[1279]. Da der EuGH die Rechtfertigung aus beiden Gründen „zugleich“[1280], also nebeneinander stehend, angenommen hat, ist davon auszugehen, dass primär umweltschützende Aspekte, die der Erhaltung der natürlichen Lebensgrundlagen dienen, welche wiederum mittelbar der Gesundheit des Menschen zugute kommt, nicht durch Art. 30 S. 1 EGV gerechtfertigt werden, sondern nur durch den ungeschriebenen Rechtfertigungsgrund des Umweltschutzes[1281]. Das Ortsnäheprinzip ist ein Beitrag zum vorsorgenden und flächendeckenden Grundwasserschutz[1282]. Es will gerade das Ziel eines guten mengenmäßigen und chemischen Zustands des Grundwassers erreichen wie ihn Art. 4 Abs. 1 lit. b der Wasserrahmenrichtlinie fordert. Es handelt sich also um eine primär das Rechtsgut Wasser schützende Regelung. Den Vorschriften zum Ortsnäheprinzip verfolgen also nicht unmittelbar, sondern nur mittelbar den Schutz der Gesundheit des Menschen. Eine Rechtfertigung kommt also nicht über Art. 30 EGV, sondern nur über die Grundsätze der „Cassis de Dijon“-Rechtsprechung in Betracht.

2. Der ungeschriebene Rechtfertigungsgrund der „zwingenden Erfordernisse“ im Sinne der sogenannten „Cassis de Dijon“-Rechtsprechung

Wie bereits gesagt versteht der EuGH den Umweltschutz als zwingendes Erfordernis, das die Beeinträchtigung des Warenverkehrs rechtfertigen kann. Das Umweltrecht stellt gemäß dem EuGH ein „wesentliches Ziel der Gemeinschaft“ dar[1283]. Seine primäre Wertigkeit ergibt sich bereits aus den Art. 13, 95 Abs. 3

---

28 EGV Rdnr. 208; *Epiney* in Calliess/Ruffert (Hrsg.), EUV/EGV, Art. 30 EGV Rdnr. 2. Diese Frage kann dahinstehen, da es im Rahmen dieser Arbeit nur darauf ankommt, dass der EuGH sowohl den Gesundheits- wie den Umweltschutz als möglichen Rechtfertigungstatbestand für eine Maßnahme gleicher Wirkung anerkannt hat. Grundsätzlich scheinen die beiden Rechtfertigungsgründe nebeneinander zu bestehen, *Frenz*, Handbuch Europarecht Bd. 1, Rdnr. 936.

[1278] EuGH, Rs. 120/78 *Cassis de Dijon*, Slg. 1979, 649 Rdnr. 8.

[1279] EuGH, Rs. C-379/98 *PreussenElektra*, Slg. 2001, I-2099 Rdnr. 73, 75.

[1280] EuGH, Rs. C-379/98 *PreussenElektra*, Slg. 2001, I-2099 Rdnr. 75.

[1281] *Frenz*, Handbuch Europarecht, Rdnr. 963; *Geiger*, EUV/EGV, Art. 30 EGV Rdnr. 2; a.A. *Faber*, NuR 2002, 140, 142.

[1282] BT-Drucks. 14/8668, S. 7.

[1283] EuGH, EuGH, Rs. 302/86 *Kommission/Dänemark*, Slg. 1988, 4607 Rdnr. 8; EuGH, Rs. 240/83 *ADBHU*, Slg. 1985, 531 Rdnr. 13.

und 174 Abs. 2 EGV[1284]. Hat die Gemeinschaft ein bestimmtes Ziel selber definiert, kann sich ein Mitgliedstaat darauf zur Rechtfertigung solcher Regelungen berufen, die zwar nicht durch gemeinschaftsrechtliche Sekundärrechtsakte vorgegeben sind, aber der Verwirklichung dieses Ziels dienen[1285]. Der Grundwasserschutz ist ein von der Gemeinschaft in der Wasserrahmenrichtlinie definiertes Ziel. Es bestehen auch konkrete Anhaltspunkte für eine Gefährdung dieses Ziels durch eine Fernwasserversorgung. Der Transport von Wasser über größere Entfernungen führt zum einen zu Transportverlusten, die aufgrund der Unersetzbarkeit der Ressource möglichst zu vermeiden sind[1286]. Zum anderen verschlechtert sich die Wasserqualität durch den Transport und macht verstärkte Desinfektionsmaßnahmen wie den Zusatz von Chlor erforderlich[1287]. Wie bereits ausgeführt, kann die Fernwasserversorgung außerdem das Eigeninteresse der Kommunen an der Erhaltung der Wasserqualität schwächen[1288].

Das Ortsnäheprinzip rechtfertigt somit aus umweltschützenden Gesichtspunkten eine Beeinträchtigung des Warenverkehrs. Es bestehen auch keine Bedenken hinsichtlich der Verhältnismäßigkeit, da es den Unternehmen weiterhin Möglichkeiten eröffnet, ein bestimmtes Gemeindegebiet zu versorgen, indem entweder die Ausnahmen für eine Fernwasserversorgung eingreifen[1289] oder die oben angesprochene Übernahme von Wasserentnahmerechten in ortsnahen Wasservorkommen stattfindet. Zudem ist die praktische Auswirkung des Ortsnäheprinzips gering, solange der deutsche Wassermarkt nicht liberalisiert und die Regelung zur Zulässigkeit geschlossener kommunaler Versorgungsgebiete des §131 Abs. 8 GWB i.V.m. § 103 GWB a.F. nicht aufgehoben wurde[1290].

Das Ortsnäheprinzip ist mit dem Gemeinschaftsrecht vereinbar.

[1284] *Müller-Graff* in von der Groeben/Schwarze (Hrsg.), EUV/EGV Bd.1, Art. 28 Rdnr. 224 mit zahlreichen Nachweisen aus der Rechtsprechung des EuGH und dem Schrifttum zum Umweltschutz als zwingendes Erfordernis.

[1285] Vgl. EuGH, Rs. C-379/98 *PreussenElektra*, Slg. 2001, I-2099 Rdnr. 73 f.

[1286] *Hendler/Grewing*, ZUR Sonderheft 2001, 146, 148.

[1287] Umweltgutachten 2002 des Rates von Sachverständigen für Umweltfragen, BT-Drucks. 14/8792, S. 301; Umweltbundesamt (Hrsg.), Liberalisierung der deutschen Wasserversorgung – Auswirkungen auf den Gesundheits- und Umweltschutz, Texte 2/2000, S. 32; *Frenz*, ZHR 166 (2002), 307, 315; *Michaelis*, ZögU 24 (2001), 432, 444.

[1288] Vgl. § 10 B. Vgl. ausführlich Umweltbundesamt (Hrsg.), Liberalisierung der deutschen Wasserversorgung – Auswirkungen auf den Gesundheits- und Umweltschutz, Texte 2/2000, S. 43 ff.

[1289] Zur Reichweite dieser Ausnahmen vgl. § 10 A für den Wortlaut der Vorschriften und § 10 B für eine Bewertung der Auswirkung der Vorschriften.

[1290] *Hendler/Grewing*, ZUR Sonderheft 2001, 146, 151.

Zusammenfassung

Die Gemeinden überschreiten im Rahmen ihrer wirtschaftlichen Tätigkeit die Grenzen ihres Gemeindegebietes, um sich neue Märkte zu erschließen und somit auf dem heimischen Markt konkurrenzfähig zu bleiben. Die verstärkte Betätigung außerhalb des eigenen Gebietes ist eine Folge der finanziellen Schwierigkeiten vieler Kommunen und der Liberalisierung von Leistungen der Daseinsvorsorge, die traditionell allein von der Kommunalwirtschaft erbracht wurden. Auch werden durch die Gründung von Unternehmen in privatrechtlichen Organisationsformen[1291] sowie das sogenannte „Neue Steuerungsmodell"[1292] von den Gemeinden zunehmend an ökonomischen Kriterien orientierte Entscheidungen verlangt. Die Länder versuchen durch die Einführung von Expansionsklauseln in ihre Gemeindeordnungen einen Ordnungsrahmen für die überörtliche kommunale Wirtschaftstätigkeit zu schaffen. Sie ist aber nur innerhalb enger verfassungsrechtlicher Grenzen zulässig. Im Bereich Wasserversorgung müssen die Kommunen zudem den rechtlichen Besonderheiten dieses Bereichs Rechnung tragen, insbesondere der fortbestehenden kartellrechtlichen Zulässigkeit geschlossener kommunaler Versorgungsgebiete und dem wasserhaushaltsrechtlichen Grundsatz der Versorgung des Gemeindegebiets aus ortsnahen Wasservorkommen.

1. Teil

Das Grundgesetz ist wirtschaftspolitisch neutral, enthält also weder ein Gebot noch ein Verbot staatlicher Teilnahme am Wirtschaftsleben. Das Grundgesetz bindet durch das Rechtsstaatsprinzip jedoch alle staatliche Wirtschaftstätigkeit an das Gemeinwohl[1293].

Für den Wasserhaushalt hat der Bund nur eine Rahmengesetzgebungskompetenz, so dass die Ausgestaltung der Wasserversorgung in der Kompetenz der Länder liegt. Diese haben die Wasserversorgung teilweise zu einer Pflichtaufgabe der Gemeinden gemacht. Soweit dies nicht geschehen ist, stellt die Wasserversorgung eine Leistung der Daseinsvorsorge dar, die traditionell den Selbstverwaltungsaufgaben einer Gemeinde zugerechnet wird[1294].

Die in Art. 28 Abs. 2 Satz 1 GG enthaltene Allzuständigkeit ermächtigt die Gemeinden zur Wahrnehmung aller Angelegenheiten der örtlichen Gemeinschaft, also zur Erfüllung sämtlicher Selbstverwaltungsaufgaben, die keinem anderen Träger öffentlicher Gewalt zugewiesen sind. Die Aufgabenerfüllung in der Form wirtschaftlicher Betätigung ergibt sich ebenfalls aus der Selbstverwaltungsgarantie, welche den Gemeinden die Befugnis zur eigenverantwortlichen Regelung der Aufgabenerfüllung vermittelt. Die wirtschaftliche Betätigung ist also keine

---

[1291] Vgl. § 3 B I 2.
[1292] Vgl. 7 D I.
[1293] Vgl. § 2 B III.
[1294] Vgl. § 2 C II.

eigenständige Aufgabe, sondern eine zulässige Form der Aufgabenerfüllung im Bereich Wasserversorgung[1295]. Die Landesverfassungen enthalten keine davon abweichenden Vorgaben für die kommunale Wirtschaftstätigkeit[1296].

Die Gemeindeordnungen enthalten in der kommunalwirtschaftsrechtlichen Schrankentrias drei Vorgaben für die wirtschaftliche Betätigung der Kommunen: das Erfordernis eines öffentlichen Zwecks, ein angemessenes Verhältnis zwischen der übernommenen Aufgabe und der Leistungsfähigkeit der Gemeinde und die Subsidiaritätsklausel. Diese Voraussetzungen gelten für öffentlich-rechtliche wie privatrechtlich organisierte kommunale Unternehmen sowie für gemischt-wirtschaftliche Unternehmen, auf die die Gemeinde einen beherrschenden Einfluss ausübt[1297]. Weder die Grundrechte privater Konkurrenten noch die zunehmende Anerkennung einer drittschützenden Wirkung der Voraussetzungen der Schrankentrias führen zu einer effektiven Begrenzung der kommunalwirtschaftlichen Betätigung außerhalb des Gemeindegebiets[1298]. Zudem sind von der Geltung dieser Vorschriften die Wasserversorgungsunternehmen derjenigen Länder ausgenommen, in deren Gemeindeordnungen die Wasserversorgung als nichtwirtschaftliche Tätigkeit angesehen wird[1299].

In mehreren Bundesländern (Bayern, Hessen, Nordrhein-Westfalen, Saarland, Sachsen-Anhalt, Schleswig-Holstein und Thüringen) sind im Wortlaut weitgehend übereinstimmende Expansionsklauseln eingeführt worden. Sie erlauben eine wirtschaftliche Tätigkeit außerhalb des Gemeindegebiets, wenn die berechtigten Interessen der betroffenen Gebietskörperschaften gewahrt bleiben. Diese Vorschriften sollen einen Rahmen schaffen, der den Gemeinden ein als wirtschaftlich notwendig empfundenes wirtschaftliches Ausgreifen ermöglicht[1300].

2. Teil

Der Sachverhalt der Überörtlichkeit, der sich aus den gemeindewirtschaftsrechtlichen Expansionsklauseln entwickeln lässt, umfasst nur bestimmte Formen der Gebietsüberschreitung. Er ergibt sich aus den allen Expansionsklauseln gemeinen Voraussetzungen der Betätigung außerhalb des Gemeindegebiets und der Wahrung der berechtigten Interessen der betroffenen Gebietskörperschaft. Die Vorschriften greifen nur, wenn eine wirtschaftliche Betätigung außerhalb des Gebietes stattfindet, die nicht nur der Versorgung der eigenen Gemeindeeinwohner dient und auf die die von der Betätigung betroffene Gemeinde keinen Einfluss nehmen kann, so dass sie gegebenenfalls ohne oder gegen ihren Willen

[1295] Vgl. § 2 C III.
[1296] Vgl. § 2 D.
[1297] Vgl. § 3 B I.
[1298] Vgl. § 3 B IV.
[1299] Vgl. § 3 B II 4.
[1300] Vgl. § 3 B III.

ausgeübt werden kann[1301]. Im Bereich Wasserversorgung eröffnen die geschlossenen Versorgungsgebiete nur wenige Möglichkeiten einer überörtlichen Betätigung. So kann sich eine Gemeinde um einen Konzessionsvertrag mit der betroffenen Gemeinde bemühen, der ihr die Versorgung des gesamten Gemeindegebiets überträgt. Sie kann auch die Versorgung einzelner Abnehmer im Gebiet der betroffenen Gemeinde übernehmen, entweder im Rahmen sogenannter Einsetzungsverträge. Durchleitungsrechte konkurrierender Anbieter durch die Leitungsnetze des Trägers der kommunalen Versorgung gibt es im Bereich Wasserversorgung nicht[1302].

3. Teil

Art. 28 Abs. 2 Satz 1 GG enthält keine ausdrückliche räumliche Grenze für die Wahrnehmung von Selbstverwaltungsaufgaben. Die verfassungsrechtlichen Grenzen einer kommunalwirtschaftlichen Betätigung ergeben sich aus einer Auslegung des Begriffs der Angelegenheiten der örtlichen Gemeinschaft. Die herrschende Meinung legt diesen Begriff im Sinne eines strengen Territorialitätsprinzips der Kommunalwirtschaft aus, das überörtliche wirtschaftliche Betätigungen grundsätzlich ausschließt[1303]. In den Worten des BVerfG ist eine Aufgabe dann eine Angelegenheit der örtlichen Gemeinschaft, wenn sie örtlich radiziert ist. Sie muss einen spezifischen Bezug zum Wohl der Gemeindeeinwohner haben und ihre Erfüllung muss dieses Wohl unmittelbar befördern. Von dieser Definition ausgehend ist der Gebietsbezug der Kommunalwirtschaft durch den Bezug einer Aufgabe zur örtlichen Gemeinschaft zu bestimmen[1304]. Ihre Erfüllung muss der Befriedigung eines Bedürfnisses oder Interesses der Gemeindeeinwohner als solcher dienen. Der Ausgangspunkt für die Bestimmung eines solchen Bedürfnisses oder Interesses ist die der kommunalen Selbstverwaltung zugrunde liegende Idee der demokratischen Partizipation der Gemeindeeinwohner an der Erledigung der sie betreffenden Aufgaben[1305]. Der soziologisch-politische Gehalt des Gemeinschaftsbegriffs ermöglicht die Abgrenzung von Aufgaben mit örtlichem Bezug von solchen, die lediglich ein allgemeines, von der örtlichen Gemeinschaft unabhängiges Interesse der Gemeindeeinwohner darstellen. Die Gemeindeeinwohner sind Betroffene, wenn eine bestimmte Aufgabe aufgrund eines Gefühls nachbarschaftlicher Verbundenheit als ein konkretes Interesse gerade dieser Gemeinschaft verstanden wird, wobei das Verbundenheitsgefühl auf den historischen gewachsenen kulturellen, wirtschaftlichen und sozialen Verflechtungen der Gemeindeeinwohner beruht[1306]. Diese perso-

[1301] Vgl. § 5 D.
[1302] Vgl. § 6 C.
[1303] Vgl. § 7 A I.
[1304] Vgl. § 7 A II 1.
[1305] Vgl. § 7 A II 2 b.
[1306] Vgl. § 7 A II 2 c.

nelle Bestimmung des Gebietsbezugs kommunaler Aufgabenwahrnehmung bildet die Grundlage für die grundsätzlich verfassungsrechtliche Zulässigkeit der wirtschaftlichen Betätigung mehrerer Gemeinden in einem Gebiet[1307]. Abzulehnen ist die teilweise vertretene Ansicht, der Gebietsbezug des Art. 28 Abs. 2 Satz 1 GG gelte nicht für wirtschaftliche Tätigkeiten der Gemeinden[1308]. Das Landesverfassungsrecht enthält keine anderweitige Bestimmung des Gebietsbezugs[1309].

Der verfassungsrechtliche Gebietsbezug hat seinen Niederschlag sowohl in den Aufgabenbeschreibungen der Gemeindeordnungen wie im Erfordernis des öffentlichen Zwecks gefunden. Da diese Erfordernisse Bestandteil der Voraussetzungen aller Expansionsklauseln sind, müssen die verfassungsrechtlichen Grenzen für jede überörtliche Wirtschaftstätigkeit bei ihrer Anwendung gewahrt bleiben, auch in den Ländern, in denen die Wasserversorgung als nichtwirtschaftliche Tätigkeit gilt[1310]. Der öffentliche Zweck wird in den Expansionsklauseln auch nicht neu bestimmt. Das Verbot kommunaler Wirtschaftstätigkeit mit primärer Gewinnerzielungsabsicht ergibt sich bereits aus der Verfassung, aber auch aus den Gemeindeordnungen[1311]. Dieses Verbot begrenzt auch die Möglichkeit der Erhöhung der Wirtschaftlichkeit kommunaler Unternehmen durch die Vermarktung von Randnutzungen. Sie beschränken sich auf die Nutzung brachliegender Kapazitäten kommunaler Unternehmen, die nicht abgebaut werden können ohne den Fortbestand des Unternehmens zu gefährden[1312]. Die Auslegung der Expansionsklauseln als gesetzliche Übertragung von Aufgaben außerhalb der Selbstverwaltung ist nicht möglich, da die Unbestimmheit der übertragenen Aufgaben der verfassungsrechtlichen Bindung der Kommunalwirtschaft widerspricht[1313]. Letzten Endes gilt damit in den Ländern, die eine Expansionsklausel eingeführt haben, derselbe Gebietsbezug wie in Ländern ohne Expansionsklausel[1314].

Die wirtschaftliche Betätigung außerhalb des Gemeindegebiets stellt auch im Fall der zulässigen Betätigung zweier Gemeinden in einem Gemeindegebiet einen Eingriff in das Selbstverwaltungsrecht der betroffenen Gemeinde dar[1315]. Um die berechtigten Interessen der betroffenen Gemeinde zu wahren, bedarf es entgegen einer verbreiteten Auffassung jedoch nicht der Zustimmung dieser Gemeinde[1316]. Da sich beide Gemeinden bei ihrer wirtschaftlichen Betätigung

---

[1307] Vgl. § 7 A III.
[1308] Vgl. § 7 A IV.
[1309] Vgl. § 7 B.
[1310] Vgl. § 7 C.
[1311] Vgl. § 7 D II 1.
[1312] Vgl. § 7 D II 4.
[1313] Vgl. § 7 D III 2.
[1314] Vgl. § 7 E.
[1315] Vgl. § 8 A.
[1316] Vgl. § 8 B I.

im Rahmen der kommunalen Selbstverwaltungsgarantie bewegen, sind die kollidierenden Selbstverwaltungsrechte durch einen Abwägungsvorgang aufzulösen[1317]. Dabei wird das Interesse der expandierenden Gemeinde an der Steigerung der Wirtschaftlichkeit des eigenen Unternehmens regelmäßig hinter dem Interesse der betroffenen Gemeinde an der Wahrnehmung von Selbstverwaltungsaufgaben auf dem eigenen Gebiet zugunsten der eigenen Einwohner zurücktreten[1318].

Eine der Wasserversorgung spezifische Grenze der überörtlichen Wirtschaftstätigkeit ist das Ortsnäheprinzip des § 1a Abs. 3 WHG und den entsprechenden Vorschriften der Landeswassergesetze. Das Ortsnäheprinzip schließt regelmäßig eine Fernwasserversorgung aus, wodurch die Vermarktung brachliegender Kapazitäten der eigenen Wasserwerke auf fremdem Gemeindegebiet bis auf Ausnahmefälle ausgeschlossen wird[1319]. Diese Regelung ist als punktuelle Vollregelung trotz der Rahmenkompetenz des Bundes nach Art. 75 Abs. 2 GG gerechtfertigt[1320]. Der in ihr liegende Eingriff in die kommunale Selbstverwaltung ist verhältnismäßig[1321].

4. Teil

Der Gebietsbezug des Kommunalwirtschaftsrechts stellt im Falle der Wasserversorgung einen Eingriff gegen die Warenverkehrsfreiheit dar, auf die sich die kommunalen Versorgungsunternehmen grundsätzlich berufen könnten. Die Berufung auf die Grundfreiheiten zur Erschließung neuer Märkte setzt aber ein Marktaustrittsrecht der kommunalen Unternehmen gegenüber ihren Mitgliedstaaten voraus. Ein solches Marktaustrittsrecht steht nur privaten Unternehmen zu. Das Gemeinschaftsrecht gebietet in diesem Punkt keine Gleichbehandlung öffentlicher und privater Unternehmen. Es erkennt das Recht der Mitgliedstaaten an, den Umfang der Teilnahme ihrer Unternehmen am Markt selber zu definieren. Die kommunalen Unternehmen können demzufolge nicht unter Berufung auf das Gemeinschaftsrecht den ihnen eröffneten Markt selber neu bestimmen[1322].

Die kartellrechtlich zulässigen Gebietsmonopole der Wasserversorgung sind zwar ein Verstoß gegen die gemeinschaftsrechtlichen Wettbewerbsvorschriften, sind aber durch Art. 86 Abs. 2 EGV gerechtfertigt. Die Wasserversorgung ist eine Dienstleistung von allgemeinem wirtschaftlichem Interesse. Die geschlossenen kommunalen Versorgungsgebiete dürfen aus wirtschaftlichen und umweltschützenden Erwägungen heraus bestehen bleiben, solange es keine klare

---

1317 Vgl. § 8 B II
1318 Vgl. § 8 B III.
1319 Vgl. § 10 B.
1320 Vgl. § 10 C I
1321 Vgl. § 10 C II.
1322 Vgl. § 11.

und eindeutige Definition eines Gemeinschaftsinteresses an der Einführung von Wettbewerb in der Wasserversorgung durch die Kommission der Europäischen Gemeinschaften gibt[1323].

Das Ortsnäheprinzip des Wasserhaushaltsrechts ist ein Verstoß gegen die Warenverkehrsfreiheit EG-ausländischer Versorgungsunternehmen, die eine Fernwasserversorgung im Bundesgebiet übernehmen wollen, soweit diese Versorgungsart nicht ausnahmsweise zulässig sein sollte. Es ist aber aus aufgrund der auch gemeinschaftsrechtlich anerkannten besonderen Wertigkeit des Umweltschutzes und des in der Wasserrahmenrichtlinie proklamierten Ziels des nachhaltigen Grundwasserschutzes gerechtfertigt[1324].

[1323] Vgl. § 12 A.
[1324] Vgl. § 12 B.

Kolibri 360 GmbH
Ferdinand-Jühlke-Straße 7
99095 Erfurt, Deutschland
produktsicherheit@kolibri360.de

Druck:
CPI Druckdienstleistungen GmbH
im Auftrag der
Kolibri 360 GmbH
Ferdinand-Jühlke-Str. 7
99095 Erfurt